Le Surréalisme

D0840032

HENRI BÉHAR et MICHEL CARASSOU

Le Surréalisme

LE LIVRE DE POCHE

S Désigne les extraits d'auteurs ouvertement surréalistes ou qui ont été écrits durant leur période surréaliste.

Introduction

A l'aurore du mouvement surréaliste, afin que nul n'en ignore, André Breton a fourni une définition du mot, mimant les notices de dictionnaires. Son objectif a été vite atteint puisque personne ne peut se dispenser de le citer :

« SURRÉALISME, n. m. Automatisme psychique pur, par lequel on se propose d'exprimer, soit verbalement, soit par écrit, soit de toute autre manière, le fonctionnement réel de la pensée. Dictée de la pensée, en l'absence de tout contrôle exercé par la raison, en dehors de toute préoccupation esthétique ou morale. **Encycl.** *Philos.* Le surréalisme repose sur la croyance à la réalité supérieure de certaines formes d'associations négligées jusqu'à lui, à la toute-puissance du rêve, au jeu désintéressé de la pensée. Il tend à ruiner définitivement tous les autres mécanismes psychiques et à se substituer à eux dans la résolution des principaux problèmes de la vie [...] » (*Manifeste du surréalisme*, 1924, Gallimard, « Idées », 1972, p. 37).

On le voit, tout, dans cette définition, refuse l'idée d'école littéraire (et même de littérature). Le surréalisme se donne pour une entreprise philosophique, visant à la connaissance de la pensée, grâce à la méthode de l'automatisme psychologique, postulant que cette pensée se fera connaître par l'association d'idées, le rêve, l'état de distraction mentale. Pour y parvenir, il suffirait, semble-t-il, d'écarter la toute-puissance de la raison, au profit de certaines facultés mentales jusque-là réprimées ou déconsidérées : l'imagination, la sensibilité, l'esprit d'enfance, le merveilleux...

Or, cette définition, qui se voulait définitive, a subi bien des modifications au cours du temps. Après le *Second Manifeste* (1930) où il indiquait les nouvelles orientations prises par le mouvement, notamment son adhésion au principe du matérialisme historique, A. Breton éprouva le besoin d'en expliquer la nature dans une brochure : *Qu'est-ce que le surréalisme ?* (Henriquez, Bruxelles, 1934) qui n'a malheureusement jamais été réimprimée depuis. Rien d'intemporel dans ce texte : le surréalisme est un produit de l'histoire des hommes, il en subit les variations. Quatre ans plus tard, à l'occasion de leur première grande exposition internationale à Paris, les surréalistes publient, par les soins d'Éluard et de Breton, un *Dictionnaire abrégé du surréalisme* où, en tête des cinq citations destinées à illustrer ce vocable, revient un extrait du *Second Manifeste* : « Tout porte à croire qu'il existe un certain point de l'esprit d'où la vie et la mort, le réel et l'imaginaire, le passé et le futur, le communicable et l'incommunicable, le haut et le bas cessent d'être perçus contradictoirement. C'est en vain qu'on chercherait à l'activité surréaliste un autre mobile que l'espoir de détermination de ce point. » Mais le fait le plus important est que, pour la première fois, on intègre en guise de notice l'appréciation d'un critique extérieur au mouvement : « Le surréalisme, au sens large, représente la plus récente tentative pour rompre avec les *choses qui sont* et pour leur en substituer d'autres, en pleine activité, en pleine genèse, dont les contours mouvants s'inscrivent en filigrane au fond de l'être... Jamais en France une *école* de poètes n'avait confondu de la sorte, et très consciemment, le problème de la poésie avec le problème crucial de l'être » (Marcel Raymond).

De ces brèves définitions rapprochées, il résulte que le surréalisme ne saurait être figé dans une formule. Mouvement actif, évoluant au gré de ceux qui le formaient, à travers le temps et l'espace, il se veut en perpétuel dépassement. Notre propos est ici d'en donner quelque idée, au moyen du plus grand nombre d'instantanés, qui ne soient pas des clichés, et qui puissent permettre une saisie dynamique.

Là encore, Breton qui, davantage qu'un chef, s'est voulu un rassembleur et un porte-parole, va nous aider à nous orienter. Il distinguait le surréalisme éternel, dont on retrouve les éléments dans toutes les cultures, du surréalisme tel qu'il s'est historiquement incarné en France — de 1924 (date du premier *Manifeste*) à 1969 (date de dissolution du groupe, trois ans après sa mort). De l'un à l'autre, les rapports sont constants. Le surréalisme historique s'est abreuvé aux sources du surréalisme éternel, de même que celui-ci s'est revivifié par la présence d'êtres sensibles.

Les antécédents littéraires du surréalisme ainsi délimités chronologiquement sont nombreux et varient eux-mêmes selon les découvertes passionnées d'Aragon, de Breton, d'Éluard, d'Artaud, de Tzara, etc. Au roman noir anglais (Walpole : *Le Château d'Otrante ;* Lewis : *Le Moine ; Melmoth* de Maturin) se mêle l'influence de Sade, de Freud, de Fourier, « les trois grands émancipateurs du désir » et des romantiques allemands : Jean-Paul, Novalis, Arnim, Hölderlin (surtout pour René Char). Parmi les romantiques français, les surréalistes vont privilégier l'œuvre de

Nerval, leur frère aventureux, qui les avait précédés sur la voie du « surnaturalisme », faisant s'épancher le songe dans la vie réelle *(Aurélia).* A travers tout le symbolisme qui a guidé leurs premiers pas en poésie (voir Aragon, Breton, Éluard, Vitrac et même Tzara) comme en peinture (voir Duchamp, Picabia, Masson), ils ne retiennent que Rimbaud, Lautréamont et Jarry, même s'il leur advient de reprocher au premier les détournements de sens dont il a été l'objet (de la part de Claudel, par exemple).

Si le surréalisme n'a pas besoin d'ancêtres, comme l'affirme Breton dans le *Second Manifeste,* le fait est qu'il a eu des intercesseurs immédiats en la personne d'Apollinaire, chantre de la modernité, dont le pouvoir d'exaltation les émeut ; de Pierre Reverdy qui, pour eux, balise le chemin de l'image ; des peintres : Chirico, dont les énigmes picturales les interpellent particulièrement ; Picasso, dont le perpétuel renouvellement leur sera à la fois un stimulant et un garant des vertus créatrices. Mais c'est la personnalité séduisante et brisante de Jacques Vaché qui détournera Breton de tout projet littéraire, de même que l'éclat éphémère de Dada à Paris accouchera le surréalisme, tel que nous le connaissons, dans la violence.

Par-delà ces influences littéraires, le surréalisme retrouve un mode de pensée, une logique antécarté-sienne, qui le feront assimiler à la mentalité magique. C'est dans la mesure où il aura pris conscience de sa parenté d'esprit avec les fous, les enfants, les primitifs, qu'il portera sa curiosité vers les ethnies épargnées par la civilisation, vers une tradition ésotérique dont il ne reprend pas tous les propos à son compte mais qu'il exalte à proportion inverse de son occultation par la raison triomphante.

Jalonné, au cours de son aventure, par deux guerres mondiales (la première le suscitant, la seconde l'éclipsant), le surréalisme représente une seconde crise de la conscience européenne, semblable à celle qui marqua le xviiie siècle en ce qu'elle conteste les valeurs établies, intègre les discours scientifiques de son temps (relations d'incertitude d'Heisenberg, physique relativiste d'Einstein, psychanalyse, marxisme...) ; opposée en ce qu'elle revient sur les faiblesses de la raison, explore le continent noir du sommeil et des rêves, du hasard et du désir, de l'inconscient, en somme.

De même qu'il donne un nouveau contenu au mot surréalisme (forgé par Apollinaire dans la préface des *Mamelles de Tirésias*), ce mouvement révoque l'ancien humanisme et dessine un nouvel humanisme que n'entameront ni le communisme, ni l'existentialisme. Il faut se défier du prestige de l'étymologie autant que des annexions abusives. Rien ne peut nous empêcher de parler de l'humanisme surréaliste, si l'on s'entend exactement sur ce qu'il désigne.

Il s'agit là de briser toutes les cloisons limitant l'individu, en faisant un étranger pour lui-même. Le surréalisme refuse les exclusives et les oppositions binaires (raison-folie ; réel-fantasme ; enfant-adulte ; veille-rêve...). Il postule un homme enfin réunifié, en état d'invention et de création permanentes ; non point isolé dans une nature hostile, mais un individu social, ayant récupéré tous ses pouvoirs perdus et capable de commander les éléments parce qu'il les connaîtra autant qu'il se connaît lui-même. Nous sommes bien loin d'un obscurantisme !

De la même façon, l'extraordinaire impact du surréalisme sur notre société ne se comprend que dans la mesure où il s'est toujours efforcé de définir une morale nouvelle, conciliant les trois termes « Liberté, Amour, Poésie » dont chacun est doté d'un contenu très précis, que nous analysons dans la première partie de ce livre.

Marcel Raymond le signalait dès 1933 : le surréalisme n'est comparable à aucune école littéraire. C'est qu'en fait il n'en est pas une. Groupe ou mouvement, il a d'autres ambitions que de régenter la littérature, qu'il déborde de toutes parts, s'attachant à l'expression humaine sous toutes ses formes (voir notre troisième partie). Partant d'objectifs philosophiques nettement caractérisés, il entreprend une investigation du champ total de la connaissance (voir la deuxième partie). Pour ce faire, le talent artistique n'a qu'une importance secondaire. Ce qui compte, c'est la qualification morale de chacun, sa volonté d'en terminer avec les sempiternelles théories de l'art pour l'art, l'action pour l'action, la fin justifiant les moyens, etc., au profit d'une pratique révolutionnaire de l'art. Ce qui compte encore, c'est la mise en commun des forces et des moyens, le sentiment du groupe passant avant celui des individus. On a beaucoup trop glosé sur les exclusions du surréalisme, suivies de rapprochements plus ou moins durables : c'est parce qu'il voulait fonctionner comme un ensemble prenant en compte les volontés diverses que le surréalisme a subi les phénomènes de toute dynamique de groupe. A la limite, se voulant une contre-institution, il s'est vu contraint de sécréter les règles minimales d'une institution (dont rend parfaitement compte un ouvrage comme *Les Surréalistes* de Ph. Audoin).

Jules Monnerot n'a pu mieux faire que de les comparer à une secte gnostique, en ce qu'ils voulaient embrasser la totalité du savoir et qu'aussi bien ils ont été souvent tentés (mais tentés seulement) de former une société secrète, préparant l'avènement d'une nouvelle révolution.

Dans cet ordre d'idées, nous ne saurions minimiser la difficulté de notre projet, de tout projet de vulgarisation du surréalisme. Difficulté que nous avons pu lever en multipliant les citations, en confrontant les textes d'auteurs ou d'époques différents. Quand il ne vaticine pas, le surréalisme s'exprime fort clairement, usant du langage de tous les jours dans ses tracts, manifestes, textes théoriques. Si la syntaxe et le vocabulaire nous semblent familiers, leur signification n'a rien de banal. Hormis la poésie (qui est un usage figuratif de la langue), nous ne pensons pas qu'il y ait un vocabulaire surréaliste ; mais il y a un traitement surréaliste du vocabulaire qui procède du déplacement, du décentrement, et, plus souvent encore, de l'oxymore. Il en va de même pour les systèmes philosophiques auxquels il puise, ou qu'il interroge : ésotérisme, oui, mais en refusant l'idée de transcendance ; spiritisme, certes, mais sans au-delà ; psychanalyse, bien sûr (les surréalistes ont fortement contribué à sa diffusion en France), mais à condition de ne pas chercher à guérir ; marxisme enfin, cela va de soi, si on ne leur demande pas de renoncer au reste, c'est-à-dire à l'essentiel : leur être créateur.

En somme, s'ils s'appuient sur des théories pré-établies pour « refaire l'entendement humain », c'est à la condition expresse de mener à bien leur projet poétique, où l'approche subjective et intuitive, l'expérience intime, viendra passer au crible les idéologies pour en souligner les limites, faire prévaloir les valeurs de la confusion, du mouvement, de l'inachèvement.

*
**

Ce livre fait place aux textes les plus représentatifs du mouvement. Si les poèmes et les récits n'y occupent pas tout l'espace souhaitable, c'est qu'ils entrent difficilement en résonance avec un discours théorique. Nous en avons cependant maintenu plusieurs pour montrer la diversité de tons du surréalisme. De même pour les voix : la tentation était grande de laisser parler Breton uniquement, tant il a su exprimer le mieux le projet du mouvement, dans toute sa diversité. Quitte à perdre en efficacité et en netteté, nous nous sommes efforcés de faire entendre tous ceux qui, d'Aragon à Vitrac, avaient contribué à formuler la position du groupe, avec ses nuances, ses divergences, ses contradictions parfois. C'est pourquoi on ne saurait dissocier totalement les surréalistes de leurs contradicteurs. Certains, qui ont quitté le groupe ou s'en éloignent momentanément, continuent à les interpeller de la même rive (Artaud, Soupault, Crevel) ; d'autres les adjurent de plus loin (Desnos, Naville, Tzara) ; d'autres enfin, sans se mêler à eux, les admonestent (Daumal, Drieu, Fondane).

La bibliographie des études sur le surréalisme est fort abondante. Malgré tout leur intérêt et l'originalité de leurs points de vue, nous ne pouvions leur faire une place à toutes. Que leurs auteurs veuillent bien nous pardonner. A notre grand regret, il nous a fallu écarter les ouvrages consacrés à un auteur particulier (et singulièrement à Breton) ou dont les développements, longs et circonstanciés, se prêtaient mal (sauf à les trahir) à nos opérations de découpage. Que l'on veuille bien croire, cependant, que toutes les opinions, tous les points de vue, même ceux auxquels nous ne saurions souscrire, ont trouvé ici leur place. N'est-ce pas le meilleur témoignage que nous puissions donner de la dignité du surréalisme que ce pressant débat qu'il a constamment suscité et qui, d'ailleurs, n'a pas cessé ?

Première partie

Vers une morale nouvelle

1. L'action sœur du rêve

Enfant légitime ou bâtard, le surréalisme procède de Dada. Apparu en 1924, alors que ce dernier semblait avoir épuisé toutes ses ressources, il plonge ses racines bien plus profondément dans le romantisme. Déjà, avant que l'esprit dada ne gagnât Paris, Aragon, Breton, Soupault, Éluard manifestaient des préoccupations et des exigences laissant deviner les orientations du mouvement qu'ils fonderont plus tard. C'est ainsi que *Les Champs magnétiques,* écrit en collaboration par Breton et Soupault en 1919, apparaît comme « le livre par quoi tout commence » (Aragon), et le surréalisme en particulier.

Révolte ou suicide

Dans ses *Entretiens* avec André Parinaud, Breton indique l'état d'esprit qui l'animait alors :

S Tenez compte du fait que, durant le printemps et l'été 1919 qui voient paraître les six premiers numéros de *Littérature,* nous sommes loin d'être libres de nos mouvements : je ne serai démobilisé qu'en septembre et Aragon quelques mois plus tard. Les pouvoirs d'alors se montraient soucieux de ménager une transition entre le genre de vie que la guerre nous avait fait connaître et celui que le retour à la vie civile nous réservait. Cette précaution n'avait rien de superflu : l'inévitable conciliabule des soldats de retour du front avait eu très vite pour effet d'exalter rétrospectivement les sujets de colère : sentiment de l'inutilité du sacrifice de tant de vies, grand « compte à régler » avec l'arrière dont le fameux esprit « jusqu'auboutiste » était allé si longtemps de pair avec un affairisme dépourvu de scrupule, brisement d'innombrables foyers, extrême médiocrité du lendemain. L'enivrement de la victoire militaire avait fait long feu...

On revenait de la guerre, c'est entendu, mais ce dont on ne revenait pas, c'est de ce qu'on appelait alors le « bourrage de crânes » qui, d'êtres ne demandant qu'à vivre et — à de rares exceptions près — à s'entendre avec leurs semblables, avait fait, durant quatre années, des êtres hagards et forcenés, non seulement corvéables mais pouvant être décimés à merci. Certains de ces pauvres gens louchaient, bien entendu, vers ceux qui leur avaient donné de si bonnes raisons d'aller se battre. On ne pouvait les empêcher de confronter leurs expériences, de juxtaposer leurs informations particulières que la censure avait tenues à l'abri de toute communication de quelque envergure, non plus que de découvrir l'ampleur des ravages de la guerre, la passivité sans limites qu'elle avait mise en œuvre et, quand cette passivité avait tenté de se secouer, l'affreuse rigueur de la répression qui s'en était suivie. Je vous laisse penser que leurs dispositions n'étaient pas des meilleures.

1/ A. BRETON, *Entretiens* (1913-1952), Gallimard, « Idées », 1952, pp. 49-50.

Dada était né en réaction à la guerre de 1914-1918. Toutes les valeurs acquises semblaient s'être tout à coup dissoutes dans l'horrible carnage. Tristan Tzara, l'un de ses principaux promoteurs, rappelle, dans *Le Surréalisme et l'après-guerre,* ce que fut l'expérience du doute et du dégoût qui en résultèrent :

Dada naquit d'une révolte qui était commune à toutes les adolescences, qui exigeait une adhésion complète de l'individu aux nécessités profondes de sa nature, sans égards pour l'histoire, la logique ou la morale ambiante. Honneur, Patrie, Morale, Famille, Art, Religion, Liberté, Fraternité, que sais-je, autant de notions répondant à des nécessités humaines, dont il ne subsistait que de squelettiques conventions, car elles étaient vidées de leur contenu initial. La phrase de Descartes : *Je ne veux même pas savoir qu'il y a eu des hommes avant moi,* nous l'avions mise en exergue à une de nos publications. Elle signifiait que nous voulions regarder le monde avec des yeux nouveaux, que nous voulions reconsidérer à même leur base, et en éprouver la justesse, les notions imposées par nos aînés.

2/ T. TZARA, *Le Surréalisme et l'après-guerre*, Nagel, 1947, p. 10.

Dada s'est donc voulu une destruction radicale : « Je détruis les tiroirs du cerveau et ceux de l'organisation sociale », proclamait Tzara dans le *Manifeste dada 1918*. Cette entreprise négativiste devait exercer sur les futurs fondateurs du surréalisme une violente attraction. « Dada, sa négation insolente, son égalitarisme vexant, le caractère anarchique de sa production, son goût du scandale, enfin toute son allure offensive, je n'ai pas besoin de vous dire de quel cœur longtemps j'y ai souscrit », reconnaissait Breton dans *Les Pas perdus* (N.R.F, 1924, p. 206).

Le ralliement de Breton à Dada avait été préparé en 1916 par sa rencontre à l'hôpital de Nantes, où il était interne, avec Jacques Vaché. Frappé par son insubordination calculée et par son suprême détachement, mêlé à un « Umour » hérité de Jarry, détourné par son ami de ses velléités poétiques, Breton ne doutait pas qu'il se fût donné volontairement la mort. Il publia ses *Lettres de guerre* (1919) en hommage à une influence qui, à travers lui, n'allait cesser de marquer le surréalisme. Par sa fin, Vaché avait peut-être tracé la voie qui, de l'humour comme retrait, à la volonté de refus, mène à la tentation du suicide. Pour Jacques Rigaut, l'indécision, l'absence de volonté et surtout l'ennui devaient le conduire au « sacrement du suicide » (Breton) :

S   Vous êtes tous des poètes et moi je suis du côté
de la mort. Mariez-vous, faites des romans, ache-
tez des automobiles, où trouverai-je le courage de
me lever de mon fauteuil ou de résister à la
demande d'un ami, ou de faire aujourd'hui autrement qu'hier ? Et ma chasteté, c'est absolument
comme un vieux collage. Comme vous, je me
loue d'être tel que je suis, sans volonté. Votre
volonté, ça suffit, vous avez perdu le droit de me
juger. Un peu gênant qu'il soit à la portée de tous
les gens aigris, mais le parti pris est probablement
la seule attitude valable. On ne peut pourtant pas
me confondre avec les chevaux de retour.

   Il n'y a que l'ennui qui ne mène pas à Rome
(cf. De l'ennui naquit la difformité). Le suicide et
toutes les corruptions ne tirent pas leur origine
ailleurs que de l'ennui. Et, d'évidence, le seul critère de l'admiration, c'est la corruption.

3/ J. RIGAUT, *Écrits posthumes,* Gallimard, 1970,
p. 109.

   Dans son premier numéro, *La Révolution surréaliste* recensait tous les cas de suicide rapportés dans la
presse et ouvrait une enquête : « Le suicide est-il une
solution ? » La question n'avait rien de littéraire ; elle
requérait une réflexion morale :

S   Une solution ?... oui. [...]
   On se suicide, dit-on, par amour, par peur, par
vérole. Ce n'est pas vrai. Tout le monde aime ou
croit aimer, tout le monde a peur, tout le monde
est plus ou moins syphilitique. Le suicide est un
moyen de sélection. Se suicident ceux-là qui n'ont
point la quasi-universelle lâcheté de lutter contre

certaine sensation d'âme si intense qu'il la faut bien prendre, jusqu'à nouvel ordre, pour une sensation de vérité. Seule cette sensation permet d'accepter la plus vraisemblablement juste et définitive des solutions, le *suicide*.

N'est vraisemblablement juste ni définitif aucun amour, aucune haine. Mais l'estime où bien malgré moi et en dépit d'une despotique éducation morale et religieuse, je suis forcé de tenir quiconque n'a pas eu peur, et n'a point borné son élan, l'élan mortel, chaque jour m'amène à envier davantage ceux dont l'angoisse fut si forte qu'ils ne purent continuer d'accepter les divertissements épisodiques.

Les réussites humaines sont monnaie de singe, graisse de chevaux de bois. Si le bonheur affectif permet de prendre patience, c'est négativement, à la manière d'un soporifique. La vie que j'accepte est le plus terrible argument contre moi-même. La mort qui plusieurs fois m'a tenté dépassait en beauté cette peur de mourir d'essence argotique et que je pourrais aussi bien appeler timide habitude.

J'ai voulu ouvrir la porte et n'ai pas osé. J'ai eu tort, je le sens, je le crois, je veux le sentir, le croire, car ne trouvant point de solution dans la vie, en dépit de mon acharnement à chercher, aurais-je la force de tenter encore quelques essais si je n'entrevoyais dans le geste définitif, ultime, la solution ?

4/ R. CREVEL, « Réponse à l'enquête sur le suicide », dans *La Révolution surréaliste*, n° 2, janvier 1925, p. 13.

Comme Rigaut et plus tard A. Gorky, J.-P. Duprey, etc., ce que Crevel avait écrit, il le traduira en acte définitif en 1935, dans des circonstances différentes.

Mais "la hantise du suicide" pouvait être aussi, au dire de Crevel, "le meilleur remède contre le suicide". La mort n'apparaît comme une solution que parce que la vie étouffe les vrais désirs de l'homme ; son invocation peut faire naître un autre parti : "changer la vie". La tentation du suicide trouve son exutoire dans la révolte.

A l'instar de Dada, l'idée de "révolte absolue" est si essentielle à la position surréaliste que Breton, dans le *Second Manifeste,* n'hésite pas à la considérer comme un "dogme" :

S   [...] Il importe de savoir à quelle sorte de vertus morales le surréalisme fait exactement appel puisque aussi bien il plonge ses racines dans la vie, et, non sans doute par hasard, dans *la vie de ce temps,* dès lors que je recharge cette vie d'anecdotes comme le ciel, le bruit d'une montre, le froid, un malaise, c'est-à-dire que je me reprends à en parler d'une manière vulgaire. Penser ces choses, tenir à un barreau quelconque de cette échelle dégradée, nul n'en est quitte à moins d'avoir franchi la dernière étape de l'ascétisme. C'est même du bouillonnement écœurant de ces représentations vides de sens que naît et s'entretient le désir de passer outre à l'insuffisante, à l'absurde distinction du beau et du laid, du vrai et du faux, du bien et du mal. Et, comme c'est du degré de résistance que cette idée de choix rencontre que dépend l'envol plus ou moins sûr de l'esprit vers un monde enfin habitable, on conçoit que le surréalisme n'ait pas craint de se faire un dogme de la révolte absolue, de l'insoumission totale, du sabotage en règle, et qu'il n'attende encore rien que de la violence. L'acte surréaliste le plus simple consiste, revolvers aux poings, à descendre dans la rue et à tirer au hasard, tant qu'on peut, dans la foule. Qui n'a pas eu, au moins une fois, envie d'en finir de la sorte avec le petit système d'avilissement et de crétinisation en vigueur a sa place toute marquée dans cette foule, ventre à hauteur de canon. La légitimation d'un tel acte n'est, à mon sens, nullement incompatible avec la croyance en cette lueur que le surréalisme cherche à déceler au fond de nous.

5/ A. BRETON, *Second Manifeste du surréalisme,* dans *Manifestes du surréalisme,* Gallimard, « Idées », 1963, p. 78.

Le nihilisme des surréalistes, allant jusqu'à l'apologie du meurtre, et leur volonté de reconnaître dans la démoralisation une valeur éminente, ont suscité de nombreux commentaires. Pour Ferdinand Alquié, « le principe du refus surréaliste est affectif et vécu, il est protestation de l'homme tout entier et décision de détruire ce qui le contraint et le limite » (*Philosophie du surréalisme,* Flammarion, 1955, p. 72). Dans *Qu'est-ce que la littérature ?,* Jean-Paul Sartre a formulé un jugement extrêmement critique : il retient surtout l'origine bourgeoise des jeunes écrivains qui composent le mouvement et, s'appuyant sur la théorie freudienne, il explique le surréalisme comme une « révolte contre le père » :

L'absurdité manifeste d'une guerre dont nous avons mis trente ans à connaître les véritables causes amène le retour de l'esprit de Négativité. [...] Il faut seulement noter que la plus magnifique de ses fusées, le surréalisme, renoue avec les traditions destructrices de l'écrivain-consommateur.

Ces jeunes bourgeois turbulents veulent ruiner la culture parce qu'on les a cultivés, leur ennemi principal demeure le philistin de Heine, le Prud-homme de Monnier, le bourgeois de Flaubert, bref leur papa. Mais les violences des années précédentes les ont portés au radicalisme. Alors que leurs prédécesseurs se bornaient à combattre par la *consommation* l'idéologie utilitaire de la bourgeoisie, ils assimilent plus profondément la recherche de l'utile au projet humain, c'est-à-dire à la vie consciente et volontaire. La conscience est bourgeoise, le Moi est bourgeois : la Négativité doit s'exercer en premier lieu sur cette Nature qui n'est, comme dit Pascal, qu'une première coutume. Il s'agit d'anéantir, d'abord, les distinctions reçues entre vie consciente et inconsciente, entre rêve et veille. Cela signifie qu'on dissout la subjectivité. Il y a subjectif, en effet, lorsque nous reconnaissons que nos pensées, nos émotions, nos volontés viennent de nous, dans le moment qu'elles apparaissent et lorsque nous jugeons à la fois qu'il est certain qu'elles nous appartiennent et seulement probable que le monde extérieur se règle sur elles. Le surréaliste a pris en haine cette humble certitude sur quoi le stoïcien fondait sa morale. Elle lui déplaît à la fois par les limites qu'elle nous assigne et les responsabilités qu'elle nous confère. Tous les moyens lui sont bons pour échapper à la conscience de soi et, par conséquent, de sa situation dans le monde.

6/ J.-P. Sartre, « Qu'est-ce que la littérature ? », dans *Situation II,* Gallimard, 1947, p. 215.

Même s'il qualifie le surréalisme d'«évangile du désordre», Albert Camus se montre moins sévère :

sous le « nihilisme de salon », il décèle une exigence morale :

Révolte absolue, insoumission totale, sabotage en règle, humour et culte de l'absurde, le surréalisme, dans son intention première, se définit comme le procès de tout, toujours à recommencer. Le refus de toutes les déterminations est net, tranché, provocant. « Nous sommes des spécialistes de la révolte. » [...] Ces nihilistes de salon étaient évidemment menacés de fournir en serviteurs les orthodoxies les plus strictes. Mais il y a dans le surréalisme quelque chose de plus que ce non-conformisme de parade, l'héritage de Rimbaud, justement, que Breton résume ainsi : « Devons-nous laisser là toute espérance ? »
   Un grand appel vers la vie absente s'arme d'un refus total du monde présent, comme le dit assez superbement Breton : « Incapable de prendre mon parti du sort qui m'est fait, atteint dans ma conscience la plus haute par ce déni de justice, je me garde d'adapter mon existence aux conditions dérisoires ici-bas de toute existence. » L'esprit, selon Breton, ne peut trouver à se fixer ni dans la vie ni au-delà. Le surréalisme veut répondre à cette inquiétude sans repos. Il est un « cri de l'esprit qui se retourne contre lui-même et est bien décidé à broyer désespérément ces entraves ». Il crie contre la mort et « la durée dérisoire » d'une condition précaire. Le surréalisme se place donc aux ordres de l'impatience. Il vit dans un certain état de fureur blessée ; du même coup dans la rigueur et l'intransigeance fière, qui supposent une morale. Dès ses origines, le surréalisme, évangile du désordre, s'est trouvé dans l'obli-

gation de créer un ordre. Mais il n'a d'abord songé qu'à détruire, par la poésie d'abord sur le plan de l'imprécation, par des marteaux matériels ensuite. Le procès du monde réel est devenu logiquement le procès de la création.

7/ A. Camus, *L'Homme révolté,* Gallimard, « Idées », 1963, pp. 116-117.

Si le surréalisme entendait ne pas se borner à l'agitation destructrice, c'est bien par référence à la morale : « La question morale me préoccupe [...]. La morale est la grande consolatrice. L'attaquer, c'est encore lui rendre hommage. C'est en elle que j'ai toujours trouvé mes principaux sujets d'exaltation », écrivait Breton dans *Les Pas perdus* (N.R.F., 1924, pp. 7-10). La révolte n'est pas une fin en soi. La destruction doit faire table rase des conditions dérisoires de l'existence pour affirmer d'autres valeurs. Les surréalistes ont repris le mot d'ordre de Rimbaud : « Changer la vie », et le premier *Manifeste* se termine par ces mots : « C'est vivre et cesser de vivre qui sont des solutions imaginaires. L'existence est ailleurs. »

« *Maintenir un certain état de fureur* »

Le refus surréaliste s'est extériorisé d'abord par la violence et la provocation. Portant son regard en arrière vers cette période, dans un texte rédigé en 1952, Breton retrouve l'image du surréalisme d'alors dans le « miroir noir de l'anarchisme » :

S A ce moment le refus surréaliste est total, absolument inapte à se laisser canaliser sur le plan politique. Toutes les institutions sur lesquelles repose le monde moderne et qui viennent de donner leur résultante dans la première guerre mondiale sont tenues par nous pour aberrantes et scandaleuses. Pour commencer, c'est à tout l'appareil de défense de la société qu'on s'en prend : armée, « justice », police, religion, médecine mentale et légale, enseignement scolaire. Aussi bien les déclarations collectives que les textes individuels de l'Aragon d'alors, d'Artaud, de Crevel, de Desnos, de l'Éluard d'alors, d'Ernst, de Leiris, de Masson, de Péret, de Queneau ou de moi attestent la commune volonté de les faire reconnaître pour des fléaux et de les combattre en tant que tels. Mais pour les combattre avec quelque chance de succès, encore faut-il s'attaquer à leur armature qui, en dernière analyse, est d'ordre *logique* et *moral* : la prétendue « raison » qui a cours et, d'une étiquette frauduleuse, recouvre le « sens commun » le plus éculé, la « morale » falsifiée par le christianisme en vue de décourager toute résistance contre l'exploitation de l'homme.

8/ A. BRETON, *La Clé des champs,* Pauvert, 1967, pp. 421-422.

La volonté de rompre avec l'ordre social établi se manifeste dès 1924 par un pamphlet, écrit à l'occasion du deuil national décrété après la mort d'Anatole France, et intitulé *Un cadavre* : quatre pages d'accusations et d'insultes signées Aragon, Breton, Delteil, Drieu La Rochelle et Éluard. « Avez-vous déjà giflé un mort ? » demandait Aragon :

S   Je tiens tout admirateur d'Anatole France pour un être dégradé. Il me plaît que le littérateur que saluent à la fois aujourd'hui le tapir Maurras et Moscou la gâteuse, et par une incroyable duperie Paul Painlevé lui-même, ait écrit pour battre monnaie d'un instinct tout abject, la plus déshonorante des préfaces à un conte de Sade, lequel a passé sa vie en prison pour recevoir à la fin le coup de pied de cet âne officiel. Ce qui vous flatte en lui, ce qui le rend sacré, qu'on me laisse la paix, ce n'est pas même le talent, si discutable, mais la bassesse, qui permet à la première gouape venue de s'écrier : « Comment n'y avais-je pas pensé plus tôt ! » Exécrable histrion de l'esprit, fallait-il qu'il répondît vraiment à l'ignominie française pour que ce peuple obscur fût à ce point heureux de lui avoir prêté son nom ! Balbutiez donc à votre aise sur cette chose pourrissante, pour ce ver qu'à son tour les vers vont posséder, raclures de l'humanité, gens de partout, boutiquiers et bavards, domestiques d'état, domestiques du ventre, individus vautrés dans la crasse et l'argent, vous tous, qui venez de perdre un si bon serviteur de la compromission souveraine, déesse de vos foyers et de vos gentils bonheurs.

Je me tiens aujourd'hui au centre de cette moisissure, Paris, où le soleil est pâle, où le vent confie aux cheminées une épouvante et sa langueur. Autour de moi, se fait le remuement immonde et misérable, le train de l'univers où toute grandeur est devenue l'objet de la dérision. L'haleine de mon interlocuteur est empoisonnée par l'ignorance. En France, à ce qu'on dit, tout finit en chansons. Que donc celui qui vient de crever au cœur de la béatitude générale, s'en aille à son tour en fumée ! Il reste peu de choses d'un homme : il est encore révoltant d'imaginer de celui-ci, que de toute façon *il a été*. Certains jours j'ai rêvé d'une gomme à effacer l'immondice humaine.

9/ L. ARAGON, dans *Un cadavre*, 1924, cité dans J. Pierre, *Tracts surréalistes*, t. I, Losfeld, 1980, p. 25.

Une autre occasion de défier l'opinion fut fournie aux surréalistes par des déclarations de Paul Claudel portant sur le sens de leur activité. Ils lui répondirent sur un papier couleur sang de bœuf :

S   LETTRE OUVERTE À M. PAUL CLAUDEL,
             AMBASSADEUR DE FRANCE AU JAPON

Monsieur,

Notre activité n'a de pédérastique que la confusion qu'elle introduit dans l'esprit de ceux qui n'y participent pas.

Peu nous importe la création. Nous souhaitons de toutes nos forces que les révolutions, les guerres et les insurrections coloniales viennent anéantir cette civilisation occidentale dont vous défendez jusqu'en Orient la vermine et nous appelons cette destruction comme l'état de choses le moins inacceptable pour l'esprit.

Il ne saurait y avoir pour nous ni équilibre ni grand art. Voici déjà longtemps que l'idée de Beauté s'est rassise. Il ne reste debout qu'une idée morale, à savoir par exemple qu'on ne peut être à la fois ambassadeur de France et poète.

Nous saisissons cette occasion pour nous désolidariser publiquement de tout ce qui est français, en paroles et en actions. Nous déclarons trouver la trahison et tout ce qui, d'une façon ou d'une autre, peut nuire à la sûreté de l'État beaucoup plus conciliable avec la poésie que la vente de

« grosses quantités de lard » pour le compte d'une nation de porcs et de chiens. [...]

10/ « Lettre ouverte à M. Paul Claudel », dans J. Pierre, *Tracts surréalistes,* Losfeld, t. I, pp. 49-50.

Cette lettre ouverte fut distribuée sous l'assiette de chacun des convives d'un banquet organisé à la Closerie des Lilas pour rendre hommage au poète symboliste Saint-Pol-Roux. Au cours du repas, les surréalistes présents s'en prirent à Rachilde, qui avait tenu des propos hostiles aux Allemands, et le tumulte consécutif tourna bientôt à la bagarre. Le scandale fut énorme. La presse unanime condamna les « provocateurs surréalistes ». Orion, dans *L'Action française,* proposa de les mettre en quarantaine :

Lettre ouverte aux courriéristes :

Eh bien, c'est clair. Ces prétendus fous sont de faux fous. En réalité, il s'agit de combinards qui ont monté un coup de réclame. Imaginez de vrais fous, vraiment emportés par une idéologie de désespoir. Leurs imprécations engloberaient l'Allemagne. Le seul qui soit d'une entière bonne foi dans l'affaire est un Allemand authentique qu'ils traînaient avec eux. Celui-là trouve sincèrement que la place de Mme Rachilde n'est pas à la Closerie. C'est sa place à lui. Le type même des querelles d'allemands. Tous les autres qui sont de mauvais bougres
1) se fichent de la France comme du reste ;
2) ont observé que la trahison, même dénoncée en pleine chambre, reste impunie ;
3) en ont conclu qu'ils avaient dans l'apologie de la trahison, dans un scandale organisé sur cette base, une publicité de tout repos.

Nous avons dans les mains, nous, critiques, et nous, courriéristes, le moyen de les déjouer et celui de les punir. Ne prononçons plus leurs noms. N'écrivons plus jamais le nom de leur groupe. Les Orionides ne sont pas suspects de partis pris. Malgré leur extravagance, les travaux de ces olibrius avaient été signalés à cette place. Nous sommes donc en droit de protester et de proposer. Le fait nouveau est trop grave, trop indécent.

Voyez-vous ça ? Ils ont imaginé ça « pour se faire connaître »... Il ne s'agit pas, bien entendu, de les laisser en paix continuer toutes leurs sales galipettes. Nous avons, pour répondre à leur encre, nos petites revues que le lecteur connaît déjà.

Il s'agit, en justes représailles, de leur fermer la porte qui mène au grand public. C'est la nôtre. Chacun de nous gardera dans ses dossiers le fameux manifeste et se taira à l'avenir sur les trente signataires, leurs articles, leurs livres, jusqu'à ce qu'ils aient adopté des méthodes de publicité un peu moins ignobles. Première sanction que d'autres pourront suivre, d'une autre sorte s'ils ne se contentent pas d'écrire.

Mais on peut le parier, la communication coupée avec le public, ils mettront de l'eau dans leur vin.

Est-ce dit ?

11/ Orion, dans *L'Action française,* 6 juillet 1925.

Drieu La Rochelle, ami d'Aragon, qui avait participé à plusieurs manifestations aux côtés des surréalistes et, en particulier, inspiré le pamphlet contre Anatole France, leur reprocha de céder à la tentation de l'action politicienne et de s'écarter ainsi du chemin que leur désespoir avait tracé pour retrouver le sens de l'absolu :

Comme il vaudrait mieux laisser tout cela tranquille, et chanter l'amour, ce qui est beaucoup plus dans nos cordes. L'amour et Dieu.

Car, mes pauvres amis, avec tout cela vous oubliez Dieu.

Car peu importe que s'engage ou ne s'engage pas un jour une bataille militaire entre un Orient et un Occident aussi périmés, aussi légendaires l'un que l'autre. Quel que soit le résultat de ce choc bestial, dont l'enjeu pour les combattants n'est que pétrole et charbon, il importe que nous, les meilleurs, nous profitions de cette vie qui ne semble faite que pour nous et que nous cueillions les fruits du seul jardin réel, ignoré des convoitises mondiales, ignoré des milliardaires comme des démocraties ; il faut que nous réapprenions à jouir largement de notre esprit, de notre cœur, de notre corps. Toutes ces belles disciplines de la joie se sont bien perdues dans les derniers siècles. Ne nous en privons pas plus longtemps.

Vous ne me direz pas le contraire, vous, hommes ardents et exigeants, vous qui, les premiers en Europe, avez voulu rompre une des chaînes les plus rouillées, celle de la littérature, ce résidu durci des plus nobles exercices humains !

Car voilà bien la fonction essentielle, la fonction humaine par excellence qui est offerte aux hommes comme vous, hardis et difficiles, c'est de chercher et de trouver Dieu.

Mais depuis cet hiver je doute décidément de votre ambition, de votre sérieux. Tout votre effort d'abord assez hautain n'aboutit qu'à la constitution d'une petite doctrine littéraire et à des incartades facétieuses du côté de la tribune aux harangues.

Tant pis ! D'autres que vous, moins brillants, seront peut-être plus fiers et plus tenaces.

Pourtant je n'aurais voulu retenir de votre diatribe contre Claudel que cette phrase perdue que je ramasse avec piété comme tout ce qui me reste du grand espoir et de l'ardente amitié que je vous avais voués : « Le salut pour nous n'est nulle part. »

Cette parole de foi, cette parfaite affirmation spirituelle, méritait mieux que de paraître entre des bravades empruntées aux démagogues ignares.

12/ P. DRIEU LA ROCHELLE, *Sur les écrivains,* Gallimard, 1964, p. 61.

Drieu leur faisait entre autres griefs, celui d'attendre de l'Orient la lumière. Les surréalistes s'étaient donné pour objectif de créer un « mysticisme d'un nouveau genre » et c'est en effet du côté de l'Orient mystérieux, celui du Bouddha et du Dalaï-Lama, qu'ils pensaient le trouver. Cette orientation porte la marque d'Antonin Artaud qui entraînait alors le groupe sur la voie d'une révolte contre toutes les valeurs de l'Occident. Ainsi composa-t-il le troisième numéro de *La Révolution surréaliste* en multipliant les assauts contre les institutions occidentales, jugées en référence à un Orient idéal qui était à la fois la patrie des sages et la terre des barbares. Dans la « Lettre aux recteurs des universités européennes », il s'en prend — s'il n'est pas l'auteur de l'intégralité du texte, c'est du moins lui qui l'inspira — à la racine du mal, à la funeste éducation occidentale :

S   LETTRE AUX RECTEURS
           DES UNIVERSITÉS EUROPÉENNES

Monsieur le Recteur,

Dans la citerne étroite que vous appelez « Pensée », les rayons spirituels pourrissent comme de la paille.

Assez de jeux de langue, d'artifices de syntaxe, de jongleries de formules, il y a à trouver maintenant la grande Loi du cœur, la Loi qui ne soit pas une loi, une prison, mais un guide pour l'Esprit perdu dans son propre labyrinthe. Plus loin que ce que la science pourra jamais toucher, là où les faisceaux de la raison se brisent contre les nuages, ce labyrinthe existe, point central où convergent toutes les forces de l'être, les ultimes nervures de l'Esprit. Dans ce dédale de murailles mouvantes et toujours déplacées, hors de toutes les formes connues de pensée, notre Esprit se meut, épiant ses mouvements les plus secrets et spontanés, ceux qui ont un caractère de révélation, cet air venu d'ailleurs, tombé du ciel.

Mais la race des prophètes s'est éteinte. L'Europe se cristallise, se momifie lentement sous les bandelettes de ses frontières, de ses usines, de ses tribunaux, de ses universités. L'Esprit gelé craque entre les ais minéraux qui se resserrent sur lui. La faute en est à vos systèmes moisis, à votre logique de 2 et 2 font 4, la faute en est à vous, Recteurs, pris au filet des syllogismes. Vous fabriquez des ingénieurs, des magistrats, des médecins à qui échappent les vrais mystères du corps, les lois cosmiques de l'être, de faux savants aveugles dans l'outre-terre, des philosophes qui prétendent à reconstruire l'Esprit. Le plus petit acte de création spontanée est un monde plus complexe et plus révélateur qu'une quelconque métaphysique.

13/ Dans *La Révolution surréaliste,* n° 3, 15 avril 1925, p. 11.

Un autre manifeste publié dans le même numéro de revue, sans révéler une semblable hauteur de pensée, s'attaque avec autant de vigueur à deux des piliers de l'appareil répressif mis en place par la société, la justice et l'armée :

S   OUVREZ LES PRISONS
            LICENCIEZ L'ARMÉE

Il n'y a pas de crimes de droit commun.

Les contraintes sociales ont fait leur temps. Rien, ni la reconnaissance d'une faute accomplie, ni la contribution à la défense nationale ne sauraient forcer l'homme à se passer de la liberté. L'idée de prison, l'idée de caserne sont aujourd'hui monnaie courante : ces monstruosités ne vous étonnent plus. L'indignité réside dans la quiétude de ceux qui ont tourné la difficulté par diverses abdications morales et physiques (honnêteté, maladie, patriotisme).

La conscience une fois reprise de l'abus que constituent d'une part l'existence de tels cachots, d'autre part l'avilissement, l'amoindrissement qu'ils engendrent chez ceux qui y échappent comme chez ceux qu'on y enferme, — *et il y a, paraît-il, des insensés qui préfèrent au suicide la cellule ou la chambrée,* — cette conscience enfin reprise, aucune discussion ne saurait être admise, aucune palinodie. Jamais l'opportunité d'en finir

n'a été aussi grande, qu'on ne nous parle pas de l'opportunité. Que MM. les assassins commencent, si tu veux la paix prépare la guerre, de telles propositions ne couvrent que la plus basse crainte ou les plus hypocrites désirs. Ne redoutons pas d'avouer que nous attendons, que nous appelons la catastrophe. La catastrophe ? ce serait que persiste un monde où l'homme a des droits sur l'homme. L'union sacrée devant les couteaux ou les mitrailleuses, comment en appeler plus longtemps à cet argument disqualifié ? Rendez aux champs soldats et bagnards. Votre liberté ? Il n'y a pas de liberté pour les ennemis de la liberté. Nous ne serons pas les complices des geôliers. [...]
Ouvrez les Prisons   Licenciez l'Armée.
14/ Dans *La Révolution surréaliste,* n° 2, 15 janvier 1925, p. 18.

Ces diatribes traduisent un « état de fureur » indispensable pour parvenir à la révolution. En ce début de l'année 1925, l'ensemble du groupe s'accordait avec Artaud pour envisager l'objectif de la révolution surréaliste, non comme un changement à « l'ordre physique et apparent des choses », mais « comme la création d'un mouvement dans les esprits » (Document intérieur du 2 avril 1925, reproduit par Maurice Nadeau dans *Documents surréalistes,* Le Seuil, 1948, p. 44).

Les surréalistes ne devaient pas s'en tenir à cette position, jugée plus tard idéaliste ; ils allaient lui donner un sens plus concret, en situant leur action sur un terrain politique. L'attaque furieuse des institutions allait cependant se perpétuer durant toute l'histoire du mouvement, au-delà même de sa période d'adhésion au marxisme.

L'armée demeura une cible privilégiée que Benjamin Péret ne manqua aucune occasion de viser. Ainsi, lorsque le sujet proposé par l'Académie française pour son prix de poésie fut « la mort héroïque du lieutenant Condamine de la Tour », tué au Maroc, il écrivit ce poème :

S

LA MORT HÉROÏQUE
DU LIEUTENANT
CONDAMINE DE LA TOUR

[...]
Soudain dans l'air barbu
un clou s'enfonça avec un bruit de ténèbres
un clou bleu et vert comme un matin de prin-
2 437 punaises sortirent de son nez   [temps
4 628 lampions pénétrèrent dans ses oreilles.

Il cria
Moi Condamine de la Tour je cherche des mas-
des enfants dans des souliers de nuages   [sacres
et le soldat inconnu dans le placard

Mais jésus a jeté le soldat inconnu dans sa pou-
et les porcs l'ont mangé   [belle
et les Alsaciens ont mangé les porcs

C'est ainsi que tu as grandi Condamine de la
que tu as grandi comme un porc   [Tour
et le nombril du soldat inconnu est devenu le
                                           [tien
Mais aujourd'hui jésus a mis ses pieds dans ta
qui lui sert de sabot   [gidouille
les deux pieds dans le même sabot
C'est pour cela qu'on l'a fait dieu
et que ses curés ont des chaussures semblables à
                                    [leur visage
Pourris Condamine de la Tour pourris

avec tes yeux le pape fera deux hosties pour ton
                                    [sergent marocain
et ta queue deviendra son bâton de maréchal
Pourris Condamine de la Tour
pourris ordure sans os.

15/ B. PÉRET, dans *La Révolution surréaliste*, n° 6,
1er mars 1926, p. 22.

Avec l'armée, la religion figure en bonne place
parmi les « forces obscurantistes » que les surréalistes
se devaient de combattre. Dans *Le Clavecin de Dide-*
rot, Crevel s'en prend à Dieu, « celui qui ne bande
pas, qui décide les plus fiers bandeurs à ne plus ban-
der » (Pauvert, 1966, p. 149). Également pour défendre l'amour contre la morale chrétienne, Max Ernst
dénonce le « danger de pollution » que représente
l'Église :

S A en juger par l'aspect physique et la détresse
morale de l'humanité actuelle, on doit reconnaître que les bons confesseurs ont fait de bon travail : les hommes sont devenus hideux et formi-
dables à force de s'être livrés pendant des siècles
à celle qui est la mère de tous les vices : la confession. Leur digestion s'est détraquée à force
d'avaler le corps anémique du Seigneur, leur sexe
s'est affaibli à force de tuer le plaisir et de multiplier l'espèce, leur passion à force de prier une
Vierge ; leur intelligence a sombré dans les ténèbres de la méditation. La vertu de l'orgueil, qui
faisait la beauté de l'homme, a cédé la place au
vice de l'humilité chrétienne, qui fait sa laideur.
Et l'amour, qui doit donner un sens à la vie, est
gardé à vue sous la surveillance de la police clé-
ricale.

Le triste devoir conjugal qui a été inventé pour mettre en branle la machine à multiplier, pour fournir à l'Église des âmes abrutissables, aux patries des individus aptes aux exigences de la production et au service militaire, le triste acte conjugal tel que les docteurs de l'Église le permettent à ceux qui veulent s'unir dans l'amour, n'est qu'une photographie très ressemblante de l'acte de l'amour. Les amoureux sont *volés par l'Église. L'amour est à réinventer,* Rimbaud l'a dit.

16/ M. ERNST, *Écritures,* Gallimard, 1970, pp. 184-185.

Pour que la vie fût changée, il convenait d'abattre tous les murs qui la limitent. Crevel reprend à Diderot l'image du « clavecin sensible » pour exprimer la multitude des possibilités et des désirs que manifeste chaque homme. Il n'en rejette que plus violemment la conception de l'humain telle qu'elle s'est forgée à travers la civilisation occidentale :

S   DE L'HUMANISME

Homo sum, disait Térence, *et nil humani a me alienum puto.*

En récompense de cette déclaration, l'Église a béatifié le faiseur de calembredaines. Il est devenu le saint Térence du calendrier catholique : *Homo sum...* Je suis un homme et rien de ce qui est humain ne m'est étranger.

Que cette déclaration ait valu renom de pionnier à son auteur, qu'elle en ait fait un évangéliste avant la lettre, voilà qui prouve assez la volonté confusionnelle des églises et de l'intelligentsia bourgeoise, qui, en fait de psychologie, ne veulent d'autres découvertes que celles des plus communs lieux communs.

Il importe donc de ne pas se laisser encercler dans une lapalissade, rendez-vous de chasse de toutes les mauvaises fois du monde, carrefour équivoque où il n'est pas un maître chanteur qui ne soit venu s'essayer à faire son petit rossignol.

L'humain : pour emporter le morceau, n'importe quel opportuniste, à bout d'arguments, n'a qu'à s'en prévaloir. On connaît l'antienne : *Tâchez donc d'être un peu plus humain.* Sous les râteliers des MM. Prudhomme, elle vous a un de ces petits airs paternes, elle devient la prière mielleuse dont tous les rentiers espèrent qu'elle empêchera leurs rentes de descendre. [...]

L'humain, de son angle culturel, l'*humanisme,* de son angle christiano-philanthropique, l'*humanité* synonyme sécularisé de la dernière des trois vertus théologales, la charité (laquelle, d'ailleurs, mériterait bien de passer avant la foi et l'espérance, eu égard au nombre de services qu'elle n'a cessé de rendre au capitalisme catholique, apostolique et romain), voilà tout ce qu'on nous offre, bien que nul n'ignore quels intérêts s'abritent à l'ombre de ces frondaisons-prétextes.

17/ R. CREVEL, *Le Clavecin de Diderot,* Pauvert, « Libertés », 1966, pp. 31-32.

Le rejet de l'humanisme allait rester un thème permanent chez les surréalistes, et ce n'est pas l'expérience du stalinisme qui aura modifié leur point de vue :

S   LE SURRÉALISME ET LA LIBERTÉ

Dire que le surréalisme n'est pas un humanisme, c'est dire qu'il rejette la religion de l'humanité à cause d'abord qu'il n'éprouve aucune sympathie pour un corps aussi abstrait, et qu'ensuite, lui offrirait-on de bonnes raisons de participer à l'ascension de cette humanité, qu'elle reposerait encore sur le vieux dualisme du bien et du mal dont, nous semble-t-il, Sade et Nietzsche ont depuis longtemps fait justice. Si l'on veut, dans l'espoir de nous être agréable, parler de religion de l'homme, rappelons que Stirner reprochait précisément à Feuerbach d'avoir fait descendre Dieu dans l'homme et qu'il n'y voyait, quant à lui, Stirner, aucun avantage appréciable, le problème n'étant pas de diviniser l'homme mais d'abolir toute idée de divinité. En volant un peu moins haut, et pour tout dire en pêchant dans le pire cloaque de l'époque, on aura une juste représentation d'une forme extrême, mais nullement négligeable, de l'humanisme contemporain, en se remémorant le propos de Staline, qui fit frémir d'aise ses innombrables valets : « L'homme est le capital le plus précieux. » Voilà bien la formule saisissante et vraie, si l'on veut se souvenir du taux d'intérêt usuraire qu'il appliquait et qui lui fut payé en sueur, en larmes, en sang et en cadavres par un capital de cent cinquante millions d'esclaves placé pendant vingt ans. En vérité, le surréalisme se méfie de l'humanisme parce qu'il n'est ni fondé en raison, l'anthropocentrisme étant pure spéculation, ni fondé en morale, puisqu'il est orienté, comme je l'ai dit, par le dualisme du bien et du mal.

18/ J. SCHUSTER, dans *Entretiens sur le surréalisme*, Mouton, 1968, pp. 324-325.

En 1948, les surréalistes s'écrieront : *A la niche les glapisseurs de Dieu ;* en 1956, dans un autre tract, *Au tour des livrées sanglantes,* ils demanderont que soit extirpé le « venin stalinien » : deux manifestations parmi beaucoup d'autres, dans les années d'après-guerre, qui prouvent que la revendication de la liberté avait conservé son « intensité paroxystique ».

Une vigilance révolutionnaire

Dès la naissance du mouvement surréaliste, l'accent avait donc été mis sur la révolte nécessaire qui apparaissait comme son but et son fondement. Cependant, les premiers anathèmes qui avaient été jetés traduisaient une sollicitation morale, quelquefois sociale, mais pas proprement politique.

Dans le *Manifeste* de 1924, Breton avait repoussé la tentation marxiste en affirmant que « le procès de l'attitude matérialiste » devait être instruit, car il « implique de la part de l'homme un orgueil monstrueux » (p. 14). L'attitude à l'égard de l'U.R.S.S. était celle que définissait Aragon au début de l'année 1925 quand il écrivait dans *Clarté* : « La révolution russe ? Vous ne m'empêcherez pas de hausser les épaules. A l'échelle des idées, c'est au plus une vague crise ministérielle. » Quelques mois auparavant, il avait parlé de « Moscou la gâteuse » (voir ci-dessus texte 9).

Mais les événements, et d'abord la guerre du Rif,

mettent les surréalistes en demeure de choisir un camp et de passer à l'action. Depuis plusieurs mois, la France menait une véritable guerre au Maroc contre les riffains d'Abd El-Krim. Prenant le parti des révoltés, les surréalistes sont amenés à se rapprocher de ceux qui, en France, les soutiennent : les communistes. Dans *Qu'est-ce que le surréalisme ?*, André Breton rappelle ce que furent alors les motivations de son groupe :

S   Toutefois aucune détermination politique ou sociale cohérente ne s'y manifeste jusqu'en 1925, c'est-à-dire (il est important de le souligner) jusqu'à ce qu'éclate la guerre du Maroc qui, ranimant en nous l'hostilité toute particulière à l'égard du sort fait à l'homme par les conflits armés, nous place brusquement devant la nécessité d'une protestation publique. Cette protestation, qui, sous le titre « La Révolution d'abord et toujours », réunit, en octobre 1925, aux noms des surréalistes proprement dits, ceux d'une trentaine d'intellectuels, est sans doute idéologiquement assez confuse ; elle n'en marque pas moins la rupture avec toute une manière de penser ; elle n'en crée pas moins un précédent caractéristique qui va décider de toute la conduite ultérieure du mouvement. L'activité surréaliste, en présence de ce fait brutal, révoltant, *impensable,* va être amenée à s'interroger sur ses ressources propres, à en déterminer les *limites ;* elle va nous forcer à adopter une attitude précise, extérieure à elle-même, pour continuer à faire face à ce qui excède ces limites. Cette activité est entrée à ce moment dans sa phase *raisonnante.* Elle éprouve tout à coup le besoin de franchir le fossé qui sépare l'idéalisme absolu du matérialisme dialectique.

19/ A. BRETON, *Qu'est-ce que le surréalisme ?,* Henriquez, Bruxelles, 1934, p. 10.

Le rapprochement ne s'effectue pas directement avec le parti communiste, mais avec un groupe qui en était proche, composé de Jean Bernier, Marcel Fourrier, Victor Crastre... et qui animait la revue *Clarté.* La reconnaissance de points d'accord se concrétise par la publication d'un manifeste : *La Révolution d'abord et toujours,* répondant lui-même à un manifeste nationaliste :

S Plaçant au-devant de toutes différences notre amour de la Révolution et notre décision d'efficace, dans le domaine encore tout restreint qui est pour l'instant le nôtre, nous : CLARTÉ, CORRESPONDANCE, PHILOSOPHIES, LA RÉVOLUTION SURRÉALISTE, etc., déclarons ce qui suit :

1° Le magnifique exemple d'un désarmement immédiat, intégral et sans contrepartie qui a été donné au monde en 1917 par LÉNINE à *Brest-Litovsk,* désarmement dont la valeur révolutionnaire est infinie, nous ne croyons pas votre France capable de le suivre jamais.

2° En tant que, pour la plupart, mobilisables et destinés officiellement à revêtir l'abjecte capote bleu-horizon, nous repoussons énergiquement et de toutes manières pour l'avenir l'idée d'un assujettissement de cet ordre, étant donné que pour nous la France n'existe pas.

3° Il va sans dire que, dans ces conditions, nous approuvons pleinement et contresignons le manifeste lancé par le comité d'action contre la guerre du Maroc, et cela d'autant plus que ses auteurs sont sous le coup de poursuites judiciaires.

4° Prêtres, médecins, professeurs, littérateurs, poètes, philosophes, journalistes, juges, avocats, policiers, académiciens de toutes sortes, vous tous, signataires de ce papier imbécile : « Les intellectuels aux côtés de la Patrie », nous vous dénoncerons et vous confondrons en toute occasion. Chiens dressés à bien profiter de la Patrie, la seule pensée de cet os à ronger vous anime.

5° Nous sommes la révolte de l'esprit ; nous considérons la Révolution sanglante comme la vengeance inéluctable de l'esprit humilié par vos œuvres. Nous ne sommes pas des utopistes : cette Révolution nous ne la concevons que sous sa forme sociale. S'il existe quelque part des hommes qui aient vu se dresser contre eux une coalition telle qu'il n'y ait personne qui ne les réprouve (traîtres à tout ce qui n'est pas la Liberté, insoumis de toutes sortes, prisonniers de droit commun), qu'ils n'oublient pas que l'idée de Révolution est la sauvegarde la meilleure et la plus efficace de l'individu.

20/ « La Révolution d'abord et toujours », dans *L'Humanité,* 21 septembre 1925, repris dans J. Pierre, *Tracts surréalistes,* Losfeld, p. 55.

Si ce manifeste est encore loin, pour les surréalistes, de marquer une adhésion au communisme, il en contient les prémisses et constitue un important pas en avant dans leur engagement politique. Dans les mois qui suivirent s'établit une collaboration régulière avec le groupe Clarté. Un moment fut même envisagée la fusion des deux groupes, avec une seule publication qui aurait eu pour titre : *La Guerre civile.*

La question de leur attitude à l'égard du parti communiste provoque chez les surréalistes des « tiraillements caractéristiques ». Pierre Naville, qui, à titre personnel, s'était engagé plus avant dans l'action militante, rédigea la brochure *La Révolution et les Intellectuels* pour inviter ses amis à dépasser le plan moral. Selon lui, un choix s'imposait entre la métaphysique et la dialectique, lesquelles impliquent deux directions antagonistes :

S   Donc, envisageant l'origine et la portée du surréalisme comme mouvement intellectuel spontané, nous sommes amenés à reconnaître qu'il ne peut désormais s'engager que dans deux directions :

    1° Ou bien persévérer dans une attitude négative d'ordre anarchique, attitude fausse *a priori* parce qu'elle ne justifie pas l'idée de révolution dont elle se réclame, attitude soumise à un refus de compromettre son existence propre et le caractère sacré de l'individu dans une lutte qui entraînerait vers l'action disciplinée du *combat de classes.*

    2° Ou bien s'engager résolument dans la voie révolutionnaire, la seule voie révolutionnaire : la voie marxiste. C'est alors se rendre compte que la force spirituelle, substance qui est tout et partie dans l'individu, est intimement liée à une réalité sociale qu'elle suppose effectivement. Cette réalité apparaît pour nous avec l'organisation de l'action de classe. Dans cette hypothèse, la lutte est directement engagée contre la bourgeoisie, la lutte prolétarienne dans toute sa profondeur, commandée par les mouvements de masse, avec l'aide des Intellectuels qui s'affirment décidés à ne reconnaître le terrain de la liberté que dans celui où la bourgeoisie périra.

On comprend maintenant que l'attitude métaphysique adoptée par les surréalistes était *a priori* incompatible avec la forme même de la pensée surréaliste qui est dialectique dans son essence. Or pour dégager le surréalisme de l'antinomie à laquelle il s'est condamné dès l'abord, il faudrait pouvoir réaliser une adaptation semblable à celle que réalisèrent Marx et Engels sur la dialectique hégélienne, *quand ils la remirent sur ses pieds.*

21/ P. NAVILLE, *La Révolution et les Intellectuels,* (1928), Gallimard, « Idées », 1975, pp. 76-77.

Breton lui répondit en septembre 1926 en publiant *Légitime défense.* Il formule une adhésion de principe au programme communiste, tout en précisant qu'il s'agit pour lui d'un programme minimum. Il reproche au parti communiste d'être fondé sur la seule défense d'intérêts matériels et à *L'Humanité* d'être « puérile, déclamatoire, inutilement *crétinisante* ». Ayant voulu voir dans la démarche de Naville — ce qui n'était pas — la mise en demeure de se consacrer à une littérature de propagande, Breton réitère son refus d'abandonner les préoccupations spécifiques du mouvement :

S Tout le sens de ma critique présente est là. Je ne sais, je le répète humblement, comment on peut espérer réduire à notre époque le malentendu, angoissant au possible, qui résulte des difficultés en apparence insurmontables d'objectivation des idées. Nous nous étions, de notre propre chef, placés au centre de ce malentendu et prétendions veiller à ce qu'il ne s'aggravât. Du seul point de vue révolutionnaire, la lecture de *L'Humanité* tendrait à prouver que nous avions raison. Nous pensions être dans notre rôle en dénonçant de là les impostures et les déviations qui se révélaient autour de nous les plus caractéristiques et aussi nous estimions que, n'ayant rien à gagner à nous placer directement sur le terrain politique, de là nous pouvions en matière d'activité humaine user à bon droit du rappel aux principes et servir de notre mieux la cause de la Révolution.

Du sein du Parti communiste français on n'a pas cessé de désapprouver plus ou moins ouvertement cette attitude et même l'auteur d'une brochure parue récemment sous le titre : *La Révolution et les Intellectuels. — Que peuvent faire les Surréalistes ?* qui tente de la définir du point de vue communiste avec le maximum d'impartialité, nous accuse d'osciller encore entre l'anarchie et le marxisme et nous met en quelque sorte le marché en main. [...]

Dans le domaine des faits, de notre part aucune équivoque n'est possible : il n'est personne de nous qui ne souhaite le passage du pouvoir des mains de la bourgeoisie à celles du prolétariat. En attendant, il n'en est pas moins nécessaire, selon nous, que les expériences de la vie intérieure se poursuivent et cela, bien entendu, sans contrôle extérieur, même marxiste. Le surréalisme ne tend-il pas, du reste, à donner à la limite ces deux états pour un seul, en faisant justice de leur prétendue inconciliabilité pratique par tous les moyens, à commencer par le plus primitif de tous, dont l'emploi trouverait mal à se légitimer s'il n'en était pas ainsi : je veux parler de l'appel au merveilleux [...]

22/ A. BRETON, « Légitime défense », dans *La Révolution surréaliste,* n° 8, décembre 1926, p. 34.

« Légitime défense » ne met pas un terme au débat à l'intérieur du groupe dont Naville s'est éloigné de fait. Reconnaissant cependant le bien-fondé des arguments qu'il avait avancés et pour montrer que la peur de l'action ne les retient pas, Aragon, Breton, Éluard, Péret et Unik décident d'adhérer au parti communiste et l'annoncent publiquement dans la brochure *Au grand jour* (1927). C'est là que les cinq signataires font connaître l'exclusion du groupe d'Antonin Artaud et de Philippe Soupault qui avaient refusé de les suivre sur le terrain de l'action politique.

Mis en cause dans *Au grand jour*, Artaud réplique avec *A la grande nuit*, où il rappelle l'enjeu de la controverse : l'abandon du plan supérieur de l'esprit pour celui, relatif, de la réalité matérielle :

Le surréalisme est mort du sectarisme imbécile de ses adeptes. Ce qu'il en reste est une sorte d'amas hybride sur lequel les surréalistes eux-mêmes sont incapables de mettre un nom. Perpétuellement à la lisière des apparences, inapte à prendre pied dans la vie, le surréalisme en est encore à rechercher son issue, à piétiner sur ses propres traces. Impuissant à choisir, à se déterminer soit en totalité pour le mensonge, soit en totalité pour la vérité (vrai mensonge du spirituel illusoire, fausse vérité du réel immédiat, mais destructible), le surréalisme pourchasse cet insondable, cet indéfinissable interstice de la réalité où appuyer son levier jadis puissant, aujourd'hui tombé en des mains de châtrés. Mais ma débilité mentale, ma lâcheté bien connues se refusent à trouver le moindre intérêt à des bouleversements qui n'affecteraient que ce côté extérieur, immédiatement perceptible, de la réalité. La métamorphose extérieure est une chose à mon sens qui ne peut être donnée que par surcroît. Le plan social, le plan matériel vers lequel les surréalistes dirigent leurs pauvres velléités d'action, leurs haines à tout jamais virtuelles n'est pour moi qu'une représentation inutile et sous-entendue.

Je sais que dans le débat actuel j'ai avec moi tous les hommes libres, tous les révolutionnaires véritables qui pensent que la liberté individuelle est un bien supérieur à celui de n'importe quelle conquête obtenue sur un plan relatif.

23/ A. ARTAUD, « A la grande nuit ou le bluff surréaliste », dans *Œuvres complètes*, Gallimard, 1956, t. I, p. 290.

Artaud n'est pas seul à s'inquiéter de l'orientation prise par le surréalisme. De l'extérieur du mouvement, d'autres voix se font entendre, telle celle de Benjamin Fondane qui l'avait jusque-là regardé avec le plus grand espoir. Mettant l'accent, tout comme Artaud, sur la liberté de l'esprit, et attendant son épanouissement d'un surgissement de l'irrationnel, Fondane s'interroge en voyant les surréalistes, qui avaient partagé ces conceptions, se rallier à l'idée d'une dictature, celle du prolétariat, fondée sur la raison :

Car que peuvent attendre les surréalistes de la révolution si ce n'est la révolution elle-même, cette liquidation d'une « succession spirituelle, à laquelle il irait de l'intérêt de chacun de renoncer » ? Que nous propose-t-elle, cette révolution, qui puisse d'ores et déjà — sauf la destruction du bourgeois — intéresser notre joie et le salut de l'esprit par la *liberté* ? A quoi avons-nous droit d'espérer ? Avec ou sans église nous savons que le prolétariat tablera sur l'impératif catégorique, sur le devoir, la loi, l'humain, le sacrifice, vieux préceptes moraux qui iront à l'encontre du *merveilleux* — ou poésie en liberté — et qu'il justifiera par la Raison, cette idole qui fut de tous les siècles, et non pas de la seule bourgeoisie. Dictature du prolétariat par la raison, obligée de vaincre à chaque pas l'arbitraire, le ballet de l'homme et ses désirs, l'homme et ses mythes, l'homme et sa propre liberté, comment acceptera-t-elle l'irrationnel que nous proposons en exemple à la vie ? Car nous voulons — n'est-ce pas ? ou alors nous ne voulons rien — faire gicler la poésie infuse à la réalité, la rendre agissante, en faire un moteur, un miracle perpétuel — ouvrir les écluses de l'unique réalité profonde qui soit capable de donner à l'homme une signification acceptable — nous voulons que la poésie supplante la Raison. Il ne s'agit certainement pas de la liberté du poète d'être irrationnel, d'être libre — jamais peut-être ne retrouvera-t-il cette liberté absolue qu'il eut en république bourgeoise — mais d'imposer sa liberté aux hommes, de les forcer à l'acte libre. [...]

24/ B. FONDANE, « Les Surréalistes et la Révolution », dans *Intégral*, n° 1, 1925, repris dans *Faux Traité d'esthétique*, Plasma, 1980, p. 136.

Drieu La Rochelle, qui avait déjà dénoncé le glissement du mouvement vers une forme d'activisme entaché de littérature, commenta aussi ce « tournant décisif » que constitue l'adhésion au communisme, dans lequel il décèle une nouvelle marque de faiblesse :

Le surréalisme, c'était la révélation, ce n'était pas la révolution. Alors vous ne vouliez voir dans la Révolution qu'une « métamorphose des conditions intérieures de l'âme », ce qui, pour vous aujourd'hui, est « le propre des débiles mentaux, des impuissants et des lâches ». Lâches ! comme si beaucoup d'hommes ne se lançaient pas dans l'action physique par lâcheté !

Et n'êtes-vous pas menacés par cette lâcheté-ci quand vous assurez ceux de vos amis qui n'ont pas rejoint le communisme que « il est un domaine où sans niaiserie on ne saurait envisager de mécompte. C'est celui où nous nous proposions d'agir sans vous. Cette sorte d'espoir qu'on peut former dans l'amour ou dans le rêve ne nous y soutenait pas ». Si on tue l'espoir, il n'y a plus d'inquiétude, la vie redevient confortable comme elle l'est pour un condamné aux travaux forcés à perpétuité.

Alors, en effet, vous ne serez même plus dans la condition de l'Église qui veut à la fois administrer la vie et la mort, et à cause de cela, depuis deux mille ans, se blesse le cœur et blesse le cœur humain, d'une ambiguïté déchirante.

Mais cela, vous ne le pouvez pas ; vous ne pouvez pas vous en tenir définitivement au « parti de soumettre votre vie à un élément extérieur », parce que vous ne croirez jamais que cet élément extérieur, quel qu'il soit, soit « susceptible de porter au plus haut point » votre « protestation pure ».

25/ P. Drieu La Rochelle, « Troisième lettre aux surréalistes », dans *Les Derniers Jours*, 7e cahier, 8 juillet 1927.

Fait sans précédent depuis le romantisme, cette rencontre d'un mouvement littéraire et d'un parti révolutionnaire allait susciter encore de nombreux commentaires longtemps après leur rupture. On ne peut ignorer ceux de Jean-Paul Sartre, dans *Qu'est-ce que la littérature ?*, où il analyse le phénomène en fonction de sa critique de l'écrivain bourgeois, mû d'abord par le désir d'anéantir « la famille, l'oncle général et le cousin curé » :

Ainsi la première tentative de l'écrivain bourgeois pour se rapprocher du prolétariat demeure utopique et abstraite parce qu'il ne cherche pas un public mais un allié, parce qu'il conserve et renforce la division du temporel et du spirituel et qu'il se maintient dans les limites d'une cléricature. L'accord de principe du surréalisme et du P.C. contre la bourgeoisie ne dépasse pas le formalisme ; c'est l'idée formelle de négativité qui les unit. En fait la négativité du parti communiste est provisoire, c'est un moment historique nécessaire dans sa grande entreprise de réorganisation sociale ; la négativité surréaliste se maintient, quoi qu'on en dise, en dehors de l'histoire : à la fois dans l'instant et dans l'éternel ; elle est la fin absolue de la vie et de l'art. Quelque part, Breton affirme l'identité ou du moins le parallélisme avec symbolisation réciproque de l'esprit en lutte contre ses bêtes et du prolétariat en lutte contre le capitalisme, ce qui revient à affirmer la « mission sacrée » du prolétariat. Mais, précisément, cette classe conçue comme une légion d'anges exterminateurs et que le P.C. défend comme un mur contre toutes les approches surréalistes, n'est véritablement pour les auteurs qu'un mythe quasi religieux et qui joue, pour la tranquillisation de leur conscience, un rôle analogue à celui que jouait le mythe du Peuple, en 1848, pour les écrivains de bonne volonté. L'originalité du mouvement surréaliste réside dans sa tentative pour s'approprier *tout* à la fois : le déclassement par en haut, le parasitisme, l'aristocratie, la métaphysique de consommation et l'alliance avec les forces révolutionnaires. L'histoire de cette tentative a montré qu'elle était vouée à l'échec. Mais, cinquante ans plus tôt, elle n'eût même pas été concevable : le seul rapport qu'eût pu alors avoir un écrivain bourgeois avec la classe ouvrière c'est d'écrire pour elle et sur elle. Ce qui a permis de songer, fût-ce un instant, à conclure un pacte provisoire entre une aristocratie intellectuelle et les classes opprimées, c'est l'apparition d'un facteur nouveau : le Parti comme médiation entre les classes moyennes et le prolétariat.

26/ J.-P. SARTRE, « Qu'est-ce que la littérature ? », *op. cit.,* Gallimard, pp. 224-225.

Conséquence de leur entrée au parti communiste — où l'accueil qui leur fut réservé devait pourtant les conduire à se retirer presque aussitôt —, les surréalistes calquent désormais leur démarche sur celle des partis révolutionnaires : ils proposent des actions communes à des groupes ou à des individualités, entendant ainsi mettre les uns au pied du mur et mesurer le degré de confiance qui pouvait être accordé aux autres. Ainsi ont-ils suscité, le 11 mars 1929, une réunion au Bar du Château pour examiner « le sort fait récemment à Trotsky », qui venait d'être exilé par Staline :

S Reste l'espoir qui rassemble ici un certain nombre d'hommes de pouvoir s'unir sans arrière-pensée, ne serait-ce que pour faire aboutir certaines revendications communes tout à fait essentielles qui, sans cela, disparaissent derrière les divergences plus ou moins marquantes de groupement à groupement voire d'individu à individu. La chance de détermination d'un terrain d'entente dépend de la possibilité de sacrifice provisoire de chaque point de vue particulier. Il s'agit donc, pour ceux qui se réclament du point de vue communiste proprement dit, de faire momentanément abstraction de ce point de vue (et des malentendus plus ou moins graves qui résultent, à l'heure actuelle, de la diversité des thèses en présence : approbation de tous les mots d'ordre, discussion dans le parti, oppositions diverses hors du parti), pour ceux qui se réclament du point de vue surréaliste, qu'il leur paraisse ou non compatible avec le précédent, de faire momentanément abstraction de ce point de vue (et des malentendus plus ou moins graves qui résultent de l'importance variable accordée à l'action sociale, à la subversion sous toutes ses formes, à la poésie, à l'amour, au doute planant sur la réalité, à la violence, etc.) et de même, pour les anciens collaborateurs de « Correspondance », pour quelques indépendants et pour les collaborateurs actuels du « Grand Jeu », de faire momentanément abstraction de ce qui les groupe aussi bien que de ce qui les isole. C'est à ce prix (mais chacun en est-il bien convaincu ? la réponse globale du « Grand Jeu » ne le prouve pas) que nous parviendrons à imposer une faible partie de ce que nous voulons.

Breton, qui tient à ce qu'il ne soit procédé à l'examen du problème posé par l'exil de Trotsky qu'autant qu'auront été résolues un certain nombre de questions préalables et qu'on se sera entendus sur un certain nombre de concepts fondamentaux, rappelle que, quoi qu'on en ait dit, une position révolutionnaire peut être définie, qui n'implique pas pour des gens dont les facultés employables sont d'une autre sorte, l'attitude et la vie de militant.

27/ L. ARAGON et A. BRETON, « A suivre », dans *Variétés*, n° 2, Bruxelles, 1929.

La suite de la réunion devait se muer en mise en accusation du Grand Jeu à travers un de ses membres, Roger Vailland, qui avait fait l'apologie du préfet de police Chiappe. « Guet-apens mal organisé », selon l'ancien dadaïste Georges Ribemont-Dessaignes qui quitta ostensiblement la salle, la réunion fut un échec : tous les non-surréalistes refusèrent de se soumettre aux exigences de Breton. Celui-ci se trouvait donc obligé de préciser une nouvelle fois les positions de son groupe et, pour ce faire, rédigea le *Second Manifeste* qui parut d'abord dans le dernier numéro de *La Révolution surréaliste*. Là, il réaffirme son adhésion au matérialisme dialectique, mais en lui reconnaissant un champ beaucoup plus large que celui qu'explorent les politiques. Rappel aux principes, le *Second Manifeste* se veut aussi « épuration du surréalisme » : sont condamnés et rejetés Artaud, Delteil,

Desnos, Gérard, Limbour, Masson, Soupault, Vitrac, mais aussi Naville et, à l'extérieur du mouvement, Bataille et Ribemont-Dessaignes ; d'autres sont accueillis comme Dali, ou rentrent en grâce comme Tzara. Quelques-uns des excommuniés se coalisent pour répliquer à Breton, le qualifiant de « flic » et de « curé », dans une brochure intitulée *Un cadavre* en référence à celle, qui, autrefois avait été rédigée contre Anatole France (voir ci-dessus, p. 24).

S'il vient de réclamer l'« occultation profonde » de son mouvement, en dépit des déceptions personnelles qu'il a éprouvées, Breton demeure néanmoins persuadé de la nécessité de s'entendre avec les communistes. La nouvelle publication du groupe qui aura pour titre *Le Surréalisme au service de la Révolution (S.A.S.D.L.R.)* — c'est Aragon qui l'aurait imposé — permettra non seulement « de répondre d'une façon actuelle à la canaille qui fait métier de penser, mais préparera le détournement définitif des forces intellectuelles aujourd'hui vivantes au profit de la fatalité révolutionnaire ». Le premier numéro s'ouvre sur une correspondance télégraphique avec le bureau de la Littérature internationale à Moscou, où les surréalistes proclament leur volonté de mettre immédiatement au service de la révolution les moyens qui sont les leurs. Le sens anti-individualiste et matérialiste de l'évolution du mouvement est donc clairement affirmé.

C'est à l'Afrique et à sa diaspora qu'il appartenait de vraiment comprendre ce message révolutionnaire. Reprenant à Breton son titre, *Légitime défense*, Jules-Marcel Monnerot et ses amis antillais regroupés autour du *Surréalisme A.S.D.L.R.* lançaient à Paris, en 1932, une « petite revue explosive » et ils déclaraient dans l'avertissement :

S   Nous nous dressons ici contre tous ceux qui ne
sont pas suffoqués par ce monde capitaliste, chrétien, bourgeois dont à notre corps défendant nous
faisons partie. Le Parti communiste (IIIe Internationale) est en train de jouer dans tous les pays la
carte décisive de l'« Esprit » (au sens hégélien ce
terme). Sa défaite, si par impossible nous l'envi-
sagions, serait pour nous le définitif « Je ne peux
plus ». Nous croyons sans réserves à son triomphe et ceci parce que nous nous réclamons du
matérialisme dialectique de Marx, soustrait à
toute interprétation tendancieuse et victorieusement soumis à l'épreuve des faits par Lénine.
Nous sommes prêts à nous conformer sur ce terrain à la discipline qu'exigent de pareilles convic-
tions. Sur le plan concret des modes figurés de
l'expression humaine, nous acceptons également
sans réserves le surréalisme auquel — en 1932 —
nous lions notre devenir. Et nous renvoyons nos
lecteurs aux deux « Manifestes » d'André Breton,
à l'œuvre tout entière d'Aragon, d'André Breton,
de René Crevel, de Salvador Dali, de Paul
Éluard, de Benjamin Péret, de Tristan Tzara,
dont nous devons dire que ce n'est pas la moindre honte de ce temps qu'elle ne soit pas plus
connue partout où on lit le français.

28/ *Légitime défense*, 1er juin 1932, pp. 1-2.

Deux ans plus tard, Léon-Gontran Damas,
L.S. Senghor et Aimé Césaire fonderont *L'Étudiant
noir* où le surréalisme ne sera plus considéré comme
un modèle mais comme un allié. En avril 1941, lors
d'une escale forcée à la Martinique, Breton découvrira
à la vitrine d'une mercière « la plus surréaliste des

revues », *Tropiques*, fondée par René Ménil et Aimé Césaire. « Loin de contredire, ou d'atténuer, ou de dériver notre sentiment révolutionnaire de la vie, le surréalisme l'épaule. Il alimente en nous une force impatiente, entretenant sans fin l'armée massive des négations », affirmait dans la revue Suzanne Césaire. Puis en 1945, ce sera Haïti où l'arrivée de Breton contribuera à chasser le dictateur Lescot... Sartre, qui dans son essai de 1945 avait sévèrement jugé l'engagement des surréalistes, allait reconnaître, trois ans plus tard, sa portée révolutionnaire : « ... au moment même où [le surréalisme en France] perd contact avec la révolution, voici qu'aux Antilles on le greffe sur une autre branche de la révolution universelle, voici qu'il s'épanouit en une fleur énorme et sombre » (Préface à l'*Anthologie de la littérature nègre et malgache* de L.S. Senghor).

C'est encore à l'époque du *Surréalisme A.S.D.L.R.* (1930-1933) qu'Aragon choisit définitivement entre la révolution et le surréalisme : après avoir participé, avec Georges Sadoul, au Congrès international des écrivains révolutionnaires à Kharkov, il se range au plus près des positions communistes et finit par se désolidariser des surréalistes. Ce départ ne contribue pas à aggraver les relations avec le parti : les surréalistes participent activement à la campagne organisée par les communistes contre l'Exposition coloniale. Mais, à la fin de 1933, pour avoir laissé paraître dans *Le Surréalisme A.S.D.L.R.* un article de Ferdinand Alquié dénonçant le « vent de crétinisation qui souffle d'U.R.S.S. », Breton et Éluard sont exclus de l'A.E.A.R. (Association des écrivains et artistes révolutionnaires, organisation contrôlée par le parti communiste) où ils avaient été admis peu de temps auparavant. Par solidarité, Crevel démissionne aussi pour s'y réinscrire peu après.

La mort de Crevel à la veille du Congrès des écrivains pour la défense de la culture, et les incidents qui en marquèrent le déroulement, hâtèrent la décision des surréalistes de lever toute équivoque quant à leur position à l'égard de l'U.R.S.S. et du parti français. En août 1935, un texte rédigé par Breton et signé par tout le groupe, *Du temps que les surréalistes avaient raison,* dénonce la dégénérescence du régime soviétique. Après avoir cité quelques lettres à la gloire de la famille parues dans la *Komsomolskaïa Pravda*, Breton conclut :

S   Il est presque inutile de souligner la misère toute conformiste de telles élucubrations, qui pourraient à peine trouver place ici dans un journal de patronage. Le moins qu'on en puisse dire est qu'elles donnent un semblant de justification tardive au fameux « Moscou la gâteuse » d'un de ceux qui, aujourd'hui, s'accommodent le mieux, en échange de quelques petits avantages, de la servir à genoux, gâteuse ou non. Bornons-nous à enregistrer le processus de régression rapide qui veut qu'après la patrie ce soit la famille qui, de la Révolution russe agonisante, sorte indemne (qu'en pense André Gide ?). Il ne reste plus là-bas qu'à rétablir la religion — pourquoi pas ? — la propriété privée, pour que c'en soit fait des plus belles conquêtes du socialisme. Quitte à provoquer la fureur de leurs thuriféraires, nous demandons s'il est besoin d'un autre bilan pour juger à leurs œuvres un régime, en l'espèce le régime *actuel* de la Russie soviétique et le chef tout-puissant sous lequel ce régime tourne à la négation même de ce qu'il devrait être et de ce qu'il a été.

Ce régime, ce chef, nous ne pouvons que leur signifier formellement notre défiance.

29/ A. BRETON, *Du temps que les surréalistes avaient raison*, 1935, dans *Position politique du surréalisme*, Pauvert, 1962, p. 301.

La volonté de s'entendre avec les communistes, selon Albert Camus, résultait d'un malentendu. Ce n'était pas l'étude du marxisme qui les avait conduits à la révolution, mais la fidélité à leur nihilisme premier :

On peut dire sans paradoxe que les surréalistes sont venus au marxisme à cause même de ce qu'ils détestent le plus en lui, aujourd'hui. On hésite, sachant le fond et la noblesse de son exigence, et quand on a partagé le même déchirement, à rappeler à André Breton que son mouvement a mis en principes l'établissement d'une « autorité impitoyable » et d'une dictature, le fanatisme politique, le refus de la libre discussion et la nécessité de la peine de mort. On s'étonne aussi devant l'étrange vocabulaire de cette époque (« sabotage », « indicateur », etc.) qui est celui de la révolution policière. Mais ces frénétiques voulaient une « révolution quelconque », n'importe quoi qui les sortît du monde de boutiquiers et de compromis où ils étaient forcés de vivre. Ne pouvant avoir le meilleur, ils préféraient encore le pire. En cela, ils étaient nihilistes. Ils n'apercevaient pas que ceux d'entre eux qui devaient rester fidèles, désormais, au marxisme, étaient fidèles en même temps à leur nihilisme premier. La vraie destruction du langage, que le surréalisme a souhaitée avec tant d'obstination, ne réside pas dans l'incohérence ou l'automatisme. Elle réside dans le mot d'ordre. Aragon a eu beau commencer par une dénonciation de « la déshonorante attitude pragmatique », c'est en elle qu'il a fini par trouver la libération totale de la morale, même si cette libération a coïncidé avec une autre servitude. Celui des surréalistes qui réfléchissait le plus profondément alors à ce problème, Pierre Naville, cherchant le dénominateur commun à l'action révolutionnaire et à l'action surréaliste, le localisait, avec profondeur, dans le pessimisme, c'est-à-dire « le dessein d'accompagner l'homme à sa perte et de ne rien négliger pour que cette perdition soit utile ». Ce mélange d'augustinisme et de machiavélisme définit en effet la révolution du xxᵉ siècle ; on ne peut donner d'expression plus audacieuse au nihilisme du temps. Les renégats du surréalisme ont été fidèles au nihilisme dans la plupart de ses principes. D'une certaine manière, ils voulaient mourir. Si André Breton et quelques autres ont finalement rompu avec le marxisme, c'est qu'il y avait en eux quelque chose de plus que le nihilisme, une seconde fidélité à ce qu'il y a de plus pur dans les origines de la révolte : ils ne voulaient pas mourir.

30/ A. CAMUS, *L'Homme révolté,* Gallimard, « Idées », pp. 129-130.

La rupture avec le parti ne signifiait pas l'abandon de la volonté révolutionnaire. S'il l'avait prononcé lui-même, André Breton aurait clos son discours au Congrès des écrivains par ces mots : « "Transformer le monde", a dit Marx, "Changer la vie", a dit Rimbaud ; ces deux mots d'ordre pour nous n'en font qu'un. » Le problème de l'action demeurait donc entier :

S D'ailleurs, il ne saurait être question, pour moi, d'en rester là. Par-delà les considérations qui suivent et qui sont celles auxquelles m'a mené la préoccupation qui est depuis dix ans la mienne de concilier le surréalisme comme *mode de création d'un mythe collectif* avec le mouvement beaucoup plus général de libération de l'homme qui tend d'abord à la modification fondamentale de la forme bourgeoise de propriété, le problème de l'*action,* de l'action immédiate à mener, demeure entier. Devant l'atterrante remise en cause — par ceux-là mêmes qui avaient charge de les défendre — des principes révolutionnaires tenus jusqu'ici pour intangibles et dont l'abandon ne saurait être justifié par aucune analyse matérialiste sérieuse de la situation mondiale, devant l'impossibilité de croire plus longtemps à un prochain raffermissement, en ce sens, de l'idéologie des partis de gauche, devant la carence de ces partis rendue tout à coup évidente dans l'actualité par l'impuissance de leurs mots d'ordre à l'occasion du conflit italo-éthiopien *et de sa possible généralisation,* j'estime que cette question de l'action à mener doit recevoir, de moi comme de tous ceux qui sont d'humeur à en finir avec un abject laisserfaire, une réponse non équivoque. Cette réponse, on la trouvera, en octobre 1935, dans ma participation à la fondation de *CONTRE-ATTAQUE, Union de lutte des intellectuels révolutionnaires.*

31/ A. Breton, *Position politique du surréalisme,* Pauvert, p. 243.

Cette collaboration annoncée avec Georges Bataille fut éphémère. L'actualité exigeait des ripostes immédiates. En 1936, Péret s'engage dans les rangs de l'armée républicaine espagnole. La politique de neutralité de la France est dénoncée. Plusieurs tracts, en 1936 et 1937, condamnent les procès de Moscou : « En notre simple qualité d'intellectuels, nous déclarons que nous tenons le verdict de Moscou et son exécution pour abominables et inexpiables » (Déclaration d'André Breton du 3 septembre 1936).

Le surréalisme se donne alors pour tâche de regrouper les intellectuels révolutionnaires rétifs à tout embrigadement. Après avoir rencontré Trotsky au Mexique en juillet 1938 — un Trotsky en accord avec lui pour penser que l'art ne peut rester révolutionnaire sans conserver son indépendance vis-à-vis de toutes les formes de gouvernement —, Breton lance le manifeste « Pour un art révolutionnaire indépendant ».

S Or le monde actuel nous oblige à constater la violation de plus en plus générale de ces lois, violation à laquelle répond nécessairement un avilissement de plus en plus manifeste, non seulement de l'œuvre d'art, mais encore de la personnalité « artistique ». Le fascisme hitlérien, après avoir éliminé d'Allemagne tous les artistes chez qui s'était exprimé à quelque degré l'amour de la liberté, ne fût-ce que formelle, a astreint ceux qui pouvaient encore consentir à tenir une plume ou un pinceau à se faire les valets du régime et à le célébrer par ordre, dans les limites extérieures de la pire convention. A la publicité près, il en a été de même en U.R.S.S. au cours de la période de furieuse réaction que voici parvenue à son apogée.

Il va sans dire que nous ne nous solidarisons pas un instant, quelle que soit sa fortune actuelle, avec le mot d'ordre : « Ni fascisme ni communisme ! », qui répond à la nature du philistin conservateur et effrayé, s'accrochant aux vestiges du passé « démocratique ». L'art véritable, c'est-à-dire celui qui ne se contente pas de variations sur des modèles tout faits mais s'efforce de donner une expression aux besoins intérieurs de l'homme et de l'humanité d'aujourd'hui, ne peut pas ne pas être révolutionnaire, c'est-à-dire ne pas aspirer à une reconstruction complète et radicale de la société, ne serait-ce que pour affranchir la création intellectuelle des chaînes qui l'entravent et permettre à toute l'humanité de s'élever à des hauteurs que seuls des génies isolés ont atteintes dans le passé. En même temps, nous reconnaissons que seule la révolution sociale peut frayer la voie à une nouvelle culture. Si, cependant, nous rejetons toute solidarité avec la caste actuellement dirigeante en U.R.S.S., c'est précisément parce qu'à nos yeux elle ne représente pas le communisme, mais en est l'ennemi le plus perfide et le plus dangereux.

Sous l'influence du régime totalitaire de l'U.R.S.S. et par l'intermédiaire des organismes dits « culturels » qu'elle contrôle dans les autres pays, s'est étendu sur le monde entier un profond crépuscule hostile à l'émergence de toute espèce de valeur spirituelle. Crépuscule de boue et de sang dans lequel, déguisés en intellectuels et en artistes, trempent des hommes qui se sont fait de la servilité un ressort, du reniement de leurs propres principes un jeu pervers, du faux témoignage vénal une habitude et de l'apologie du crime une jouissance. L'art officiel de l'époque stalinienne reflète avec une cruauté sans exemple dans l'histoire leurs efforts dérisoires pour donner le

change et masquer leur véritable rôle mercenaire.

32/ A. BRETON, *La Clé des champs*, Pauvert, pp. 54-55.

Sur ces bases, il invite les artistes révolutionnaires
de tous les pays à former un front commun. En
France, il crée une section française de la Fédération
internationale de l'art révolutionnaire indépendant
(F.I.A.R.I.), dotée d'un bulletin mensuel, *Clé*. Jusqu'au déclenchement du conflit mondial, cette organisation devait multiplier les déclarations contre le
nazisme et pour la défense des libertés individuelles.

Durant cette période, le groupe surréaliste connaît
de nouvelles ruptures. Inclinant vers l'engagement
communiste, Tzara dès 1935, Éluard en 1938, s'en
éloignent, mais sans beaucoup de fracas.

La guerre provoque la dispersion du groupe ; la plupart de ses membres réussissent à prendre les chemins
de l'exil, ouvrant au surréalisme des terres nouvelles.
A New York, Breton s'exprime dans la revue *V.V.V.*
En France, quelques jeunes poètes groupés autour de
Noël Arnaud et de Jean-François Chabrun tentent de
maintenir une présence surréaliste, avec les éditions
semi-clandestines de la Main à Plume.

A la Libération, le mouvement surréaliste se
reconstitue à Paris autour d'André Breton, son chef
incontesté. Avec une fière insolence, il ouvre les hos-
tilités contre les chantres de la Résistance (voir Péret,
Le Déshonneur des poètes, infra, pp. 97 et 99) et précise son attitude préjudicielle à l'égard de toute politique partisane dans un tract collectif, *Rupture inaugurale* :

S   Qu'il soit bien entendu que nous ne nous lierons
jamais d'union durable à l'action politique d'un

parti que dans la mesure où cette action ne se laissera pas enfermer dans le dilemme que l'on retrouve à trop de coins de rues de notre temps, celui de *l'inefficacité* ou de la *compromission*. Le surréalisme dont c'est le destin spécifique d'avoir à revendiquer d'innombrables réformes dans le domaine de l'esprit et, en particulier des réformes éthiques, refusera sa participation à toute action politique qui devrait être immorale pour avoir l'air d'être efficace. Il la refusera de même, pour ne pas avoir à renoncer à la libération de l'homme comme fin dernière, à l'action politique qui se tolérerait inefficace pour ne pas avoir à transgresser des principes surannés.

33/ « Rupture inaugurale », 21 juin 1947, dans J. Pierre. *Tracts surréalistes*, Losfeld, t. II, 1982, p. 34.

Se faisant le porte-parole des écrivains-résistants, Roger Vailland réplique par un pamphlet, *Le Surréalisme contre la révolution*, qui s'achève ainsi :

Breton a choisi. Il est enfin délivré de la « tentation du communisme ». *Seigneur! délivrez-nous de la tentation!* Qu'il vive en paix avec le seigneur (de la grande tradition ésotérique...).

1925 : La *révolution surréaliste*.

1930 : Le *surréalisme au service de la révolution*.

1947 : Le *surréalisme contre la révolution*.

Bien sûr, je n'aime pas qu'on renie son passé. Bien sûr, l'adolescence est l'époque de la vie où l'on est le plus communément intègre. Bien sûr, les plus intègres parmi les « intellectuels petits-bourgeois » de ma génération furent surréalistes, c'était la seule réponse qu'ils pouvaient faire à ce moment-là aux conditions de vie dérisoires qui leur étaient faites.

Mais il y a eu « solution de continuité », comme l'écrit Breton, entre cette époque-là et celle-ci. La dérision n'est plus en nous mais hors de nous, et nous avons appris avec quelles armes la combattre.

A l'*André Breton nous parle*, sous la statue équestre de Foch, s'oppose un autre titre dans un autre journal, je pense à cet extraordinaire numéro de *L'Humanité*, en octobre 1944, quelques semaines après la Libération, où l'on pouvait lire, en grosses capitales, sur cinq colonnes en tête de la première page : *Picasso, le plus grand peintre de l'époque, adhère au parti communiste.*

Que le parti des travailleurs pût reconnaître Picasso comme le plus grand peintre de l'époque et que Picasso pût adhérer sans aucune réserve au parti des travailleurs, aurions-nous cru en 1930 que cela fût possible *aussi vite*, que cela pût se réaliser, *nous encore vivants* ? Nous fûmes quelques-uns à pleurer de joie en découvrant le « gros titre » qui marquait théâtralement la résolution de la contradiction la plus déchirante de notre jeunesse.

Paris, juillet 1947.

34/ R. VAILLAND, *Le Surréalisme contre la révolution*, Guilde du Livre, Lausanne, 1967, pp. 281-282.

Craignant de voir le mouvement qu'ils avaient tenté de maintenir dans la France occupée — en particulier avec La Main à plume — renoncer à ses options fondamentales, les membres du Surréalisme-révolutionnaire (Noël Arnaud, Max Bucaille, René Passeron, Christian Dotremont), qui entendent développer leur action « sur la base et dans le cadre du matérialisme dialectique », répondent aussi à Breton par le tract *La cause est entendue.*

[...] Autant qu'il soit possible de prévoir l'urgence et la validité des problèmes qui se poseront à nous une fois bouleversés les fondements économiques de la société, nous pensons que le rôle du surréalisme sera, dans la perspective révolutionnaire, et tout en poursuivant l'extermination des résidus mythiques :

a) **d'abord** de mettre à la disposition de l'homme, de tous les hommes, les moyens dont il ne peut user en ce moment qu'en marge, et qui tendent à faire surgir les forces créatrices asservies depuis des siècles, à capter ces forces, à les rendre directement efficaces et utiles à l'ensemble de l'humanité ;

b) **ensuite,** d'aider à l'unification des valeurs motrices, poétiques, ainsi mises à jour, à leur détermination collective par la totale résolution du désir et de la nécessité, et de jeter ainsi les bases d'une société si naturellement poétique que la poésie n'étant plus faite par un, mais par tous, disparaîtra dans le flamboiement de la liberté.

Alors seulement, quand le monde aura été transformé, quand la vie aura été changée, quand l'humanité sera passée du règne de la nécessité à celui de la liberté selon un processus dans lequel le surréalisme, pour autant qu'il agisse dans le sens de l'efficacité révolutionnaire, s'inscrira *réellement*, alors seulement surgira cette morale unitive dont les lois, inutilement exprimables, seront celles mêmes de la vie, d'une vie impunément, glorieusement libre. Toute tentative de s'opposer, sous prétexte de morale, aux efforts du mouvement ouvrier pour abattre l'édifice bourgeois-capitaliste ne peut avoir comme conséquence que de retarder l'heure de l'identification de la morale au désir, de son assimilation par le désir, cette heure que les surréalistes veulent entendre sonner, pour se fondre alors dans la réalité enfin conquise.

Ces thèses résument l'essentiel du surréalisme. Ceux qui les méconnaissent, ceux qui les trahissent, en aucune façon ne peuvent être considérés comme surréalistes. Les signataires se proposent de s'élever en toutes circonstances contre l'utilisation tendancieuse que certains pourraient faire d'un mot qu'ils surent jadis douer d'un contenu révolutionnaire. Le surréalisme ne leur appartient pas.

LE SURRÉALISME SERA CE QU'IL N'EST PLUS

A Paris, le 1er juillet 1947

35/ « La cause est entendue », 1er juillet 1947 [tract original].

Trois mois auparavant, au cours d'une conférence à la Sorbonne troublée par Breton et ses amis, Tristan Tzara avait essayé de situer la place du surréalisme après-guerre, du point de vue des intellectuels communistes, faisant la part du politique et du poétique :

Or, qu'est aujourd'hui le Surréalisme et comment se justifie-t-il historiquement, quand nous savons qu'il a été absent de cette guerre, absent de nos cœurs et de notre action pendant l'Occupation qui, inutile d'insister, a profondément affecté nos façons de réagir et celles de comprendre la réalité ? [...]

Après ces événements récents dont l'incontestable portée n'a pas atteint le Surréalisme, qui hors de ce monde cherchait une justification à son demi-sommeil béat, je ne vois pas sur quoi celui-ci serait fondé pour reprendre son rôle dans le circuit des idées, au point où il le laissa, comme si cette guerre et ce qui s'ensuivit ne fût qu'un rêve vite oublié.

36/ T. TZARA, *Le Surréalisme et l'après-guerre,* Nagel, pp. 28 et 78.

En raison de ces mêmes circonstances que Tzara demande de ne jamais omettre, les surréalistes-révolutionnaires durent mettre fin à leur activité au déclin de 1948 tandis que le groupe « officiel » participait au mouvement des « Citoyens du monde ». Par la suite, il devait continuer de prendre parti lors des grandes crises mondiales ou nationales : guerre d'Indochine, guerre d'Algérie, intervention soviétique à Budapest, coup d'État du 13 mai 1958... Affirmant une intransigeance justifiée dans ces circonstances et une orientation nettement anarchiste, ces prises de position demeurent néanmoins ponctuelles et le surréalisme donne l'impression de manquer de prise sur le réel. Il connaît de fait une « nouvelle occultation » qui se traduit par un repli sur lui-même. Délaissant la révolution politique et sociale, il préfère s'engager « sur les voies de cette révolution intérieure dont l'accomplissement pourrait bien se confondre avec celui du Grand Œuvre, tel que l'entendaient les alchimistes » (Interview de Breton par Francis Dumont, *Combat*, 16 mai 1950, dans *Entretiens*, Gallimard, 1952, p. 277). Le surréalisme avoue ainsi son pessimisme quant aux possibilités immédiates de transformation du monde mais, repoussant Marx pour Fourier, le plus utopiste des socialistes français, il n'en continue pas moins à affirmer un optimisme résolu quant aux chances à long terme de *libération totale*.

Dès 1948, Claude Mauriac interprétait ce glissement du surréalisme vers l'utopie « comme une renonciation à la politique telle qu'elle est pratiquée » (*André Breton,* 1949).

L'appel à la constitution d'un mythe nouveau, qui n'avait cessé d'être présent dans le surréalisme, s'est fait plus pressant après 1939. Et si le mythe pouvait être envisagé en tant que « possible moyen d'action », le sens de l'action s'en trouvait radicalement déplacé ainsi que ses modalités. Dans la quête entreprise, un pôle demeurait fixe cependant : le désir découvert dès les débuts du mouvement comme la seule force agissante au cœur de chaque homme.

Au début des années 60, non sans dénoncer la « récupération » du surréalisme par la société marchande, une tentative eut lieu, avec le situationnisme, de donner une expression politique à l'affirmation des droits du désir et, ainsi, de dépasser le mouvement initial :

Le surréalisme est partout sous ses formes récupérées : marchandise, œuvre d'art, techniques publicitaires, langage du pouvoir, modèle d'images aliénantes, objets de piété, accessoires de culte. Ses diverses récupérations, pour incompatibles que certaines d'entres elles apparaissent avec son esprit, il importait moins de les signaler que de montrer que le surréalisme les contenait dès le départ comme le bolchevisme contenait « la fatalité » de l'État stalinien. Sa nature idéologique a été sa malédiction originelle, celle qu'il n'a cessé de vouloir exorciser jusqu'à la rejouer sur la scène, privée et mystérieuse, du mythe ressuscité des profondeurs de l'histoire.

Le surréalisme a eu la lucidité de ses passions mais jamais jusqu'à la passion de la lucidité. Entre les paradis artificiels du capitalisme et les paradis socialistes, il a créé un espace-temps de repli malaisé et d'agressivité émoussées, que le système de la marchandise et du spectacle, unifiant l'une et l'autre parties du vieux monde, a rongé jusqu'au noyau. Si bien qu'il nous est donné aujourd'hui de saisir dans le surréalisme, comme dans toutes les cultures, le fragment radioactif de la radicalité.

37/ J.-F. DUPUIS, *Histoire désinvolte du surréalisme*, Paul Vermont, 1977, pp. 1 et 4 de couverture.

Mais c'est seulement à travers les événements de mai 1968 que cette exigence rencontra l'assentiment du plus grand nombre pour submerger les thèmes classiques de la politique. Un tract émanant du groupe d'esprit surréaliste Phases, qu'anime Édouard Jaguer, témoigne de cette éphémère rencontre, dans l'action, du rêve et de la réalité :

Tant en matière politique qu'artistique, nous sommes plus que jamais décidés à faire fi de l'insane réalisme ; c'est pourquoi nous nous solidarisons avec les groupes révolutionnaires « dissous », même s'il existe entre eux et nous certaines divergences fondamentales. Par contre, nous tenons tout spécialement à rendre hommage au Mouvement du 22 mars, qui a su poser le problème à son niveau le plus haut, ne perdant jamais de vue que la Révolution est menacée de figement, puis d'inéluctable régression dès que le rapport dialectique entre révolution sociale et révolution créatrice cesse d'être le nerf moteur du bouleversement radical de l'esprit. Grâce à ce creuset, la liberté s'est inventé de nouvelles formes d'expression cohérentes avec son sens originel, mettant ainsi un terme à la trahison, par le signe, de la chose signifiée.

La jeunesse peut se targuer de n'avoir pas de patrie, son ardeur à le prouver a été éclatante, aussi bien à Berlin qu'à Tokyo, à Varsovie qu'à Madrid ou à Paris ; partout le vieux monde pourri a chancelé, partout, envers et contre tous les dogmatismes, l'Histoire a relevé son propre défi. L'imagination se moque du pouvoir, car elle a tous les pouvoirs : rien ne peut lui échapper de manière définitive. Ce merveilleux rêve éveillé qu'est la Révolution sans visage a l'espace qu'il lui faut, il a tout le temps devant lui.

Désormais, ces journées absolues feront partie intégrante, et comme hors du temps, de notre vie la plus exaltée, symbole de ce que TOUT EST TOUJOURS POSSIBLE à qui sait prendre la distance nécessaire avec une réalité des plus sordides. Les barricades matérielles sont le fruit mûr d'autres barricades que nous avons toujours voulu défendre ; ces barricades insaisissables, clandestines, s'appellent Poésie, Amour, Liberté. L'insurrection de la jeunesse du cœur et de l'esprit a commencé de miner les tristes digues mentales édifiées pendant vingt siècles de civilisation occidentale et chrétienne.

38/ « La révolution sera inspirée ou ne sera pas », 15 juin 1968, tract du mouvement Phases, signé Daniel Abel, Christian Bernard, Suzanne Besson, Alain Croquelois, Noëlle et Raymond Daussy, Gilles Devillepoix, Claude Dupuy, Roger Frezin, Pops Gaibrois, Alexandre Henisz, Jean-Pierre Herant, Jean-Pierre Hermant, Simone et Edouard Jaguer, Bernard Jund, Jean-Marc Meloux, André Pinel, Henri Rosenfeld, Alain Roussel, Marco Slinckaert, Jean-Claude Thumerelle, Jacques Troadec, Pierre Vandrepote, Jean-Claude Wallior.

Au vrai, le renouveau des thèses surréalistes après la mort de Breton et surtout après 1968 ne laissa pas d'exaspérer les membres de *Tel quel,* qui entreprirent de les passer au crible de la critique marxiste-léniniste, non sans injustice :

Disons que l'idéologie surréaliste, apparue « à gauche » dans le contexte des années 20-30, nous revient *à droite,* sous la pression directe de l'idéologie dominante. Que ce déplacement à 180° passe en fait par les U.S.A., où Alain Jouffroy trouve, dans une pseudo-transgression négative, inversée, « souterraine », complice, le « prolongement » du surréalisme, n'est pas fait pour nous étonner. Sans doute ce transfert relève-t-il, sinon d'un « point de l'esprit » où l'Est et l'Ouest « cessent d'être perçus contradictoirement », d'une « formation de compromis » repérable aux niveaux inconscients, idéologique, signifiant, et, en dernière instance, *économique* (précisément : le marché de la peinture). Mais cela ne nous semble pas épuiser la question ; le processus serait à différencier, dans son fonctionnement brisé et cohérent : ici (aux *Lettres françaises,* à *Opus international*), ce sera, névrotiquement, sur fond d'*oubli,* l'effacement pur et simple des contradictions entre l'idéologie surréaliste et la théorie marxiste-léniniste (dans son double procès refoulé : matérialisme historique et matérialisme dialectique) ; ailleurs (à *Change,* mais aussi à l'université, ou dans la presse hebdomadaire), ce seront les textes d'Antonin Artaud ou de Georges Bataille, textes irréductibles à l'idéologie surréaliste, tant dans leur fonctionnement signifiant que dans leur signifié logique qui seront réintégrés de force dans le champ surréaliste, selon le procès d'une synthèse mythique surdéterminée par la méconnaissance de la *subversion du sujet* qu'impliquent simultanément (mais de façon différenciée, stratifiée) les textes d'Artaud et de Bataille et la logique lacanienne du signifiant ; là enfin (dans l'éditorial « culturel » récent de l'hebdomadaire d'une certaine gauche), ce sera le *Manifeste* rédigé en commun par André Breton et Léon Trotsky qui sera mis à contribution, sans soucis des contradictions historiques précises qui ont produit ce texte.

39/ G. SCARPETTA, « Limite-frontière du surréalisme », dans *Tel quel,* n° 46, été 1971, pp. 59-60.

Somme toute, si le surréalisme s'est trouvé borné dans sa volonté d'unir le rêve à l'action, c'est peut-être qu'il avait trop présumé de ce qui fut pour lui une constante majeure : la grande force du désir !

2. L'art comme pratique révolutionnaire

« La poésie se fait partout »

Les surréalistes ne se satisfont pas de l'idée que l'écrivain, l'artiste, peuvent être *aussi* des révolutionnaires, indépendamment de leur pratique littéraire ou artistique. Parce qu'ils n'acceptent pas de dissocier le rêve et l'action, c'est l'acte poétique lui-même qu'ils conçoivent comme une prise de position vis-à-vis du monde pour l'accepter, le refuser ou l'envisager différent. Le pacte surréaliste, tel qu'André Breton le définit encore en 1947, éclaire la portée révolutionnaire conférée à la création artistique :

S [...] je pense qu'il est bon, qu'il est salubre et qu'il est temps, même à la très petite échelle du surréalisme, que les hommes qui ont la chance d'avoir en commun, dans la plastique, une langue universelle, s'unissent pour manifester au grand jour leurs affinités. Il est souhaitable, par ailleurs, qu'ils ne s'en tiennent pas à cette affirmation platonique mais qu'elle les engage à resserrer entre eux le seul pacte *indivisible* qui est le pacte surréaliste. Ce pacte, je le rappelle, *est triple* ; j'estime que la situation actuelle du monde ne permet plus d'établir de hiérarchie entre les impératifs qui le composent et qui doivent être menés de front : aider, dans toute la mesure du possible, à la libération sociale de l'homme, travailler sans répit au désencroûtement *intégral* des mœurs, refaire l'entendement humain.

40/ A. Breton, « Comète surréaliste », *La Clé des champs,* Pauvert, pp. 162-163.

Les surréalistes ont rompu avec toute velléité d'esthétisme, avec toute référence à l'art pour l'art. La poésie, la peinture, la sculpture..., pour eux, ne seront jamais des jeux gratuits. Un poème ou un tableau, s'il n'a prise sur le monde pour matériellement le changer, néanmoins en révèle ou en altère la signification et la valeur.

S La poésie faut-il encore répéter qu'elle n'a rien à voir avec ces chants plus ou moins heureusement rimés ou rythmés qui flattent les choses et les êtres bien en place et les laissent à leurs places ?

La menace que ne cesse d'être une poésie digne de ce nom, Platon ne fut-il pas le premier à la reconnaître, qui chassait les poètes de sa République bavarde et opportuniste, la première république des professeurs.

Le poète, il est le plus sensible des clavecins sensibles, donc, de ce fait, le moins facile d'entre eux. Ses recherches, son alchimie, si verbale puisse-t-elle paraître, ne font point de lui un de ces spécialistes que la société volontiers protège, sachant que toute spécialité à soi-même confinée, ne risque guère de lui être danger.

Un contemporain de Diderot imagine un clavecin de couleurs, Rimbaud, dans le sonnet des voyelles, nous révèle le prisme des sons, les objets surréalistes de Breton, Dali, Gala Éluard, Valentine Hugo, sont des objets à penser amoureusement : la poésie, ainsi, lance des ponts d'un sens à l'autre, de l'objet à l'image, de l'image à l'idée, de l'idée au fait précis. Elle est la route entre les éléments d'un monde que des nécessités temporelles d'étude avaient isolés, la route qui mène à ces bouleversantes rencontres dont témoignent les tableaux et collages de Dali, Ernst, Tanguy.

Elle est la route de la liberté, une route qui ne veut pas se laisser perdre parmi les terrains vagues.

41/ R. CREVEL, *Le Clavecin de Diderot,* Pauvert, « Libertés », pp. 167-168.

Dans le flot débordant de la poésie ainsi vécue, la personnalité du poète s'estompe ; il n'exprime plus une émotion particulière et individuelle, mais pénètre aux racines de l'humain. Partis des sphères valéryennes, les surréalistes ont découvert que s'accumulait quelque part — dans l'inconscient – une matière poétique, douée d'un prodigieux dynamisme, qui surgit des profondeurs de l'être en un fleuve libérateur. Mais la beauté des images, rapportées à la surface par le poète, ne peut lui faire oublier les obstacles que le monde oppose à la réalité de ses rêves. Aussi l'expression poétique va-t-elle privilégier le refus et la révolte.

S *« O vous qui êtes mes frères parce que j'ai des ennemis »,* a dit Benjamin Péret.

Contre ces ennemis, même aux bords extrêmes du découragement, du pessimisme, nous n'avons jamais été complètement seuls. Tout, dans la société actuelle se dresse, à chacun de nos pas, pour nous humilier, pour nous contraindre, pour nous enchaîner, pour nous faire retourner en arrière. Mais nous ne perdons pas de vue que c'est parce que nous sommes le mal au sens où l'entendait Engels, parce qu'avec tous nos semblables, nous concourons à la ruine de la bourgeoisie, à la ruine de son bien et de son beau.

C'est ce bien, c'est ce beau asservis aux idées de propriété, de famille, de religion, de patrie, que nous combattons ensemble. Les poètes dignes de ce nom refusent, comme les prolétaires, d'être exploités. La poésie véritable est incluse dans tout ce qui ne se conforme pas à cette morale qui, pour maintenir son ordre, son prestige, ne sait construire que des banques, des casernes, des prisons, des églises, des bordels. La poésie véritable est incluse dans tout ce qui affranchit l'homme de ce bien épouvantable qui a le visage de la mort. Elle est aussi bien dans l'œuvre de Sade, de Marx ou de Picasso que dans celle de Rimbaud, de Lautréamont ou de Freud. Elle est dans l'invention de la radio, dans l'exploit du *Tchélioustine,* dans la révolution des Asturies, dans les grèves de France et de Belgique. Elle peut être aussi bien dans la froide nécessité, celle de connaître ou de mieux manger, que dans le goût du merveilleux. Depuis plus de cent ans, les poètes sont descendus des sommets sur lesquels ils se croyaient. Ils sont allés dans les rues, ils ont insulté leurs maîtres, ils n'ont plus de dieux, ils osent embrasser la beauté et l'amour sur la bouche, ils ont appris les chants de révolte de la foule malheureuse et, sans se rebuter, essaient de lui apprendre les leurs.

Peu leur importent les sarcasmes et les rires, ils se sont habitués, mais ils ont maintenant l'assurance de parler pour tous. Ils ont leur conscience pour eux.

42/ P. ÉLUARD, *L'Évidence poétique,* dans *O. c.,* Gallimard, « Pléiade », 1972, pp. 520-521.

Pas plus qu'il ne s'apparente au divertissement, l'art n'a partie liée avec la recherche de la perfection. Dans l'acte créateur, les surréalistes refusent toute idée de contrôle, d'effort, de travail. Ils récusent l'acte lucide et réfléchi, la poursuite obstinée de la forme parfaite à travers les hésitations et les réécritures, sans pourtant s'en dispenser. Ils dénoncent ainsi toute l'éthique littéraire du Parnasse et des symbolistes. A la « littérature de calcul », Breton oppose l'« écriture inspirée » : il ne compte de création authentique que dans la spontanéité absolue. Tristan Tzara vient étayer cette théorie à partir d'une réflexion ethnologique : il oppose le « penser dirigé » des sociétés évoluées au « penser non dirigé » des sociétés primitives :

S Dans une étude en préparation : *Du rêve dans la pensée des peuples primitifs,* je me propose de démontrer que le penser dit « non dirigé » est à tel point la dominante de ce qu'improprement on a appelé « la mentalité primitive », qu'il serait possible d'envisager un état pur de celle-ci où la cassure que représente pour nous le passage de l'état de rêve à celui de veille disparaisse complètement. [...]

Historiquement, le processus du mode du penser suit une direction dans le sens donné par la ligne reliant le penser dit « non dirigé » à celui dit « dirigé ». Les éléments du premier encore existants sous forme de résidu dans la « mentalité civilisée » (ce n'est pas sans une certaine ironie que j'emploie ce mot), sont le rêve, la rêverie diurne, le penser fantaisiste. Il me semble que cette activité de l'esprit, la poésie, telle que Breton l'a apparentée au rêve sous le nom d'écriture automatique et de surréalisme, y trouve une place toute naturelle.

En parcourant de nouveau l'exposé historique de la poésie, on fera aisément la part du penser dit « dirigé » correspondant à la poésie-moyen d'expression et celle du penser dit « non dirigé » à la poésie-activité de l'esprit : on remarquera d'un côté la prépondérance du langage systématiquement logique, le penser en paroles, instrument de ce penser au sein duquel il s'est perfectionné, et de l'autre côté les caractéristiques du penser qui consiste en une succession d'images.

La poésie suit, sur un plan tout différent, une direction de sens contraire à celle des formes du penser. Mais le développement de ces dernières se reproduisant individuellement dans chacun d'entre nous, il va de l'inconscient au conscient, de la pensée infantile à la pensée logique, il serait facile d'établir l'attitude oppositionnelle, contradictoire, que les deux développements des modes de penser et de la poésie-rêve, s'assignent mutuellement dans la sphère généralisée de la pensée humaine.

43/ T. TZARA, « Essai sur la situation de la poésie », dans *Grains et Issues,* Flammarion, 1981, pp. 270-271.

Si le surréalisme remet en faveur l'inspiration, il ne la conçoit pas comme une présence surnaturelle, une voix étrangère qui parlerait à l'écrivain-médium. Le mystère de l'inspiration ne tient qu'aux lacunes de la connaissance et la mise au jour du « fonctionnement réel de la pensée » devra permettre son élucidation.

L'élitisme du génie, des dons exceptionnels, se trouve donc condamné. Écrire ou peindre est, ou devrait être, le fait de tous. Chacun est « cette boîte à multiple fond » évoquée dans le *Second Manifeste.* Si pour Éluard, plus que pour Breton, dans la démarche poétique, subsiste une part de conscience lucide, il existe cependant une « poésie involontaire » commune à tous les hommes :

S Les hommes ont dévoré un dictionnaire et ce qu'ils nomment existe. L'innommable, la fin de tout ne commence qu'aux frontières de la mort impensable. Peu importe celui qui parle et peu importe même ce qu'il dit. Le langage est commun à tous les hommes et ce ne sont pas les différences de langues, si nuisibles qu'elles nous apparaissent, qui risquent de compromettre gravement l'unité humaine, mais bien plutôt cet interdit toujours formulé, au nom de la raison pratique, contre la liberté absolue de la parole. Passent pour fous ceux qui enseignent qu'il y a mille façons de voir un objet, de le décrire, mille façons de dire son amour et sa joie et sa peine, mille façons de s'entendre sans briser un rameau de l'arbre de la vie. Inutiles, fous, maudits ceux qui décèlent, reproduisent, interprètent l'humble voix qui se plaint ou qui chante dans la foule, sans savoir qu'elle est sublime. Hélas ! non, la poésie personnelle n'a pas encore fait son temps. Mais, au moins, nous avons bien compris que rien n'a pu rompre le mince fil de la poésie impersonnelle. Nous avons, sans douter un instant de cette vérité qui triomphera, compris que tant de choses peuvent être « tout un poème ». Cette expression ironique, péjorative, des poètes de bonne foi lui ont rendu son sens littéral. Ils ont utilisé des éléments involontaires, objectifs, tout ce qui gît sous l'apparente imperméabilité de la vie courante et dans les plus innocentes productions de l'homme. « Tout un poème », ce n'est plus seulement un objet biscornu ou l'excentricité d'une élégante à bout de souffle, mais ce qu'il est donné au poète de simuler, de reproduire, d'inventer, s'il croit que du monde qui lui est imposé naîtra l'univers qu'il rêve. Rien de rare, rien de divin dans son travail banal. Le poète, à l'affût des obscures nouvelles du monde, nous rendra les délices du langage le plus pur, celui de l'homme de la rue et du sage, de la femme, de l'enfant et du fou. Si l'on voulait, il n'y aurait que des merveilles. Écoutons-les sans réfléchir et répondons, nous serons entendus. Sinon, nous ne sommes que des miroirs brisés et, désireux de rectifier les apparences, nous poétisons, nous nous retirons la vue première, élémentaire des choses, dans cet espace et ce temps qui sont nôtres.

Si nous voulions, rien ne nous serait impossible. Le plus dénué d'entre nous a le pouvoir, tout comme le plus riche, de nous remettre, de ses mains appliquées et de ses yeux confiants, un trésor inestimable, ses rêves et sa réalité que raison, bon sens, méchanceté ne parviennent pas à détruire. La poésie involontaire, si banale, si imparfaite, si grossière soit-elle, est faite des rapports entre la vie et le monde, entre le rêve et l'amour, entre l'amour et la nécessité. Elle engendre notre émotion, elle rend à notre sang la légèreté du feu. Tout homme est frère de Prométhée. Nous n'avons pas une intelligence particulière, nous sommes des êtres moraux et nous nous situons dans la foule.

44/ P. ÉLUARD, « Poésie involontaire », Gallimard, « Pléiade », pp. 1133-1134.

Le « penser non dirigé » mis en évidence par Tzara comme refuge et opposition à la classe dominante ne coïncide peut-être pas tout à fait avec la poésie involontaire définie par Éluard, mais il porte aussi la promesse d'une poésie faite par tous :

S   Si dans la société actuelle la poésie constitue un *refuge*, une *opposition* à la classe dominante, la bourgeoisie, dans la société future où l'antagonisme économique des classes disparaîtra, la poésie ne sera plus soumise aux mêmes conditions. Le poète (à défaut d'un autre nom, je suis forcé d'employer ce mauvais terme, tant il est vrai que déjà pour nous la terminologie n'est plus adéquate aux nouveaux contenus) se réfugie dans le domaine de la poésie parce qu'il assimile son opposition à la classe capitaliste avec l'opposition au penser dit « dirigé » engendreur de la science, de la civilisation actuelle, asservie par la bourgeoisie.

De même que le travail dans une société socialisée n'est plus ce qu'aujourd'hui nous nous représentons comme tel, de même que le prolétaire n'étant plus l'exploité perd le sens que nous lui accordons, peut-on prédire que la poésie, qui perdra jusqu'à son nom en poursuivant son devenir historique, se muera en une activité de l'esprit collective (comme le rêve en est une), suivant la loi de la ligne nodale des rapports de mesure et que sous cette forme la formule de Lautréamont « la poésie faite par tous » deviendra une réalité ?
[...]
Je sais ce que peut avoir de féroce la froide application de lois à un phénomène qui nous touche de très près. Je suis le premier à être tenté de m'écrier : à ce prix-là la poésie ne m'intéresse pas. Une poésie agissant indépendamment et détachée de l'ensemble des phénomènes de la vie... peut-on consacrer sa vie à la poésie quand le moindre mouvement de rue, un peu plus vif que d'ordinaire, vous fait sursauter, vous fait croire que tout espoir n'est pas perdu ? Agir, réellement agir ! Mais les faits sont là dans toute leur nue cruauté. Plus d'une fois ils nous mettront devant le dilemme : abandonner ou continuer nos efforts. La Révolution sociale n'a pas besoin de la poésie, mais cette dernière a bien besoin de la Révolution.

Tendre, de toutes ses forces, à l'accomplissement de la Révolution, en poursuivant parallèlement l'activité poétique qui se justifie du point de
vue du matérialisme dialectique, voilà, me semble-t-il, le rôle historique du Surréalisme : organiser le loisir dans la société future, donner un
contenu à la paresse en préparant sur des bases
scientifiques la réalisation des immenses possibilités que contient la phrase de Lautréamont :

« LA POÉSIE DOIT ÊTRE FAITE
PAR TOUS. NON PAR UN. »

45/ T. TZARA, « Essai... », dans *Grains et Issues,* Flammarion, pp. 276, 282-283.

La poésie et, donc, le surréalisme attendent beaucoup de la révolution. Ce thème n'appartient pas en
propre à Tzara ; commun à tous les surréalistes, il
permet de comprendre pourquoi ceux-ci n'hésitèrent
pas à se mettre au service de la révolution, sans pour
autant la considérer comme l'absolu réalisé par l'Histoire. Dans *La Part du feu*, Maurice Blanchot analyse
cette prise en compte par le surréalisme des « problèmes non historiques » qui se posent à la conscience :

[...] Tant que le problème de la liberté pour
l'ensemble des hommes n'est pas réglé concrètement, le problème métaphysique de la liberté ne
peut être posé légitimement. C'est lorsque la liberté de l'homme ne sera plus à *faire*, lorsqu'elle
sera donnée dans les faits, réalisée dans toutes ses
conditions, c'est alors que la liberté prendra conscience d'elle-même, conscience d'elle comme de
ce qui dépasse toujours ces conditions, de ce qui

n'est jamais réalisé, jamais donné ni fait. L'homme sera libre, parce que, comme dit Breton, « la précarité artificielle de la condition sociale de l'homme ne lui voilera plus la précarité réelle de sa condition humaine », c'est-à-dire, parce que, dans une société libre où il ne pourra que se choisir libre, il lui faudra tout de même encore se choisir lui-même, sans pouvoir se décharger sur personne de ce soin, ni en être « affranchi » jamais. Ainsi, le service que le surréalisme attend du marxisme, c'est de lui préparer une société où d'une part tout le monde pourra être surréaliste, mais où surtout les visées surréalistes seront menées à bien, dans toute leur pureté, sans travestissement ni falsification. Comment la poésie se désintéresserait-elle de la révolution sociale ? C'est cette tâche de la révolution qui, loin de lui masquer la sienne propre, « lui en livre la compréhension perspective », car, grâce à elle, elle comprend qu'il n'y a vraiment d'existence et de valeurs poétiques qu'au moment où l'homme, n'ayant plus rien à faire, parce que tout est fait, découvre le sens et la valeur de ce *rien*, objet propre de la poésie et de la liberté (Francis Ponge note, par exemple, que ses poèmes sont comme écrits au lendemain de la révolution).

46/ M. BLANCHOT, *La Part du feu*, Gallimard, 1949, pp. 98-99.

En la débarrassant de sa gangue littéraire, le surréalisme œuvre donc à cette mise au jour de l'« objet propre » de la poésie. Georges Hugnet, dans sa *Petite Anthologie du surréalisme*, insiste sur le pas immense que ce mouvement lui a fait accomplir : « De la littérature et, pourrait-on dire, du papier, la poésie, par lui, a glissé en plein cœur de la vie. Elle n'est plus un art, un état d'esprit, mais l'art, mais l'esprit. » Il s'agit alors de la vie devenue autre, de l'esprit réconcilié avec lui-même. Et l'expérience poétique ne peut plus se comparer à rien d'autre qu'à l'acte d'amour :

S   SUR LA ROUTE DE SAN ROMANO

La poésie se fait dans un lit comme l'amour
Ses draps défaits sont l'aurore des choses
La poésie se fait dans les bois

Elle a l'espace qu'il lui faut
Pas celui-ci mais l'autre que conditionnent

L'œil du milan
La rosée sur une prèle
Le souvenir d'une bouteille de Traminer embuée sur un plateau d'argent
Une haute verge de tourmaline sur la mer
Et la route de l'aventure mentale
Qui monte à pic
Une halte elle s'embroussaille aussitôt

Cela ne se crie pas sur les toits
Il est inconvenant de laisser la porte ouverte
Ou d'appeler des témoins

Les bancs de poissons les haies de mésanges
Les rails à l'entrée d'une grande gare

Les reflets des deux rives
Les sillons dans le pain
Les bulles du ruisseau
Les jours du calendrier
Le millepertuis

L'acte d'amour et l'acte de poésie
Sont incompatibles
Avec la lecture du journal à haute voix

Le sens du rayon de soleil
La lueur bleue qui relie les coups de hache du bûcheron
Le fil du cerf-volant en forme de cœur ou de nasse
Le battement en mesure de la queue des castors
La diligence de l'éclair
Le jet de dragées du haut des vieilles marches
L'avalanche

La chambre aux prestiges
Non messieurs ce n'est pas la huitième Chambre
Ni les vapeurs de la chambrée un dimanche soir

Les figures de danse exécutées en transparence au-dessus des mares
La délimitation contre un mur d'un corps de femme au lancer de poignards
Les volutes claires de la fumée
Les boucles de tes cheveux
La courbe de l'éponge des Philippines
Les lacés du serpent corail
L'entrée du lierre dans les ruines
Elle a tout le temps devant elle

L'étreinte poétique comme l'étreinte de chair

Tant qu'elle dure
Défend toute échappée sur la misère du monde

1948

47/ A. BRETON, *Signe ascendant*, Gallimard, « Poésie », 1968, pp. 122-124.

Autonomie de l'art

L'art, et la poésie, dès lors qu'ils conservent leurs valeurs de spontanéité et d'authenticité, ont pour les surréalistes une portée révolutionnaire. S'ils peuvent aussi attendre de la révolution l'ouverture de voies nouvelles, ceux-ci n'entendent pas pour autant les placer sous le contrôle d'un parti, d'une classe sociale ou d'une idéologie. « L'ignoble mot d'engagement [...] sue une servilité dont la poésie et l'art ont horreur », écrit Breton dans « Comète surréaliste ». Toute l'histoire du mouvement le montre livrant un combat acharné pour préserver l'autonomie de la pratique artistique.

Le refus de directives, émanant alors des instances communistes internationales, le rejet des sujets imposés d'inspiration « prolétarienne », s'expriment dès les premiers contacts avec le parti communiste français. De Breton et de ses amis, on attend qu'ils consacrent leurs entreprises poétiques et artistiques à la cause révolutionnaire qu'ils soutiennent. Ceux-ci, au contraire, sont résolus à les poursuivre en toute indépendance.

Contre les attaques, ou plutôt les mises en garde, formulées par Naville en 1926, Breton adopte une attitude de « légitime défense ». Il nie l'existence d'une antinomie foncière dans le surréalisme en dissociant nettement les deux problèmes que celui-ci s'est attaché à résoudre, celui de l'action politique et celui de la connaissance, lequel « s'est posé électivement » à chacun des surréalistes :

S   Encore une fois, tout ce que nous savons est que nous sommes doués à un certain degré de la parole et que, par elle, quelque chose de grand et d'obscur tend impérieusement à s'exprimer à travers nous, que chacun de nous a été choisi et désigné à lui-même entre mille pour formuler ce qui, de notre vivant, doit être formulé. C'est un ordre que nous avons reçu une fois pour toutes et que nous n'avons jamais eu loisir de discuter. Il peut nous apparaître, et c'est même assez paradoxal, que ce que nous disons n'est pas ce qu'il y a de plus nécessaire à dire et qu'il y aurait manière de le mieux dire. Mais c'est comme si nous y avions été condamnés de toute éternité. Écrire, je veux dire écrire si difficilement, et non pour séduire, et non, au sens où on l'entend d'ordinaire, pour vivre, mais, semble-t-il, tout au plus pour se suffire moralement, et faute de pouvoir rester sourd à un appel singulier et inlassable, écrire ainsi n'est jouer ni tricher, que je sache. Nous sommes peut-être chargés seulement de liquider une succession spirituelle à laquelle il y irait de l'intérêt de chacun de renoncer, et c'est tout.

48/ A. BRETON, « Légitime défense », dans *Point du jour,* Gallimard, « Idées », 1970, p. 45.

« Légitime défense » affirme donc la volonté des surréalistes de ne pas renoncer à leurs propres recherches, sans toutefois préciser quels rapports, selon eux, peuvent exister entre l'art et l'action révolutionnaire. Ces questions sont abordées un peu plus tard dans le

Second Manifeste où Breton s'interroge sur la possibilité d'une littérature prolétarienne dans une société bourgeoise :

S Je ne crois pas à la possibilité d'existence actuelle d'une littérature ou d'un art exprimant les aspirations de la classe ouvrière. Si je me refuse à y croire, c'est qu'en période pré-révolutionnaire l'écrivain ou l'artiste, de formation nécessairement bourgeoise, est par définition inapte à les traduire. Je ne nie pas qu'il puisse s'en faire idée et que, dans des conditions morales assez exceptionnellement remplies, il soit capable de concevoir la relativité de toute cause en fonction de la cause prolétarienne. J'en fais pour lui une question de sensibilité et d'honnêteté. Il n'échappera pas pour cela au doute remarquable, inhérent aux moyens d'expression qui sont les siens, qui le force à considérer, en lui-même et pour lui seul, sous un angle très spécial l'œuvre qu'il se propose d'accomplir. Cette œuvre, pour être viable, demande à être *située* par rapport à certaines autres déjà existantes et doit ouvrir, à son tour, une voie. Toutes proportions gardées, il serait aussi vain de s'élever, par exemple, contre l'affirmation d'un déterminisme poétique, dont les lois ne sont pas impromulgables, que contre celle du matérialisme dialectique. Je demeure, pour ma part, convaincu que les deux ordres d'évolution sont rigoureusement semblables et qu'ils ont, de plus, ceci de commun *qu'ils ne pardonnent pas.* De même que les prévisions de Marx, en ce qui concerne presque tous les événements extérieurs survenus de sa mort à nos jours, se sont montrées justes, je ne vois pas ce qui pourrait infirmer une

seule parole de Lautréamont, touchant aux événements qui n'intéressent que l'esprit. Par contre,
aussi faux que toute entreprise d'explication
sociale autre que celle de Marx est pour moi tout
essai de défense et d'illustration d'une littérature
et d'un art dits « prolétariens », à une époque où
nul ne saurait se réclamer de la culture prolétarienne, pour l'excellente raison que cette culture
n'a pu encore être réalisée, même en régime pro-
létarien.

49/ A. BRETON, *Second Manifeste,* dans *Manifestes...,*
Gallimard, « Idées », pp. 113-114.

Une culture prolétarienne pourrait voir le jour dans
l'avenir, mais elle ne se définirait ni par analogie ni
par antithèse avec la culture bourgeoise, elle exprime-
rait une dynamique originale. Dans un article de
1933, « A propos du concours de littérature prolétarienne organisé par *L'Humanité* », Breton indique
comment il conçoit cette littérature, en liaison non
pas avec le choix de certains sujets, mais avec la création de formes nouvelles. Commentant le même concours, dans *Les paris sont ouverts,* Claude Cahun
s'attache à montrer combien est irréaliste la « thèse
ouvriériste » appliquée à la poésie. Elle s'appuie pour
cela sur la distinction faite par Tzara entre le contenu
manifeste d'une œuvre et son contenu latent :

S   Il serait intéressant de prendre un *poème moyen
d'expression* et d'en faire une analyse qui décou-
vrirait, parfois surprenant l'auteur lui-même, sous
le *contenu manifeste* révolutionnaire, toutes sortes de réticences subconscientes. Plusieurs envois
qui n'ont pas été retenus pour le Concours m'ont
paru caractéristiques à cet égard.

D'ailleurs, je le répète, le *contenu manifeste* ne saurait échapper aux critiques, même sur son propre terrain, car il semble impossible de maintenir dans un poème une idéologie conséquente. Tous les poèmes que je connais sont, autant que l'idéologie *manifeste* y a part, pleins de bourdes et d'hérésies.

Il serait utile de faire, d'autre part, l'analyse de *poèmes activité d'esprit*. Leur traduction produirait parfois, j'en suis persuadée, des révélations de ce genre : Un homme a cru photographier les cheveux mêlés de brins de paille de la femme qu'il aime, endormie dans un champ. Le cliché *révélé*, apparaissent mille bras divergents, des poings brillants, des armes ; on s'aperçoit qu'il s'agit d'une émeute.

50/ CL. CAHUN, *Les paris sont ouverts*, « La posésie garde son secret », dans M. Nadeau, *Documents surréalistes*, Le Seuil, 1948, p. 259.

Il serait donc impossible de déceler la pureté idéologique d'un poème. A l'inverse, on peut s'interroger sur la faculté dont disposent la société et les forces conservatrices pour juger subversive une œuvre poétique. Le fait se produisit en 1931 lorsque Aragon, pour donner un gage de son ralliement à la ligne de l'Internationale communiste, publia « Front rouge ». Dans ce poème « révolutionnaire », il appelait non seulement à l'assassinat des dirigeants du régime, mais aussi à celui des « ours savants de la social-démocratie ». Aragon étant poursuivi en justice, les surréalistes prirent sa défense et lancèrent une pétition dans laquelle ils s'élevaient « contre toute tentative d'interprétation d'un texte poétique à des fins judiciaires ». En quelques jours, la pétition fut couverte de plus de trois cents signatures, mais plusieurs intellectuels, tels Romain Rolland et André Gide, blâmèrent les surréalistes de se dérober devant la responsabilité de leurs écrits. Benjamin Fondane refusa de signer la pétition ; en des termes très durs, il exposa ses motifs dans une lettre adressée à la direction du *Surréalisme au service de la Révolution* :

> Dans votre appel au meurtre, à la désertion, à l'insurrection, vous avez délibérément mis de côté le plan poétique et tout mis — jusqu'à vos métaphores — « au service de la révolution ». Depuis dix ans vous êtes seuls à ne pas vouloir convenir que votre activité ne soit pas de l'art poétique et refusez violemment la sorte d'immunité que la société bourgeoise n'a cessé de vous accorder comme poètes et comme fous... Et voilà que, parvenus à effrayer la bourgeoisie sur la portée de vos actes, devant sa première mesure de résistance, vous excipez de votre qualité de « poètes »... Il y a là la personne d'Aragon, bien sûr — et je ne l'ai pas oubliée. Il ne sera jamais trop tard d'intervenir, auprès de qui de droit, pour le faire relaxer — mais *après*. — pas avant ! Je ne peux croire qu'habitués comme vous l'êtes, Messieurs, à l'idée des risques qu'on court dès qu'on se place sur le plan de l'illégalité des moyens, vous ayez peur et quelle sorte de peur !
>
> [...] De tous temps il a été enjoint au poète de payer d'une véritable désertion morale le droit aux jouissances qu'on sait — mais les fous n'ont pas manqué qui ont préféré la prison et toutes sortes de vexations, à l'aliénation de leur droit à la liberté. C'est même le seul « droit » qu'a l'homme, d'être libre, de penser ce qu'il lui plaît, et les Soviets eux-mêmes ont vu s'expatrier des gens d'une haute irréprochabilité morale pour qui la

meilleure des dictatures ne pouvait remplacer l'absurde idée de liberté. De nombreux exemples...

51/ B. FONDANE, « Lettre », dans *Faux Traité d'esthétique,* Plasma, p. 150.

Assumer la responsabilité de ses écrits ou celle de ses actes procède, pour un révolutionnaire, de la même attitude morale. Mais Breton répond qu'un poème, suprême manifestation du penser non dirigé, ne saurait engager son auteur :

S   C'est jouer à mon sens sur les mots que d'avancer que le poème « dépasse » en signification et en portée son contenu immédiat. Il échappe, de par sa nature, à la réalité même de ce contenu. Le poème n'est pas à juger sur les représentations successives qu'il entraîne mais bien sur le pouvoir d'incarnation d'une idée, à quoi ces représentations, libérées de tout besoin d'enchaînement rationnel, ne servent que de point d'appui. La portée et la signification du poème sont *autre chose* que la somme de tout ce que l'analyse des éléments définis qu'il met en œuvre permettrait d'y découvrir et ces éléments définis ne sauraient à eux seuls, pour une si faible part que ce soit, le déterminer en valeur ou en devenir. S'il n'en était pas ainsi, il y a longtemps que le langage poétique se fût aboli dans le prosaïque et sa survivance jusqu'à nous, nous est le meilleur garant de sa nécessité. « Si, déclare Hegel, la prose a pénétré avec son mode particulier de conception dans tous les objets de l'intelligence humaine, et a déposé partout son empreinte, la poésie doit entreprendre de refondre tous ces éléments et de leur imprimer son cachet original. Et comme elle a aussi à vaincre les dédains de l'esprit prosaïque, elle se trouve de toutes parts enveloppée dans de nombreuses difficultés. Il faut qu'elle s'arrache aux habitudes de la pensée commune qui se complaît dans l'indifférent et l'accidentel », que, sous tous les rapports elle transforme « le mode d'expression de la pensée prosaïque en une expression poétique et, malgré toute la réflexion qu'exige nécessairement une pareille lutte, qu'elle conserve l'apparence parfaite de l'inspiration et la liberté dont l'art a besoin ».

Je pense qu'une telle opinion, qui n'a rien de spécifiquement idéaliste, n'a aucun besoin d'être révisée. Il est juste de tenir la poésie et la prose pour deux sphères nettement distinctes de la pensée, juste d'affirmer que les représailles dont on s'apprête à user contre la poésie constituent, de la part des pouvoirs bourgeois, une intrusion plus intolérable encore que les autres (il s'agit de juger rationnellement de choses par définition irrationnelles) ; une atteinte incomparablement plus arbitraire et plus profonde à la liberté de penser (dans un domaine où la façon de penser est inséparable de la façon de sentir).

52/ A. BRETON, « Misère de la poésie », dans M. Nadeau, *Documents surréalistes,* Le Seuil, pp. 210-211.

L'argumentation de Breton aurait certes porté davantage si le poème d'Aragon avait mieux répondu à la conception développée, s'il ne s'était agi d'un « poème de circonstance » qui ne pouvait être tenu pour « une solution acceptable du problème poétique ». Reconnaissant les limites de « Front rouge », Breton peut réaffirmer sa conception de la poésie, et son rapport à l'action révolutionnaire :

S Si nous venons de perdre ainsi la chance qu'on eût pu croire qu'Aragon, en écrivant « Front Rouge », nous avait donnée de participer durablement, par des poèmes, à l'action révolutionnaire, si nous n'avons pas réussi à admettre qu'au but de la poésie et de l'art — qui est, depuis le commencement des siècles, « en planant au-dessus du réel de le rendre, même extérieurement, conforme à la vérité intérieure qui en fait le fond » — pouvait être substitué un autre but, qui fût, par exemple, d'enseignement ou de propagande révolutionnaire (l'art n'étant plus alors employé que comme moyen), qu'on n'aille pas soutenir que pour cela nous sommes les derniers fervents de l'« art pour l'art », au sens péjoratif où cette conception dissuade ceux qui s'en réclament d'agir en vue d'autre chose que la production du beau. Nous n'avons jamais cessé de flétrir une telle conception et d'exiger de l'écrivain, de l'artiste leur participation effective aux luttes sociales...

53/ A. BRETON, *ibid.*, p. 211.

Au-dessus du réel, l'œuvre d'art n'en est pas le reflet. Si elle enregistre les contradictions de son temps, elle les dépasse aussi. Elle est révolutionnaire par sa liberté même. Ces idées devaient rapprocher Breton de Léon Trotsky. Ensemble, ils rédigèrent le manifeste « Pour un art révolutionnaire indépendant », qui reprend leurs thèses communes :

S Il s'ensuit que l'art ne peut consentir sans déchéance à se plier à aucune directive étrangère et à venir docilement remplir les cadres que certains croient pouvoir lui assigner, à des fins prag-

matiques extrêmement courtes. Mieux vaut se
fier au don de préfiguration qui est l'apanage de
tout artiste authentique, qui implique un commencement de résolution (virtuel) des contradictions les plus graves de son époque et oriente la
pensée de ses contemporains vers l'urgence de
l'établissement d'un ordre nouveau.

L'idée que le jeune Marx s'est faite du rôle de
l'écrivain exige de nos jours un rappel vigoureux.
Il est clair que cette idée doit être étendue, sur le
plan artistique et scientifique, aux diverses catégories de producteurs et de chercheurs. « L'écrivain, dit-il, doit naturellement gagner de l'argent
pour pouvoir vivre et écrire, mais il ne doit en
aucun cas vivre et écrire pour gagner de l'argent...
L'écrivain ne considère aucunement ses travaux
comme un *moyen.* Ils sont des *buts en soi,* ils sont
si peu un moyen pour lui-même et pour les autres
qu'il sacrifie au besoin de son existence à leur
existence... *La première condition de la liberté de
la presse consiste à ne pas être un métier.* » Il est
plus que jamais de circonstance de brandir cette
déclaration contre ceux qui prétendent assujettir
l'activité intellectuelle à des fins extérieures à
elle-même et, au mépris de toutes les déterminations historiques qui lui sont propres, régenter, en
fonction de prétendues raisons d'État, les thèmes
de l'art. Le libre choix de ces thèmes et la non-
restriction absolue en ce qui concerne le choix de
son exploration constituent pour l'artiste un bien
qu'il est en droit de revendiquer, comme ina-
liénable. En matière de création artistique,
il importe essentiellement que l'imagination
échappe à toute contrainte, ne se laisse sous
aucun prétexte imposer de filière. A ceux qui
nous presseraient, que ce soit pour aujourd'hui ou

pour demain, de consentir à ce que l'art soit soumis à une discipline que nous tenons pour radicalement incompatible avec ses moyens, nous opposons un refus sans appel et notre volonté délibérée de nous en tenir à la formule : *toute licence en art.*

54/ A. BRETON, « Pour un art révolutionnaire indépendant », dans *La Clé des champs,* Pauvert, p. 375.

Leur exigence d'un art absolument autonome, les surréalistes devaient la maintenir entière, y compris durant les heures noires de la lutte contre le nazisme. Ainsi, lorsque à l'initiative de Paul Eluard des poètes de la Résistance publièrent clandestinement le recueil *L'Honneur des poètes,* du Mexique où il s'était réfugié, Benjamin Péret répondit par un pamphlet, *Le Déshonneur des poètes.* Son propos n'était pas de condamner l'action de la Résistance, mais de promouvoir une conception plus haute de la poésie, activité irréductible à toute autre :

S   Mais le poète n'a pas à entretenir chez autrui une illusoire espérance humaine ou céleste, ni à désarmer les esprits en leur insufflant une confiance sans limite en un père ou un chef contre qui toute critique devient sacrilège. Tout au contraire, c'est à lui de prononcer les paroles toujours sacrilèges et les blasphèmes permanents. Le poète doit d'abord prendre conscience de sa nature et de sa place dans le monde. Inventeur pour qui la découverte n'est que le moyen d'atteindre une nouvelle découverte, il doit combattre sans relâche les dieux paralysants acharnés à maintenir l'homme dans sa servitude à l'égard des puissances sociales et de la divinité qui se complètent mutuellement. Il sera donc révolutionnaire, mais non de ceux qui s'opposent au tyran d'aujourd'hui, néfaste à leurs yeux parce qu'il dessert leurs intérêts, pour vanter l'excellence de l'oppresseur de demain dont ils se sont déjà constitués les serviteurs. Non, le poète lutte contre toute oppression : celle de l'homme par l'homme d'abord et l'oppression de sa pensée par les dogmes religieux, philosophiques ou sociaux. Il combat pour que l'homme atteigne une connaissance à jamais perfectible de lui-même et de l'univers. Il ne s'ensuit pas qu'il désire mettre la poésie au service d'une action politique, même révolutionnaire. Mais sa qualité de poète en fait un révolutionnaire qui doit combattre sur tous les terrains : celui de la poésie par les moyens propres à celle-ci et sur le terrain de l'action sociale sans jamais confondre les deux champs d'action sous peine de rétablir la confusion qu'il s'agit de dissiper, et par suite, de cesser d'être poète, c'est-à-dire révolutionnaire.

55/ B. PÉRET, *Le Déshonneur des poètes,* Pauvert, « Libertés », 1965, pp. 74-76.

Révolutionnaire par essence, la poésie ne peut être mise, sans trahison, au service d'une action immédiate quelconque, si urgente ou légitime soit-elle :

S En réalité tous les auteurs de cette brochure partent sans l'avouer ni se l'avouer d'une erreur de Guillaume Apollinaire et l'aggravent encore. Apollinaire avait voulu considérer la guerre comme un sujet poétique. Mais si la guerre, en tant que combat et, dégagée de tout esprit nationaliste, peut à la rigueur demeurer un sujet poétique, il n'en est pas de même d'un mot d'ordre nationaliste, la nation en question fût-elle, comme la France, sauvagement opprimée par les nazis. L'expulsion de l'oppresseur et la propagande en ce sens sont du ressort de l'action politique, sociale ou militaire, selon qu'on envisage cette expulsion d'une manière ou d'une autre. En tout cas, la poésie n'a pas à intervenir dans le débat autrement que par son action propre, par sa signification culturelle même, quitte aux poètes à participer en tant que révolutionnaires à la déroute de l'adversaire nazi par des méthodes révolutionnaires, sans jamais oublier que cette oppression correspondait au vœu, avoué ou non, de tous les ennemis — nationaux d'abord, étrangers ensuite — de la poésie comprise comme libération totale de l'esprit humain car, pour paraphraser Marx, la poésie n'a pas de patrie puisqu'elle est de tous les temps et de tous les lieux.

56/ B. PÉRET, *ibid.,* pp. 86-87.

Au lendemain de la Libération, les poètes de la Résistance n'auront pas oublié les attaques de Péret et sauront lui reprocher son absence du terrain de la lutte. Dans *Le Surréalisme et l'après-guerre,* la réponse de Tzara aux arguments de Péret atteint cependant le cœur du problème : à la poésie, réalité irréductible à toute autre, il oppose une poésie vécue, réalité incluse dans « le monde des vivants » :

La guerre, les nécessités de la vie clandestine, nous ont trouvés dans le même camp et pour ne citer que les dadaïstes de la première heure et les surréalistes, Éluard, Aragon, Ribemont-Dessaignes, Soupault, moi-même, Desnos, Leiris, Ponge, Queneau et bien d'autres. Pendant ces sombres années, nous avons continué à penser, à écrire. Pouvions-nous penser d'une façon et écrire d'une autre ? Pouvions-nous, fidèles à Dada et au Surréalisme qui avaient identifié l'homme, dans une unique volonté d'expression, à la pratique révolutionnaire et à celle de la poésie, pouvions-nous séparer en deux notre être, pensant et agissant d'un côté pour la libération du pays, pensant et écrivant de l'autre côté selon un absolu désincarné ? Toute poésie n'avait-elle à sa base comme nourriture la vie concrète des *images vues,* conçues par nos sens dans leur brute matérialité ? Le problème de la poésie de l'événement ne pouvait se poser pour nous. Mais un autre problème, celui de l'authenticité de cette poésie. Dans quelle mesure la poésie, fût-elle poésie d'amour, poésie de la Résistance, était-elle valable, a-t-elle été *vécue* ? Dans quelle mesure répondait-elle à une expérience vécue ? L'image poétique n'avait-elle son origine dans le monde qui nous entourait, qui nous impressionnait, que nous choisissions ? Et ici, il faut dire que toute poésie est transposition. Transposition d'un plan sur un autre. La poésie n'a pas à exprimer une réalité [...] La poésie est la transposition sur un plan donné de la réalité du langage. La transposition de la réalité concrète du monde extérieur sur le plan poétique est donc un non-sens. L'engagement du poète n'est pas une action qui a trait à la littérature, mais à la vie, dans ses manifestations diverses. Je n'aurai pas la prétention de faire croire que certains poètes d'aujourd'hui ont trouvé la formule magique par laquelle l'homme, en unissant le rêve à l'action, s'est réconcilié avec lui-même. Je sais que cela sera possible, dans un monde nouveau, dans un monde raisonnablement, humainement organisé.

D'autres problèmes surgiront peut-être à ce moment. Je ne crois pas en un paradis terrestre. Car à chaque étape de l'évolution humaine, tout redevient objet de conquête. L'individu ne s'affirme que dans la lutte, par la lutte. Il faut passer par le bas pour atteindre une certaine hauteur. Il faut avoir risqué sa vie, avoir côtoyé la mort pour atteindre à la conscience. Avoir joué le tout pour le tout dans cette lutte pour l'existence qu'est l'affirmation de soi. Et jamais d'arrêt, jamais de paix définitive, sinon tout s'endort autour de soi et la vie s'écroule, elle devient matière misérable, elle se mange elle-même et s'annule.

57/ T. Tzara, *Le Surréalisme et l'après-guerre,* Nagel, pp. 35, 36-37.

Pour les surréalistes, l'engagement qui a trait « à la vie dans ses manifestations les plus diverses » est celui de tout homme lucide et non celui du poète qui doit, lui, se consacrer à l'approfondissement de la vie. De cette position naissent quelques-uns des paradoxes du surréalisme que Maurice Blanchot met en lumière dans *La Part du feu* :

Regardons maintenant autour de quels thèmes le surréalisme prend forme. La littérature est bannie, mais le langage se confond avec le pur moment de la conscience : les mots sont idées. L'art disparaît comme fin, seuls comptent la vie et l'approfondissement de la vie ; et cependant on donne aux recherches techniques, aux effets formels, aux faux artistiques (les « essais de simulation ») la plus grande attention possible. Enfin, le poète revendique une liberté absolue : il repousse tout contrôle, il est maître de ses moyens, libre aussi bien à l'égard de la tradition littéraire qu'indifférent aux exigences de la morale, de la religion et même de la lecture. Or, cette liberté aboutit à ceci : « Le surréalisme au service de la Révolution. » Si l'on réunit deux à deux, par une bipolarité très significative, ces thèmes qui s'appellent en s'opposant, on verra que l'écrivain pour qui écrire a le sens d'une interrogation essentielle, ne se désintéresse pas pour autant de l'effort d'invention technique et de la création formelle, et au contraire associe sans cesse sa recherche verbale et sa recherche intérieure, comme si l'authenticité de son expérience était liée à sa valeur littéraire (« Une phrase parfaite est au point culminant de la plus grande expérience vitale », a écrit Léon-Paul Fargue). Et l'on verra aussi que la littérature la plus dégagée est en même temps la plus engagée, dans la mesure où elle sait que se prétendre libre dans une société qui ne l'est pas, c'est prendre à son compte les servitudes de cette société et surtout accepter le sens mystificateur du mot liberté par lequel cette société dissimule ses prétentions.

En somme, la littérature doit avoir une efficacité et un sens extra-littéraires, c'est-à-dire ne pas renoncer à ses moyens littéraires, et elle doit être libre, c'est-à-dire engagée. Peut-être, en considérant la valeur de ces paradoxes, comprendra-t-on pourquoi le surréalisme est toujours de notre temps.

58/ M. BLANCHOT, *La Part du feu,* Gallimard, pp. 103-104.

Le problème de l'autonomie de l'art s'est posé d'abord dans ses rapports avec l'action politique, mais, le succès aidant, un autre danger pouvait guetter l'œuvre surréaliste, celle du plasticien surtout, sa récupération par la société marchande. André Breton n'a pas manqué de dénoncer certaines pratiques :

S Déjà en 1931, comme à une exposition d'ensemble de l'œuvre d'Henri Matisse je m'étonnais auprès d'un des organisateurs de découvrir tant de récentes figures inachevées (visages de femmes réduits au simple ovale, etc.), il ne fit aucune difficulté à m'expliquer qu'en raison de la hauteur des cours déjà atteints par cette peinture et d'une certaine saturation, en ce qui la regardait, des musées et des grandes collections étrangères, des œuvres plus « poussées » n'eussent pu trouver preneur. On voit par cet exemple que, de nos jours, la liberté artistique n'est pas moins restreinte par une nécessité d'un autre ordre (et de l'ordre le plus sordide) que du temps où Picasso était contraint pour vivre de poursuivre l'exécution de ses très honnêtes champs de vaches sur des éventails. La presse entretient la badauderie la plus béate autour de la personne de Picasso, sans se rassasier de l'idée que le peintre « le plus cher du monde » est membre du parti communiste et en se gardant bien de pénétrer au vif de cette contradiction. Tel est le volcan sur lequel l'art contemporain évolue, et, encore m'en tiens-je ici à deux œuvres de premier plan : à côté d'elles les agioteurs ne se privent pas de surfaire au possible des œuvres mineures ou même de brandir de pâles baudruches — comme Utrillo — qu'ils s'époumonent de temps à autre à souffler.

La plus grave conséquence de cette situation est

qu'en art le rapport de la production et de la consommation est entièrement faussé : l'œuvre d'art, à de rares exceptions près, échappe à ceux qui lui portent un amour désintéressé pour se faire, auprès d'indifférents et de cyniques, simple prétexte à l'investissement de capitaux. De valeur émancipante qu'elle devait être, elle se transforme en instrument d'oppression dans la mesure où elle contribue, et cela pour une part appréciable, à l'accroissement de la propriété privée.

59/ A. BRETON, « Comète surréaliste », dans *La Clé des champs*, Pauvert, pp. 152-153.

Le surréalisme n'a pu échapper totalement à la pression du milieu socio-culturel. Louis Janover, qui participa à l'activité du groupe dans les années 50, étudie ce phénomène dans son livre *Surréalisme, art et politique* :

Le milieu artistique moderne ne pouvait assurer la diffusion du surréalisme sur une autre base. Il est révélateur que Breton, pourtant on ne peut plus conscient des difficultés que rencontrait la volonté de promouvoir un « art révolutionnaire indépendant », n'ait jamais cru devoir s'interroger plus en profondeur sur ce problème : existait-il un moyen de situer son action, et celle du groupe, en dehors des circuits de diffusion traditionnels et d'échapper ainsi aux déterminations de la mode et à la pression que le milieu socio-culturel exerce sur l'artiste ? Faute d'avoir tenté d'y répondre, Breton subira le même sort que le groupe qu'il animait. Il aura beau s'efforcer de définir les modalités d'une activité révolutionnaire indépen-

dante de celle du parti communiste et de multiplier les mises en garde et les condamnations
morales, il devra tenir compte du déploiement
artistique du surréalisme et adapter ses prises de
position aux exigences de cette situation. Dans ce
cadre on ne peut plus spécialisé, l'inspiration
éthique initiale se perdra dans le labyrinthe d'une
interrogation théorique toujours plus centrée sur
les problèmes politico-littéraires et la justification
de cette évolution. Et malgré tout, pourrait-on
dire, le retour à la spécialisation artistique et
l'abandon forcé du projet initial ne seront pas
sans alimenter une inquiétude que l'on chercherait en vain dans l'œuvre des autres membres du
groupe. Cela nous vaudra encore des pages d'une
éclatante vigueur et des intuitions fulgurantes,
traces tenaces d'une révolte authentique que les
oripeaux d'un lyrisme surchargé et plein d'artifices ne réussiront jamais à recouvrir entièrement.
Et si Breton, vers la fin de sa vie, se résignera à
accepter ce contre quoi il n'avait cessé de mettre
en garde, s'il ne fera rien, tant s'en faut, pour
lutter contre la sclérose littéraire et artistique qui
gagnait le mouvement, qu'en déduire, sinon qu'il
s'était lui-même laissé entraîner aussi loin de ses
propres aspirations que ceux qu'il avait jadis ana-
thémisés ou exclus pour s'en être écartés. Dans
cette évolution, il pouvait reconnaître, il est vrai,
l'aboutissement rigoureusement déterminé d'une
tendance dès l'origine assez puissante pour provoquer tous les conflits et susciter ses réactions
les plus violentes. D'ailleurs, ce refus n'était-il pas
à la mesure de la tentation permanente à laquelle
il était soumis ? N'y a-t-il pas dans cette attitude
révolte contre un destin déjà tracé, sur le point de
s'accomplir, destin tout à la fois redouté et pas-

sionnément désiré ? Utiliser l'art et la littérature comme arme contre l'art et la littérature, n'était-ce pas rendre vaine par avance, quitte à faire son tourment permanent de cette impuissance, toute tentative de tenir en lisières cette force littéraire ainsi libérée ? Breton ne pouvait pas plus qu'un autre préserver le mouvement de cette insidieuse perversion [...].

60/ L. JANOVER, *Surréalisme, art et politique*, Galilée, 1980, pp. 108-109.

Les surréalistes se sont heurtés à la réalité rugueuse à étreindre ; ils n'ont pu « tenir en lisières » la force qu'ils avaient libérée. Par là même, ils portent encore témoignage de ce que l'art authentique ne peut figurer qu'à titre d'exception dans une société qui demeure aliénée.

« *La poésie doit être faite par tous, non par un* » (Lautréamont)

Cette maxime, souvent reprise par les surréalistes, renvoie aussi à la libération future de la société le plein épanouissement de l'acte poétique. Sans attendre ces conditions nouvelles, impossibles même à imaginer, les surréalistes ont également voulu donner une portée révolutionnaire à leur pratique en œuvrant de manière collective. De nombreux livres résultent de la collaboration de plusieurs auteurs, écrivains ou peintres : *Les Champs magnétiques* de Breton et Soupault, *Au défaut du silence* d'Éluard et Ernst, *Ralentir travaux* de Breton, Eluard et Char, *L'Immaculée Conception* de Breton et Éluard, *Les Mains libres* d'Éluard et Man Ray...

Dans le *Second Manifeste du surréalisme*, Breton

souligne l'importance de l'activité collective qui s'exerce en particulier à travers les jeux :

S   Au cours de diverses expériences conçues sous forme de « jeux de société », et dont le caractère désennuyant, voire récréatif, ne me semble en rien diminuer la portée : textes surréalistes obtenus simultanément par plusieurs personnes écrivant de telle à telle heure dans la même pièce, collaborations devant aboutir à la création d'une phrase ou d'un dessin unique, dont un seul élément (sujet, verbe ou attribut — tête, ventre ou jambes) a été fourni par chacun (« Le Cadavre exquis », cf. *La Révolution surréaliste*, n° 9-10, *Variétés*, juin 1929), à la définition d'une chose non donnée (« Le Dialogue en 1928 », cf. *La Révolution surréaliste*, n° 11), à la prévision d'événements qu'entraînerait la réalisation de telle condition tout à fait insoupçonnable (« Jeux surréalistes », cf. *Variétés*, juin 1929), etc., nous pensons avoir fait surgir une curieuse possibilité de la pensée, qui serait celle de sa *mise en commun*.

61/ A. BRETON, *Second Manifeste* dans *Manifestes...*, Gallimard, « Idées », p. 140.

Cette « mise en commun » est ce qui distingue le surréalisme de tous les mouvements, de toutes les écoles littéraires qui ont existé avant lui. Il demande de ses membres à la fois un engagement poétique absolu et un engagement révolutionnaire. Certains sont entrés dans le groupe pour n'en sortir qu'à leur mort ; d'autres n'ont fait que passer ; quelques-uns ont rompu avec éclat. Au rythme des départs, des exclusions et des adhésions, le groupe s'est constamment modifié dans ses composantes, il s'est même plusieurs fois entièrement renouvelé, à quelques notables exceptions près.

En 1952, André Parinaud demandait à André Breton quels sentiments il éprouvait envers ceux de ses compagnons qui l'avaient abandonné :

S Je dispose déjà d'assez de recul pour vouloir mettre le moins de passion possible dans ce jugement. J'ai été vivement impressionné par l'opinion qu'exprimait à ce sujet mon ami Ferdinand Alquié dans une étude intitulée : « Humanisme surréaliste et existentialiste » parue dans les *Cahiers du Collège philosophique*. Considérant la division qui s'est produite dans le surréalisme, tout comme dans le romantisme autrefois, entre ceux qui ont choisi « une action sociale sans rêve » et ceux qui ont choisi « une attitude de moindre renoncement à leur idéal premier, mais aussi de moindre engagement », il croit pouvoir assurer que les uns ont été aussi sincères et fidèles que les autres, et que ce n'est, en somme, la faute des uns ni des autres si « la dimension de la morale et la dimension de l'histoire » ne peuvent être conciliées. Dans la mesure où je n'ai pas cessé d'être partie active dans le débat, ce serait évidemment trop me demander que de souscrire à cette appréciation, mais objectivement, elle me paraît toute empreinte de sagesse. J'admets que la sollicitation était double, qu'il existait et — comme des ruptures récentes l'ont à nouveau montré — qu'il subsiste encore dans le surréalisme une cause d'arrachement. Par-delà tout ce qui a pu nous séparer, les passions qui s'y sont mises et dont certaines sont loin d'être tombées, mon désir serait d'atteindre ce point de sérénité d'où l'on contemple sans amertume le chemin fait à plusieurs, d'où l'on rend grâce sans arrière-pensée à ce qui a uni dans la plus grande ferveur un certain nombre d'hommes autour d'une même cause, quand ces hommes n'auraient pas toujours été les mêmes...

62/ A. BRETON, *Entretiens*, Gallimard, « Idées », p. 219.

A travers les conflits et les ruptures, le groupe surréaliste a cependant conservé une spécificité que J.-M. Monnerot s'est essayé à cerner :

Appliquer, aux surréalistes, les termes de « bande », « clan », « secte » n'étaient qu'impropriétés polémiques, majorations littéraires. Le groupe ne constituera jamais rien de comparable à un clan. C'est bien plutôt ce qu'en anglais on appelle un *set*, union de hasard sans obligation ni sanction qui peut être dénoncée impunément à chaque instant avec ou sans éclat, sous n'importe quel prétexte, pour n'importe quel motif avoué, avouable ou non, par chaque individu. En pareil cas on ne risquait d'excommunication majeure, d'interdit, d'anathème, d'exécution capitale que littéraires. Les peines afflictives et infamantes les plus graves se restreignaient à des changements de café, de « relations », d'itinéraires.

Jusqu'en 1939, donc, les surréalistes formaient une sorte de *set*. Idéalement cette agrégation était fondée sur des affinités électives. De fait, il semble peu évitable que le pouvoir d'attraction de certains hommes — dans les circonstances où ils se trouvaient — ne soit pas une pierre de touche parfaite agissant à coup sûr ; ils ne purent pas empêcher qu'un passage par le surréalisme, menant dès lors à tout à condition d'en sortir, ne fût qu'un stage jugé nécessaire par de jeunes littérateurs de diverse qualité que rien d'authentique quelquefois n'avait menés là : que le jeu machinal, pesant, continu, d'une vie sociale contrôlée de très près par l'économique ne jetât vers eux ou ne rejetât loin d'eux des « réprouvés » ou des « suspects » de valeur inégale. Ils n'ont pas pu faire enfin que les affinités électives fussent plus fortes que les caractères et que leurs heurts ; plus forts que d'autres forces centrifuges telles que l'amour, le désir d'être ailleurs, les différences de visions liées aux différences d'âge, etc.

Le « set » surréaliste n'est que la réalisation imparfaite, tremblée, manquée d'une Forme idéale, d'un *Bund* (au sens où Bund s'oppose à la fois à *Gesellschaft* [société contractuelle] et à *Gemeinschaft* [société consanguine]). Le « set » surréaliste en dépit des apparences semble n'avoir jamais eu une structure plus forte que celle des cénacles littéraires les plus connus du XIXe siècle, groupe de l'Atheneum ou deuxième cénacle de l'Arsenal. Il a, pendant longtemps, incessamment renouvelé ses membres à l'exception de quatre, va-et-vient qui a marqué la littérature française contemporaine. Le *set* n'est à aucun moment parvenu au degré de concentration stable d'un *Bund*.

63/ J.-M. MONNEROT, *La Poésie moderne et le Sacré*, Gallimard, 1945, pp. 72-73.

Cherchant aussi à définir ce groupe irréductible à tout modèle connu, Philippe Audoin l'a rapproché des confréries initiatiques :

Si le surréalisme est un ésotérisme, ce n'est pas par les appuis dont il s'est assuré dans le royaume antique et actuel des mancies de haute ou de petite tenues, c'est en lui-même, en vertu de son seul projet de *changer la vie* et de *refaire l'entendement*, et à la faveur des sacrifices symboliques consommés en commun. Une soirée rue du Château vaut bien la Cène, une matinée rue Fontaine peut tenir lieu de Pentecôte. Je plaisante. Mais tout de même, il y a toujours eu, dans le groupe, des moments de *fusion* qui inclinaient ses membres à se croire habités par une sorte de grâce efficace qui les haussait au-dessus d'eux-mêmes et les constituait en un *corps* exemplaire : non tellement vertueux mais sagaces, informés de première et de toutes mains des soubresauts de l'esprit, alertés dans le faux pas, dans le lapsus, éveillés dans le rêve, connaissant la nuit du tombeau et le désespoir « dans ses grandes lignes », éprouvant le vertige d'une résurrection permanente, *initiés* en quelque sorte par la profusion harassante, éclairante, sans cesse changée et renouvelée de leurs propres « mystères ».

Pourtant, à la tentation du repli sur un secret partagé, de l'action dans l'ombre, de l'institution de ce que Monnerot appelle une « aristocratie du miracle », s'oppose en permanence un besoin de même force d'intervention publique, de prouesse scandaleuse et, plus généralement, le souci de rendre à tous un compte exhaustif des expériences les plus risquées, des trouvailles les moins explicables, des conjectures aussi chancelantes que la tour Saint-Jacques et le tournesol délirant qui, de justesse, en assure le précaire équilibre.

64/ Ph. Audoin, *Les Surréalistes,* Le Seuil, 1973, p. 166.

Une autre « grille » lui semble toutefois préférable pour déchiffrer la geste du groupe surréaliste, celle des chevaliers de la Table Ronde :

Par inclination personnelle et sans prétendre le moins du monde épuiser ou réduire le sujet, je tenterai, pour conclure, d'entreprendre une « lecture » allégorique liée à la geste arthurienne et à la Quête du Graal.

La mise en commun de la pensée, la délivrance de toute pensée recevable ou non dans les catégories conceptuelles du temps où elle s'énonce, le dépassement corrélatif des contradictions, prétendues insurmontables, qu'engendrent le principe de réalité et la surrépression sociale qui l'utilise au-delà de toute nécessité, le pouvoir de briser les chaînes, telles sont les « vertus » du Graal surréaliste.

Démarche proprement gnostique : il s'agit, en se rendant digne de l'Objet fabuleux, de délivrer une fois pour toutes ce « pays gast », accablé des moisissures d'un mauvais sommeil, ce pays où s'épuisent en redites les jours de notre vie et où chacun fait figure de « roi méhaigné », de roi blessé, appliqué à oublier sa plaie en se donnant, entre autres, le divertissement de la pêche. La pièce de Julien Gracq, *Le Roi pêcheur,* librement reprise du conte de Perceval et de ses transcriptions allemandes, exprime on ne peut mieux ce qu'a pu être, du haut de leur « château étoilé », l'attente active des surréalistes, l'accueil fait aux voyageurs, l'espoir mis dans les hôtes futurs.

65/ Ph. Audoin, *ibid.,* p. 173.

Ces hommes et ces femmes de cultures et d'inclinations diverses que rassemblait un même projet se reconnaissaient aussi des ancêtres communs, qui ont pu chacun développer des éléments de la pensée surréaliste. Dès le premier *Manifeste*, Breton a suggéré ces rapprochements :

S Les *Nuits* d'Young sont surréalistes d'un bout à l'autre ; c'est malheureusement un prêtre qui parle, un mauvais prêtre, sans doute, mais un prêtre.

Swift est surréaliste dans la méchanceté.

Sade est surréaliste dans le sadisme.

Chateaubriand est surréaliste dans l'exotisme.

Constant est surréaliste en politique.

Hugo est surréaliste quand il n'est pas bête.

Desbordes-Valmore est surréaliste en amour.

Bertrand est surréaliste dans le passé.

Rabbe est surréaliste dans la mort.

Poe est surréaliste dans l'aventure.

Baudelaire est surréaliste dans la morale.

Rimbaud est surréaliste dans la pratique de la vie et ailleurs.

Mallarmé est surréaliste dans la confidence.

Jarry est surréaliste dans l'absinthe.

Nouveau est surréaliste dans le baiser.

Saint-Pol-Roux est surréaliste dans le symbole.

Fargue est surréaliste dans l'atmosphère.

Vaché est surréaliste en moi.

Reverdy est surréaliste chez lui.

Saint-John Perse est surréaliste à distance.

Roussel est surréaliste dans l'anecdote.

Etc.

66/ A. BRETON, *Manifeste du surréalisme,* dans *Manifestes...,* Gallimard, « Idées », pp. 38-39.

La liste n'était pas close. Au fil des années, des noms seront retirés, d'autres viendront s'ajouter qui ne seront pas seulement ceux de poètes : Marx, Freud, Fourier... Mais deux figures ne cesseront de rayonner sur le groupe : Sade et Lautréamont.

S On ne possède aucun portrait du marquis de Sade. Il est significatif qu'on n'en possède non plus aucun de Lautréamont. Le visage de ces deux écrivains fantastiques et révolutionnaires, les plus désespérément audacieux qui furent jamais, plonge dans la nuit des âges.

Ils ont mené tous deux la lutte la plus acharnée contre les artifices, qu'ils soient grossiers ou subtils, contre tous les pièges que nous tend cette fausse réalité besogneuse qui abaisse l'homme. A la formule : « Vous êtes ce que vous êtes », ils ont ajouté : « Vous pouvez être autre chose. »

Par leur violence, Sade et Lautréamont débarrassent la solitude de tout ce dont elle se pare. Dans la solitude, chaque objet, chaque être, chaque connaissance, chaque image aussi, prémédite de retourner à sa réalité sans devenir, de ne plus avoir de secret à révéler, d'être couvé tranquillement, inutilement par l'atmosphère qu'il crée.

Sade et Lautréamont, qui furent horriblement seuls, s'en sont vengés en s'emparant du triste monde qui leur était imposé.

67/ P. ÉLUARD, *L'Évidence poétique,* dans *O.c.,* Gallimard, « Pléiade », t. I, pp. 518-519.

A l'instar de Sade et de Lautréamont, le surréalisme devait s'emparer du vaste monde. Au groupe parisien, depuis sa fondation, se sont liés de nombreux artistes et écrivains d'une quinzaine de pays, constituant parfois, ainsi en Belgique, en Yougoslavie, plus tard en Tchécoslovaquie, en Roumanie, en Angleterre..., des groupes nationaux.

[...] Certains des plus grands poètes, certains des plus grands peintres étrangers doivent être considérés comme des surréalistes, non seulement parce qu'ils ont entretenu avec Breton des liens amicaux et une complicité parfois très profonde, mais parce qu'ils se sont réclamés eux-mêmes de cette amitié, qu'ils ont organisé dans leur propre pays des expositions surréalistes et qu'ils ont lutté pendant des années pour y faire connaître par tous les moyens l'ampleur internationale du mouvement. Je rappellerai quelques-uns de leurs noms : Octavio Paz au Mexique, Cesar Moro au Pérou, Paul Nougé et Paul Colinet en Belgique, Takiguchi au Japon, Dusan Matic et Ristic en Yougoslavie, Styrsky en Tchécoslovaquie, Wifredo Lam et Carlos Franqui à Cuba, Matta dans de nombreux pays, et pas seulement d'Amérique latine, Gherasim Luca en Roumanie...

68/ A. JOUFFROY, « Nous sommes tous des surréalistes », dans *Opus international,* n° 19-20, octobre 1970, éd. Georges Fall, Paris, p. 20.

L'internationalisme du mouvement surréaliste ne peut se dissocier de sa portée révolutionnaire :

L'internationalisme et l'opposition aux pouvoirs, voilà ce qui continue de faire le plus peur, voilà ce que chaque État peut craindre de voir sans cesse resurgir dans son sein. Les moyens par lesquels cet internationalisme et cette opposition vont s'exprimer varieront sans cesse, et la « guérilla culturelle » aura d'autant plus de chance de devenir plus efficace qu'elle provoquera plus de surprise. Le surréalisme, dans cette perspective, fournit des modèles de lutte idéologique, et stimule à tous les niveaux la volonté d'agitation de tous ceux qui n'acceptent en aucune manière la fatalité du malheur humain. On ne saurait donc enfermer le surréalisme dans son cadre historique sans définitivement lui faire perdre sa seule chance d'éternité : le pouvoir contagieux de la révolte. Certes, il ne s'agit pas de le recommencer, de l'imiter, de le parodier comme l'ont fait ou comme le font encore tant de groupes intellectuels qui prétendent le dépasser dans cette double vie de rêveur éveillé que nous menons tous, mais de le considérer consciemment et ouvertement comme la prophétie d'un futur mouvement révolutionnaire, sans étiquette et sans organisation bureaucratique, mouvement qui définira ses modalités et ses méthodes selon les hommes, les événements et les situations concrètes, en tenant enfin compte de la double transformation de l'individu et de la collectivité sans laquelle toute révolution n'aboutit qu'à une plus grande oppression de la collectivité par des individus, ou des individus par la collectivité.

69/ A. JOUFFROY, *ibid.*

Ce caractère international du surréalisme, dont il a pris aussitôt conscience, a été voulu et organisé par ses animateurs. En témoigne le *Bulletin international du surréalisme*, publié tour à tour à Prague, à Santa Cruz de Tenerife, à Bruxelles et à Londres, sous la responsabilité conjointe du groupe parisien et de l'homologue concerné. Mais, au-delà d'une collaboration précise et concertée, le mouvement s'est répandu de façon telle qu'il a échappé à ses fondateurs. En toute bonne foi, certains ont cru implanter chez eux un surréalisme qui, par l'accent mis sur les formes, s'est retrouvé aux antipodes du mouvement localisé en France. Ainsi en est-il de la tendance *abstractiviste* dénoncée en Hollande, en Suisse, en Angleterre par Breton. A l'inverse, des groupes, des revues qui n'adoptèrent jamais le label surréaliste, comme le poétisme tchèque, l'avant-garde de Cracovie, le stridentisme mexicain, le modernisme brésilien, le groupe *Unu* de Bucarest, la revue *Konkretion* au Danemark, etc., rassemblèrent toutes les caractéristiques nécessaires pour être reconnus comme des mouvements frères. Plus que le respect des mots, en effet, compte l'attitude devant la vie, la lutte contre « l'inacceptable condition humaine ». Breton ne s'y est pas trompé lorsque, au cours d'une escale à la Martinique sur la route qui le conduisait à l'exil, il découvrit la revue *Tropiques* qui adaptait le surréalisme à des fins toutes passionnelles :

S C'est dans ces conditions qu'il m'advint, au hasard de l'achat d'un ruban pour ma fille, de feuilleter une publication exposée dans la mercerie où ce ruban était offert. Sous une présentation des plus modestes, c'était le premier numéro, qui venait de paraître à Fort-de-France, d'une revue intitulée *Tropiques*. Il va sans dire que, sachant jusqu'où l'on était allé depuis un an dans l'avilissement des idées et ayant éprouvé l'absence de tous ménagements qui caractérisait la réaction policière à la Martinique, j'abordais ce recueil avec une extrême prévention... Je n'en crus pas mes yeux : mais ce qui était dit là, c'était ce qu'il fallait dire, non seulement du mieux mais du plus haut qu'on pût le dire ! Toutes ces ombres grimaçantes se déchiraient, se dispersaient ; tous ces mensonges, toutes ces dérisions tombaient en loques : ainsi la voix de l'homme n'était en rien brisée, couverte, elle se redressait ici comme l'épi même de la lumière. *Aimé Césaire*, c'était le nom de celui qui parlait.

Je ne me défends pas d'en avoir conçu d'emblée quelque orgueil : ce qu'il exprimait ne m'était en rien étranger, les noms de poètes et d'auteurs cités m'en eussent, à eux seuls, été de sûrs garants, mais surtout l'accent de ces pages était de ceux qui ne trompent pas, qui attestent qu'un homme est engagé tout entier dans l'aventure et en même temps qu'il dispose de tous les moyens capables de fonder, non seulement sur le plan esthétique, mais encore sur le plan moral et social, que dis-je ? de rendre nécessaire et inévitable son intervention. Les textes qui avoisinaient le sien me révélaient des êtres sensiblement orientés comme lui, dont la pensée faisait bien corps avec la sienne. En plein contraste avec ce qui, durant les mois précédents, s'était publié en France, et qui portait la marque du masochisme quand ce n'était pas celle de la servilité, *Tropiques* continuait à creuser la route royale. « Nous sommes, proclamait Césaire, de ceux qui disent non à l'ombre. »

70/ A. BRETON, « Un grand poète noir », dans *Martinique charmeuse de serpents*, U.G.E. « 10/18 », 1973, pp. 92-93.

Les mouvements surréalistes implantés à l'étranger ne se sont pas contentés d'affirmer un certain modernisme opposé à la sclérose traditionnelle. Ils ont introduit les germes d'une révolte temporelle et spirituelle, ils ont continué à « creuser la route royale ». Tous parlent le langage de la liberté et leurs créations manifestent ce pouvoir révolutionnaire que le surréalisme accorde à l'art et à la poésie.

3. L'amour

S'il y eut un décalage constant entre la théorie marxiste et les propositions surréalistes, celui-ci ne réside pas seulement dans les appréciations divergentes quant à la portée révolutionnaire de l'art et au rôle de l'artiste dans la société. Il tient aussi à l'insistance que montrèrent les surréalistes à accorder à l'amour une place privilégiée, à en faire l'un des moteurs de la révolution. Dans le *Second Manifeste du surréalisme*,

André Breton pouvait affirmer : « Le problème de la femme est au monde tout ce qu'il y a de merveilleux et de trouble. Et cela dans la mesure même où nous y ramène la foi qu'un homme non corrompu doit être capable de mettre, non seulement dans la Révolution, *mais encore dans l'amour.* J'y insiste d'autant plus que cette insistance est ce qui paraît m'avoir valu jusqu'ici le plus de haines » (*op. cit.*, p. 141). Albert Camus, dans *L'Homme révolté*, résume ainsi cette attitude : « André Breton voulait, en même temps, la révolution et l'amour, qui sont incompatibles. » Entendant accorder Freud et Marx, les surréalistes firent passer la révolution sexuelle par la révolution sociale, ce qui les conduisit peu à peu à s'éloigner de Marx pour se rapprocher des socialistes utopiques. C'est à Charles Fourier que le Catalogue de l'Exposition internationale du surréalisme de 1959-1960 donne la parole, à celui qui soutenait que si les femmes disposaient d'elles-mêmes, « ce serait un scandale et une arme capable de miner les assises de la société » (cité par Simone Debout, *La plus belle des passions*, p. 22).

« *La grande force est le désir* » (Apollinaire)

« La vraie révolution pour les surréalistes, c'est la victoire du désir », écrivait Maurice Nadeau, mettant l'accent sur cette primauté du désir sans cesse affirmée à travers l'histoire du mouvement. Dès l'époque dada, Breton se définissait comme un homme « n'ayant au monde d'autre défi à jeter que le désir » *(La Confession dédaigneuse).* En 1932, il répondait à l'« Enquête sur le désir » des surréalistes yougoslaves : « C'est par ses désirs et ses exigences les plus directes que tend à s'exercer chez l'homme la faculté de connaissance, ou plus exactement de médiation » (*Nad-realizam danas i ovde*, n° 3). En 1934, dans *Qu'est-ce que le surréalisme?*, il affirmait que « la toute-puissance du désir [...] reste depuis l'origine le seul acte de foi du surréalisme ». Présenté encore dans *L'Amour fou*, en 1937, en tant que « seul ressort du monde », « seule rigueur que l'homme ait à connaître », le désir apparaît bien comme l'un des principes fondamentaux de l'éthique surréaliste. Les citations pourraient être multipliées tant dans les écrits de Breton que dans ceux des autres membres du groupe. Extrait du *Libertinage*, ce texte d'Aragon illustre combien le désir peut parfois se faire protéiforme dans la vision des futurs surréalistes :

S   Donc, dans le jardin, chaque arbre avait son Sébastien, et les femmes qui les caressaient distraitement au passage blessaient leurs doigts parfaits aux barbes des flèches. Je me sens à la fois ce corps attaché, et celui-ci qui se promène, et vingt autres. Cette petite surprise un beau matin si le ciel s'ornait de plusieurs soleils. A la lumière des désirs qui me viennent de tous les côtés, les régions d'ombre qui dorment en moi se découpent d'une façon étrange. Il me pousse une envie de lorgnons fumés. Peu à peu, entre mes corps immobiles, circulent tous les aspects humains : femmes aux seins pesants, comme vos yeux sont vides, et dociles vos reins. Ces enfants brillent encore de l'éclat du lait et leurs jambes ont besoin de l'étreinte de l'homme pour acquérir le dessin que le Créateur impuissant ne saurait leur donner. La chair des vieillards se rétracte. L'argent des cheveux de cette sorcière serait un damné breuvage pour ma soif. Des hommes faits

appuient leur lenteur sur des instruments agrai-
res : la graisse écarte la naissance des poils qui
sortent majestueusement de leur peau. Il n'y a pas
un corps qui ne me porte à l'amour. Le goût de
toute créature pour toute autre me devient clair
comme l'eau de roche : je comprends les pires
habitudes, les entraînements subits, tout ce que
vous croyez immonde, et qui arrache à la fois les
cris de l'indignation et ceux du plaisir, ce grand
fou.

L'arbre même qu'enserrent mes bras, ma
parole.

Et moi donc.

71/ L. ARAGON, *Le Libertinage*, Gallimard, 1924,
pp. 196-197.

S'ils en appellent à un changement radical de la
société, c'est bien parce que le désir se heurte à une
contrainte qui le censure, qui érige en institution morale tout un ensemble d'interdits. De l'enquête sur le
suicide (voir « L'action sœur du rêve »), il ressortait
que l'une de ses causes était le refoulement de la
libido par la société. Ce thème apparaît dans maintes
œuvres surréalistes. Ainsi le film de Buñuel, *L'Age
d'or*, peut-il se résumer comme une vague de protestations contre les notables, les policiers et les prêtres
qui cherchent par tous les moyens à séparer un couple
d'amants. Dans le manifeste, rédigé à la suite du
scandale provoqué par le film, et signé par tous les
membres du groupe, se trouve explicitée la portée du
combat de l'Eros et de l'anti-Eros :

S   [...] l'artiste, Buñuel par exemple, ne parvient à
être que le siège tout proche d'une série de combats que se livrent, dans le lointain, deux instincts

associés cependant en tout homme : l'instinct sexuel et l'instinct de mort.

Étant donné que l'attitude hostile universellement adoptée qu'entraîne le second de ces instincts ne diffère en chaque homme que dans son application, que, d'autre part, des raisons purement économiques s'opposent, dans la société bourgeoise actuelle, à ce que cette attitude bénéficie de satisfactions autres que très partielles, ces mêmes raisons étant à elles seules une source intarissable de conflits dérivés de ceux qui pourraient être, et qu'il serait alors loisible d'examiner, on sait que l'attitude amoureuse, avec tout l'égoïsme qu'elle suppose et les chances de réalisation beaucoup plus appréciables qu'elle court, est celle qui, des deux, parvient à supporter le mieux la lumière de l'esprit. D'où le goût misérable du *refuge* qu'on flatte dans l'art depuis des siècles, d'où la très large tolérance dont on fait preuve à l'égard de tout ce qui, en échange de pas mal de pleurs et grincements de dents, aide pourtant à mettre cette attitude amoureuse au-dessus de tout.

Il n'en est pas moins vrai, dialectiquement, que l'une de ces attitudes ne peut humainement valoir qu'en fonction de l'autre, que ces deux instincts de *conservation*, a-t-on fort bien dit, tendant à rétablir un état qui a été troublé par l'apparition de la vie, s'équilibre chez tout homme d'une manière parfaite et que ce n'est qu'à la lâcheté sociale que l'anti-Eros doit, aux dépens d'Eros, de voir le jour. Il n'en est pas moins vrai qu'à la violence dont nous voyons la passion amoureuse animée chez un être nous pouvons juger de sa capacité de refus, nous pouvons, faisant bon marché de l'inhibition passagère, où son éducation le maintient ou non, lui prêter mieux qu'un rôle symptomatique du point de vue révolutionnaire.

72/ A. BRETON, dans *L'Age d'or*, novembre 1930, tract collectif.

Luttant pour la libération de l'Eros, les surréalistes l'ont considéré comme une force subversive, comme une force négatrice qu'il fallait brandir contre la réalité répressive. Les perversions manifestent, pour reprendre l'expression de Pierre Klossowski, « l'insubordination des fonctions de vivre », dans une société où celles-ci sont brimées. C'est pourquoi les surréalistes surent reconnaître dans le marquis de Sade l'une des grandes figures libératrices qui ébranlèrent le vieux monde. René Crevel qui, plus que tout autre, eut à souffrir des censures et des tabous, fait comprendre cette réhabilitation d'un nom maudit :

S L'exercice des cinq sens, l'initiation particulière, on sait comment les entend la patrie de la gaudriole, du bordel et du crucifix au-dessus de la table de nuit conjugale. La religion a fait du mariage un sacrement. La bourgeoisie, grande ou petite, tient beaucoup à cette cérémonie. L'homme a été instruit de la théorie voluptueuse par une famélique simple soldate ou une grosse sous-off de caserne galante. Il attend sa nuit de noces pour se venger de ses déceptions diverses sur la femme, avec une brutalité d'autant plus inexorable que la veille au soir il a enterré sa vie de garçon et il craint de n'avoir point assez de vigueur pour venir à bout du pucelage. Et pendant ce temps-là, il rêve à la star américaine qui a remplacé dans le magasin des compensations la princesse de légende et la reine de théâtre. C'est plus démocratique. Ça reste aussi niais, aussi désespérément niais, aussi niaisement désespéré que jamais.

Elle n'a pas cessé d'accabler les jours sous l'avalanche de ses séquelles, de menacer les nuits de ses virus filtrants, la vieille idolâtrie qui osa prononcer la séparation du corps et de la tête, de la chair et de l'esprit, honorer la chasteté, consacrer la virginité, le célibat, opposer aux forces essentielles de l'homme les murailles de l'obscurantisme, égarer le désir dans le marais des aspirations religieuses et perdre, parmi le sable noir de la résignation, l'amour, le besoin qui fait la vie et fait que la vie accepte d'avoir été faite.

De la prison où il passa vingt-sept années parce qu'il avait commis le double crime d'aimer sa belle-sœur et d'être aimé d'elle, Sade, dans l'illumination des rêves que le besoin faisait sanglants, tragiques, à grands coups charnels démolissait les murs qui l'exilaient du monde des corps et, dans les corps retrouvés, frappait les idées dont ces murs étaient les symboles trop réels.

73/ R. CREVEL, *Les Pieds dans le plat*, Pauvert, 1974, pp. 246-247.

Peignant les perversions de l'amour et donnant libre cours à tous les délires de la sexualité, Sade atteint les zones les plus secrètes de l'être, portant au jour toutes les composantes du désir. Le dérèglement de l'instinct transgresse la spécificité organique des individus dans une métamorphose corporelle qui s'effectue par la violence. Tout l'œuvre peint et sculpté de Hans Bellmer, de la *Poupée* désarticulée et déchiquetée aux *Petites Filles goulues* qui s'autosodomisent, en apporte l'illustration. L'amour devient scandale à lui-même, ainsi que l'exprime Nora Mitrani :

S   A l'origine des œuvres les plus intensément noires et scandaleuses existe, croyons-nous, ce passage de la passion à l'action, besoin secret d'équilibre, souci de créer un mal imaginaire dont on jouisse dans le débordement de la passion intellectuelle, afin de se guérir du mal réel dont on souffre.

Lorsque l'amour ne se peut plus vivre, que le désir d'amour s'exaspère et devient une douleur à supporter, alors s'exerce l'érotisme. Alors, car toute action est dure pour son objet, alors s'ouvrent pour lui les chemins de la cruauté.

Et, de même que scandale-pour-autrui finit toujours par devenir scandale-pour-soi, l'amour qui fut scandale pour le monde rencontre par l'érotisme le convulsif et vertigineux visage du scandale à lui-même.

74/ N. MITRANI, « Scandale au si secret visage », dans *Almanach surréaliste du demi-siècle,* n° 63-64 de *La Nef,* mars 1950, p. 144.

Le scandale pouvant naître de l'amour « à l'ombre vénéneuse », « à l'ombre mortelle » *(Arcane 17)*, les surréalistes se devaient d'exalter les perversions et, dans le *Second Manifeste*, Breton ne manque pas de brandir « l'arme à longue portée du cynisme sexuel ». Cependant, dans le groupe, il a plutôt tenté de faire prévaloir sa répugnance personnelle à l'endroit de toutes les formes déviantes de l'amour. Si, au cours d'une discussion rapportée dans *La Révolution surréaliste*, ayant pour thème la sexualité, il affirmait que ce qui l'intéressait le plus était « du ressort de la perversité », il n'en condamnait pas moins — et la plupart des membres du groupe à sa suite — l'homosexualité, l'onanisme, la zoophilie, l'exhibitionnisme, le voyeurisme et l'amour collectif. Les participants à cette discussion dans leur ensemble manifestèrent une opposition particulièrement vive à l'égard de l'homosexualité masculine :

S   Péret. — Que penses-tu de la pédérastie ?
Queneau. — A quel point de vue ? Moral ?
Péret. — Soit.
Queneau. — Du moment que deux hommes s'aiment, je n'ai à faire aucune objection morale à leurs rapports physiologiques.
Protestations de Breton, de Péret et d'Unik
Unik. — Au point de vue physique, la pédérastie me dégoûte à l'égal des excréments et, au point de vue moral, je la condamne.
Prévert. — Je suis d'accord avec Queneau.
Queneau. — Je constate qu'il existe chez les surréalistes un singulier préjugé contre la pédérastie.
Breton. — J'accuse les pédérastes de proposer à la tolérance humaine un déficit mental et moral qui tend à s'ériger en système et à paralyser toutes les entreprises que je respecte. Je fais des exceptions, dont une hors ligne en faveur de Sade et une, plus surprenante pour moi-même, en faveur de Lorrain.
Naville. — Comment justifiez-vous ces exceptions ?
Breton. — Tout est permis par définition à un homme comme le marquis de Sade, pour qui la liberté des mœurs a été une question de vie ou de mort. En ce qui concerne Jean Lorrain, je suis sensible à l'audace remarquable dont il a fait

preuve pour défendre ce qui était, de sa part, une véritable conviction.

75/ « Recherches sur la sexualité », dans *La Révolution surréaliste*, n° 11, 15 mars 1928, p. 33.

Les « perversions » refusées par Breton devaient néanmoins transparaître dans nombre d'œuvres surréalistes, non seulement dans les peintures de Dali, de Bellmer, de Svanberg, de Clovis Trouille, mais aussi dans de nombreux écrits. Ainsi une séquence du *Libertinage* met-elle en scène des protagonistes nombreux se livrant à des ébats collectifs :

S Nous marchions lentement les uns contre les autres dans cette obscurité presque complète qui ne laissait guère qu'au toucher le pouvoir de nous renseigner sur chaque chose. Cela faisait un ruissellement de corps qui se mesuraient sans trop se l'avouer, car où étions-nous ? Rares audaces, peurs de déconvenues, et le souvenir d'un contact précédent : les hésitations de cette foule semblaient présider à quelque choix. Il se formait peu à peu dans chaque esprit une espèce de monstre, assemblage au hasard des morceaux d'hommes et de femmes qui éveillaient tour à tour un désir passager. Cela devenait une espèce d'ivresse montante où les individus se dénouaient.

Je connais des parties de mon corps qui se croient toujours frustrées aux dépens de leurs voisines. Je connais des coins de ma peau qui ont des instincts propres et contradictoires. Ceci aime écraser, et cela... mais qu'importe l'objet de tout ce délire ? Je me cramponne à une tapisserie qui représente la création.

Chacun devenait dans ce chaos le lieu géomé-

trique de quelques plaisirs partiels. L'ardeur de
chacun se distribuait à plusieurs, toute la salle
était une corde embrouillée par un espiègle : je
donne ma langue aux chats. Il se trouvait que
chacun satisfaisait à plusieurs vices et en satisfaisait plusieurs.

   Le difficile semblait être de se retrouver soi-
même.

76/ L. ARAGON, *Le Libertinage*, Gallimard, p. 194.

L'imagination portée au pouvoir, de nouvelles perversions pouvaient aussi être inventées, telle celle des
buveurs de sperme dans *La Liberté ou l'Amour!* :

S   Le Club des Buveurs de Sperme est une immense
organisation. Des femmes payées par lui mastur-
bent par le monde les plus beaux hommes. Une
brigade spéciale est consacrée à la recherche de la
liqueur féminine. Les amateurs goûtent fort également certain mélange recueilli dans la vasque
naturelle après d'admirables assauts. Chaque
récolte est enfermée dans une petite ampoule de
cristal, de verre ou d'argent, soigneusement éti-
quetée et, avec les plus grandes précautions, expé-
diée à Paris. Les agents du club sont d'un dévoue-
ment à toute épreuve. Certains ont trouvé la mort
au cours d'entreprises périlleuses, mais chacun
poursuit sa tâche passionnément. Mieux, c'est à
qui aura une idée géniale. Celui-ci recueille le
sperme du condamné guillotiné en France ou
pendu en Angleterre, ce qui donne à chacune de
ces émissions, et suivant la torture, le goût du
nénuphar ou celui de la noix. Celui-là assassine
des jeunes filles et remplit ses ampoules de la
liqueur séminale que leurs amants laissent échap-

per sous l'emprise douloureuse quand ils apprennent de sa bouche même la terrible nouvelle. Cet autre, engagé dans un pensionnat d'Angleterre, recueille la preuve de l'émoi d'une jeune pensionnaire quand, étant parvenue à la puberté sans que les maîtresses s'en soient aperçues, elle doit, pour une faute vénielle, recevoir, jupes retroussées et culotte basse, la fessée et les verges en présence de ses compagnes et peut-être d'un collégien, amené là par le hasard, dieu des joies amoureuses.

77/ R. Desnos, *La Liberté ou l'amour !,* Gallimard, 1962, p. 68.

Dans le même ouvrage, Desnos ne craint pas de faire place à l'homosexualité qui, là, se révèle dans le combat de deux amis :

S J'imagine Roger tel qu'il se présentait à mes yeux gonflés le matin, quand le jour cruel venait traîner ses manches sur nos fronts, éclairant le lit où nous nous étions réunis. Ses muscles polis et son front pur, son souffle régulier, le puissant et souple mouvement de sa poitrine, tout concourait à lui donner le physique de l'homme parfait, du mâle. Moi-même, si j'ai vieilli, ai conservé encore quelque vigueur et vous me croyez sans peine quand je vous dis que j'étais fort, agile et que ma taille élevée, sans embonpoint, mais point frêle, faisait de moi un assez beau spécimen de la race. C'était donc deux mâles qui, la nuit, se combattaient sans trêve, l'un cédant à l'autre à tour de rôle. Notre pédérastie n'avait rien d'hybride et nous ne montrions, l'un et l'autre, que du mépris ou plutôt une ignorance méprisante pour les filles manquées. Nous les écartions de notre chemin ces cœurs de femelles, ces cervelles de papier-filtre. Nous nous éloignions soigneusement de leurs jardins, plantés d'iris, et de toute la sentimentalité puérile et bête qui leur est propre comme les parfums bon marché aux bonnes à tout faire. Leur incommensurable bêtise nous faisait sourire et, si nous les défendions d'ordinaire contre le fameux bon sens de la masse normale au nom de la liberté individuelle et du principe que tout est licite en amour, nous combattions au nom du même principe l'exclusive dont certains d'entre eux frappent la femme, les uns par impuissance ou constitution pitoyable, les autres par stupidité. Roger et moi avions contracté l'ivresse de l'étreinte à la suite d'une querelle qui se termina en bataille, étreinte qui devint amoureuse quand, ayant constaté notre mutuelle incapacité de vaincre et, de ce fait, réconciliés, nous constatâmes que nos esprits, antagonistes eux aussi, étaient cependant de même plan et pouvaient, sans déchoir, s'affronter...

78/ R. DESNOS, *ibid.*, pp. 77-78.

Cette homosexualité garde cependant un caractère romanesque. Il en va autrement avec René Crevel, le seul homosexuel reconnu et toléré comme tel dans le groupe surréaliste. A l'époque de *La Mort difficile* (1926), celui-ci vivait sa différence sur le mode malheureux — il se présentait comme l'« avorton », le « gringalet » — mais, plus tard, il réagit contre ces conceptions et, dans *Les Pieds dans le plat*, il n'hésita pas à écrire qu'il avait « forniqué avec l'un et l'autre sexe de [son] espèce et même avec quelques chiens ». La provocation n'était pas gratuite : cette affirmation du vécu homosexuel, accepté et englobé dans une pansexualité, se muait en instrument de remise en cause de l'ordre établi plus efficace que l'exploitation « littéraire » des perversions.

Celles-ci, telles que les surréalistes les entendent, possèdent un pouvoir révélateur ; elles provoquent, dans la violence et la cruauté, un vertige qui éclaire les profondeurs de l'inconscient « à la façon d'un soleil noir » (Breton, *Entretiens*). Au niveau du vécu, Breton les refuse, dans la mesure peut-être où elles procèdent d'une recherche du plaisir pour le plaisir :

S   Prévert. — Breton, qu'entendez-vous par libertinage ?

Breton. — Goût du plaisir pour le plaisir.

Queneau. — Approuvez-vous ou réprouvez-vous ?

Breton. — Je réprouve formellement.

Unik. — Pensez-vous que le libertinage chez un homme enlève à cet homme toute possibilité d'aimer ?

Breton. — Sans aucun doute.

Noll. — Je le pense aussi.

79/ Dans *La Révolution surréaliste*, n° 11, 15 mars 1928, p. 40.

Réinventer l'amour

S'il est conçu comme quête du désir, s'il n'est jamais désincarné, l'amour surréaliste rejette le jeu libertin. Il émane d'une sensualité bouleversée par l'attente d'un bonheur qui est au-delà de la seule satisfaction des sens :

S   [...] Amour, seul amour qui sois, amour charnel, j'adore, je n'ai jamais cessé d'adorer ton ombre vénéneuse, ton ombre mortelle. Un jour viendra où l'homme saura te reconnaître pour son seul maître et t'honorer jusque dans les mystérieuses perversions dont tu l'entoures. Sur ce banc, à l'école du palétuvier, je sais bien que je ne suis que cet homme tout enfant ; je n'ai pas réussi encore à obtenir du génie de la beauté qu'il soit tout à fait le même avec ses ailes claires ou ses ailes sombres, qu'il fulgure pour moi sous ces deux aspects à la fois dans ce que j'aime. L'enfant que je demeure par rapport à ce que je souhaiterais être n'a pas tout à fait désappris le dualisme du bien et du mal. Ces tiges mi-aériennes, mi-souterraines, ces lianes, ces serpents indiscernables, ce mélange de séduction et de peur, il ne jurerait pas que cela n'a plus rien pour lui de la barbe de Barbe-Bleue. Mais toi, toi qui m'accompagnes, Ondine, toi dont j'ai pressenti sans en avoir jamais rencontré de semblables les yeux d'*aubier,* je t'aime à la barbe de Barbe-Bleue et par le diamant de l'air des Canaries qui fait un seul bouquet de tout ce qui croît jalousement seul en tel ou tel point de la surface de la terre. Je t'aime jusqu'à me perdre dans l'illusion qu'une fenêtre est pratiquée dans un pétale du *datura* trop opaque ou trop transparent, que je suis seul ici sous l'arbre et qu'à un signal qui se fait merveilleusement attendre je vais aller te rejoindre dans la fleur fascinante et fatale...

80/ A. BRETON, *L'Amour fou,* Gallimard, 1936, pp. 85-86.

L'amour ne se confond pas avec la tyrannie d'instincts déchaînés. L'aspiration secrète des êtres serait de vivre un amour unique, un *amour fou.* Mais les contraintes sociales, des considérations matérielles,

« le couloir des minutes, des heures, des jours qui se suivent *et ne se ressemblent pas* » *(L'Amour fou)*, risquent de faire de cet amour unique un vœu émouvant plus qu'une réalité vécue. Breton veut combattre la difficulté qui affecte les rapports de l'homme et de la femme. Dans *L'Amour fou,* il illustre cette difficulté par le fantasme qui lui fait voir, sur une scène du « théâtre mental », un rang de sept ou neuf femmes assises, les femmes qu'il a aimées, et, face à celles-ci, autant d'hommes. Formulant l'hypothèse d'une « subjectivation croissante du désir », Breton veut voir dans ces relations amoureuses successives les étapes d'une quête de l'amour électif vers son objet :

S L'histoire ne dit pas que les poètes romantiques, qui semblent pourtant de l'amour s'être fait une conception moins dramatique que la nôtre, ont réussi à tenir tête à l'orage. Les exemples de Shelley, de Nerval, d'Arnim illustrent au contraire d'une manière saisissante le conflit qui va s'aggraver jusqu'à nous, l'esprit s'ingéniant à donner l'objet de l'amour pour un être *unique* alors que dans bien des cas les conditions sociales de la vie font implacablement justice d'une telle illusion. De là, je crois, en grande partie, le sentiment de la malédiction qui pèse aujourd'hui sur l'homme et qui s'exprime avec une acuité extrême à travers les œuvres les plus caractéristiques de ces cent dernières années.

Sans préjudice de l'emploi des moyens que nécessite la transformation du monde et, par là, notamment, la suppression de ces obstacles sociaux, il n'est peut-être pas inutile de se convaincre que cette idée de l'amour unique procède d'une attitude mystique — ce qui n'exclut pas qu'elle soit entretenue par la société actuelle à des fins équivoques. Pourtant je crois entrevoir une synthèse possible de cette idée et de sa négation. Ce n'est pas, en effet, le seul parallélisme de ces deux rangées d'hommes et de femmes que tout à l'heure j'ai feint de rendre égales arbitrairement, qui m'incite à admettre que l'intéressé — dans tous ces visages d'hommes appelé pour finir à ne reconnaître que lui-même — ne découvrira pareillement dans tous ces visages de femmes qu'un visage : le *dernier* visage aimé. Que de fois, par ailleurs, j'ai pu constater que sous des apparences extrêmement dissemblables cherchait de l'un à l'autre de ces visages à se définir un trait commun des plus exceptionnels, à se préciser une attitude que j'eusse pu croire m'être soustraite à tout jamais ! Si bouleversante que demeure pour moi une telle hypothèse, il se pourrait que, dans ce domaine, le jeu de substitution d'une personne à une autre, voire à plusieurs autres, tende à une légitimation de plus en plus forte de l'aspect physique de l'être aimé, et cela en raison même de la subjectivation toujours croissante du désir. L'être aimé serait alors celui en qui viendraient se composer un certain nombre de qualités particulières tenues pour plus attachantes que les autres et appréciées séparément, successivement, chez les êtres à quelque degré antérieurement aimés.

81/ A. BRETON, *ibid.,* pp. 9-10.

Cette quête de l'amour électif, qui exclut toute attitude narcissique, conduit à la célébration de la femme aimée, même si celle-ci n'est encore que la femme rêvée et attendue, comme dans « L'Union libre » :

S   Ma femme à la chevelure de feu de bois
Aux pensées d'éclairs de chaleur
A la taille de sablier
Ma femme à la taille de loutre entre les dents du
    tigre
Ma femme à la bouche de cocarde et de bouquet
    d'étoiles de dernière grandeur
Aux dents d'empreintes de souris blanche sur la
    terre blanche
A la langue d'ambre et de verre frottés
Ma femme à la langue d'hostie poignardée
A la langue de poupée qui ouvre et ferme les
    yeux
A la langue de pierre incroyable
Ma femme aux cils de bâtons d'écriture d'en-
    fant
Aux sourcils de bord de nid d'hirondelle
Ma femme aux tempes d'ardoise de toit de
    serre
Et de buée aux vitres
Ma femme aux épaules de champagne
Et de fontaine à têtes de dauphins sous la glace
Ma femme aux poignets d'allumettes
Ma femme aux doigts de hasard et d'as de
    cœur
Aux doigts de foin coupé
[...]
Ma femme aux hanches de nacelle
Aux hanches de lustre et de pennes de flèche
Et de tiges de plumes de paon blanc
De balance insensible
Ma femme aux fesses de grès et d'amiante
Ma femme aux fesses de dos de cygne
Ma femme aux fesses de printemps
Au sexe de glaïeul

Ma femme au sexe de placer et d'ornithoryn-
que
Ma femme au sexe d'algue et de bonbons
anciens
Ma femme au sexe de miroir
Ma femme aux yeux pleins de larmes
Aux yeux de panoplie violette et d'aiguille aiman-
tée
Ma femme aux yeux de savane
Ma femme aux yeux d'eau pour boire en pri-
son
Ma femme aux yeux de bois toujours sous la
hache
Aux yeux de niveau d'eau de niveau d'air de terre
et de feu

82/ A. Breton, « L'Union libre », (1934), dans *Clair de Terre,* Gallimard, « Poésie », 1966, pp. 94-95.

Le poète s'abîme dans la femme aimée. En un seul être se concilie « tout ce qui peut être attendu *du dehors et du dedans* » (« Ajours » d'*Arcane 17*). La « grande femme » du *Paysan de Paris* ne cesse de croître aux dimensions de la nature :

S Femme, tu prends pourtant la place de toute forme. A peine j'oubliais un peu cet abandon, et jusqu'aux nonchalances noires que tu aimes, que te voici encore et tout meurt à tes pas. A tes pas sur le ciel une ombre m'enveloppe. A tes pas vers la nuit je perds éperdument le souvenir du jour. Charmante substituée, tu es le résumé d'un monde merveilleux, du monde naturel, et c'est toi qui renais quand je ferme les yeux. Tu es le mur et sa trouée. Tu es l'horizon et la présence. L'échelle et les barreaux de fer. L'éclipse totale.

La lumière. Le miracle : et pouvez-vous penser à ce qui n'est pas le miracle, quand le miracle est là dans sa robe nocturne ? Ainsi l'univers peu à peu pour moi s'efface, fond, tandis que de ses profondeurs s'élève un fantôme adorable, monte une grande femme enfin profilée, qui apparaît partout sans rien qui m'en sépare dans le plus ferme aspect d'un monde finissant. O désir, crépuscule des formes, aux rayons de ce ponant de la vie, je me prends comme un prisonnier à la grille de la liberté, moi le forçat de l'amour, le bagnard numéro... et suit un chiffre trop grand pour que ma bouche le connaisse. La grande femme grandit. Maintenant le monde est son portrait, ce qu'elle n'a point encore absolument englobé des parcelles assemblées de son corps, ce qui n'est pas encore incorporé à son délice, à peine est épargné par mon délire. Et ce qui s'estompe, cette fumeuse réalité fuyante, est enfin réduit à l'accessoire du portrait. Montagnes, vous ne serez jamais que le lointain de cette femme, et moi, si je suis là c'est pour qu'elle ait un front où se pose sa main. Elle grandit. Déjà l'apparence du ciel est altérée de cette croissante magicienne. Les comètes tombent dans les verres à cause du désordre de ses cheveux. Ses mains, mais ce que je touche participe toujours de ses mains. Voici que je ne suis plus qu'une goutte de pluie sur sa peau, la rosée. Mer, aimes-tu bien tes noyés pourrissants ? aimes-tu la douceur de leurs membres faciles ? aimes-tu leur amour renonçant de l'abîme ? leur incroyable pureté, et leurs flottantes chevelures ? Alors qu'elle m'aime, mon océan. Passe à travers, passe à travers mes paumes, eau pareille aux larmes, femme sans limite, dont je suis entièrement baigné. Passe à travers mon ciel, mon silence, mes voiles. Que mes oiseaux se perdent dans tes yeux. Tue, tue : voici mes forêts, mon cœur, mes cavalcades. Mes déserts. Mes mythologies. Mes calamités. Le malheur. Et dans ce zodiaque où je me perpétue, saccage enfin, beau monstre, une venaison de clartés.

83/ L. ARAGON, *Le Paysan de Paris* (1928), Gallimard, 1961, pp. 208-210.

André Breton entendait justifier et préconiser le « comportement lyrique ». Lui-même et tous ses amis poètes en ont fourni des exemples multiples en célébrant la femme et, à travers elle, l'amour qui permet « l'accomplissement du miracle ». Toute la poésie d'Éluard exalte l'être unique, dans un lyrisme qui engage le cosmos tout entier.

S   CELLE DE TOUJOURS, TOUTE

Si je vous dis : « j'ai tout abandonné »
C'est qu'elle n'est pas celle de mon corps,
Je ne m'en suis jamais vanté,
Ce n'est pas vrai
Et la brume de fond où je me meus
Ne sait jamais si j'ai passé.

L'éventail de sa bouche, le reflet de ses yeux,
Je suis le seul à en parler,
Je suis le seul qui soit cerné
Par ce miroir si nul où l'air circule à travers
Et l'air a un visage, un visage aimé,   [moi
Un visage aimant, ton visage,
A toi qui n'as pas de nom et que les autres igno-
    [rent,
La mer te dit : sur moi, le ciel te dit : sur
    [moi,

Les astres te devinent, les nuages t'imaginent
Et le sang répandu aux meilleurs moments,
Le sang de la générosité
Te porte avec délices.
Je chante la grande joie de te chanter,
La grande joie de t'avoir ou de ne pas t'avoir,
La candeur de t'attendre, l'innocence de te con-
[naître
O toi qui supprimes l'oubli, l'espoir et l'igno-
[rance,
Qui supprimes l'absence et qui me mets au
[monde,
Je chante pour chanter, je t'aime pour chanter
Le mystère où l'amour me crée et se délivre.

Tu es pure, tu es encore plus pure que moi-
[même.

84/ P. ELUARD, *Capitale de la douleur,* dans *O. c.,* t. I,
Gallimard, « Pléiade », pp. 140-141.

Benjamin Péret lui-même, qui ne reculait pas
devant les sujets les plus triviaux et les plus blasphé-
matoires, a pu écrire les poèmes au lyrisme ardent de
Je sublime, qu'illumine une vision de l'amour portée
à l'incandescence :

S   LE CARRÉ DE L'HYPOTÉNUSE

Première fleur du marronnier qui s'élève comme
un œuf
dans la tête des hommes de métal
dur comme une jetée
quand
dans la pluie d'encre qui me transperce de
miroirs
tes yeux magiques comme un arbre égorgé
crient sur tous les tons

Je suis Rosa
je t'aime comme la fougère d'autrefois aime la
  pierre qui l'a faite équation
je t'aime à tour de bras
je t'aime comme un poêle rouge dans une
  caverne
Que ta robe de fil de fer barbelé
me déchire avec un grand bruit de vaisselle
  tombant dans l'escalier
je t'aime comme une oreille emportée par le
  vent
qui siffle Attends
Attends que le fer à repasser ait brûlé la chemise
  de rosée
pour y faire fleurir le reflet du cristal caché dans
  un tiroir
attends que la bulle de savon
après avoir crevé comme un tzar des taupes
qui ne couvriront jamais les épaules aimées
renaisse dans la poussière assassinée par le soleil
  devenu bleu
et que je guette par le trou de la serrure
velue
gelée
de la prison de lichens polaires où tu m'as
  enfermé
attends fils du sel
attends vin de falaise qui vient d'écraser un
  patronage
attends viscère de phosphore qui ne songe qu'aux
  incendies de forêts
attends

J'attends

85/ B. Péret, *Je sublime,* dans *O. c.,* t. II, Losfeld, 1972, pp. 134-135.

Des poèmes de Breton, Aragon, Éluard, Péret..., se dégage une vision surréaliste de la femme. Femme illuminée, la femme est aussi illuminante : elle révèle l'homme à lui-même en même temps qu'elle lui dévoile les secrets de l'univers. Représentant tout le réel, la femme est tour à tour la nature, la mère consolatrice, la muse ou la médiatrice ; elle peut se transformer aussi en révoltée, en perturbatrice — elle se nomme alors Germaine Berton ou Violette Nozière[1] ; quelquefois encore, elle se fait succube ; parfois même, elle s'empare du rôle et des attributs de l'homme, telle la « femme française » que fait parler Aragon dans *Le Libertinage* :

S Je me le promettais, j'ai suivi un petit télégraphiste. Bizarre plaisir, le voisinage immédiat, quand le silence à tout instant menace de se rompre. La curieuse éducation que cela révèle chez vous autres, l'aisance d'aborder une inconnue. Le monde nous a ainsi faites, et limitées, qu'un pareil apprentissage ne nous vient en général que sur le tard, et à bon escient.

Je lui ai posé la main sur l'épaule. Il tremblait un peu. Il m'a parlé de sa mère. Il muait. J'ai failli l'emmener chez un pâtissier. J'ai réfléchi à temps : nous nous sommes assis à la terrasse d'un café. Il regardait avec des yeux si clairs mes yeux si sombres. Je comprenais qu'il s'étonnait de ma jeunesse, l'enfant. Il paraissait, sournois,

---

1. Germaine Berton est la militante anarchiste qui tua d'un coup de revolver le « camelot du roi » Marius Plateau, le 22 janvier 1923. Les surréalistes lui rendirent hommage dans le premier numéro de *La Révolution surréaliste*. Violette Nozière, accusée d'avoir empoisonné son père, leur apparut comme une figure héroïque de la lutte contre la famille. Ils lui consacrèrent une brochure collective en décembre 1933 (*Violette Nozière*, éd. Nicolas Flamel, Bruxelles).

préoccupé de mes jambes, je crois qu'il aurait voulu toucher mes seins.

Je ne peux m'empêcher, mon amour, de te rapporter mes idées les plus folles. Mais où la folie là-dedans ? Mon ami, quel charmant animal tu as dû être, jadis. Ce soir, je vis dans le souvenir de ton haleine, avec l'oreille bourdonnante d'un certain ton de ta voix ; je suis tellement possédée de ton amour, que dans la psyché soudain je m'apparais à ta semblance.

86/ L. ARAGON, *Le Libertinage,* Gallimard, p. 226.

Si la femme surréaliste présente des incarnations multiples, deux d'entre elles sont toutefois privilégiées, la femme-enfant et la sorcière :

S   Deux types de femmes me paraissent aptes à éprouver l'amour sublime, parce qu'elles incarnent deux aspects de la féminité aux traits nettement discernables les isolant de tous les types possibles : la femme-enfant et la sorcière, la première figurant l'expression optimiste de l'amour, la seconde sa face pessimiste. Leur personnalité aux contours parfaitement accusés les oppose seulement à des hommes dont la virilité a acquis des caractères distinctifs aussi précis.

La femme-enfant suscite l'amour de l'homme totalement viril car elle le complète trait pour trait. Cet amour la révèle à elle-même en la projetant dans un monde merveilleux, aussi s'y abandonne-t-elle entièrement. Elle figure la vie qui s'éveille au grand jour, le printemps éclatant de fleurs et de chants. Instrument idéal de l'amour sublime qui a su vaincre tous les obstacles, elle se montre seule apte à exalter son amant car l'amour l'a éblouie. Elle est poussée par son cœur sans effort et sans y prendre garde « de l'autre côté du miroir ». Elle attendait l'amour comme le bourgeon le soleil et elle l'accueille en présent inespéré, mais plus somptueux qu'elle ne l'avait rêvé. Elle porte l'amour sublime en puissance, mais il faut qu'il lui soit révélé. Elle est tout bonheur dans quelque condition que son amour la place car il comble sa vie : elle est l'amour sauveur. [...]

Tout au contraire, la sorcière est la femme fatale qui déchaîne la passion, non pour exalter la vie, mais pour s'élancer vers la catastrophe et y mener son amant. Elle n'est qu'amour contenu aspirant à exploser. Souvent même elle entraîne l'homme de son choix. Elle possède donc certains traits virils, à l'encontre de la femme-enfant. C'est ce double aspect qui fascine tant d'hommes. Elle tire son pouvoir de l'écho reçu par son appel adressé à l'élément féminin qui gît en tout homme. Mais tandis que chez l'amant de la femme-enfant cet élément a été réduit à sa plus simple expression et soumis à la virilité, chez l'amant de la sorcière il reste puissant bien qu'assoupi. Elle l'éveille et le fortifie, développant ainsi une sorte d'androgynat psychique correspondant à sa propre structure mentale. Ils sont donc bien complémentaires mais anormalement puisque chez chacun d'eux préexiste dans toute son ampleur un caractère constitutif de l'autre.

87/ B. PÉRET, *Anthologie de l'amour sublime,* Albin Michel, 1956, pp. 27-28.

Plus que la sorcière, c'est la femme-enfant qui s'imposa dans l'imagerie surréaliste avec les textes de Breton (particulièrement dans *Arcane 17*), du fait aussi de l'influence d'Hans Bellmer qui illustra *Appliquée* d'Éluard par une photographie de fillettes nues, puis *Œillades ciselées en branche* de Georges Hugnet par des dessins de nymphettes, avant de créer sa *Poupée.*

De nombreux auteurs du courant féministe, à commencer par Simone de Beauvoir, firent grief au surréalisme d'avoir ainsi célébré la femme dans une vision qu'ils jugent réductrice. Alexandrian, dans *Les Libérateurs de l'amour*, réfute ces critiques :

Dans *Arcane 17* (1944), Breton développa l'idée du salut de l'humanité par la femme-enfant, mais il n'en fit pas une question d'âge ; il ne songeait pas à confier le monde aux décisions d'une fillette, Alice ou Lolita. Celle qu'il venait de rencontrer dans son exil à New York, Élisa, bien que plus jeune que lui, n'était pas une enfant ; elle avait déjà été mariée, avait perdu récemment une fille adolescente et restait meurtrie de ce grand chagrin. Il y a, dans maints passages d'*Arcane 17*, une exhortation tendre à la résurrection du cœur ; Breton veut convaincre la bien-aimée du pouvoir de la « jeunesse éternelle », la consoler en lui montrant que sa fille n'est pas tout à fait morte, puisqu'elle se continue en elle. Par une analogie des plus touchantes, il réunit dans une même image ces deux êtres. Il isole une certaine qualité de l'esprit féminin, qui illumine son physique, même dans la maturité, et communique à son entourage un rayonnement fécond. C'est à Élisa qu'il expose tout d'abord sa théorie de la femme-enfant, pour lui prouver de quel charme elle dispose sur lui. Puis, par induction, il en arrive à se dire que la Seconde Guerre mondiale n'aurait peut-être pas eu lieu si de telles femmes étaient intervenues auprès des hommes : « Quel prestige, quel avenir n'eût pas eu le grand cri de refus et d'alarme de la femme, ce cri toujours en puissance et que, par un maléfice, comme en un rêve, tant d'êtres ne parviennent pas à faire sortir du virtuel. » On doit tout espérer de la femme, tout préparer pour lui permettre de s'exprimer : « Le temps serait venu de faire valoir les idées de la femme aux dépens de celles de l'homme, dont la faillite se consomme assez tumultueusement aujourd'hui. » Évidemment, cette œuvre de régénération ne sera pas conduite par de simples femelles, complices serviles du sérieux patriarcal, ou par celles qui s'insurgent contre les hommes en copiant les hommes ; il faut que la femme apporte des vues qui lui sont propres, *auxquelles jamais l'homme n'aurait pu penser tout seul.* « Je choisis la femme-enfant non pour l'opposer à l'autre femme, mais parce qu'en elle et seulement en elle me semble résider à l'état de transparence absolue l'*autre* prisme de vision dont on refuse obstinément de tenir compte. » C'est une femme en qui se sont conservés intacts l'anarchie de l'enfance, sa perversité polymorphe, son innocence, son don d'émerveillement. Ce qui la définit échappe à la pensée masculine : félinité, rêverie active, feu intérieur, « espièglerie au service du génie », « calme étrange parcouru par la lueur du guet ».

On voit donc combien se trompent lourdement ceux qui prétendent que le poète a voulu assigner comme sort à la femme des occupations puériles, ou le babillage insensé d'Ophélie. On ne doit pas oublier quelle place Breton faisait à l'enfance, symbole de la « vraie vie ». Seule la femme a assez de finesse naturelle pour prolonger l'état d'enfance dans l'état d'adulte, et c'est en cela qu'elle se distingue de l'homme qui, vers sa vingtième année, perd sans espoir ses grâces premières. Elle n'a d'efficacité qu'en tant qu'elle le rappelle, par sa présence, à l'ordre de tout ce qu'il n'est pas. C'est pourquoi le surréalisme n'a jamais accepté de faire l'éloge de la « travailleuse », c'est-à-dire de la femme aliénée par nécessité économique ; contestant violemment que le travail soit la « noblesse » de l'homme, il ne va pas croire que « désaliéner » la femme c'est l'accabler de devoirs professionnels, l'enrégimenter, lui mettre un uniforme, en faire la chienne de garde d'un système dogmatique. Il proclame qu'elle n'est jamais plus libre que dans la vacance et la disponibilité de son être.

88/ S. ALEXANDRIAN, *Les Libérateurs de l'amour,* Le Seuil, 1977, pp. 242-243.

Lorsqu'elle condamne l'idéalisation de la femme par les surréalistes, Xavière Gauthier ne limite pas son analyse au thème de la femme-enfant tel qu'il se dégage d'*Arcane 17* ou de l'*Anthologie de l'amour sublime,* elle inventorie minutieusement toutes les images de l'éternel féminin que, selon elle, le surréalisme aurait entretenues ou produites. Si la femme est nantie des plus belles attributions, c'est toujours l'homme qui les lui confère. Elle demeure l'élément passif, le « deuxième sexe ». Les mythes phalliques sont ainsi préservés.

Au terme de cette approche de la femme à travers les œuvres surréalistes, il apparaît que *les attributs les plus contradictoires, les plus incompatibles* lui ont été donnés, tranquillement mêlés, très souvent par le même auteur et quelquefois au sein de la même œuvre. Chair à consommer, elle est aussi dévoreuse d'hommes. Ange et démon, fée et sorcière, elle est le salut et la perte de l'homme. Elle le guide et l'égare.

> *Toi mon vertige et mon ravage*
> *Qui me rends léger le chemin*[1].

Elle symbolise aussi bien la pureté que le péché. Une et multiple, elle est le repos et le mouvement. Victime et bourreau, elle nourrit l'homme et le détruit.

Doux monstre tu tiens la mort dans ton bec
Doux monstre à tes seins perle le bon lait[2].

Elle est sa protectrice et sa protégée, elle lui donne la vie et la mort. Elle est sa mère et son enfant. Ciel et terre, vice et vertu, espoir et désespoir, elle est à la fois Dieu et Satan.
Si elle peut être tout, cela signifie clairement qu'elle n'est rien, hors de la cervelle de l'homme. Elle n'est rien, qu'une invention de mâle, encore cette invention fait-elle rien moins que « réinventer » l'amour, puisqu'elle participe de tous les mythes traditionnels du « mystère féminin ».

89/ X. GAUTHIER, *Surréalisme et Sexualité*, Gallimard, « Idées », 1971, p. 194.

1. ARAGON (Louis) : « Prière d'Elsa », dans *Le fou d'Elsa* (p. 280).

2. ÉLUARD (Paul) : « Rencontres », dans *Le Livre ouvert* (p. 94).

L'amour sublime

Selon Xavière Gauthier, les surréalistes ne réussirent pas à réinventer l'amour ; ils ne purent échapper à la contradiction qui tenait à leur volonté à la fois de revendiquer l'exercice d'une sexualité sans entraves et d'exalter l'amour fou.

Mais les deux objectifs ne sont pas placés sur le même plan. La liberté sexuelle la plus grande n'est pas exigée pour elle-même, mais comme une arme dirigée contre la société qui empêche la réalisation de l'amour fou. A travers ses ouvrages successifs, André Breton lie toujours plus l'amour au choix exclusif et, dans les « Ajours » d'*Arcane 17*, il déclare : « J'ai opté, en amour, pour la forme passionnelle et exclusive, tendant à prohiber à côté d'elle tout ce qui peut être mis au compte de l'accommodement, du caprice et de l'égarement à côté » (« 10/18 », p. 146). Si l'homme aspire à l'amour unique, la libération des désirs ne fait qu'apporter l'énergie nécessaire pour se rapprocher de cet idéal. Paul Éluard, dans toute sa poésie, célèbre ce seul être qui finit par se confondre avec « une réalité que la pensée et les mots n'atteignent plus ». La quête de l'amour se confond avec la recherche de l'unité. L'amour prend ainsi la dimension d'un mythe, dimension que Benjamin Péret explicite dans son *Anthologie de l'amour sublime* :

S Jusqu'ici l'humanité n'a conçu qu'un seul mythe de pure exaltation, l'amour sublime, qui partant du cœur même du désir, vise à sa satisfaction totale. C'est donc le cri de l'angoisse humaine qui se métamorphose en chant d'allégresse. Avec l'amour sublime, le merveilleux perd également le caractère surnaturel, extra-terrestre ou céleste qu'il avait jusque-là dans tous les mythes. Il revient en quelque sorte à sa source pour découvrir sa véritable issue et s'inscrire dans les limites de l'existence humaine.

Partant des aspirations primordiales les plus puissantes de l'individu, l'amour sublime offre une voie de transmutation aboutissant à l'accord de la chair et de l'esprit, tendant à les fondre en une unité supérieure où l'une ne puisse plus être distinguée de l'autre. Le désir se voit chargé d'opérer cette fusion qui est sa justification dernière. C'est donc le point extrême que l'humanité d'aujourd'hui puisse espérer atteindre. Par suite, l'amour sublime s'oppose à la religion, singulièrement au christianisme. C'est pourquoi le chrétien ne peut que réprouver l'amour sublime appelé à diviniser l'être humain. Par voie de conséquence, cet amour n'apparaît que dans les sociétés où la divinité est opposée à l'homme : le christianisme et l'islam, encore que, dans ce dernier, le poids de la théologie l'ait, dès sa naissance, empêché de s'intégrer à l'être humain. L'amour sublime représente donc d'abord une révolte de l'individu contre la religion et la société, l'une épaulant l'autre.

90/ B. PÉRET, *Anthologie de l'amour sublime*, Albin Michel, pp. 20-21.

Dans une telle conception, la femme prend la place de l'Absolu, ce qui paraît difficilement acceptable pour un philosophe tel que Ferdinand Alquié, pourtant proche du surréalisme :

Mais on ne saurait se dissimuler qu'une telle conception de l'amour, si elle inspira des textes lyriques admirables, offre philosophiquement les plus graves difficultés. Même sans adopter sans réserves les critiques religieuses de la conception surréaliste de l'amour, il leur faut accorder qu'il est malaisé de remplacer, dans les aspirations humaines, l'Être, ou l'Absolu, par la femme. Ou bien, en effet, l'exigence du désir se dirigera vers la femme en général, et n'étreindra dès lors, dans l'inlassable recherche du libertinage, qu'une abstraction et une idée, ou l'amour-passion nous persuadera que toute valeur réside en l'unique femme aimée : mais, en ce cas, notre conscience gardera toujours assez de lucidité pour dénoncer l'erreur d'une croyance si contraire à la raison, et réintroduira, dans l'expérience de l'amour, la douleur et le sentiment de la séparation. En fait, le surréalisme a toujours hésité entre l'amour électif et celui de la féminité.

91/ F. ALQUIÉ, *Philosophie du surréalisme,* Flammarion, 1955, p. 120.

Choisissant l'amour électif, André Breton le place sous le signe de la prédestination, alors même que la « rencontre merveilleuse » est parfois provoquée. Dans *L'Amour fou*, il constate qu'un de ses poèmes déjà ancien, « Tournesol » (*Clair de terre*, Gallimard, « Poésie », p. 85), préfigurait les circonstances précises d'une rencontre effectuée quelques années après sa rédaction. Le même thème se profile dans *Arcane 17* : « Tu sais bien qu'en te voyant la première fois, c'est sans la moindre hésitation que je t'ai reconnue » (« 10/18 », p. 23). De la marque du destin, de l'élection, à la réalisation par le couple d'« un seul bloc de lumière» *(Arcane 17)*, le mythe qui inspire Breton est celui de l'androgyne primordial :

S Dans le surréalisme, la femme aura été aimée et célébrée comme la grande promesse, celle qui subsiste après avoir été tenue. Le signe d'élection qui est mis sur elle et ne vaut que pour *un seul* (à charge pour chacun de le découvrir) suffit à faire justice du prétendu dualisme de l'âme et de la chair. A ce degré il est parfaitement certain que l'amour charnel ne fait qu'un avec l'amour spirituel. L'attraction réciproque doit être assez forte pour réaliser, par voie de complémentarité absolue, l'unité intégrale, à la fois organique et psychique. Certes on n'entend pas nier que cette réalisation se heurte à de grands obstacles. Toutefois, pourvu que nous soyons restés dignes de la quêter, c'est-à-dire que nous n'ayons pas, fût-ce par dépit, corrompu en nous la notion d'un tel amour à sa source même, rien ne saurait, de la vie, prévaloir contre la soif que nous en gardons. De très cruels échecs dans cette voie (d'ailleurs le plus souvent attribuables à l'arbitraire social, qui restreint généralement à l'extrême les ressources du choix et fait du couple intégral une cible sur laquelle vont s'exercer *de l'extérieur* toutes les forces de division) ne sauraient faire désespérer de cette voie même. Il y va, en effet, là plus qu'ailleurs, au premier chef, de la nécessité de reconstitution de l'*Androgyne primordial* dont toutes les traditions nous entretiennent et de son incarnation, par-dessus tout désirable et *tangible*, à travers nous.

Dans cette perspective, il fallait s'attendre que le désir sexuel, jusqu'alors plus ou moins refoulé dans la conscience trouble ou dans la mauvaise conscience par les tabous, s'avérât, en dernière analyse, l'égarant, le vertigineux et inappréciable « en deçà » sur la prolongation sans limites duquel le rêve humain a bâti tous les « au-delà ».

C'est assez dire qu'ici le surréalisme s'écarte délibérément de la plupart des doctrines traditionnelles, selon lesquelles l'amour charnel est un mirage, l'amour-passion une déplorable ivresse de lumière astrale, au sens où celle-ci passe pour préfigurée dans le serpent de la Genèse. Pourvu que cet amour réponde en tous points à sa qualification passionnelle, c'est-à-dire suppose l'*élection* dans toute la rigueur du terme, il ouvre les portes d'un monde où, par définition, il ne saurait plus être question de mal, de chute ou de péché.

92/ A. BRETON, « Du surréalisme en ses œuvres vives », dans *Manifestes...*, Gallimard, « Idées », pp. 184-185.

« C'est que la complémentarité des deux amants leur permet d'engendrer le cosmos, comme il les engendra lui-même », écrit Robert Benayoun dans son *Érotique du surréalisme* (Pauvert, 1965, p. 177). Dans un acte de fusion totale, l'homme, réconcilié avec lui-même et avec le monde, redevient le « microcosme », l'« abrégé d'univers ». Le poète mauricien Malcolm de Chazal est certainement celui qui a le mieux exprimé cette transmutation qui s'opère à la faveur de la volupté :

La volupté est un éventail qui s'ouvre en cercle, pour rentrer ensuite dans son centre parfait — thème même de la Création — rythme que nous retrouvons dans le geste de bénir, dans le toucher qui s'involue, dans le geste caressant du regard qui, après avoir fait le tour de la sensation, revient vers le centre intime de l'œil pour se diluer et disparaître.

La volupté n'a pas de gouvernail. Car à quoi cela servirait-il à l'homme qu'elle en eût, puis-qu'il n'est point d'Hercule, pût-il porter la Planète entière sur son dos, assez fort pour dévier la volupté d'un pouce de la direction prise, une fois l'homme happé par le courant qui le mènera on ne sait où. La volupté est comme la syncope, qu'on évite avant qu'elle ne se produise, mais qu'on subit ensuite, ou comme le bout de bois jeté dans le torrent et qui s'en ira au gré de l'eau.

La volupté est une syncope de l'âme dans un corps anesthésié, où le corps charcute l'âme, et l'âme embaume le corps pour un temps. La volupté, c'est l'état cataleptique double, où corps et âme, dans un cercueil unique de sensation, se parlent face à face.

La volupté est le seul moment où l'âme se retourne dans le corps pour contempler le corps de face, et lui insuffler dans un regard ces élé-ments de joie universelle sans quoi la volupté ne serait rien, et dont cependant vit en permanence le monde surnaturel de la nature. De ce « retour-nement » de l'âme dans le corps psychique, qui mettra le corps physique en délire, de ce retour-nement, la volupté puise toute son essence — frôle-ments de deux corps mêlés en nous, d'où gicle la caresse.

93/ M. DE CHAZAL, *Sens-Plastique*, Gallimard, 1948, p. 111.

André Breton et tous les surréalistes à sa suite ne pouvaient manquer de reconnaître dans les aphorismes de Chazal l'expression d'un message essentiel. Par la volupté, « lieu suprême de résolution du physique et du mental » (« La lampe dans l'horloge », *La Clé des champs*, « 10/18 », 1973, p. 195), l'homme déchiffre le mystère de la mort et de la naissance qui « sont une même expérience à rebours l'une de l'autre » *(Sens-Plastique)*. En même temps qu'il réalise, sur la Terre, son salut, il parvient à la Connaissance.

Privilégiant l'expérience amoureuse, le mouvement surréaliste risquait donc de s'écarter de la morale de l'action qu'il avait voulu promouvoir pour lui substituer une éthique de la contemplation.

Deuxième partie

Accroître la connaissance

1. L'exploration du continent intérieur

L'imagination contre la raison

Dada, par la dérision, a nié que la littérature fût une solution au problème de la vie. Héritiers de Dada, les fondateurs du surréalisme n'envisagent pas leur mouvement comme une nouvelle école artistique. Ils entendent en faire l'instrument d'une connaissance élargie à la fois de la subjectivité et du monde extérieur. Cette connaissance n'est pas comprise comme une spéculation désintéressée, mais comme le moyen d'opérer une transgression, de subvertir les lois du Vrai, du Beau et du Bien, pour finalement changer la vie.

Dans cette optique, les surréalistes mettent l'accent sur le caractère systématique de leur démarche. *Les Champs magnétiques,* le livre inaugural, est présenté comme une expérience, au sens scientifique du terme. Cependant, le procédé de connaissance qui est utilisé non seulement méconnaît, mais refuse l'outil traditionnel du travail scientifique, c'est-à-dire l'appareil logique. André Breton, dès le *Manifeste* de 1924, remise la logique au rang des accessoires :

S   Nous vivons encore sous le règne de la logique, voilà, bien entendu, à quoi je voulais en venir. Mais les procédés logiques, de nos jours, ne s'appliquent plus qu'à la résolution de problèmes d'intérêt secondaire. Le rationalisme absolu qui reste de mode ne permet de considérer que des faits relevant étroitement de notre expérience. Les fins logiques, par contre, nous échappent. Inutile d'ajouter que l'expérience même s'est vu assigner des limites. Elle tourne dans une cage d'où il est de plus en plus difficile de la faire sortir. Elle s'appuie, elle aussi, sur l'utilité immédiate, et elle est gardée par le bon sens. Sous couleur de civilisation, sous prétexte de progrès, on est parvenu à bannir de l'esprit tout ce qui se peut taxer à tort ou à raison de superstition, de chimère ; à proscrire tout mode de recherche de la vérité qui n'est pas conforme à l'usage. C'est par le plus grand hasard, en apparence, qu'a été récemment rendue à la lumière une partie du monde intellectuel, et à mon sens de beaucoup la plus importante, dont on affectait de ne plus se soucier.

94/ A. BRETON, *Manifeste du surréalisme*, dans *Manifestes...*, Gallimard, « Idées », pp. 18-19.

A travers les procédés logiques — qui ne sont que ses instruments —, c'est bien sûr la raison qui est visée, et la conception du monde qu'elle ordonne. La raison, voilà la pire ennemie de l'esprit. Un tel sentiment était commun à tous les surréalistes dès les débuts du mouvement. André Masson le rappelle dans un texte plus récent :

S Pour nous, jeunes surréalistes de 1924, la grande « prostituée » c'était la raison. Nous jugions que cartésiens, voltairiens et autres fonctionnaires de l'intelligence, ne l'avaient fait servir qu'à la conservation de valeurs à la fois établies et mortes, tout en affectant un non-conformisme de façade. Et, accusation suprême, de lui avoir donné pour besogne mercenaire de persifler « l'Amour, la Poésie ». Cette dénonciation fut faite par notre groupe avec une extrême vigueur. La tentation fut grande alors d'essayer d'opérer magiquement sur les choses et d'abord sur nous-mêmes. L'entraînement était tel que nous n'y devions résister : ce fut dès la fin de l'hiver 1924 l'abandon frénétique à l'automatisme. L'expression est restée.

Objectivement, j'ajouterai qu'à cette immersion dans la nuit, (dans ce que les romantiques allemands appellent le côté nocturne des choses), et à l'appel toujours désirable du merveilleux, se joignait le jeu : le jeu sérieux.

95/ A. Masson, *Le Rebelle du surréalisme, Écrits,* Hermann, 1976, pp. 16-17.

Si la logique constitue, selon l'expression de Breton, « la plus haïssable des prisons », c'est bien d'abord parce qu'elle ne peut rendre compte de la réalité du monde extérieur, et pas davantage du fonctionnement de la pensée. Salvador Dali le constate, à propos du film qu'il a réalisé avec Luis Buñuel, *Un chien anda-lou :*

S   Notre film, réalisé en marge de toute intention esthétique, n'a rien à voir avec aucun des essais de ce qu'on appelle le *cinéma pur.* Au contraire, la seule chose importante dans le film est ce qui s'y passe.

Il s'agit de la simple notation, de la constatation de faits. Ce qui creuse un abîme de différence avec les autres films c'est que *de tels faits,* au lieu d'être conventionnels, fabriqués, arbitraires et gratuits, sont des faits réels, qui sont irrationnels, incohérents, sans aucune explication. Seuls l'imbécillité et le crétinisme consubstantiels à la majorité des hommes de lettres et des époques particulièrement utilitaristes, ont rendu possible la croyance que les faits réels étaient doués d'une signification claire, d'un sens normal cohérent et adéquat. D'où la suppression officielle du mystère, la reconnaissance de la logique dans les actes humains, etc.

Que les faits de la vie apparaissent comme cohérents est le résultat d'un processus d'accommodement assez semblable à celui qui fait apparaître la pensée comme cohérente, alors que son libre fonctionnement est l'incohérence même.

96/ S. DALI, *Oui 1,* Denoël, « Médiations », 1971, pp. 146-147.

Et Crevel, dans un ouvrage dont le titre — *L'Esprit contre la raison* — résume sur ce point le programme surréaliste, met en œuvre tout son talent de pamphlétaire pour dénoncer la raison qui interdit la saisie de la réalité immédiate :

S   Dans le désert du rationnel, de l'abstrait, au passage de Dali jaillissent (quel plaisir liquide !) les
fontaines de l'irrationalité concrète. Or ce concret, s'il nous apparaît irrationnel, la faute en est
à la seule raison. Cette vieille pimbêche de raison,
elle avait fini par prendre des formes si restricti-
ves que l'esprit, au cours de ces dernières années,
a dû se déclarer contre elle. Paralysée, paralysante,
elle mettait son opacité entre le penseur assis
pour penser et la matière en marche, la matière
en voie de métamorphoses, comme si cette
matière n'était point matière à penser. La raison,
cette pionne, elle salissait tout de prudence réaliste. Elle disait qu'elle avait du feu chez elle, la
mégère. Les intellectuels n'aiment pas le risque.
Alors elle avait beau ne pas avoir la trogne trop
fraîche, ils couraient tous, comme un seul lapin,
se réfugier dans son giron. Et là, nos finauds
tiraient d'exquis et répugnants petits plaisirs
domestiques de ce qui ne vaut que par la puissance, la possibilité, le pouvoir de dépaysement.
Quand ils n'ont plus eu le calme indispensable à
ce tour de passe-passe, nos jeunes bourgeois décadents, incapables de voir plus loin que la décadence bourgeoise, au lieu d'aller en avant, se réfu-
gièrent dans le regret de ce qui avait été.

97/ R. CREVEL, « Nouvelles vues sur Dali et l'obscurantisme » (1933), dans *L'Esprit contre la raison,*
Tchou, 1969, pp. 83-84.

La logique fige la représentation du monde dans
une série d'antinomies — le réel et le possible, l'action
et le rêve, la normalité et la folie — qui constituent
l'appareil du conservatisme social, destiné à prévenir
« toute agitation insolite » de l'individu.

Refusant la logique, les surréalistes n'auront recours qu'aux moyens utilisés par les poètes, intuition et inspiration, et ils entendent montrer la supériorité de ces moyens :

S Il y a plus de matérialisme grossier qu'on ne croit dans le sot rationalisme humain. Cette peur de l'erreur, que dans la fuite de mes idées tout, à tout instant, me rappelle, cette manie de contrôle, fait préférer à l'homme l'imagination de la raison à l'imagination des sens. Et pourtant c'est toujours l'imagination seule qui agit. Rien ne peut m'assurer de la réalité, rien ne peut m'assurer que je ne la fonde sur un délire d'interprétation, ni la rigueur d'une logique ni la force d'une sensation. Mais dans ce dernier cas l'homme qui en a passé par diverses écoles séculaires s'est pris à douter de soi-même : par quel jeu de miroirs fût-ce au profit de l'autre processus de pensée, on l'imagine. Et voilà l'homme en proie aux mathématiques. C'est ainsi que, pour se dégager de la matière, il est devenu le prisonnier des propriétés de la matière.

98/ L. Aragon, *Le Paysan de Paris* (1928), Gallimard, p. 12.

L'imagination que chacun porte en soi est seule capable de lever l'interdit du domaine où sans elle on n'entre pas. Elle seule peut écarter les « barreaux de la logique » :

S Chère imagination, ce que j'aime surtout en toi, c'est que tu ne pardonnes pas.

Le seul mot de liberté est tout ce qui m'exalte encore. Je le crois propre à entretenir, indéfiniment, le vieux fanatisme humain. Il répond sans doute à ma seule aspiration légitime. Parmi tant de disgrâces dont nous héritons, il faut bien reconnaître que la *plus grande liberté* d'esprit nous est laissée. A nous de ne pas en mésuser gravement. Réduire l'imagination à l'esclavage, quand bien même il y irait de ce qu'on appelle grossièrement le bonheur, c'est se dérober à tout ce qu'on trouve, au fond de soi, de justice suprême. La seule imagination me rend compte de ce qui *peut être*, et c'est assez pour lever un peu le terrible interdit ; assez aussi pour que je m'abandonne à elle sans crainte de me tromper (comme si l'on pouvait se tromper davantage). Où commence-t-elle à devenir mauvaise et où s'arrête la sécurité de l'esprit ? Pour l'esprit, la possibilité d'errer n'est-elle pas plutôt la contingence du bien ?

99/ A. Breton, *Manifeste du surréalisme*, dans *Manifestes...*, Gallimard, « Idées », pp. 12-13.

Les surréalistes se proposent donc d'étudier les jeux de l'imagination. Par la mise au point de techniques d'investigation appropriées, ils vont tenter d'en découvrir la dynamique et le fonctionnement.

Les premiers commentateurs du surréalisme n'ont pas manqué de remarquer que son impulsion libératrice passait par un procès intenté à la raison. Certains pour s'en réjouir, d'autres pour s'en offusquer. L'un d'eux, André Berge, s'est surtout étonné de voir Breton écrire, avec le *Manifeste,* un texte rigoureux et compréhensible pour attaquer l'usage de la logique. La faiblesse du surréalisme ne résidait-elle pas dans le fait que ce qu'il essayait de détruire se reconstruisait de lui-même ?

C'est justement parce qu'il « fait réfléchir » de cette façon, que le Surréalisme attire les sympathies. Là où notre plume allait laisser glisser une phrase dure au mécanisme banal de l'habitude plutôt qu'à notre spontanéité, le Surréalisme s'insurgera. Il ne craint pas de nous secouer brutalement, il ne répugne même pas à l'incompréhensible : ce qu'il veut, c'est nous dégager de cette réalité factice dont notre raison s'est entourée par un désir trop humain de repos et d'équilibre. Il vise à une réalité plus profonde, à une « Surréalité ». Cette tendance artistique est d'ailleurs en rapport étroit avec certaines tendances philosophiques contemporaines : M. Meyerson, en effet, a déjà tenté de nous prouver que l'apparence logique et rationnelle de la Nature était une vaine création de l'esprit humain. Je crois cette théorie conforme à la plus pure doctrine surréaliste.

Mais comment atteindre cette réalité si profonde qu'elle a fini par disparaître entièrement de notre vue ? André Breton et Ivan Goll sont là pour nous éclairer : tous deux disent le plus grand mal de l'Esthétique et de toute intelligence. Cependant leurs manifestes s'adressent à notre intelligence (surtout celui d'André Breton) et sont en même temps de véritables traités d'esthétique, d'une esthétique assez nouvelle, il est vrai ! Il y a là sans doute un manque de logique... ou peut-être — qui sait ? — une sorte de « Sur-logique ». Gardons-nous bien de nous en plaindre, puisque sans les heureuses conséquences de cette contradiction, nous ne comprendrions peut-être pas grand-chose à l'intérêt très vif de l'effort entrepris.

100/ A. BERGE, « A propos du surréalisme », dans *Cahiers du mois,* n° 8, janv. 1925, p. 32.

Se voulant instrument de connaissance, le surréalisme ne pouvait peut-être pas échapper totalement aux exigences de la pensée spéculative. Pour Roger Caillois, qui se réfère à la physique contemporaine et aux nouveaux modes de pensée qu'elle a créés, le surréalisme se devait de choisir entre la poésie et l'investigation. Dans sa lettre de rupture avec le groupe, il reproche à André Breton de ne pas avoir tranché en faveur de cette dernière et se montre agacé de le voir conserver ses « manies poétiques » :

Récemment les satisfactions que j'ai pu rencontrer à la lecture de *Point du Jour* m'invitèrent à me résigner définitivement à vous voir jouer sur les deux tableaux : investigation et poésie (il est entendu que je parle ici grossièrement, sans souci des nuances ni des recoupements). Après tout, il était explicable — je suis tenté d'écrire en songeant à la démarche de votre pensée depuis son origine : il n'était que trop explicable (j'entends par là que le surréalisme est né d'un milieu littéraire) — que vous soyez porté à tenir la balance égale entre les *satisfactions* qu'apporte l'une et les *jouissances* que procure l'autre, pour employer les deux mots qui sont venus à peu près simultanément à nos lèvres hier soir.

Après notre conversation, il me faut penser qu'il n'y a jamais eu chez vous et qu'il n'y aura probablement jamais d'équilibre entre les deux domaines — fait d'ailleurs que tout ce que vous avez dit ou écrit prouve surabondamment, attitude sur laquelle vous vous êtes plusieurs fois expliqué avec clarté et sans variation sensible, sur laquelle enfin il n'était permis de s'abuser, comme je l'ai fait, qu'en prenant, selon la faiblesse humaine bien connue, l'expression de ses désirs pour la réalité. Vous êtes donc décidément du parti de l'intuition, de la poésie, de l'art, — et de leurs privilèges. Est-il besoin de dire que je préfère ce parti pris à une ambiguïté ? Mais vous savez que j'ai adopté le parti pris inverse, à peu près seul de mon espèce d'ailleurs, car — chose surprenante — le respect superstitieux de ces insuffisances n'est jamais si fort que chez ceux qui, n'en usant pas, ne les connaissent que de l'extérieur ; aussi n'est-ce là qu'un effet de la naïveté. [...]

Je reste persuadé qu'il s'agit surtout d'une question de méthodologie, mais pour moi cette question est primordiale. Que m'importent en fin de compte des illuminations dispersées, instables, mal garanties, qui ne sont rien sans un acte de foi préalable, qui ne sont même plaisantes que par le crédit qu'on y ajoute ? L'irrationnel : soit ; mais j'y veux d'abord la cohérence (cette cohérence au profit de laquelle la logique a dû céder sur toute la ligne dans les sciences exactes), la surdétermination continue, la construction du corail ; combiner en un système ce que jusqu'à présent une raison incomplète élimina avec système.

101/ R. CAILLOIS, *Approches de l'imaginaire*, Gallimard, 1974, pp. 35-36.

De son côté, André Masson, qui avait d'abord applaudi à la dénonciation de la raison, par la suite ressentit les dangers que pouvait présenter l'abandon à l'irrationnel, en particulier dans le domaine pictural :

S   Quoi qu'il en soit, nous fûmes quelques-uns à craindre « l'autre faute » : de faire de l'appel à l'inconscient quelque chose d'aussi borné que le rationalisme honni, mais en vain. Vers 1930, cinq ans après la fondation du surréalisme, apparaissait en son sein un fléau redoutable : la démagogie de l'irrationnel. Celle-ci devait pour un temps conduire le surréalisme pictural au poncif et à l'approbation mondaine. Pauvre conquête que celle de l'irrationnel pour l'irrationnel, triste imagination que celle qui n'associe plus que des éléments usés en vérité par la morne raison. Matériaux ternis par la paresseuse habitude, par la mémoire (j'y reviendrai) et ramassés un peu partout : dans les ouvrages de « Physique amusante », dans les magasins d'antiquités et dans les magazines de nos grands-pères.

Ainsi, à son tour, le surréalisme s'enfermait dans un dualisme incomparablement plus grave que celui du cubisme ; au rebours de celui-ci, le dualisme surréaliste consistait :

a) à libérer la ménagerie psychique, ou tout au moins à feindre cette libération pour s'en servir comme thème ;

b) à s'exprimer avec les moyens qui traînèrent dans les académies du siècle dernier. La redécouverte du vieil horizon, celui de Meissonier, mit le comble à cette perversion réactionnaire. La régression s'accomplissait avec une insolence parfaite. Les admirables réalisations de Seurat, de Matisse et des cubistes furent considérées comme nulles et non avenues. Leur conception exaltante de l'espace, leur découverte de moyens essentiellement picturaux furent tenues pour un héritage encombrant et qu'il s'imposait d'abandonner.

Fallait-il se conformer à ce nouvel académisme ? Non.

Au contraire, la tâche s'imposait, hautaine, d'en venir à une conception rigoureuse des conditions de l'œuvre d'imagination.

102/ A. MASSON, *Le Rebelle du surréalisme, Écrits,* Hermann, pp. 16-17.

A l'opposé, Benjamin Fondane reproche aux surréalistes de vouloir sauver la poésie en la faisant passer pour un document mental, une connaissance, et, par ce détour, de la rendre davantage tributaire de la pensée logique. Provoquant une rupture avec le « non-savoir existentiel », ils sont responsables de la « conscience honteuse » des poètes :

Mais j'entends dire : n'exagérez-vous pas ? Le surréalisme, dont vous faites une « raison » veut justement un retour à l'acte créateur primitif ; il exige l'irresponsabilité du poète ; il prétend provoquer le jaillissement de l'occulte ; bref, nul plus que lui, n'a jamais fait appel à la liberté, à la magie. Sans doute, sans doute... Et nul mieux qu'Aristote n'a jamais parlé de la liberté dans le livre même où il établissait les pouvoirs de la nécessité, je veux dire dans l'*Éthique à Nicomaque.* Nul mieux que le théologien n'a jamais parlé de la Grâce dans ces ontologies mêmes où la nécessité ne semblait céder un peu que pour faire place aux *œuvres.* Épicure lui-même déclare préférer les fables sur les dieux à la fatalité des phy-

siciens, au moment même où il élabore sa propre
physique fataliste. Tel est le « charme » de la
liberté, de la magie, de la grâce, de l'art ! A ses
« heures de faiblesse » M. Breton, lui aussi, a dit
d'admirables choses sur la poésie ; je ne les ai pas
oubliées ; hélas ! c'est à ses heures fortes qu'il a
tout gâté. A ces heures-là, il n'a que faire d'une
liberté, d'une innocence, d'une irresponsabilité
qui *se passent de la direction et de la surveillance
de l'Esprit,* qui échappent à la dialectique et à
l'histoire et dont l'action exercée ne saurait
emprunter aucune des voies royales par lesquelles
se justifie et se couvre de prestige notre conscience rationnelle. « La débâcle logique » certes,
nous reconnaissons que MM. Éluard et Breton
l'ont proclamée ; mais ils la définissent ainsi :
« un sauve-qui-peut, mais solennel, mais pro-
bant ». Du coup, je crains de trop bien comprendre ! La raison décide de la mobilisation de la
déraison, elle tente de provoquer consciemment
le subconscient ; elle veut obtenir un occulte
« clair et distinct » ; et de même que Marcelin
Berthelot, au XIXe siècle, pensait que le temps
était prochain de la réalisation de l'aliment synthétique qui nous dispenserait, selon une remarque rapportée par M. Petitjean, de faire fonctionner nos intestins, les surréalistes nous proposent
le poème « synthétique », qui nous dispenserait
de faire fonctionner notre existence. Un jour,
peut-être, se rendra-t-on à l'évidence que ces procédés n'ont abouti qu'à l'exact contraire du résultat poursuivi : l'occulte *provoqué* s'est effiloché,
l'inspiration *dirigée* s'est effondrée, l'irresponsabilité *voulue* s'est responsabilisée, la débâcle *solen-
nelle et probante* s'est muée en un explosif d'épa-
te, de parade, qui n'explosera jamais. Pour étrein-

dre la réalité rugueuse, l'ardente médiocrité nécessaire suffit amplement ; point n'est besoin de l'éclat des poésies.

103/ B. FONDANE, *Faux Traité d'esthétique,* 1933, Plasma, pp. 47-48.

L'exploration de l'inconnu

Le surréalisme s'est donné pour objectif premier « d'exprimer soit verbalement, soit par écrit, soit de toute autre manière le fonctionnement réel de la pensée ». Il s'agit de percevoir une « pensée non dirigée », qui n'est assujettie ni à la perception des sens, ni à la contrainte sociale. Pour atteindre cette pensée profonde — l'inconscient —, les surréalistes vont expérimenter toute une série de méthodes d'exploration psychique : l'écriture automatique, les sommeils hypnotiques et les récits de rêves, la simulation des délires et la paranoïa-critique.

L'écriture automatique

André Breton a plusieurs fois raconté comment il avait eu la révélation de ce domaine inconnu que, des années durant, ses amis et lui n'allaient cesser de fréquenter :

S Un soir donc, avant de m'endormir, je perçus nettement articulée au point qu'il était impossible d'y changer un mot, mais distraite cependant du bruit de toute voix, une assez bizarre phrase qui me parvenait sans porter trace des événements auxquels, de l'aveu de ma conscience, je me trouvais mêlé à cet instant-là, phrase qui me parut insistante, phrase oserai-je dire *qui cognait à la vitre.* J'en pris rapidement notion et me disposais à passer outre quand son caractère organique me retint. En vérité cette phrase m'étonnait ; je ne l'ai malheureusement pas retenue jusqu'à ce jour, c'était quelque chose comme : « Il y a un homme coupé en deux par la fenêtre » mais elle ne pouvait souffrir d'équivoque, accompagnée qu'elle était de la faible représentation visuelle d'un homme marchant et tronçonné à mi-hauteur par une fenêtre perpendiculaire à l'axe de son corps. A n'en pas douter il s'agissait du simple redressement dans l'espace d'un homme qui se tient penché à la fenêtre. Mais cette fenêtre ayant suivi le déplacement de l'homme, je me rendis compte que j'avais affaire à une image d'un type assez rare et je n'eus vite d'autre idée que de l'incorporer à mon matériel de construction poétique. Je ne lui eus pas plus tôt accordé ce crédit que d'ailleurs elle fit place à une succession à peine intermittente de phrases qui ne me surprirent guère moins et me laissèrent sous l'impression d'une gratuité telle que l'empire que j'avais pris jusquelà sur moi-même me parut illusoire et que je ne songeai plus qu'à mettre fin à l'interminable querelle qui a lieu en moi.

104/ A. Breton, *Manifeste du surréalisme,* dans *Manifestes...,* Gallimard, « Idées », pp. 31-33.

Un peu plus tard, cette découverte devait suggérer à Breton et à Philippe Soupault une technique d'écriture :

S   C'est dans ces dispositions que Philippe Soupault, à qui j'avais fait part de ces premières conclusions, et moi nous entreprîmes de noircir du papier, avec un louable mépris de ce qui pourrait s'ensuivre littérairement. La facilité de réalisation fit le reste. A la fin du premier jour, nous pouvions nous lire une cinquantaine de pages obtenues par ce moyen, commencer à comparer nos résultats. Dans l'ensemble, ceux de Soupault et les miens présentaient une remarquable analogie : même vice de construction, défaillances de même nature, mais aussi, de part et d'autre, l'illusion d'une verve extraordinaire, beaucoup d'émotion, un choix considérable d'images d'une qualité telle que nous n'eussions pas été capables d'en préparer une seule de longue main, un pittoresque très spécial et, de-ci de-là, quelque proposition d'une bouffonnerie aiguë. Les seules différences que présentaient nos deux textes me parurent tenir essentiellement à nos humeurs réciproques, celle de Soupault moins statique que la mienne et, s'il me permet cette légère critique, à ce qu'il avait commis l'erreur de distribuer au haut de certaines pages, et par esprit, sans doute, de mystification, quelques mots en guise de titres. Je dois, par contre, lui rendre cette justice qu'il s'opposa toujours, de toutes ses forces, au moindre remaniement, à la moindre correction au cours de tout passage de ce genre qui me semblait plutôt mal venu. En cela certes il eut tout à fait raison.

105/ A. Breton, *Manifeste du surréalisme* dans *Manifestes...*, Gallimard, « Idées », pp. 34-35.

Ainsi, en deux mois, au cours de séances successives, faisant varier les conditions de la rédaction et sa vitesse, Breton et Soupault donnèrent-ils naissance aux *Champs magnétiques*. En marge de l'exemplaire n° 1 sur chine de l'ouvrage, en 1930, Breton ajouta quelques commentaires, particulièrement éclairants, sur la manière dont ils avaient été conçus :

S   Le plan du présent ouvrage a été entièrement arrêté par moi. *Les Champs magnétiques* devaient primitivement comporter huit chapitres (*Ne bougeons plus* n'étant pas compris). Il s'agissait en effet, dans le corps du livre, de pouvoir varier, d'un de ces chapitres à l'autre, la vitesse de la plume, de manière à obtenir des *étincelles* différentes. Car, s'il paraît prouvé que, dans cette sorte d'écriture automatique, il est tout à fait exceptionnel que la syntaxe perde ses droits (ce qui suffirait à réduire à rien les « mots en liberté » futuristes), il est indéniable que les dispositions prises pour aller très vite ou un peu plus lentement sont de nature à influencer le caractère de ce qui se dit. Il semble même que ce soit de toute gravité puisque l'adoption *a priori* d'un sujet n'est pas absolument incompatible avec une allure fortement accélérée de l'écriture habituelle *(Saisons)* tandis qu'on ne peut, sans ruiner de fond en comble ce sujet, continuer à appuyer indéfiniment sur la pédale. Peut-être ne fera-t-on jamais plus concrètement, plus dramatiquement saisir le passage du *sujet à l'objet,* qui est à l'origine de toute préoccupation artistique moderne.
    Je donne, ici, le tableau des vitesses nécessaire à l'intelligence technique de ce livre :
    La Glace sans tain : vitesse *v* (très grande, et de nature à maintenir seulement ce chapitre dans l'atmosphère, *voulue, communicative,* du désespoir).
    Saisons : vitesse *v'* (beaucoup plus petite que *v,*

disons $\frac{V}{3}$, est déjà multiple de la vitesse normale avec laquelle un homme entreprend de conter ses souvenirs d'enfance, et c'est moi qui conte ici mes souvenirs d'enfance).

Éclipses : vitesse v'' (beaucoup plus grande que v, et d'ailleurs, avons-nous voulu, la plus grande possible). Éclipse bien entendu du sujet.

En 80 jours, vitesse v''' (comprise entre v et v'').

Ce sont les souvenirs d'un homme qui tend à fuir ses souvenirs.

Barrières : (dialogue, vitesse surréaliste moyenne : environ v).

Gants blancs : vitesse v'''' (comprise entre v et v''' au début, entre v et v'' à la fin). On tente de faire entrer le train en gare, en rappelant d'une part qu'il est rapide (le premier rapide) et d'autre part qu'il va s'arrêter.

Le Pagure dit, I : vitesse v''' environ.

Le Pagure dit, II : vitesse v'' environ.

Le chapitre *Ne bougeons plus* a été ajouté sur épreuves. Il est une réunion de textes et de phrases tirées de textes qui prirent place, un peu avant *Les Champs magnétiques* dans une multitude de cahiers à deux sous, dont les couvertures illustrées, diversement absurdes, nous incitaient à les noircir de notre écriture en une nuit. Tous ces cahiers ont été détruits.

106/ A. BRETON, « En marge des *Champs magnétiques* », 1930, dans *Change,* nº 7, 1970.

Dans *Les Lettres françaises,* cinquante ans plus tard, Aragon a conté comment, démobilisé de fraîche date, il avait retrouvé à Paris ses deux amis sous le coup de l'expérience à peine achevée. En tête-à-tête, au café de la Source, Breton lui en a fait la lecture. Il était alors surtout curieux de savoir si Aragon pourrait reconnaître ce qui était de lui et ce qui était de Soupault :

> Mais était-ce là l'essentiel ? Il est certain que jamais André, seul, n'aurait écrit *Les Champs magnétiques,* n'aurait eu le courage d'affronter alors l'inconnu. Le livre est né de l'écriture simultanée, de la confrontation immédiate, de l'émulation par les lectures réciproques de ces textes, à chacun des deux auteurs *étrangers.* C'est une exploration de la nuit des abîmes où un homme seul n'aurait pu se risquer, où les épouvantes et les merveilles auraient tourné la tête d'un solitaire, l'auraient fait vaciller dans le gouffre. Je ne jouerai pas au petit jeu des identifications, même si alors j'ai cru, seulement cru identifier la main qui avait écrit. Avec la distance une certaine unité s'est établie, *Les Champs magnétiques* sont devenus l'œuvre d'un seul auteur à deux têtes, et le regard double a seul permis à Philippe Soupault et André Breton d'avancer sur la voie où nul ne les avait précédés, dans ces ténèbres où ils parlaient tous les deux à voix haute. Ainsi surgit ce texte incomparable, qu'il nous faut tenir aujourd'hui — comme j'en eus alors le pressentiment avant même qu'il eût été achevé — pour le moment à l'aube de ce siècle où tourne toute l'histoire de l'écriture, non point le livre par quoi voulait Stéphane Mallarmé que finît le monde, mais celui par quoi tout commence. Le livre de *l'homme coupé en deux.*

107/ L. ARAGON, « L'Homme coupé en deux », dans *L'Œuvre poétique,* t. I, Livre Club Diderot, 1974, pp. 90-91.

Si les modifications dans l'écriture des *Champs magnétiques* proviennent de la variation de la vitesse, son accélération devient telle, à un certain moment, que la prose doit céder la place au poème. C'est alors qu'intervient dans le discours une sorte d'animal parasite, le pagure, qui a pour caractéristique d'habiter une carapace qui n'est pas la sienne :

S L'entrée de leur âme autrefois ouverte à tous vents est maintenant si bien obstruée qu'ils ne donnent plus prise au malheur. On les juge sur un habit qui ne leur appartient pas. Ce sont le plus souvent deux mannequins très élégants sans tête et sans mains. Ceux qui veulent prendre de belles manières marchandent leurs costumes à l'étalage. Quand ils repassent le lendemain la mode n'y est déjà plus. Le faux col qui est en quelque sorte la bouche de ces coquillages livre passage à une grosse pince dorée qui saisit quand on ne la regarde pas les plus jolis reflets de la vitrine. La nuit, elle balance joyeusement sa petite étiquette sur laquelle chacun a pu lire : « Dernière nouveauté de la saison ». Ce qui habite nos deux amis sort peu à peu de sa quasi-immobilité. Cela tâtonne en avançant de beaux yeux pédonculés. Le corps en pleine formation de phosphore reste équidistant du jour et du magasin du tailleur. Il est relié par de fines antennes télégraphiques au sommeil des enfants. Les mannequins sont là-bas de liège. Ceintures de sauvetage. On est loin de ces charmantes formules de politesse.

108/ A. BRETON et PH. SOUPAULT, *Les Champs magnétiques,* Gallimard, 1963, pp. 90-91.

Le pagure s'est-il niché tour à tour dans le crâne des deux poètes ? Qui parle alors ? Où s'affirme l'individualité de chacun ? Le message subliminal est-il identique pour chaque individu ? La poursuite de l'expérience le dira peut-être. Suivant l'exemple de Breton et de Soupault, tous ceux qui se rallient à eux se livrent avec passion à ces exercices.

Il en est pourtant, parmi les anciens dadaïstes, qui vont violemment critiquer l'usage de l'écriture automatique, n'y voyant que l'effet d'une recherche littéraire. Ainsi pour Émile Malespine, le directeur de la revue *Manomètre,* l'automatisme verbal n'est autre chose que « le magasin d'accessoires qu'on déballe ». René Crevel lui-même, à un moment où il s'est éloigné d'André Breton, exprime son scepticisme quant aux possibilités de traduire l'inconscient avec des mots :

> Et certes, lorsqu'il s'agit de parole ou d'écriture, l'affirmation prouve moins une certitude qu'un désir de certitude né de quelque doute au fond.
> [...] Ce qui revient à dire qu'un état premier se suffit à soi-même... et ne demande secours ni à la philosophie ni à la littérature. Il se subit et n'a d'autre expression qu'un chant affectif interne et sans syllabes. Ainsi, une page écrite à plume abattue, sans contrôle apparent de ces facultés domestiques, la raison, la conscience auxquelles nous préférons les fauves, sera, malgré tout, l'aboiement argotique et roublard, mais non le cri assez inattendu pour déchirer l'espace. Les mots appris sont les agents d'une police intellectuelle, d'une *Rousse* dont il ne nous est point possible d'abolir les effets. Effets bons ou mauvais ?

La logique, la réflexion n'existent que faute de mieux.

Parce que certaine richesse qui faisait le lourd bonheur du sang et le poids de ce qui en nous est apte à percevoir et non à dire, parce que certaine richesse fut au long des siècles dilapidée, l'homme, en vengeance, a conçu l'amour des mots et celui des idées. C'est pourquoi, ce me semble, il faut dénoncer quelle faute de mieux fut, ce qui d'ailleurs continue à sembler aux moins indulgents, sujet du plus légitime orgueil. Au reste, par l'effet d'une loi d'aller et retour, sans quoi l'humanité serait trop vite arrivée au bout de son chemin, l'intelligence parvenue à certain point ne semble avoir rien d'autre à faire que son propre procès. Débats sans indulgence. Elle-même se condamne. Et c'est une telle tragédie qui met le plus profond désespoir dans la vie des plus audacieux et des plus francs.

109/ R. CREVEL, *Mon corps et moi,* Pauvert, 1975, pp. 52-54.

Mais l'opération ne porte pas seulement sur le langage. L'automatisme apporte aussi des révélations sur le sujet, sur ces régions de sa pensée où « s'érige le désir sans contrainte ». Paul Éluard ne concevait pas autrement la portée de l'écriture automatique :

S   ... L'écriture automatique ouvre sans cesse de nouvelles portes sur l'inconscient et, au fur et à mesure qu'elle le confronte avec la conscience, avec le monde, elle en augmente le trésor. Elle pourrait aussi, dans la même mesure, renouveler cette conscience et ce monde si, délivrés des conditions atroces qui leur sont imposées, ils pesaient moins lourdement sur l'individu. La preuve en est qu'en lisant les textes de cette fillette de quatorze ans, on y voit apparaître une morale qu'un humour lugubre tient en laisse. Morale de dissociation, de suppression, de négation, de révolte, morale des enfants, des poètes qui se refusent à acquérir et qui resteront des phénomènes tant qu'ils n'auront pas redonné à tous les hommes l'envie de regarder en face ce qui les sépare d'eux-mêmes.

Préface à *La Sauterelle arthritique* de Gisèle Prassinos, 1935.

110/ P. ÉLUARD, *Donner à voir,* dans *O. c.,* Gallimard, « Pléiade », p. 981.

Même lorsque d'autres voies furent expérimentées pour explorer l'inconscient, l'écriture automatique resta le moyen le plus souvent employé par les surréalistes. Pourtant, elle n'a pas répondu totalement à l'attente de Breton :

S L'histoire de l'écriture automatique dans le surréalisme serait, je ne crains pas de le dire, celle d'une infortune continue. Ce ne sont pas, en effet, les protestations sournoises de la critique, particulièrement attentive et agressive sur ce point, qui m'empêcheront de reconnaître que, durant des années, j'ai compté sur le débit torrentiel de l'écriture automatique pour le nettoyage définitif de l'écurie littéraire. A cet égard, la volonté d'ouvrir toutes grandes les écluses restera sans nul doute l'idée génératrice du surréalisme. C'est dire qu'à mes yeux partisans et adversaires de ce mouvement continueront à se dénombrer très aisément selon qu'ils montreront le souci unique de l'authenticité du produit qui nous occupe ou qu'au contraire ils souhaiteront le voir entrer en composition avec autre chose que lui-même. La qualité, ici comme ailleurs, n'eût pu manquer de devenir fonction de la quantité. Si la quantité n'a pas manqué, des causes fort imaginables l'ont mise dans l'impossibilité d'intervenir publiquement comme force de submersion (des milliers de cahiers, *qui se valaient tous,* sont demeurés dans des tiroirs). L'important est, du reste, qu'il s'en remplit encore, d'innombrables, — qui mieux est, que leurs auteurs cèdent très souvent au besoin de confronter leur manière de procéder avec la nôtre et de s'ouvrir à nous de certains scrupules techniques. Sans qu'il ait jamais été question pour moi de codifier les moyens d'obtention de la dictée toute personnelle et indéfiniment variable dont il s'agit, je n'ai pu éviter, en effet, en proposant d'adopter tel comportement en cette matière, de simplifier à l'extrême les conditions de l'*écoute* non plus que de généraliser des systèmes de reprise tout individuels en cas d'interruption du courant. J'ai omis également, même dans une série de publications ultérieures au premier *Manifeste,* de préciser la nature des obstacles qui concourent, dans la majorité des cas, à détourner la coulée verbale de sa direction primitive. [...] Beaucoup, en effet, n'ont voulu y voir qu'une nouvelle science littéraire des *effets,* qu'ils n'ont eu rien de plus pressé que d'adapter aux besoins de leur petite industrie. Je crois pouvoir dire que l'afflux automatique, avec lequel ils s'étaient flattés d'en prendre à leur aise, n'a pas tardé à les abandonner complètement. D'autres se sont satisfaits spontanément d'une demi-mesure qui consiste à favoriser l'irruption du langage automatique au sein de développements plus ou moins conscients. Enfin, il faut constater que d'assez nombreux pastiches de textes automatiques ont été mis récemment en circulation, textes qu'il n'est pas toujours aisé de distinguer à première vue des textes authentiques, en raison de l'absence objective de tout critérium d'origine. Ces quelques obscurités, ces défaillances, ces piétinements, ces efforts de simulation me paraissent nécessiter plus impérieusement que jamais, dans l'intérêt de l'action que nous voulons mener, un complet *retour aux principes.*

111/ A. BRETON, « Le Message automatique », dans *Point du jour,* Gallimard, « Idées », pp. 171-173.

La coulée verbale pouvait être détournée de sa direction primitive — Breton le reconnaît — par l'intrusion de la pensée calculée. La voie était ainsi ouverte à l'utilisation de l'écriture automatique comme un moyen d'enrichir la « construction poétique ». Aragon et Éluard n'hésitèrent pas à emprunter cette voie qui les ramenait à la littérature. En 1933, le chef de file des surréalistes demandait un « complet retour aux sources ». Moins que jamais, il s'agissait d'abandonner la pratique de l'écriture automatique. Vingt ans plus tard, dans ses *Entretiens,* Breton devait encore affirmer la valeur qu'il lui accordait : « L'écriture automatique, avec tout ce qu'elle entraîne dans son orbite, vous ne pouvez savoir comme elle m'est restée chère. » Réagissant à cette déclaration, Maurice Blanchot s'est employé à préciser l'apport qui fut celui de la découverte inaugurale du surréalisme :

Il est naturel que ce qui apparut d'abord dans cette rencontre de la poésie et de l'écriture irréfléchie, ce fut la décision d'échapper à des contraintes : la raison nous surveille, l'esprit critique nous retient, nous parlons selon les convenances et les conventions. L'écriture automatique nous révèle un moyen d'écrire à l'écart de ces puissances, dans le jour, mais comme en dehors du jour, d'une manière nocturne, libre du quotidien et de son regard gênant. De là que, dans l'histoire du surréalisme, les libertés de l'écriture soient liées aux *expériences du sommeil,* en soient comme une forme plus apaisée, moins risquée. Chacun des amis de Breton cherchait naïvement la nuit dans un sommeil prémédité, chacun glissait hors de son moi coutumier et se croyait plus libre, maître d'un espace plus vaste. Cela donna lieu à des désordres auxquels il fallut mettre fin pour *des considérations d'hygiène mentale élémentaire.* On pourrait se dire que la prudence n'avait que faire ici. Mais l'imprudence ne conduisait pas bien loin, conduisit, par exemple, Desnos, non pas à se perdre, à s'égarer loin de lui-même, mais, dit Breton, *à vouloir concentrer l'attention sur lui seul.*

L'écriture automatique tendait à supprimer les contraintes, à suspendre les intermédiaires, à repousser toute médiation, mettait en contact la main qui écrit avec quelque chose d'originel, faisait de cette main active une passivité souveraine, non plus une « main à plume » — un instrument, un outil servile, mais une puissance indépendante, sur laquelle personne n'avait plus de droit, qui n'appartenait à personne, qui ne pouvait et ne savait plus rien faire — qu'écrire : une main morte analogue à cette main de gloire dont parle la magie (laquelle précisément avait le tort de vouloir s'en servir). [...]

C'est cela que nous rappelle d'abord l'écriture automatique : le langage dont elle nous assure l'approche n'est pas un pouvoir, il n'est pas pouvoir de dire. Il n'est jamais le langage que je parle. En lui, « je » ne parle jamais. Le propre de la parole habituelle, c'est que l'entendre fait partie de sa nature. Mais, en ce point de l'expérience, le langage est sans entente. De là, le risque de la fonction poétique. Le poète est celui qui entend un langage sans entente.

112/ M. BLANCHOT, « Continuez tant qu'il vous plaira », dans *N.R.F.*, février 1953.

Les sommeils et les rêves

Selon Maurice Blanchot, dans l'histoire du surréalisme, « les libertés de l'écriture "sont liées" aux expériences du sommeil ». De fait, l'écriture automatique ne resta pas longtemps le seul moyen d'accès à cet immense continent intérieur dont elle avait révélé l'existence. Dès la fin de l'année 1922, à la faveur d'une initiation spirite de René Crevel, il apparut au groupe qui s'était constitué autour de Breton, Aragon et Soupault que le sommeil hypnotique était également susceptible d'amener au jour, dans toute son intégrité, ce monde mystérieux.

Dans le numéro de novembre 1922 de *Littérature*, André Breton annonce l'« Entrée des médiums » ; il dresse le procès verbal d'une des premières expériences de sommeil provoqué, durant laquelle Crevel, Desnos et Péret, tels des automates inspirés, ont parlé, écrit et dessiné. Ces séances se multiplient, deviennent quotidiennes. Breton se révèle un magnétiseur de premier ordre ; en sa présence, tous les participants,

Aragon, Soupault, Tzara, Picabia, Max Morise...
s'endorment tour à tour. Desnos apparaît comme
le « médium » le plus surprenant ; sa facilité à s'exprimer est si prodigieuse que certains se demandent
s'il ne simule pas. Question qu'Aragon juge sans
importance :

S L'idée de la simulation est remise en jeu. Pour
   moi, je n'ai jamais pu me faire une idée claire de
   cette idée. Simuler une chose, est-ce autre chose
   que la penser ? Et ce qui est pensé, est. Vous ne
   me ferez pas sortir de là. Qu'on m'explique, d'ailleurs, par la simulation, le caractère génial des
   rêves parlés qui se déroulaient devant moi ! Le
   grand choc d'un tel spectacle appelait forcément
   des explications délirantes : l'au-delà, la métem-
   psycose, le merveilleux. Le prix de telles interpré-
   tations était l'incrédulité et le ricanement. Au
   vrai, elles étaient moins fausses qu'on ne croit.
   Car sans doute, les phénomènes dont un concours
   de hasards nous faisait les témoins passionnés, ne
   sont nullement différents de nature de tous les
   faits surnaturels que la modeste raison humaine
   rejette avec les équations trop difficiles dans le
   panier à oubli de l'avenir. A n'en pas douter, il
   s'agit d'une modalité du surréalisme, dans laquelle la croyance au sommeil joue par rapport à
   la parole le rôle de la vitesse dans le surréalisme
   écrit. Cette croyance, et d'abord la mise en scène
   qui l'accompagne, abolit comme la vitesse le fais-
   ceau de censures qui entrave l'esprit. La liberté,
   ce mot magnifique, voilà le point où il prend
   pour la première fois un sens : la liberté commence où naît le merveilleux.

113/ L. ARAGON, *Une vague de rêve*, 1924, dans

L'Œuvre poétique, t. I, Livre Club Diderot, pp. 129-130.

La pratique excessive des sommeils provoqués entraîne, chez ceux qui s'y adonnent, des désordres sensoriels et des états impulsifs qui se traduisent parfois par des actes de violence. André Breton, pour des considérations d'« d'hygiène mentale élémentaire », décide en conséquence de mettre un terme à ces expériences.

Il y avait là néanmoins un acquis précieux pour le surréalisme naissant, acquis que Sarane Alexandrian précise dans son ouvrage consacré au rêve :

Il est donc tout à fait impropre, comme nous venons de le constater, d'assimiler à un dérivé du spiritisme la période des Sommeils[1]. Plutôt que d'être les suiveurs des spirites du XIXᵉ siècle, les surréalistes se sont montrés les précurseurs des psychologues modernes. Ils réalisèrent avant eux un véritable psychodrame, répété avec de multiples variantes, tel que le concevra Jacob L. Moreno, mettant en jeu un patient et des moi-auxiliaires, ayant pour effet une « catharsis d'action » et une « catharsis de groupe ». Le psychodrame crée entre ses participants un « inconscient commun » ou « co-inconscient » ; c'est précisément le résultat atteint par les poètes de *Littérature*. Ils parta-

1. Michel Sanouillet, dans *Dada à Paris,* est mal venu d'écrire : « On commença à s'égayer ouvertement, dans l'entourage de Tzara, sur les tables tournantes, les esprits frappeurs, les ectoplasmes et les prouesses médiumniques de Desnos. » Où sont, dans cette affaire, les tables tournantes ? Les ectoplasmes ? J'espère que personne, après avoir lu ce chapitre, ne pourra plus se permettre ce genre d'appréciations.

gent désormais des aspirations inconscientes, et non seulement des idées conscientes. Notons que Moreno, en 1939, inventa aussi l'hypnodrame, en endormant une jeune fille qui croyait que le diable couchait avec elle chaque nuit, et en lui faisant décrire sous hypnose comment cela se passait[1]. On peut considérer que les premiers hypnodrames ont été vécus en 1922 par Crevel, Desnos, Péret et Renée, sous la direction de Breton. Cependant, quelque chose donne à leurs démarches un caractère sublime que n'auront jamais les hypnodrames médicaux : les usagers de la psychothérapie s'efforcent de guérir, alors que ces poètes cherchent à s'inoculer une « immortelle maladie », la fièvre de l'imaginaire.

Il nous est maintenant possible de dégager les facteurs qui rendent la période des Sommeils importante à divers titres. D'abord, ce fut durant les semaines où elle se développa que ceux qui étaient la veille des dadaïstes devinrent des surréalistes, ou plutôt accédèrent à un état d'esprit nouveau justifiant la rédaction du *Manifeste*. Quand Breton écrira en leur nom : « Ce n'est pas la crainte de la folie qui nous forcera à laisser en berne le drapeau de l'imagination », il ne fera pas une rodomontade. Les poètes ont vu en face les risques de la dépossession de soi-même, ils en ont frémi, mais il se sont préparés à les courir tant qu'il le faudrait pour arracher ses trésors à la nuit.

114/ S. ALEXANDRIAN, *Le Surréalisme et le Rêve*, Gallimard, 1974, pp. 130-131.

---

1. Cf. J.-L. Moreno et J. Enneis, *Hypnodrama and Psychodrama*, Beacon House, 1943.

Dans cette entreprise sans précédent d'exploration de l'inconscient, aux textes automatiques, aux discours parlés en état de sommeil, s'ajoutent les récits de rêves. Déjà, pendant la guerre, Breton notait les rêves de ses malades, « aux fins d'interprétation ». Dans le numéro de mars 1922 de *Littérature,* celui où il évoque sa rencontre avec Freud, il publie trois « sténographies » de ses rêves, donnant ainsi à ses amis l'exemple d'une activité qui allait leur devenir coutumière. En appoint à l'écriture automatique, ces récits de rêves allaient livrer des documents bruts de la vie intérieure. Dans son *Traité du style,* Aragon insiste sur le caractère objectif de ces documents :

S Le rêve passe de toute antiquité pour une forme de l'inspiration. C'est en rêve que les dieux parlent à leur victime, etc. Il est à observer cependant que pour ceux qui ont pris à noter leurs rêves un soin, pur de préoccupations littéraires ou médicales, jusqu'à ces derniers temps absolument sans égal, ne l'ont pas fait pour établir des relations avec un au-delà quelconque. On peut dire qu'en rêvant, ils se sont sentis moins inspirés que jamais. Ils rapportent avec une fidélité objective ce qu'ils se souviennent d'avoir rêvé. On peut dire même que nulle part une objectivité plus grande ne peut être atteinte, que dans le récit d'un rêve. Car ici rien, comme dans l'état éveillé ce qu'on nomme censure, raison, etc., ne s'interpose entre la réalité et le dormeur. Supposez qu'à transcrire cette réalité ils apportent les sottises d'un style imparfait, les voilà traîtres. Ils ne racontent plus un rêve, ils font de la littérature.

115/ L. ARAGON, *Traité du style,* Gallimard, 1926, pp. 182-183.

« Parents, racontez vos rêves à vos enfants », con-
seillait un papillon surréaliste. La préface au premier
numéro de *La Révolution surréaliste,* signée par
Jacques-André Boiffard, Paul Éluard et Roger Vitrac,
faisait donc l'apologie du rêve raconté chaque matin
dans les familles :

S   PRÉFACE

Le procès de la connaissance n'étant plus à faire,
l'intelligence n'entrant plus en ligne de compte, le
rêve seul laisse à l'homme tous ses droits à la
liberté. Grâce au rêve, la mort n'a plus de sens
obscur et le sens de la vie devient indifférent.

Chaque matin, dans toutes les familles, les
hommes, les femmes et les enfants *s'ils n'ont rien
de mieux à faire,* se racontent leurs rêves. Nous
sommes tous à la merci du rêve et nous nous
devons de subir son pouvoir à l'état de veille.
C'est un tyran terrible habillé de miroirs et
d'éclairs. Qu'est-ce que le papier et la plume,
qu'est-ce qu'écrire, qu'est-ce que la poésie devant
ce géant qui tient les muscles des nuages dans ses
muscles ? Vous êtes là bégayant devant le serpent,
ignorant les feuilles mortes et les pièges de verre,
vous craignez pour votre fortune, pour votre
cœur et vos plaisirs et vous cherchez dans l'ombre de vos rêves tous les signes mathématiques
qui vous rendront la mort plus naturelle.
D'autres, et ce sont les prophètes, dirigent aveuglément les forces de la nuit vers l'avenir, l'aurore
parle par leur bouche, et le monde ravi s'épouvante ou se félicite. Le surréalisme ouvre les portes du rêve à tous ceux pour qui la nuit est avare.
Le surréalisme est le carrefour des enchantements

du sommeil, de l'alcool, du tabac, de l'éther, de l'opium, de la cocaïne, de la morphine ; mais il est aussi le briseur de chaînes, nous ne dormons pas, nous ne buvons pas, nous ne fumons pas, nous ne prisons pas, nous ne nous piquons pas et nous rêvons, et la rapidité des aiguilles des lampes introduit dans nos cerveaux la merveilleuse éponge défleurie de l'or. [...]

116/ J.-A. BOIFFARD, P. ÉLUARD, R. VITRAC, « Préface », dans *La Révolution surréaliste,* n° 1, 1er décembre 1924, p. 1.

La Révolution surréaliste donna donc la priorité aux récits de rêves, transcrits comme des comptes rendus de l'indicible. Dans le premier numéro, ils sont accompagnés d'une théorie poétique du rêve, énoncée par Pierre Reverdy, qui rend parfaitement compte de l'état d'esprit des surréalistes : « Je ne pense pas que le rêve soit strictement le contraire de la pensée. Ce que j'en connais m'incline à croire qu'il n'en est somme toute qu'une forme plus libre, plus abandonnée. »

C'est au moment où les surréalistes se sont engagés le plus profondément dans l'action politique qu'ils ont défendu avec le plus de force les droits du rêveur. Le surréalisme se met au service de la révolution pour cette raison que la révolution est au service du rêve. Dans le même temps, le mouvement passe à une phase explicative. Les premiers récits de rêves étaient publiés tels des documents bruts ; désormais, ils seront interprétés. Cette nouvelle pratique est inaugurée par *Les Vases communicants.* Dans ce livre, Breton analyse deux de ses rêves : s'inspirant de la méthode psychanalytique, il s'intéresse toutefois plus à la forme prise par le désir qu'au mécanisme du refoulement :

S Il m'a paru et il me paraît encore, c'est même tout ce dont ce livre fait foi, qu'en examinant de près le contenu de l'activité la plus irréfléchie de l'esprit, si l'on passe outre à l'extraordinaire et peu rassurant bouillonnement qui se produit à la surface, il est possible de mettre à jour [*sic*] un *tissu capillaire* dans l'ignorance duquel on s'ingénierait en vain à vouloir se figurer la circulation mentale. Le rôle de ce tissu est, on l'a vu, d'assurer l'échange constant qui doit se produire dans la pensée entre le monde extérieur et le monde intérieur, échange qui nécessite l'interpénétration continue de l'activité de veille et de l'activité de sommeil. Toute mon ambition a été de donner ici un aperçu de sa structure. Quels que soient la prétention commune à la conscience intégrale et les menus délires de rigueur, on ne peut nier que ce tissu couvre une assez vaste région. C'est là que se consomme pour l'homme l'échange permanent de ses besoins satisfaits et insatisfaits, là que s'exalte la soif spirituelle que, de la naissance à la mort, il est indispensable qu'il calme et qu'il ne guérisse pas. Je ne me lasserai pas d'opposer à l'impérieuse nécessité actuelle, qui est de changer les bases sociales par trop chancelantes et vermoulues du vieux monde, cette autre nécessité non moins impérieuse qui est de ne pas voir dans la Révolution à venir une fin, qui de toute évidence serait en même temps celle de l'histoire. La *fin* ne saurait être pour moi que la connaissance de la destination éternelle de l'homme, de l'homme en général, que la Révolution seule pourra rendre pleinement à cette destination.

117/ A. Breton, *Les Vases communicants,* Gallimard, « Idées », 1970, pp. 160-161.

De l'analyse de ses rêves, chaque individu peut tirer le plus grand avantage. Les rêves lui permettront de résoudre les contradictions de sa vie ; ils formeront « le baromètre psychique à consulter en cas d'orages intérieurs » (Sarane Alexandrian). C'était bien la conviction de Maxime Alexandre qui fut certainement, dans le groupe, celui qui tint avec la plus grande régularité le journal de ses rêves :

S   J'arrête ici l'énumération des faits qui s'enroulent autour du *rêve de Cassandre.* Qu'ils y soient plus ou moins directement rattachés, qu'ils l'éclaircissent plus ou moins vivement, n'est pas tellement important que la constatation permanente du lien entre le rêve et l'action. Il s'agit de comprendre les leçons nocturnes et de s'en servir pour mieux vivre. Tout à coup, en faisant tel geste, en me lançant dans telle entreprise, une brusque lueur m'indiquait que j'obéissais à un rêve. C'est à ces moments que j'obéissais à mon moi véritable.

Pour l'individu solitaire, perdu dans le flux et le reflux des foules inconnues, parmi les attaques auxquelles il est sans cesse livré, dans le tourbillon des sensations et des pensées, il ne resterait pas une possibilité de conservation de soi-même, si la nuit ne se chargeait d'effacer les intrigues et les obstacles, et de choisir pour lui ce dont il a besoin pour durer. S'il arrive à lire dans son rêve, il connaît le rôle qui lui est dévolu parmi les vivants.

118/ M. ALEXANDRE, *Cassandre de Bourgogne,* Corrêa-Buchet/Chastel, 1939, pp. 146-147.

Simulation des délires et paranoïa-critique

Dans *Les Vases communicants,* André Breton met l'accent sur « les rapports étroits qui existent entre le rêve et les diverses activités délirantes telles qu'elles se manifestent dans les asiles ». Au même titre que les récits de rêves, la simulation des maladies mentales devait donc permettre de progresser dans l'exploration de l'inconscient.

Dès qu'il s'est constitué, le surréalisme a repensé le problème de la folie ; il a remis en question les disciplines qui prétendaient définir les normes et les maladies de l'esprit. Prenant quelquefois à partie certains praticiens de la psychiatrie, les surréalistes ont d'abord voulu défendre l'aliéné contre les institutions. La première offensive eut lieu en 1925 avec la « Lettre aux médecins-chefs des asiles de fous », dont le contenu fut inspiré par le docteur Théodore Fraenkel, ami de jeunesse de Breton, qui fut aussi l'un des « présidents » du mouvement dada.

S   LETTRE AUX MÉDECINS-CHEFS
DES ASILES DE FOUS

Messieurs,

Les lois, la coutume vous concèdent le droit de mesurer l'esprit. Cette juridiction souveraine, redoutable, c'est avec votre entendement que vous l'exercez. Laissez-nous rire. La crédulité des peuples civilisés, des savants, des gouvernants, pare la psychiatrie d'on ne sait quelles lumières surnaturelles. Le procès de votre profession est jugé d'avance. Nous n'entendons pas discuter ici la valeur de votre science, ni l'existence douteuse des maladies mentales. Mais pour cent pathogénies prétentieuses où se déchaîne la confusion de la matière et de l'esprit, pour cent classifications dont les plus vagues sont encore les seules utilisables, combien de tentatives nobles pour approcher le monde cérébral où vivent tant de vos prisonniers ? Combien êtes-vous, par exemple, pour qui le rêve du dément précoce, les images dont il est la proie sont autre chose qu'une salade de mots ?

Nous ne nous étonnons pas de vous trouver inférieurs à une tâche pour laquelle il n'y a que peu de prédestinés. Mais nous nous élevons contre le droit attribué à des hommes, bornés ou non, de sanctionner par l'incarcération perpétuelle leurs investigations dans le domaine de l'esprit.

Et quelle incarcération ! On sait — on ne sait pas assez — que les asiles, loin d'être des *asiles,* sont d'effroyables geôles, où les détenus fournissent une main-d'œuvre gratuite et commode, où les sévices sont la règle, et cela est toléré par vous. L'asile d'aliénés, sous le couvert de la science et de la justice, est comparable à la caserne, à la prison, au bagne.

Nous ne soulèverons pas ici la question des internements arbitraires, pour vous éviter la peine de dénégations faciles. Nous affirmons qu'un grand nombre de vos pensionnaires, parfaitement fous suivant la définition officielle, sont, eux aussi, arbitrairement internés. Nous n'admettons pas qu'on entrave le libre développement d'un délire aussi légitime, aussi logique que toute autre succession d'idées ou d'actes humains. La répression des réactions antisociales est aussi chimérique qu'inacceptable en son principe. Tous les actes individuels sont antisociaux. Les fous sont les victimes individuelles par excellence de la dictature sociale ; au nom de cette individualité qui est le propre de l'homme, nous réclamons qu'on libère ces forçats de la sensibilité, puisqu'aussi bien il n'est pas au pouvoir des lois d'enfermer tous les hommes qui pensent et agissent.

Sans insister sur le caractère parfaitement génial des manifestations de certains fous, dans la mesure où nous sommes aptes à les apprécier, nous affirmons la légitimité absolue de leur conception de la réalité, et de tous les actes qui en découlent.

Puissiez-vous vous en souvenir demain matin à l'heure de la visite, quand vous tenterez sans lexique de converser avec ces hommes sur lesquels, reconnaissez-le, vous n'avez d'avantage que celui de la force.

119/ Dans *La Révolution surréaliste*, n° 3, 15 avril 1925, p. 29.

Parmi les maladies mentales — ou les états considérés comme tels —, c'est vers l'hystérie que les surréalistes portent principalement leur attention. Mise en évidence par Charcot autour de 1878, cette maladie curieuse, qui se développait sans que l'on puisse déceler une lésion organique, semblait échapper à toute définition. Les surréalistes qui la perçoivent comme une manifestation d'« attitudes passionnelles » extrêmement troublantes, n'acceptent pas qu'elle puisse donner lieu à une dépréciation morale de ceux qui en sont atteints. Aussi, pour le cinquantenaire de sa « découverte », Aragon et Breton en font-ils l'éloge :

S   Nous, surréalistes, tenons à célébrer ici le cinquantenaire de l'hystérie, la plus grande découverte poétique de la fin du XIXe siècle, et cela au moment même où le démembrement du concept de l'hystérie paraît chose consommée. Nous qui n'aimons rien tant que ces jeunes hystériques, dont le type parfait nous est fourni par l'observation relative à la délicieuse X. L. (Augustine) entrée à la Salpêtrière dans le service du docteur Charcot le 21 octobre 1875, à l'âge de 15 ans 1/2, comment serions-nous touchés par la laborieuse réfutation de troubles organiques, dont le procès ne sera jamais qu'aux yeux des seuls médecins celui de l'hystérie ? Quelle pitié ! M. Babinski, l'homme le plus intelligent qui se soit attaqué à cette question, osait publier en 1913 : « Quand une émotion est sincère, profonde, secoue l'âme humaine, il n'y a plus de place pour l'hystérie. » [...]

Nous proposons donc, en 1928, une définition nouvelle de l'hystérie :

L'hystérie est un état mental plus ou moins irréductible se caractérisant par la subversion des rapports qui s'établissent entre le sujet et le monde moral duquel il croit pratiquement relever, en dehors de tout système délirant. Cet état mental est fondé sur le besoin d'une séduction réciproque, qui explique les miracles hâtivement acceptés de la suggestion (ou contre-suggestion) médicale. L'hystérie n'est pas un phénomène pathologique et peut, à tous égards, être considérée comme un moyen suprême d'expression.

120/ L. ARAGON et A. BRETON, « Le cinquantenaire de l'hystérie (1878-1928) », dans *La Révolution surréaliste*, n° 11, 15 mars 1928, pp. 20-22.

Les surréalistes ne veulent pas seulement faire évader l'hystérie du domaine pathologique, ce sont tous les « égarements » de l'esprit humain qu'ils entendent réhabiliter en tant que moyens suprêmes d'expression. Sur ce sujet, leur position ne variera pas. Un texte plus récent de Breton atteste l'importance qu'il accorde à l'« art des fous » :

S Je ne craindrai pas d'avancer l'idée, paradoxale seulement à première vue, que l'art de ceux qu'on range aujourd'hui dans la catégorie des malades mentaux constitue un réservoir de santé morale. Il échappe en effet à tout ce qui tend à fausser le témoignage qui nous occupe et qui est de l'ordre des influences extérieures, des calculs, du succès ou des déceptions rencontrées sur le plan social, etc. Les mécanismes de la création artistique sont ici libérés de toute entrave. Par un bouleversant effet dialectique, la claustration, le renoncement à tous profits comme à toutes vanités, en dépit de ce qu'ils présentent individuellement de pathétique, sont ici les garants de l'authenticité totale qui fait défaut partout ailleurs et dont nous sommes de jour en jour plus altérés.

121/ A. BRETON, « L'art des fous », dans *La Clé des champs,* Pauvert, p. 274.

Entre l'homme normal et celui que l'on dit fou, il n'existe pas de fossé, du moins pas de fossé que ne puisse franchir l'instrument poétique. Afin d'en apporter la démonstration, Breton et Éluard se sont livrés à des expériences de simulation des états démentiels, dont ils rendent compte dans *L'Immaculée Conception* en reproduisant les discours ainsi obtenus :

S ESSAI DE SIMULATION DE LA DÉBILITÉ
MENTALE

[De tous les hommes, à vingt-quatre ans, j'ai reconnu que pour s'élever au rang d'homme considéré, il ne fallait pas avoir plus que moi la conscience de sa valeur. J'ai soutenu il y a longtemps que la vertu n'est pas estimée, mais que mon père avait raison quand il voulait que je m'élève très haut au-dessus de ses confrères.] Je ne comprends absolument pas qu'on remette la croix de la Légion d'honneur à des personnalités étrangères de passage en France. Je trouve que cette décoration devrait être réservée aux officiers qui ont fait acte de bravoure et aux ingénieurs des mines sortant de Polytechnique. [Il faut en effet que le grand maître de l'Ordre de la Chevalerie n'ait pas de bon sens pour reconnaître du mérite là où il n'y en a pas. De toutes les distinctions, officier est la plus flatteuse. Mais on ne peut pas se passer du diplôme. Mon père a donné à ses cinq enfants garçons et filles la meilleure instruction et une bonne éducation. Ce n'est pas pour accepter un emploi sans rétribution dans une administration qui ne paie pas. En voici la preuve :] quand on est capable comme mon frère aîné, qui a concouru plusieurs fois dans les journaux, de décrocher la timbale contre des bacheliers ès lettres ès sciences, on peut dire qu'on a de qui tenir. Mais à chaque jour suffit sa peine, dit le proverbe. J'ai dans la poche intérieure de mon veston d'été le plan d'un sous-marin que je veux offrir à la Défense nationale. La cabine du commandant est dessinée en rouge et les canons lance-torpilles sont du dernier modèle hydraulique, à commande artésienne. [Les as de la route ne montrent pas une énergie plus grande que moi. Je ne suis pas gêné pour assurer que cette invention doit réussir.] Tous les hommes sont partisans de la Liberté, de l'Égalité, de la Fraternité et, j'ajoute, de la Solidarité mutuelle. Mais ce n'est pas une raison pour ne pas se défendre contre ceux qui nous attaquent par mer. J'ai écrit au Président de la République une lettre *secrète* sur papier ministre pour demander à le voir.

122/ A. BRETON et P. ÉLUARD, *L'Immaculée Conception,* 1930, dans P. Éluard, *O. c.,* Gallimard, « Pléiade », t. I, pp. 383-384.

Après la débilité mentale, sans tricherie, par le seul pouvoir de la poésie, Breton et Éluard simulèrent la manie aiguë, la paralysie générale, le délire d'interprétation et enfin la démence précoce. S'appropriant toutes les formes du dérèglement de l'esprit, découvrant en eux-mêmes des ressources insoupçonnables, ils voulaient du même coup apporter une preuve nouvelle de la valeur de l'expression poétique en tant qu'instrument de connaissance. Mais la volonté de simulation permet-elle de ressentir réellement les états de conscience des malades mentaux ? C'est un fait qu'André Rolland de Renéville met en doute :

Si j'avance qu'il [ce livre] ne m'a pas semblé parfait, c'est que sa partie centrale pose un problème qui reste pour moi irrésolu : Breton et Éluard tentèrent de reproduire ce qu'ils nomment des *essais de simulation* de la débilité mentale, de la manie aiguë, de la paralysie générale et autres délires. Ils écrivent dans leur introduction que cet exercice leur paraît présager d'importantes conquêtes *« sous le rapport de la liberté la plus haute »*. Certes, je ne mets pas une seconde en doute la probité d'un tel effort, surtout lorsqu'il vient d'hommes qui restent parmi les rares êtres dont les faits et gestes continuent à m'importer. Mais je ne crois pas qu'il soit possible de passagèrement ressentir les états de conscience d'un paralytique général si l'on n'est soi-même atteint de cette maladie. Il y faudrait tout au moins une destruction mentale progressive qui ne permettrait plus à l'homme qui l'aurait pratiquée de retourner en arrière. Je me réjouis de pouvoir écrire que tel n'est pas le cas de Paul Éluard ni d'André Breton. Leur sacrifice m'eût, dans le cas contraire, paru hors de proportion avec le résultat acquis. Car pour tout dire, les textes qui nous sont donnés ici ne me semblent pas essentiellement différents de ceux que Breton obtint dès ses premières expériences d'écriture automatique, si ce n'est que la volonté de simuler tel ou tel délire apparaît dans le déroulement d'un mécanisme de pensée correspondant au délire adopté. Nous assistons à un rajeunissement de l'écriture automatique, mais cette fois-ci *dirigée* dans un sens préalablement choisi, ce qui laisse matière à réflexions...

123/ A. ROLLAND de RENÉVILLE, « Dernier état de la poésie surréaliste », dans *N.R.F.*, 1er février 1932, pp. 286-287.

Ces expériences de simulation n'étaient probablement pas sans danger. Poussées à leur terme, n'auraient-elles pas provoqué une destruction mentale progressive ? Peut-on impunément franchir la fron-

tière entre la conscience claire et les zones obscures ?
L'aventure de Nadja qui devait rester internée jusqu'à
la fin de sa vie avait pu inciter Breton à une certaine
prudence. Après *L'Immaculée Conception,* la simulation des délires ne fut plus guère pratiquée, exception
faite pour la paranoïa. Cette maladie, chez celui qui
en est atteint, se manifeste par un délire d'interprétation, par une importance excessive accordée au moi.
Le paranoïaque ne se soumet pas au monde ; il le
domine, le façonnant au gré de son désir. A la différence des autres délires, celui-ci se caractérise par une
systématisation absolument cohérente qui conduit à
un état de toute-puissance.

La méthode paranoïa-critique fut inventée par Salvador Dali : cette activité, qui prend sa source dans
l'idée obsédante, a le même objectif « ultra-confusion-
nel » que l'écriture automatique ou les récits de
rêves.

S NOUVELLES CONSIDÉRATIONS GÉNÉRALES
SUR LE MÉCANISME
DU PHÉNOMÈNE PARANOÏAQUE
DU POINT DE VUE SURRÉALISTE

Dès 1929 et les débuts encore incertains de *La
Femme visible,* j'annonce comme « proche le
moment où, par un processus de caractère paranoïaque et actif de la pensée, il sera possible
(simultanément à l'automatisme et autres états
passifs) de systématiser la confusion et de contribuer au discrédit total du monde de la réalité ».

Le « drame poétique » du surréalisme résidait à
ce moment pour moi dans l'antagonisme (appelant la conciliation dialectique) des deux types de
confusions qui implicitement étaient prévus dans
cette déclaration : d'une part, la confusion pas-

sive de l'automatisme, d'autre part, la confusion active et systématique illustrée par le phénomène paranoïaque.

On ne saurait trop insister sur l'extrême valeur révolutionnaire de l'automatisme et l'importance capitale des textes automatiques et surréalistes. L'heure de telles expériences, loin d'être passée, peut sembler plus actuelle que jamais au moment où s'offrent à nous des possibilités parallèles, résultant de la conscience que nous pouvons prendre des manifestations les plus évoluées des états passifs et de la nécessité d'une communication vitale entre les deux principes expérimentaux qui nous sont apparus plus haut comme contradictoires.

124/ S. Dali, *Oui 2,* Denoël, « Médiations », 1971, p. 7.

Mais, alors que le rêve et l'automatisme se présentent comme des états passifs qui risquent de donner lieu à des « évasions idéalistes », la paranoïa-critique est un processus actif, systématique, qui favorise l'intrusion du désir dans la réalité du monde extérieur :

S   L'irrationalité générale qui se dégage de l'aspect délirant des rêves et des résultats automatiques, jointe à la cohérence croissante que présentent ceux-ci au fur et à mesure que leur interprétation symbolique tend à devenir plus parfaitement synchronique à l'activité critique, nous pousse, par besoin lyrique, à la réduction exacerbée au concret de ce qui nous a été suffisamment éclairé pour que, de ces prétendus délires d'exactitude obsédante, nous dégagions la notion d'*irrationalité concrète.*

Sur le plan spécifiquement poétique, l'irrationalité concrète, plus encore que comme une prédisposition grave, et même vertigineuse, de l'esprit humain, se présente à nous comme une de ces « contagions lyriques sans remède » qui, dans leur propagation catastrophique, permettent de déceler tous les saisissants stigmates d'un véritable vice de l'intelligence. Une fois rendu virulent par la complaisance novice qu'il trouve dans cet « aspect général » délirant et irrationnel des résultats automatiques et des rêves, dont la vitesse de réduction ne peut que nous décevoir et provoquer instantanément des aggravations et complications spontanées (dans lesquelles nous ne pouvons manquer de reconnaître la présence larvaire du fait systématique), l'« irrationnel concret » surgira dans l'imagination et cela, comme on peut s'y attendre, avec la même fréquence que les phantasmes différents s'organisant de toutes parts dès qu'il a été pris conscience d'un nouveau désir érotique.

125/ S. DALI, *ibid.*, pp. 10-11.

Pour Dali, le champ de l'activité paranoïa-critique est illimité. Elle s'applique aussi bien au poème qu'à la peinture, au cinéma qu'à l'histoire de l'art. De même que son interprétation de *L'Angelus* de Millet, l'apologie du *modern style* par Dali relève de cette méthode :

S   L'acceptation de simulacres dont la réalité s'efforce péniblement d'imiter les apparences, nous conduit au *désir* des choses *idéales*.

Peut-être aucun simulacre n'a-t-il créé des ensembles auxquels le mot *idéal* convienne plus exactement, que le grand simulacre qui constitue la bouleversante architecture ornementale du Modern Style. Aucun effort collectif n'est arrivé à créer un monde de rêve aussi pur et aussi troublant que ces bâtiments modern style, lesquels, en marge de l'architecture, constituent à eux seuls de vraies réalisations de désirs solidifiés, où le plus violent et cruel automatisme trahit douloureusement la haine de la réalité et le besoin de refuge dans un monde idéal, à la manière de ce qui se passe dans une névrose d'enfance.

Voilà ce que nous pouvons aimer encore, le bloc imposant de ces bâtiments délirants et froids épars par toute l'Europe, méprisés et négligés par les anthologies et les études. Voici ce qu'il suffit d'opposer à nos porcs d'esthéticiens contemporains, défenseurs de l'exécrable « art moderne » et même voici ce qu'il suffit d'opposer à toute l'histoire de l'art.

126/ S. DALI, *ibid,* p. 159.

Écriture automatique, récits de rêves, simulation des délires, ces techniques d'investigation de l'inconscient, parallèlement ou successivement employées, permettaient donc de découvrir la dynamique de l'imagination. C'est peut-être avec la notion d'« irrationalité concrète » qu'apparaissent le plus intimement mêlées la fonction de la connaissance et la fonction du désir. La plongée dans l'inconscient favorise un approfondissement du réel qui est aussi son invention. Les limites du monde sont repoussées parce que, dans le même temps, celui-ci est recréé. L'objectif et le subjectif ne sont plus dissociables.

Surréalisme et psychanalyse

La mise au jour du « fonctionnement réel de la pensée » par le surréalisme invite à s'interroger sur l'influence qu'a pu exercer sur lui la démarche de Freud. Dès 1916, alors qu'il était assistant du docteur Raoul Leroy, au centre psychiatrique de la IIe armée de Saint-Dizier, Breton, informé des travaux de Freud, eut l'occasion d'utiliser la technique des associations libres. En 1921, il rencontra Freud à Vienne et rendit compte de cette entrevue dans *Littérature* :

S   INTERVIEW DU PROFESSEUR FREUD À VIENNE

Aux jeunes gens et aux esprits romanesques qui, parce que la mode est cet hiver à la psychanalyse, ont besoin de se figurer une des agences les plus prospères du rastaquouérisme moderne, le cabinet du Professeur Freud, avec des appareils à transformer les lapins en chapeaux et le déterminisme bleu pour tout buvard, je ne suis pas fâché d'apprendre que le plus grand psychologue de ce temps habite une maison de médiocre apparence dans un quartier perdu de Vienne. « Cher Monsieur, m'avait-il écrit, n'ayant que très peu de temps libre dans ces jours, je vous prie de venir me voir Lundi (demain 10) à 3 h d'après-midi dans ma consultation. Votre très dévoué, Freud. »

Une modeste plaque à l'entrée, Pr. Freud, 2-4, une servante qui n'est pas spécialement jolie, un salon d'attente aux murs décorés de quatre gravures faiblement allégoriques : l'Eau, le Feu, la

Terre et l'Air, et d'une photographie représentant le maître au milieu de ses collaborateurs, une dizaine de consultants de la sorte la plus vulgaire, une seule fois, après le coup de sonnette, quelques cris à la cantonade : pas de quoi alimenter le plus infime reportage. Cela jusqu'à ce que la fameuse porte capitonnée s'entrouvre pour moi. Je me trouve en présence d'un petit vieillard sans allure, qui reçoit dans son pauvre cabinet de médecin de quartier. Ah ! il n'aime pas beaucoup la France, restée seule indifférente à ses travaux. Il me montre cependant avec fierté une brochure qui vient de paraître à Genève et n'est autre chose que la première traduction française de cinq de ses leçons. J'essaie de le faire parler en jetant dans la conversation les noms de Charcot, de Babinski, mais, soit que je fasse appel à des souvenirs trop lointains, soit qu'il se tienne avec un inconnu sur un pied de réticence prudente, je ne tire de lui que des généralités comme : « Votre lettre, la plus touchante que j'aie reçue de ma vie » ou « Heureusement, nous comptons beaucoup sur la jeunesse ».

127/ A. BRETON, dans *Littérature,* nouvelle série, n° 1, 1er mars 1922, p. 19.

Cet article ne fut-il qu'un « regrettable sacrifice à l'esprit dada », comme Breton le confia à André Parinaud, au cours de ses *Entretiens* ? N'exprime-t-il pas plutôt la déconvenue qu'il avait alors éprouvée ? Cependant, nous avons déjà noté que, dans la même livraison de la revue, Breton publiait trois « sténographies » de rêves et, par la suite, il ne manqua jamais de se référer aux découvertes de Freud chaque fois qu'il analysa le fonctionnement de la pensée.

Les dadaïstes alors hostiles à Breton ne perçurent

pas, dans son attitude, de réticence vis-à-vis de la psychanalyse. En témoigne l'article de Malespine, « Côté doublure » — où il met en pratique son projet de réforme de l'orthographe —, publié dans sa revue lyonnaise, *Manomètre,* qui prend constamment le contre-pied des positions de Breton :

CÔTÉ DOUBLURE

Toute la psicologie est le problème du Monsieur devant la glace : Il se regarde. Il se voit. Pourquoi ? Pour comprendre il regarde à l'envers. Il ne voit plus rien. Il gratte et recueille un peu de poussière, le tain. Mais alors il n'y a plus de glace.

— Tout rêve dont on se souvient ressemble aux lettres qu'on écrit en pensant qu'elles seront publiées.

— Maury est l'homme qui a le mieux écrit sur les rêves. Mais il était tellement absorbé par ce problème, qu'en rêve, il rêvait au rêve et ne savait plus s'il rêvait.

— Il y a dans l'œuvre de Freud 3 parties :

1° *Partie psicologique :* celle qui compte et qui restera. Il nous démontre que le conscient est gouverné par l'inconscient.

2° *Partie térapeutique :* Elle est efficace, possible. Mais le sorcier, le médecin, l'eau bénite, la pilule de mie de pain peuvent agir parfois si vous dites : « Vous serez guéri. » Freud à l'aide d'un appareil compliqué et un peu grotesque atteint le même résultat. Suggestion, ni plus, ni moins.

3° *Partie métafisique :* Belle découverte que d'appeler l'eau pure aqua simplex. Tous les filosofes ont fait de même.

Tendance de l'être à persévérer dans l'être de Spinoza = vouloir vivre de Schopenhauer = élan vital de Bergson = libido sexualis de Freud = 0.
Un seul mot explique tout.
RAID SOUS-MARIN — Le rêveur fait pointer le périscope. Le somnambule plonge et regarde par les hublots. Le délirant touche le fond. Cherchez le capitaine.

— Pour comprendre Freud, chaussez des testicules en guise de lunettes.

— C'est « l'état intérieur » qui conduit nos rêves. État intérieur c'est dire : la façon de se sentir être et la façon dont le moi réagit. En somme le rêve est la traduction de notre courbe cénestésique.

— L'émotion est la goutte de tournesol qui décèle la réaction interne.

— Si les émotions pouvaient se traduire en chiffres connus on devinerait ce qu'on va rêver avant de s'endormir.

128/ E. Malespine, dans *Manomètre,* n° 5, février 1924, p. 77.

Le surréalisme a beaucoup emprunté à la pensée de Freud : l'idée d'une réalité psychique souterraine possédant ses lois propres, l'importance accordée à la sexualité dans les démarches de l'inconscient, l'opposition entre le principe de plaisir et le principe de réalité. Il lui doit surtout une méthode d'interprétation des rêves :

S Tout ce qu'à cet effet, il me paraît nécessaire de retenir de l'œuvre de Freud est la méthode d'interprétation des rêves, et ceci pour les raisons suivantes : c'est de beaucoup la trouvaille la plus originale que cet auteur ait faite, les théories scientifiques du rêve n'ayant laissé, avant lui, aucune place au problème de cette interprétation ; c'est là par excellence ce qu'il a rapporté de son exploration quotidienne dans le domaine des troubles mentaux, je veux dire ce qu'il doit avant tout à l'observation minutieuse des manifestations extérieures de ces troubles ; enfin, c'est là de sa part une proposition de caractère exclusivement pratique, à la faveur de laquelle il est impossible de nous faire passer sans contrôle telle ou telle opinion suspecte ou mal vérifiée. Il n'est aucunement nécessaire, pour vérifier sa valeur, de faire siennes les généralisations hâtives auxquelles l'auteur de cette proposition, esprit philosophiquement assez inculte, nous a accoutumés par la suite.

129/ A. BRETON, *Les Vases communicants* (1932), Gallimard, « Idées », p. 28.

Dans le même mouvement où il avoue sa dette envers la psychanalyse sur un point essentiel, Breton entend s'en démarquer. Les buts de l'analyse, chez Freud et chez Breton, n'étaient certes pas identiques. L'un et l'autre reconnaissent la puissance du désir, mais le premier vise sa sublimation, le second sa réalisation. La psychanalyse se propose de guérir des individus inadaptés pour les réinsérer dans la société, alors que le surréalisme entend libérer les forces réprimées et changer les conditions de la vie. Mais, plus que d'un différend théorique, les propos acerbes de Breton semblent résulter des relations difficiles qu'il entretient avec le maître viennois, lequel ne prend pas très au sérieux les entreprises surréalistes.

Vis-à-vis de la psychanalyse et de ses praticiens français, les surréalistes sont souvent agressifs, et principalement à l'époque de leur rapprochement avec les communistes, marxisme et freudisme apparaissant alors comme deux dogmes inconciliables. Plusieurs membres du groupe, Artaud, Crevel, Leiris, Queneau se font analyser, mais les critiques à l'encontre de l'école psychanalytique ne sont pas atténuées. Dans *Le Surréalisme au service de la révolution,* est constitué un « Petit sottisier psychanalytique » et Crevel, dans un article intitulé « A l'heure où l'écriture se dénoue », rapporte ironiquement le dialogue entre un analyste et son patient :

S L'idée la plus neuve, le succès, la vogue la métamorphosent en idée toute faite.

Ex. : Je rencontre un psychanalyste.

Il m'interroge : De quoi avez-vous rêvé la nuit dernière ?

Moi : J'ai rêvé d'une fuite d'eau.

Lui : Savez-vous pourquoi ?

Moi : J'avais loué un appartement. La première nuit que j'y ai couché, par suite de la rupture d'un tuyau de gouttière, j'ai été inondé dans mon lit. Comme je venais de passer plusieurs mois à la campagne, pour ma santé, j'ai gardé de cet accident une impression doublement désagréable. Et voilà pourquoi, depuis lors, je rêve de fuite.

Lui : Erreur. Vous rêvez de fuite, parce que vous faisiez pipi au lit quand vous étiez enfant...

Et de me développer les propositions de son pansexualisme. Impérialisme qui ressemble à tous les autres.

Je laisse le bonhomme parler.

Et je pense :

Si carpettes et moquettes, ces sœurs de laine à prénoms de manucures, ne se troublent en rien tant que des baisers du Vacuum Cleaner, et doivent en rêver, comme au siècle dernier, de Jack l'Éventreur les transparentes et laiteuses petites putains des bords de la Tamise, toi, homme, attends l'heure où l'écriture enfin se dénoue, et, abattue la barrière des mots, ferme les yeux, flotte sur le silence, non moins léger que si un mystérieux appareil à nettoyer les tapis avait, de ses poussières, remords et souvenirs, à jamais libéré ton vieux tapis de conscience.

130/ R. CREVEL, « A l'heure où l'écriture se dénoue », dans *Babylone,* Pauvert, 1975, p. 213-214.

La critique de Crevel — au regard de sa propre analyse — portait sur le complexe d'Œdipe qu'il refusait d'accepter comme patron universel : « J'étais de ceux qui eussent préférer tuer leur Clytemnestre de mère, plutôt que leur Laïus de père », écrit-il dans *Le Clavecin de Diderot.* Mais il attendait surtout de la psychanalyse qu'elle passât à un stade supérieur de son évolution. « Le conscient, thèse. L'inconscient, antithèse. A quand la synthèse ? » demandait-il dans ses « Notes en vue d'une psycho-dialectique ».

La synthèse serait-elle l'œuvre de Jacques Lacan ? Au regard de ses travaux sur la paranoïa, Crevel put le penser puisqu'il l'introduisit dans le groupe surréaliste. Les collaborations de Lacan à la revue *Minotaure* témoignent, pour le moins, de l'influence des recherches de Dali.

Entre tous les problèmes de la création artistique, celui du style requiert le plus impérieusement, et pour l'artiste lui-même, croyons-nous, une solution théorique. L'idée n'est pas sans importance en effet qu'il se forme du conflit, révélé par le fait du style, entre la création réaliste fondée sur la connaissance objective d'une part, et d'autre part la puissance supérieure de signification, la haute communicabilité émotionnelle de la création dite stylisée. Selon la nature de cette idée, en effet, l'artiste concevra le style comme le fruit d'un choix rationnel, d'un choix éthique, d'un choix arbitraire, ou bien encore d'une nécessité éprouvée dont la spontanéité s'impose contre tout contrôle ou même qu'il convient d'en dégager par une ascèse négative. Inutile d'insister sur l'importance de ces conceptions pour le théoricien. [...]

On peut concevoir l'expérience vécue paranoïaque et la conception du monde qu'elle engendre, comme une syntaxe originale, qui contribue à affirmer, par les liens de compréhension qui lui sont propres, la communauté humaine. La connaissance de cette syntaxe nous semble une introduction indispensable à la compréhension des valeurs symboliques de l'art, et tout spécialement aux problèmes du style — à savoir des vertus de conviction et de communion humaine qui lui sont propres, non moins qu'aux paradoxes de sa genèse —, problèmes toujours insolubles à toute anthropologie qui ne sera pas libérée du réalisme naïf de l'objet.

131/ J. LACAN, « Le problème du style et de la conception psychiatrique des formes paranoïaques de l'expérience », dans *Minotaure,* nº 1, 1933.

Sans jamais rompre avec la psychanalyse, les surréalistes entretinrent avec elle des relations plus ou moins tendues selon les époques, mais ils ne cessèrent de voir en Freud une autorité suprême. Ils ne lui préférèrent à aucun moment un des psychanalystes dissidents, pas même Jung, que sa conception d'un inconscient collectif et son intérêt pour l'alchimie semblaient pourtant rapprocher d'eux.

Didier Anzieu reconnaît, dans le surréalisme, l'application systématique de la méthode analytique à la création littéraire et il effectue un parallèle entre l'auto-analyse conduite par Breton dans *Les Vases communicants* et celle de Freud :

> Le 26 août, nouveau rêve, en quatre parties : une vieille femme voue une haine violente à l'ancienne maîtresse de Breton ; il participe à un irritant dîner de famille où il est question de cette femme et où il songe, avec soulagement et dépit, qu'elle ne reviendra jamais ; un vendeur lui impose l'achat d'une autre cravate que celle de son choix ; il fait un demi-tour de 180 degrés à droite, évoque une conférence que des amis politiques l'ont chargé de faire ; « on part demain... je songe à utiliser comme thème de conférence, si c'est moi qui dois la faire, les éléments du livre que je me proposais de commencer incessamment (il s'agit du présent livre) ». Breton procède à l'auto-analyse systématique de ce rêve, comme Freud, fragment par fragment. L'interprétation met en évidence le rapport de Breton à son amie, à Nadja, à son œuvre et enfin à son enfance.
>
> 1° La rupture avec son amie. Breton se demande si elle a été vraiment coupable vis-à-vis de lui et s'il n'a pas été aussi coupable vis-à-vis d'elle. Le rêve répond par un mélange de sentiments où le soulagement finit par l'emporter sur le dépit de l'avoir perdue. D'autre part, Breton se sent coupable, par rapport à la conception qui est

sienne de l'amour unique : comment pourrait-il aimer un autre être sans perdre toute valeur à ses propres yeux ? Le rêve répond que personne n'est irremplaçable, que la vie continue ;

2° L'inquiétude au sujet de Nadja. Breton se défend contre un retour éventuel de Nadja qui pourrait sortir de l'asile et lui reprocher le livre qu'il a écrit sur elle. Il se défend également contre la responsabilité qu'il a pu avoir involontairement dans l'élaboration de son délire et donc dans son internement ;

3° L'œuvre. Le demi-tour à droite évoque le passage de la révolution surréaliste à la révolution sociale, et la nécessité de se mettre sérieusement au travail sur les rêves depuis trop longtemps remis ;

4° L'enfance. L'incompréhension navrante de son père, l'horreur d'être vu nu (la cravate-pénis), l'évocation indirecte des jeux interdits de l'enfance (cf. le *Grand Masturbateur* de Dali) nous plongent au cœur des problèmes personnels de Breton. Mais comme Freud, à qui pourtant il en adresse le véhément reproche, Breton se tait quand l'interprétation concerne sa sexualité infantile. Le rêve procède d'une « scène infantile » dont la reconstitution « épuise » le contenu du rêve mais « dont le rappel ne présenterait ici qu'un intérêt secondaire » (p. 54) ;

5° Rôle de l'ami dans l'auto-analyse. L'auto-analyse du premier et du dernier rêve citée dans *Les Vases communicants* a été conduite avec la collaboration d'un ami, d'abord Paul Éluard, puis Georges Sadoul. « Ce secours d'un témoin de notre vie de la veille est des plus précieux, non seulement en ce qu'il empêche la censure d'engager l'interprétant sur de fausses pistes, mais encore en ce que la mémoire de ce témoin est de nature à restituer la part des éléments réels la plus riche de signification, puisque c'est celle-là même qui tendait à être détournée. »

132/ D. Anzieu, *L'Auto-analyse*, P.U.F., 1959, pp. 184-185.

Dans l'appréhension surréaliste de la psyché, d'autres influences que celle de Freud ont cependant joué leur rôle. Jean Starobinski a mis en évidence l'apport de la parapsychologie :

La parapsychologie du xixe siècle prolonge, sous une forme dégradée, et avec les secours d'une théorie pseudo-physiologique, la tradition millénaire de l'enthousiasme sacré et de la dictée surnaturelle de la parole poétique. Avec ou sans le secours de l'hypnose, ce sont les voyantes et les médiums qui maintiennent, jusque sur les planches du music-hall, l'image du Vates et de la Pythie, quand cette fonction ne s'engloutit pas dans des objets sonores : tables, guéridons, pianos... Ce bric-à-brac, ce rituel de carte postale, ces revenants de cirque n'étaient pas pour déplaire aux surréalistes. Ils aimaient les hasards de la rue, les découvertes du marché aux puces, et la parapsychologie est un peu le marché aux puces de l'intellect : on y découvre des vestiges parfois fort émouvants des cultures disparues (et il arrive que l'on y prête attention à des phénomènes négligés, passibles d'une explication des plus rationnelles).

L'on ne s'étonnera donc pas que Breton ait ouvertement emprunté à F. W. H. Myers (1843-1901) — poète lui-même, auteur d'une étude sur

Wordsworth et venu tardivement de la poésie à la Psychical Research — la majeure partie de la documentation sur laquelle repose la longue étude sur le *Message automatique* (insérée dans *Point du jour*) : les détails concernant la cristalloscopie, les hallucinations visuelles d'Herschel, l'intuition de Watt sont tous repris à l'ouvrage posthume de Myers, *La Personnalité humaine.* Breton trouvait dans ce livre un vaste répertoire de faits merveilleux dont il pouvait tirer profit pour faire éclater le cadre des théories psychologiques officielles, à son gré trop étroit. Ce qu'apportait surtout Myers, c'était une notion de l'automatisme, liée à une théorie du *moi subliminal,* dont Breton pouvait s'accommoder beaucoup mieux que de l'inconscient freudien. Car le *moi subliminal* est un inconscient valorisé : il recèle, si l'on en croit Myers, un courant de pensée plus riche et plus authentique que le tissu dont est fait notre moi extérieur, notre personnalité supra-liminale.

133/ J. STAROBINSKI, « Freud, Breton, Myers », dans *La Relation critique,* 1970, pp. 163-164.

Selon Jean-Louis Houdebine, dans un article qui représente l'état d'esprit du groupe « Tel Quel » au début des années 70, la référence de Breton à la parapsychologie surdétermine les contenus de son discours selon une problématique de part en part spiritualiste, en dépit du matérialisme affirmé :

Le discours de Myers, le discours de James, leur reprise sous forme de thème idéologique dominant dans le discours de Breton, déterminons-les précisément comme discours de *l'homogène.* Il s'agit d'un discours qui réinvestit, sous la forme d'une immanence spirituelle du monde, ce que, d'un côté, la religion chrétienne, et de l'autre, les spirites « naïfs », marquent comme transcendance, discours qui ne peut littéralement supporter la *contradiction,* à commencer par celle qui s'inscrit fondamentalement dans le concept philosophique de *matière.* Cette position idéologique de base (effacement de la contradiction) surdétermine selon nous tout le discours de Breton, et lui fait manquer, dans le même geste, et au moment même où la nécessité de leur articulation se trouve par lui historiquement marquée, le rapport à Freud *et* le rapport à Marx. [...] Ce passage se situe au début des *Vases communicants,* dans des pages qui comptent sans doute parmi celles où la prise de position matérialiste est pourtant la plus explicitement affirmée ; Breton vient de critiquer Freud à propos des « gages » que celui-ci donnerait paradoxalement au fidéisme en avouant son ignorance quant à « la nature intime de l'inconscient », et il ajoute :

« Peut-être y va-t-il de plus que nous ne pensions, qui sait, de la grande clef qui doit permettre de réconcilier la *matière* avec les règles de la logique formelle... »

Cette « grande clef », dont rêve Breton, nous savons mieux aujourd'hui qu'elle forclôt, dans son fantasme de « réconciliation », toute forme d'instance matérielle, et qu'elle n'ouvre sur rien d'autre que sur l'idéalisme positiviste, avec son envers obligé, l'idéalisme spiritualiste, dont les quarante dernières pages des *Vases communicants,* justement, nous offrent des exemples flagrants.

134/ J.-L. Houdebine, « Méconnaissance de la psychanalyse dans le discours surréaliste », dans *Tel quel,* n° 46, 1971.

La pratique signifiante du surréalisme relève-t-elle d'une démarche matérialiste ou d'une démarche idéaliste ? Le débat restera ouvert certainement longtemps. Si le problème de la reconnaissance de la psychanalyse apporte à cette question un premier éclairage, celle-ci doit être envisagée aussi en liaison avec l'attitude qu'adopte le surréalisme vis-à-vis de la réalité du monde extérieur.

Quels que fussent les présupposés idéologiques des surréalistes, ceux-ci ne craignirent pas de s'aventurer dans des domaines jusque-là réservés aux hommes de science. Leur activité contribua à promouvoir une nouvelle conception de la psychiatrie et favorisa de nouveaux développements de la psychanalyse. Des poètes et des rêveurs avaient ainsi fait reculer le triomphalisme de la raison.

2. Le réel et le surréel

Les exigences de leur démarche, autant que les circonstances, les conduisant à privilégier l'action, les surréalistes ont su éviter les dangers d'un romantisme mystique, à l'écart de la réalité, qui les aurait fait sombrer dans le nihilisme du désespoir. Aussi le rêve ne fut-il pas envisagé comme un refuge, au-delà des limites d'un monde inapte à satisfaire l'individu ; il fut toujours l'aiguillon qui décide celui-ci non pas à se résigner aux conditions qui lui sont faites, mais à tenter de les dépasser de toute sa force reconquise.

Ni contemplation ni fuite hors du réel, le surréalisme, dans le même mouvement qu'il s'attache à explorer les profondeurs subjectives, se tourne vers le monde extérieur — moins pour le reconnaître tel qu'il est, que pour le recréer selon les lois du désir.

Nécessité naturelle et nécessité humaine

La prise en compte de la réalité extérieure à l'individu n'existait pas, toutefois, à l'origine du mouvement. Celle-ci avait d'abord été niée, au profit du monde que les surréalistes découvraient en eux-mêmes et qu'ils voulaient explorer systématiquement. Une telle position est clairement exprimée, par Breton, dans la conclusion du *Manifeste* de 1924 :

S Le surréalisme, tel que je l'envisage, déclare assez notre *non-conformisme* absolu pour qu'il ne puisse être question de le traduire, au procès du monde réel, comme témoin à décharge. Il ne saurait, au contraire, justifier que de l'état complet de distraction auquel nous espérons bien parvenir ici-bas. La distraction de la femme chez Kant, la distraction « des raisins » chez Pasteur, la distraction des véhicules chez Curie, sont à cet égard profondément symptomatiques. Ce monde n'est que très relativement à la mesure de la pensée et les incidents de ce genre ne sont que les épisodes jusqu'ici les plus marquants d'une guerre d'indépendance à laquelle je me fais gloire de participer. Le surréalisme est le « rayon invisible » qui nous permettra un jour de l'emporter sur nos adversaires. « Tu ne trembles plus, carcasse. » Cet été les roses sont bleues ; le bois c'est du verre. La terre drapée dans sa verdure me fait aussi peu d'effet qu'un revenant. C'est vivre et cesser de vivre qui sont des solutions imaginaires. L'existence est ailleurs.

135/ A. BRETON, *Manifeste du surréalisme,* dans *Manifestes...,* Gallimard, « Idées », pp. 63-64.

L'individualisme révolutionnaire aboutit assez vite à un échec (voir « L'action ») et, dans un second temps, la démarche surréaliste cessa d'ignorer les formes du monde physique, ne serait-ce que pour envisager de les modifier. L'adhésion au marxisme marque l'aboutissement de ce retour au concret : la position idéaliste est abandonnée au profit du matérialisme dialectique, en même temps que les surréalistes s'engagent dans la voie de l'action politique.

André Breton ne pouvait plus nier la réalité du monde extérieur. Il s'en explique dans *Les Vases communicants :*

S   Ce monde extérieur, pour moi tout voilé qu'il fût, n'était pas brouillé avec le soleil. Ce monde, je savais qu'il existait en dehors de moi, je n'avais pas cessé de lui faire confiance. Il n'était pas pour moi, comme pour Fichte, le non-moi créé par mon moi. Dans la mesure où je m'effaçais sur le passage des automobiles, où je ne me permettais pas de vérifier, aux dépens de qui bon me semblait, fût-ce de moi-même, le bon fonctionnement d'une arme à feu, j'en allais même, à ce monde, de mon plus beau coup de chapeau.

136/ A. BRETON, *Les Vases communicants,* Gallimard, « Idées », p. 125.

Les exemples choisis par Breton, dans ce texte, traduisent encore une vision assez étroite du monde extérieur. Cela ne signifie nullement, pourtant, que le surréalisme n'allait pas faire sienne la théorie marxiste de la connaissance, fondée sur ce postulat que les idées ne sont que le reflet, dans la conscience, des faits matériels. René Crevel s'est montré le meilleur interprète de cette adhésion :

S Le pont des reflets est le contraire même de cette lourde escroquerie qui, de l'expérience, prétend remonter à la métaphysique. Aussi les plus actuels des philosophes scientifiques se sont-ils élevés contre une telle malhonnêteté. Parmi eux, tout particulièrement, Rudolf Carnap, de l'école de Vienne, a étudié *La Science et la Métaphysique devant l'analyse logique du langage.* Il n'attendit point l'avènement de Hitler pour régler leur compte au futur nazi Martin Heidegger et à son « néant qui néante » (du verbe néanter, en allemand : *nichten*).

Du primat de la matière formulé par les plus grands esprits du dix-neuvième siècle se déduit la nécessité pour l'homme de confronter et de reconfronter sans cesse ses idées à son univers. Selon Marx et Engels, les notions étaient les reflets des choses en nous. Cette définition n'a rien perdu de sa valeur, de son actualité et c'est avec on ne peut plus d'à-propos que, naguère, Jean Perrin énonçait cette vérité qui ne vaut pas seulement pour la science particulière dont il est un des maîtres incontestés : « Tout concept, écrivait-il, finit par perdre son utilité, sa signification même, quand il s'écarte de plus en plus des conditions expérimentales où il a été formulé. »

Un individu vaut ce que vaut son expérience, j'entends une expérience dont les plus lointains échos développent, approfondissent les bruits immédiats, à la fois leur prétexte et leur preuve. Qu'il n'y ait plus accord, réciprocité entre ces échos et ces bruits, dans le déchirement de son intelligence, dans les dilemmes qui lui interdisent d'agir, l'homme devra reconnaître les termes de ses plus intimes contradictions. Et ces contradictions, il importe qu'il s'en dégage, non certes pour aller s'oublier dans les bosquets des romances trop parfumées, s'égarer dans les glaces de l'abstraction ou bien encore abdiquer, s'abdiquer lui-même, se renier en faveur de l'objet, obstacle qui doit devenir une chance nouvelle, servir de tremplin pour un bond en avant.

137/ R. CREVEL, « Au carrefour de l'amour, la poésie, la science et la révolution » (1935) dans *L'Esprit contre la raison,* Tchou, pp. 136-137.

Dans cet article, écrit au moment où il s'éloignait des surréalistes pour se consacrer exclusivement à l'action politique, Crevel exprime la position marxiste la plus orthodoxe. Au sein du groupe surréaliste, si l'on ne voulut pas tout de suite remettre cette thèse en question, du moins chercha-t-on à lui donner un contenu plus vaste qui tiendrait compte de ses recherches spécifiques.

Déjà, dans *Le Paysan de Paris,* Aragon avait accordé à l'image un rôle primordial dans le procès de la connaissance :

S   Ce métal précieux que j'ai cherché, qui est le seul bien désirable, qui est le seul devenir de ma pensée, que je le considère dans ma main, que je puisse en fixer la trace avant qu'il ait fui, ce métal, je le reconnais. J'ai déjà eu de tout parfois ce reflet dans une coupe. J'ai bu ce champagne idéal. Sans prendre conscience de la marche de mon esprit, sans en passer par ce détour méditatif, ces retours, ces dénouements. Du plus rapide apercevoir une apparition se levait. Je ne me sentais pas responsable de ce fantastique où je vivais. Le fantastique ou le merveilleux. C'est dans cette zone que ma connaissance était proprement la notion. J'y accédais par un escalier dérobé, l'image. La recherche abstraite me l'a fait tenir pour une illusion grossière, et voici qu'à son terme la notion, dans sa forme concrète, avec son trésor de particularités, ne me semble plus en rien différente de ce mode méprisé de la connaissance, l'image, qui est la connaissance poétique, et les formes vulgaires de la connaissance ne sont, sous le prétexte de la science ou de la logique, que les étapes conscientes que brûle merveilleusement l'image, le buisson ardent.

Je sais ce qu'une telle conception choque, et l'objection qu'elle comporte. Un certain sentiment du réel. Pur sentiment. Car où prend-on que le concret soit le réel? N'est-il pas au contraire tout ce qui est hors du réel, le réel n'est-il pas le jugement abstrait, que le concret ne présuppose que dans la dialectique? Et l'image n'a-t-elle pas, en tant que telle, sa réalité qui est son application, sa substitution à la connaissance? Sans doute l'image n'est-elle pas le concret, mais la conscience possible, la plus grande conscience possible du concret.

138/ L. Aragon, *Le Paysan de Paris,* Gallimard, pp. 245-246.

Après s'être révoltés contre le réel, les surréalistes y sont revenus, enrichis de leurs découvertes. Seulement, le surréel n'est plus envisagé comme l'absolu, mais comme une notion corrélative au réel.

Le mode de manifestation du surréel au sein de la réalité n'est autre que le merveilleux. La perception du merveilleux fournit la matière de la plus grande partie des œuvres surréalistes. Cette idée sera développée dans « L'Expression écrite » ; un extrait du livre de Roger Vitrac, *Connaissance de la mort,* en apporte ici une illustration assez éloquente :

S Les métamorphoses sont fréquentes dans les marécages de ce pays. Rien ne s'y oppose. Le voyageur racontera qu'il a vu des lacs plantés d'épées dorées au-dessus desquels volaient des oiseaux mécaniques, personne ne doutera de sa parole. Champs fragiles ! faiblesse naturelle de l'argile et de l'eau dormante ! Là se rencontrent les joueurs de violon sous des arbres équivoques. Les femmes se laissent tromper par les mirages des bourbiers et elles reviennent chargées d'or pour la semaine. Mais, la nuit, cette Sologne perd les reflets du métal. La lune y accomplit sa froide fenaison. Les grenouilles y sont reines, et il y a une relation surnaturelle entre leurs cris et ces grandes aiguilles de cristal qui poussent graduellement aux sommets des églises.

Au matin tout s'unifie dans la rosée. Les canards se baignent. Les bœufs s'acheminent vers les étangs. Ils sont vêtus de robes écarlates à longue traîne. Les bouviers sont heureux dans le sang du travail. Ils poussent de l'aiguillon les bêtes lourdes d'amour et de sommeil. Leurs silhouettes frôlent des statues de brume ; mais les marécages dont le rôle est d'ensevelir les empreintes ne trahissent pas ceux dont les pieds brûlants les ont foulés durant la nuit. Et beaucoup de femmes disparurent ainsi tout entières.

Ces lieux sont hantés. Un cercle de paysans épouvantés les fuient en se signant et en serrant des agneaux dans leurs bras. Seuls les domestiques, qui sont les fortes têtes du pays, y mènent baigner le bétail.

139/ R. VITRAC, *Connaissance de la mort,* Gallimard, 1926, pp. 50-52.

L'importance accordée au merveilleux conduira les surréalistes, quand ils se seront éloignés de la mouvance communiste, à réviser leur mode d'appréhension du monde extérieur dans le sens d'une synthèse entre leurs positions idéalistes initiales et les thèses matérialistes adoptées ensuite. Cette nouvelle orientation se dessine à travers les études de Pierre Mabille consacrées aux miroirs :

S Après que mystiques, mages et artistes surestimant la valeur de l'image eurent pourvu chaque être d'un double, les philosophes eux ont insisté sur le caractère virtuel, immatériel des reflets. Ils avaient enfin la possibilité de se construire à peu de frais un royaume où rien n'importait et où la contemplation descriptive était seule admise. Arguant de la dualité de la chose et de son image, dualité grossière cependant, ils ont fabriqué deux univers dont l'un serait l'apparence de l'autre.

Tantôt les objets tangibles seuls sont dotés d'existence et nos représentations mentales sont regardées comme des reflets sans réalité véritable : ce sont des superstructures faites de fumée. Tantôt au contraire, le monde extérieur est nié au profit des matériaux psychologiques. Entraîné par la logique, on en vient à dire que l'univers expérimental et perceptible n'est qu'un reflet momentané des grandioses et définitives pensées d'un cerveau divin central. Dans toutes ces thèses demeurées simples ou rendues compliquées qui constituent l'ensemble du monument philosophique, on retrouve le problème fondamental du miroir et les conclusions insuffisantes tirées de son usage. On voit reparaître en ces systèmes le conflit transcendé du « moi » et du « soi » qui cherche par tous les moyens à se résoudre.

Ces débats auraient bien peu d'importance s'ils ne contribuaient par de fallacieux raisonnements à accentuer une dualité qui n'est qu'apparente dans le monde et dans l'homme. Ils sont dangereux car ils finissent généralement par ruiner l'espoir. En effet le pays du merveilleux se trouve toujours être situé de l'autre côté du miroir et relégué dans un domaine virtuel. Je dis qu'il est temps de mettre un terme à l'exploitation intolérable qui a été faite des phénomènes de la réflexion optique. Il est urgent de proclamer que Mystère et Merveilleux ne sont pas en dehors mais dans les choses et dans les êtres, les uns et les autres se transformant à chaque instant, unis qu'ils sont par des liens continus.

Derrière la surface plane du lac ne sont pas des peupliers illusoires, mais la vie intense des eaux. Derrière le miroir est le métal avec ses propriétés. Et s'il est possible de comparer notre esprit à ce miroir, le tain en est constitué par la rouge coulée du désir. Dans cet étrange appareil en tout cas, l'altération des images, loin d'être gratuite, marque la première phase de la transformation de l'univers.

140/ P. MABILLE, « Miroirs » (1938), dans *Messages de l'étranger,* Plasma, 1983, pp. 138-139.

Avec cette vision unifiée de la réalité, l'image, la sensation, le désir prennent le pas sur les démarches rationnelles, dans le processus de connaissance.

S'appuyant sur les orientations nouvelles prises par la recherche scientifique, André Breton entend montrer le bien-fondé de l'attitude surréaliste sur ce sujet :

S   On n'en finira jamais avec la sensation. Tous les systèmes rationalistes s'avéreront un jour indéfendables dans la mesure où ils tentent, sinon de la réduire à l'extrême, tout au moins de ne pas la considérer dans ses prétendues outrances. Ces outrances sont, il faut bien le dire, ce qui intéresse au suprême degré le poète. Le combat que se livrent les partisans de la méthode de « résolution », comme on dit en langage scientifique, et les partisans de la méthode d'« invention » n'a jamais été si acharné que de nos jours et tout porte à admettre cependant qu'il demeurera sans issue. Je crois, pour ma part, avoir montré que je ne désespérais pas plus qu'un autre de l'essor d'une pensée qui, indépendamment de tout, se suit elle-même et ne se recommence pas. Mais la vérité m'oblige à dire que cette pensée, abandonnée à son propre fonctionnement, m'a toujours paru exagérément simplifiante ; que, bien loin de me combler, elle a exaspéré en moi le goût de ce qui n'est pas elle, le goût des grands accidents de terrain ou autres qui, au moins momentanément, la mettent en difficulté. Cette attitude, qui est à proprement parler l'attitude *surréaliste* telle qu'elle a toujours été définie, je m'assure qu'elle tend aujourd'hui à être partagée par toutes les catégories de chercheurs. [...] La surprise doit être recherchée pour elle-même, inconditionnellement. Elle n'existe que dans l'intrication en un seul objet du naturel et du surnaturel, que dans l'émotion de tenir et en même temps de sentir s'échapper le ménure-lyre. Le fait de voir la nécessité naturelle s'opposer à la nécessité humaine ou logique, de cesser de tendre éperdument à leur conciliation, de nier en amour la persistance du coup de foudre et dans la vie la continuité parfaite de l'impossible et du possible témoignent de la perte de ce que je tiens pour le seul état de grâce.

141/ A. BRETON, *L'Amour fou,* Gallimard, pp. 95-97.

Ainsi existe-t-il, pour Breton, entre la nécessité naturelle qui régit le monde et la nécessité humaine, une interpénétration étroite par laquelle, souvent, parviennent à se réaliser les tendances profondes de l'individu. Une réconciliation apparaît possible entre l'homme et le monde extérieur, dès lors que celui-ci cesse d'être ressenti comme étranger ou hostile.

Pour parvenir à cette réconciliation, sinon accomplie du moins envisagée, sans doute avait-il été nécessaire que le surréalisme commençât par refuser la réalité du monde. Ce rejet n'était que la première étape dans un mouvement dialectique appelé à se renouveler jusqu'à ce que soit atteint le but ultime : la fusion avec le monde.

Jean-Paul Sartre, quand il critique la démarche surréaliste, ne retient que cette première étape, sans envisager celle qui suit, qui la dépasse en l'intégrant :

Mais la deuxième démarche du surréaliste est pour détruire à son tour l'objectivité. Il s'agit de faire éclater le monde et comme aucune dynamite n'y suffirait, comme d'autre part, une destruction *réelle* de la totalité des existants est impossible, parce qu'elle ferait simplement passer cette totalité d'un état *réel* à un autre état *réel*, on s'efforcera plutôt de désintégrer des objets particuliers, c'est-à-dire d'annuler sur ces objets-témoins la structure même de l'objectivité. C'est une opération qu'on ne peut évidemment pas tenter sur des existants *réels* et déjà donnés avec leur essence indéformable. Aussi produira-t-on des objets imaginaires et construits de telle sorte que leur objectivité se supprime elle-même. Le schéma élémentaire de ce procédé nous est fourni par ces faux morceaux de sucre, que Duchamp taillait en fait dans du marbre et qui se révélaient tout à coup d'un poids inattendu. Le visiteur qui les soupesait devait ressentir, dans une illumination fulgurante et instantanée, la destruction de l'essence objective de sucre par elle-même ; il fallait lui procurer cette déception de tout l'être, ce malaise, ce porte-à-faux que donnent par exemple les farces-attrapes, quand la cuiller fond brusquement dans la tasse à thé, quand le sucre (leurre inverse de celui qu'a construit Duchamp) remonte à la surface et flotte. A la faveur de cette intuition, on espère que le monde entier se découvrira comme une contradiction radicale.

142/ J.-P. Sartre, « Qu'est-ce que la littérature ? », *Situations II,* Gallimard, p. 216.

La volonté négatrice des surréalistes pourrait être illustrée encore par leur pratique de l'humour noir (voir, p. 348, « Le langage »). S'appuyant sur cet exemple, Ferdinand Alquié montre, à l'inverse de Sartre, que la déréalisation mise en œuvre n'est jamais une fin en soi, l'objectif à atteindre demeurant toujours la réconciliation avec le réel :

L'unité, la réconciliation de l'homme avec le réel et avec lui-même sont toujours, en ceci, recherchées : après avoir loué Picasso de ses « expériences de désintégration », Breton tente de définir « ce point où la création artistique, dont le but est d'affirmer l'hostilité qui peut animer le désir de l'être à l'égard du monde externe, aboutit en fait à rendre adéquat à ce désir l'objet extérieur et, par là, à concilier à l'être, dans une certaine mesure, ce monde même ». Mais la réconciliation de l'homme avec le réel et avec soi n'est pas cherchée dans la suprême synthèse qui illuminera la fin des temps, après avoir mis en jeu toutes les médiations rationnelles. Elle n'est pas cherchée dans le travail, conçu comme devant réaliser l'unification suprême de l'homme et de la Nature en retrouvant un sens, et comme une finalité, que seule l'aliénation sociale aurait fait perdre. L'esprit dépasse la raison, et, même en une société sans classes, le travail supposerait effort, limitation à une tâche spécialisée, soumission aux lois de la technique ; il ne comporterait pas, en tout cas, cet élément de ravissement et de plaisir qu'exige la conscience non mystifiée de l'homme. Tout projet méthodique, tout effort, toute raison, toute structure vont donc, pour les surréalistes, rejoindre l'objet, et s'inscrire dans l'extériorité d'un monde que l'homme ne sent pas à sa mesure. Dès lors, la réalité éminente de l'homme suffit à déréaliser ce monde lui-même, dans l'impatiente attente de cette surréalité qui, seule, pourrait combler un désir que révèlent déjà, en sa totalité, les émerveillements insatiables de notre enfance. Le principe de la démarche surréaliste n'est pas la raison hégélienne, ou le travail marxiste : c'est la liberté.

143/ F. ALQUIÉ, *Philosophie du surréalisme*, Flammarion, pp. 114-115.

La crise de l'objet

La reconnaissance de la réalité du monde extérieur ne pouvait se faire sans difficulté. L'abandon de l'idéalisme absolu et l'adhésion au matérialisme dialectique qui marquaient, dans la démarche surréaliste, ce retour au concret devaient conduire, au début des années 30, au sentiment d'une « crise fondamentale de l'objet ».

S Sans préjuger autrement de son cours ultérieur, car il [le surréalisme] fertilise en courant des terres qui sont la surprise même, j'observe et je vous prie de remarquer que sur son dernier passage est en train de se produire une *crise fondamentale de l'« objet »*. C'est essentiellement sur *l'objet* que sont demeurés ouverts ces dernières années les yeux de plus en plus lucides du surréalisme. C'est l'examen très attentif des nombreuses spéculations récentes auxquelles cet *objet* a publiquement donné lieu (objet onirique, objet à fonctionnement symbolique, objet réel et virtuel, objet mobile et muet, objet fantôme, objet trouvé, etc.), c'est cet examen seul qui peut permettre de saisir dans toute sa portée la tentation actuelle du surréalisme. Il est indispensable, pour continuer à comprendre, de centrer sur ce point l'intérêt.

144/ A. BRETON, *Qu'est-ce que le surréalisme ?*, Henriquez, p. 27.

Les objets ne pouvaient être envisagés seulement en raison de leur fonction, de leur utilité pratique. Cela aurait signifié, de la part des surréalistes, qu'ils acceptaient le règne de l'immuable, qu'ils s'inclinaient devant le principe de réalité. Il fallait donc que les objets puissent changer de fonction, qu'ils recèlent des significations latentes, appelant à une autre existence.

Parmi les témoins et commentateurs de l'aventure surréaliste, l'écrivain allemand Walter Benjamin fut l'un des premiers à remarquer cette importance prêtée au canon des objets :

Dans l'amour ésotérique la dame est de tout le plus inessentiel. De même chez Breton. Plus que Nadja elle-même il est proche des objets dont elle est proche. Or quels sont ces objets dont elle est proche ? Pour le surréalisme rien ne peut être plus révélateur que leur canon. Par quoi commencer ? Il peut se vanter d'une surprenante découverte. Il rencontra d'abord les énergies révolutionnaires qui apparaissent dans le « suranné », dans les premières constructions en fer, les premières usines, les plus vieilles photos, les objets qui commencent à mourir, les pianos de salon, les vêtements de plus de cinq ans, les lieux de réunion mondaine lorsqu'ils commencent à passer de mode. Le rapport de ces objets à la révolution, voilà ce que ces auteurs ont mieux compris que personne. Avant ces voyants et ces déchiffreurs de signes personne n'a saisi de quelle manière la misère, non seulement la misère sociale mais tout autant la misère architecturale, la misère de l'intérieur, les objets asservis et asservissants, se transforment en nihilisme révolutionnaire. Pour ne rien dire du *Passage de l'Opéra* d'Aragon, Breton et Nadja sont le couple qui convertit, sinon en action, du moins en expérience révolutionnaire tout ce que nous avons appris au cours de tristes voyages en train (les chemins de fer commencent à vieillir), au cours de maudites après-midi de dimanches dans les quartiers prolétariens des grandes villes, dès le premier regard à travers les fenêtres mouillées de pluie d'un nouvel appartement. Ils font exploser les puissantes forces « atmosphériques » que recèlent ces objets. Imaginent-ils que puisse s'organiser une vie qui à l'instant décisif serait conditionnée par la dernière chanson des rues, par la plus populaire rengaine ? [...]

145/ W. BENJAMIN, « Le surréalisme. Le dernier instantané de l'intelligence européenne » (1929) dans *Mythe et Violence*, Denoël, 1971, pp. 301-302.

Benjamin limite son analyse au seul rapport, établi par les surréalistes, des objets à la révolution. Son texte, il est vrai, date de 1929. A travers cette vision partielle, l'auteur de *Mythe et Violence* a cependant perçu la nouvelle fonction que les surréalistes attribuaient aux objets : celle de révélateurs de la subjectivité, qui échappent au principe de réalité pour se soumettre au principe de plaisir.

Par leur simple présence parfois, par leurs rapports fortuits, les objets proposent donc un réseau de sollicitations dont il semblait déjà à Breton, à l'époque de *Nadja*, « qu'à bien nous interroger, nous trouverions en nous le secret ». Cette interrogation sera poursuivie à partir d'investigations dans diverses directions : les objets trouvés, les objets à fonctionnement symbolique, les recherches expérimentales sur la connaissance irrationnelle de l'objet (voir « L'expression plastique et dynamique »).

Plusieurs séances furent consacrées, dans le groupe, à ces expériences, dont rend compte le dernier numéro du *Surréalisme au service de la Révolution*. Ainsi, le 5 février 1933, l'objet de la recherche fut la boule de cristal des voyantes. Une liste de questions avait été établie :

S *1. Est-elle diurne ou nocturne ? — 2. Est-elle favorable à l'amour ? — 3. Est-elle apte aux métamorphoses ? — 4. Quelle est sa situation spatiale par rapport à l'individu ? — 5. A quelle époque correspond-elle ? — 6. Que se passe-t-il si on la plonge dans l'eau ? — 7. dans le lait ? — 8. dans le vinaigre ? — 9. dans l'urine ? — 10. dans l'alcool ? — 11. dans le mercure ? — 12. A quel élément correspond-elle ? — 13. A quel système philosophique appartient-elle ? — 14. A quelle maladie fait-elle penser ? — 15. Quel est son sexe ? — 16. A quel personnage historique peut-elle être identifiée ? — 17. Comment meurt-elle ? — 18. Avec quoi devrait-elle se rencontrer sur une table de dissection pour que ce soit beau ? — 19. Quels sont les deux objets avec lesquels on aimerait la voir dans un désert ? — 20. A quel endroit d'un corps nu de femme la poseriez-vous ? — 21. et si la femme est endormie ? — 22. et si elle est morte ? — 23. A quel signe du Zodiaque correspond-elle ? — 24. Sur quelle partie d'un fauteuil la poseriez-vous ? — 25. Sur quelle partie*

d'un lit la poseriez-vous ? — 26. A quel délit cor-
respond-elle ?

[Voici, à titre d'exemple, les réponses données par
Roger Caillois et René Crevel :]

III. Roger Caillois. — 1. Nocturne par excellence. — 2. Très favorable. — 3. Apte à toutes
les métamorphoses. — 4. L'homme y est enfermé, il le sait, mais il ignore l'épaisseur de la
paroi. — 5. L'incendie de Persépolis, c'est elle
qui l'alluma. — 6. Elle flotte et roule. — 7. Le
lait devient clair. Enfin il est délivré. Ce n'est
plus du lait, mais de l'eau claire, froide. Je suis
aussi délivré. — 8. Elle fond comme une perle. —
9. L'urine s'exile, la boule est masquée d'un loup
de soie noire, elle a des yeux. — 10. Elle grandit,
c'est un œil noir, l'œil absolu. — 11. La sphère de
cristal et le mercure ont toujours fait l'amour. —
12. L'eau. — 13. Parménide. — 14. L'hypnose
chronique. — 16. Saint-Just. — 17. Elle est la
mort. — 21. Entre les cuisses croisées. — 22. A
la place d'un sein. — 23. La Balance. —
26. Vampirisme.

IV. René Crevel. — 1. Diurne. — 2. Défavo-
rable. — 3. Inapte. — 4. Entre ses sourcils. —
5. xe siècle. — 6. L'eau gèle. — 7. On a un arbre
de sel. — 9. On a un bloc d'ambre. — 11. On a
une mine de platine. — 12. L'eau. — 13. Kan-
tien. — 14. Encéphalite. — 15. Hermaphrodite.
— 16. Velléda. — 17. D'ennui. — 18. Avec une
lampe à esprit de vin allumée. — 19. Avec un
baromètre et un très fin poignard damasquiné. —
20. Entre les seins. — 21. Sous la nuque. —

23. La Vierge. — 25. En équilibre sur le bois de lit à la tête du lit. — 26. Menaces de mort.

146/ Dans *Le Surréalisme A.S.D.L.R.,* n° 6, 15 mai 1933, p. 10.

Arthur Harfaux et Maurice Henry, anciens membres du Grand Jeu passés au groupe surréaliste, après avoir participé à ces recherches, en précisent la méthode utilisée et les résultats qui peuvent être obtenus :

S L'objet ne sera pas choisi. Il est assurément plus tentant de faire porter l'expérience sur un objet jamais vu, et dont on ne connaît ni le nom ni l'usage ; mais tous les objets, sans exception, doivent nous retenir, même la cuiller à manger le potage, même le fixe-chaussette, même l'un d'entre nous, capable de se transformer tout à coup en un enchevêtrement de tuyaux d'arrosage. Les considérations poétiques, sentimentales, symboliques seront écartées sans pitié. Il n'y a pas lieu, en particulier, d'éviter les objets à signification symbolique évidente, tels qu'un cigare, par exemple, ou un verre : il suffira d'oublier, en répondant aux questions, cette signification, de la même façon qu'on oubliera l'usage habituel du cigare et du verre.

Les questions seront posées au fur et à mesure de la marche de l'expérience, par les assistants, à tour de rôle, afin que les réponses puissent jaillir spontanément à la lumière d'éclair de la surprise. Aucune discussion ne sera tolérée : l'abstention sera admise. On saura simplement que sera mauvaise toute question impliquant, pour sa solution, le moindre degré d'attention autre que celui nécessaire au contact avec l'objet et à la compréhension de ce que l'on demande.

Les réponses ne seront lues et comparées qu'à la fin du jeu. Elles seront courtes, dépouillées, et écrites immédiatement, sous le choc de la conviction profonde. Dans la mesure du possible il serait souhaitable de noter, avec la plus grande impudeur, à la suite de la réponse, les images et associations d'idées fulgurantes qui auront présidé à l'élaboration de celle-ci ou en auront été la conséquence. Cela nous semble très important. Le processus de la pensée, au moment de la réponse, comporte trois étapes : la *perception* de l'objet donne naissance à une *hallucination* qui engendre elle-même l'*expression*. Le lien qui existe entre ces trois phénomènes peut être plus ou moins saisissable. Dans l'étude des résultats on cherchera à le préciser ; il peut n'exister avec évidence qu'entre deux des termes : perception-hallucination, perception-expression ou hallucination-expression. Les réponses individuelles les plus intéressantes seront, à coup sûr, celles où le lien existera clairement entre les trois phénomènes, et, à la limite — à condition qu'un même voile éclatant s'abatte sur les participants —, celles où le fait sera commun à tous ceux-ci.

147/ A. Harfaux et M. Henry, « A propos de l'expérience portant sur la connaissance irrationnelle des objets », dans *Le Surréalisme A.S.D.L.R.,* n° 6, 15 mai 1933, pp. 23-24.

Dans leur principe, ces expériences s'apparentent à l'activité ludique dont la pratique fut permanente au sein du groupe. Si les jeux se montraient propres à resserrer les liens qui unissaient les surréalistes, s'ils contribuaient à dépasser l'antinomie « entre le sérieux et le non-sérieux », leur apport n'était pas non plus négligeable au plan de la connaissance. Le surréaliste égyptien Georges Henein a bien su saisir en quoi cette activité participait du principe de « réveil du réel ».

S   On écrit comme on marche, comme on souffre, comme on se bat. Un des aspects les plus importants du surréalisme réside dans sa prédilection pour les « objets trouvés ».

J'ai assez bien connu André Breton pour pouvoir assurer que cette prédilection ne relève pas d'un caprice passager, d'un souci de distraction. Il y va ici de bien autre chose. Il y va de l'idée que le surréalisme se fait du monde, ce dernier étant assimilé à une énorme cachette où le plus urgent n'est pas de fabriquer des œuvres, mais de découvrir ce qui existe déjà, de faire crépiter les diamants enfouis dans l'herbe ou souillés par la poussière des routes. Sur ce même principe de réveil du réel, reposent les jeux surréalistes auxquels on aurait grand tort de n'accorder qu'un intérêt épisodique, car ils ont eu sur les réflexes littéraires de l'époque une incidence non négligeable.

Nul mieux qu'Éluard n'a donné force à cette évidence — n'a vécu cette évidence — que poésie et réalité sont indémêlables, tout comme le poète est logé à jamais dans l'homme — humble veilleuse des désespérés, lampe-tempête des contrebandiers du rêve, balise du navigateur perdu parmi les écueils. Aujourd'hui qu'un certain recul nous est donné pour juger et situer le surréalisme, nous pouvons sans peine ramener la plupart de ses aspirations — sa passion du jeu, son goût de la trouvaille, de la surprise, de l'émerveillement perpétuel, son défi permanent à l'odieuse sagesse des esprits prudents et des gens avisés —, nous pouvons ramener tout ce tumulte exalté à un rameau central que je dénommerai « la volonté d'enfance ».

148/ G. HENEIN, « La voix du poète a tout chanté de l'homme hormis l'indifférence » (s.d.), dans *Deux effigies*, Puyraimond, Genève, 1978, pp. 102-103.

Les premiers jeux — jeux de mots, ou mots de jeux, comme les appelle Sarane Alexandrian — devaient surtout inciter les participants à user sans préméditation du langage, afin de rendre aux mots leurs infinies possibilités. Ainsi en était-il avec les cadavres exquis et les combats de mots. D'autres jeux devaient ensuite déplacer l'intérêt du signifiant vers le signifié, à l'exemple du jeu des définitions présenté la première fois dans *La Révolution surréaliste* sous le titre : « Le dialogue en 1928 ». Deux participants sont demandés, l'un pour interroger, l'autre pour répondre qui ignore la question. Naissent ainsi de curieux dialogues où se multiplient les « coïncidences merveilleuses ».

S   RAYMOND QUENEAU ET MARCEL NOLL

N. Qu'est-ce que Benjamin Péret ?
Q. Une ménagerie révoltée, une jungle, la liberté.

Q. Qu'est-ce qu'André Breton ?
N. Un alliage d'humour et de sens du désastre ; quelque chose comme un chapeau haut de forme.

N. Qu'est-ce qu'un parapluie ?
Q. L'appareil de reproduction chez les gastéro-
podes.

N. Qu'est-ce qu'une sphère ?
Q. Substance analogue au soufre.

ARAGON ET MARCEL NOLL

N. Qu'est-ce que la peur ?
A. Jouer son va-tout sur une place déserte.

N. Qu'est-ce que la catastrophe ?
A. Le pène des rencontres.

N. Qu'est-ce que la fourrure ?
A. L'oiseau-mouche qui se souviendrait du
déluge, en jouant avec l'ombre des poissons.

N. Qu'est-ce que le feu ?
A. Les décalcomanies automatiques.

A. Qu'est-ce qu'un rastaquouère ?
N. Un atterrissage mouvementé.

N. Qu'est-ce que la fatigue ?
A. La cruauté négative, la jungle abstraite des
retraits.

149/ « Le dialogue en 1928 », dans *La Révolution surréaliste,* n° 11, 15 mars 1928, p. 7.

Ces rapprochements inattendus, provoqués par le

jeu, relèvent de la pensée analogique. Cette proximité entre l'activité surréaliste et la pensée traditionnelle, Philippe Audoin la met en évidence dans son intervention au colloque de Cerisy :

Il semble que, dans l'obscurité des réactions mentales intéressées à cette opération, tentent de s'élaborer deux structures homologues qui permettent seules au courant de passer entre ces objets qui seraient sans commune mesure si l'on s'en tenait à leurs qualités sensibles les plus évidentes. Assurément cette primauté de l'image ainsi conçue, cette façon de comprendre la poésie, n'est pas sans relation avec ce que l'on devrait appeler la pensée *traditionnelle,* plutôt qu'occultiste ; celle-ci, en effet, fonde tous ses exposés, tous ses raisonnements, et même l'essentiel de sa démarche sur le principe de l'analogie. Et l'analogie est, dans le surréalisme, un élément fondamental. Il n'a garde pour autant de se rattacher au passé, bien qu'il y trouve ainsi plus d'un répondant. Disons que dans la mesure où il s'oppose, en tant qu'essai de méthode, en tant que *pas risqué,* à la pensée discursive, descriptive, comparative que nous utilisons sans doute à bon endroit mais à laquelle nous n'avons que trop tendance à nous tenir, et qui, asservie à un projet d'efficacité immédiate ou différée, paraît s'arrêter *en deçà* des objets dont elle s'approche, le surréalisme se propose d'atteindre à quelque *au-delà* des objets — ou du moins à leur plus extrême *proximité.* En ceci il est *absolument moderne* tout en tournant le dos à son temps. On trouverait dans tous les jeux surréalistes des illustrations à ce que j'envisage ici touchant la pensée analogique et son choix comme mode électif de cheminement, de création, d'expression.

150/ PH. AUDOIN, « Le surréalisme et le jeu », dans *Entretiens sur le surréalisme,* Mouton, 1978, pp. 264-265.

Se référant aux travaux de Johan Huizinga sur l'activité ludique humaine, Breton avait reconnu dans le jeu cette affirmation d'un « caractère supra-logique de notre situation dans le cosmos ». Un tel caractère ne peut être appréhendé que par le mode de pensée analogique, dont rend compte la théorie des correspondances. Breton avait fait sienne cette théorie, dont un des derniers jeux pratiqués par les surréalistes, le jeu de « l'un dans l'autre », lui semblait apporter la meilleure illustration :

S   La théorie des correspondances, qui constitue la base de l'occultisme, est, selon Robert Amadou[1], « la théorie selon laquelle tout objet appartient à un ensemble unique et possède avec tout autre élément de cet ensemble des rapports nécessaires, intentionnels, non temporels et non spatiaux ». Cette définition *tient,* à condition qu'on l'ampute de ses six derniers mots, qui me sont quant à moi inintelligibles et que, du reste, désavoue formellement notre ami René Alleau, désigné dans l'avant-propos de l'ouvrage comme le principal conseiller de l'auteur. Nous en resterons donc à « nécessaires ».

    La brève illumination qui, au bout de quelques mois, allait donner essor au jeu de « l'un dans l'autre » et nous mettre en possession de la certi-

1. *L'Occultisme,* Julliard édit., 1950.

tude capitale qui me semble en découler me fut donnée vers mars dernier au café de la place Blanche un soir qu'entre mes amis et moi la discussion portait, une fois de plus, sur l'analogie. En quête d'un exemple pour faire valoir ce que je défendais, j'en vins à dire que le *lion* pouvait être aisément décrit à partir de l'*allumette* que je m'apprêtais à frotter. Il m'apparut en effet, sur-le-champ, que la flamme en puissance dans l'allumette « donnerait » en pareil cas la crinière et qu'il suffirait, à partir de là, de très peu de mots tendant à différencier, à particulariser l'allumette pour mettre le lion sur pieds. Le lion est *dans* l'allumette, de même que l'allumette est *dans* le lion.

151/ A. Breton, « L'un dans l'autre » (1954), dans *Perspective cavalière*, Gallimard, 1967, pp. 52-53.

Aux lois de la causalité et au principe de non-contradiction, les surréalistes ont substitué les lois de l'universelle participation et le principe d'analogie. Ayant fait leurs ces données de la pensée traditionnelle, ils pouvaient accepter la démarche d'un Malcolm de Chazal qui aboutissait à une connaissance immédiate du monde :

A force de fixer un objet, on n'en voit plus la couleur, ni les contours, ni le dessin, ni le lieu, ni le temps où il plonge, car l'objet *devient* nous : nous *sommes* l'objet. La concentration d'esprit sur une chose nous fait *entrer* en elle. Au-delà d'une certaine puissance de concentration, nous envoûterions non seulement les hommes mais les objets. La superconcentration de l'esprit du pendu sur la corde qui le pend y laisse, à la seconde même de chute, une imprégnation de son âme, genre de résidu spirituel. D'où le pouvoir de sortilège qu'on accorde à un bout de corde de pendu, sortilège qui, loin d'être un mythe, est une vérité vivante, devinée par instinct par les gens du peuple, bien avant que les occultistes scientifiques n'en aient photographié les effluves.

152/ M. DE CHAZAL, *Sens-Plastique,* Gallimard, 1945, p. 150.

Dans la postface à son livre, Chazal explique comment il a pu parvenir à de tels résultats :

Le progrès décisif ne se produisit que lorsque je me mis à analyser le visage humain en profondeur. Immédiatement, je perçus que toutes les parties de la face se raccordaient, s'emboîtaient, étaient interliées et indissociables les unes des autres. Par bonds intuitifs, je vis bientôt qu'il était relativement facile de « faire pont » entre les traits, pourvu qu'on vît le visage humain *en soi* comme sur un écran intérieur, l'essentiel étant non pas d'observer les hommes, mais de contempler l'universel humain en soi, et de rapprocher les traits du visage, par association de deux traits à la fois, pour en extraire l'essence, comme d'une orange qu'on presse pour en extraire le jus, ou comme d'un caoutchouc qu'on comprime et relâche pour en connaître la qualité.

L'impressionnisme littéraire divisionniste avait désormais vu le jour. Cette pression exercée sur les traits, ce « caoutchoutement » de la face était obtenu au moyen de la sensation utilisée en doses massives aux fins de recherche des vérités éternelles de la face, que l'œil physique ne saurait à lui seul découvrir, mais que l'observation intérieure met en pleine lumière aux yeux de l'esprit.

153/ M. DE CHAZAL, *ibid.*, pp. 312-313.

Pour André Breton, cette connaissance sensible, immédiate, n'est pas dissociable de la « beauté convulsive » : « Une telle beauté ne pourra se dégager que du sentiment poignant de la chose révélée, que de la certitude intégrale procurée par l'irruption d'une solution qui, en raison de sa nature même, ne pouvait nous parvenir par des voies logiques ordinaires. » Aussi peut-il proclamer la royauté sensible de certains objets, tels le cristal ou les coraux. La crise de l'objet est désormais surmontée :

S Cette royauté sensible qui s'étend sur tous les domaines de mon esprit et qui tient ainsi dans une gerbe de rayons à portée de la main n'est, je crois, partagée pleinement de temps à autre que par les bouquets absolus offerts du fond des mers par les alcyonaires, les madrépores. L'inanimé touche ici de si près l'animé que l'imagination est libre de se jouer à l'infini sur ces formes d'apparence toute minérale, de reproduire à leur sujet la démarche qui consiste à reconnaître un nid, une grappe retirés d'une fontaine pétrifiante. Après les tours de châteaux aux trois quarts effondrés, les tours de cristal de roche à la cime céleste et aux pieds de brouillard, d'une fenêtre desquelles, bleus et dorés, tombent les cheveux de Vénus, après ces tours, dis-je, tout le jardin : les résédas géants, les aubépines dont la tige, les feuilles, les épines sont de la substance même des fleurs, les éventails de givre. Si le lieu même où la « figure »

— au sens hégélien de mécanisme matériel de l'individualité — par-delà le magnétisme atteint sa réalité est par excellence le cristal, le lieu où elle perd idéalement cette réalité toute-puissante est à mes yeux les coraux, pour peu que je les réintègre comme il se doit à la vie, dans l'éclatant miroitement de la mer. La vie, dans la constance de son processus de formation et de destruction, ne me semble pour l'œil humain pouvoir être concrètement mieux enclose qu'entre les haies de mésanges bleues de l'aragonite et le pont de trésors de la « grande barrière » australienne.

154/ A. BRETON, *L'Amour fou,* Gallimard, pp. 14-15.

« Le monde est un cryptogramme » (Breton)

Les surréalistes ont donc d'abord nié la réalité extérieure, puis ils ont souhaité la transformer. En chemin, ils se sont attachés à la réinterpréter. Leur attitude face au monde, de plus en plus, a été dictée par le sentiment de l'analogie.

La quête surréaliste, au plan de la connaissance, consiste alors à rechercher les affinités entre les objets, entre les êtres, entre les êtres et les objets. Il s'agit de demeurer disponible pour capter les signaux du mystère, pour attendre, voire pour favoriser la trouvaille ou la rencontre.

Au sein de cet univers d'objets, où se meuvent Breton et ses amis, se situe le plus rêvé des objets, Paris, la ville où tout peut devenir possible. Chacun des surréalistes a évoqué un jour ces interminables promenades dans la ville, en quête de quelque Toison d'or. Ainsi, dans *Le Paysan de Paris,* Aragon évoque-t-il cette traversée de la capitale qui, avec Breton et

Marcel Noll, le conduisit aux Buttes-Chaumont :

S Certains mots entraînent avec eux des représentations qui dépassent la représentation physique. Les Buttes-Chaumont levaient en nous un mirage, avec le tangible de ces phénomènes, un mirage commun sur lequel nous nous sentions tous trois la même prise. Toute noirceur se dissipait, sous un espoir immense et naïf. Enfin, nous allions détruire l'ennui, devant nous s'ouvrait une chasse miraculeuse, un terrain d'expériences, où il n'était pas possible que nous n'eussions mille surprises, et qui sait ? une grande révélation qui transformerait la vie et le destin. C'est un signe de cette époque que ces trois jeunes gens tout d'abord imaginent, et rien d'autre, une telle figure d'un lieu. Le romanesque a pour eux le pas sur tout attrait de ce parc, qui pendant une demi-heure sera pour eux la Mésopotamie. Cette grande oasis dans un quartier populaire, une zone louche où règne un fameux jour d'assassinats, cette aire folle née dans la tête d'un architecte du conflit de Jean-Jacques Rousseau et des conditions économiques de l'existence parisienne, pour les trois promeneurs c'est une éprouvette de la chimie humaine où les précipités ont la parole, et des yeux d'une étrange couleur. S'ils supposent avec exaltation que les Buttes peuvent rester ouvertes la nuit, ils n'y espèrent pas une retraite, la solitude, mais au moins la retraite de tout un monde aventureux, que le singulier désir de venir dans cette ombre a trié et groupé, selon une ressemblance cachée, à la pointe du mystère.

155/ L. ARAGON, *Le Paysan de Paris,* Gallimard, pp. 163-164.

Ici, Aragon décrit moins la rencontre que son attente, ou que le mirage qu'elle provoque. Dans *Nadja*, Breton, lui, s'attache davantage à faire découvrir les « rapprochements soudains », les « pétrifiantes coïncidences » :

S Il s'agit de faits de valeur intrinsèque sans doute peu contrôlable mais qui, par leur caractère absolument inattendu, violemment incident, et le genre d'associations d'idées suspectes qu'ils éveillent, une façon de vous faire passer du fil de la Vierge à la toile d'araignée, c'est-à-dire à la chose qui serait au monde la plus scintillante et la plus gracieuse, n'était au coin, ou dans les parages, l'araignée ; il s'agit de faits qui, fussent-ils de l'ordre de la constatation pure, présentent chaque fois toutes les apparences d'un signal, sans qu'on puisse dire au juste de quel signal, qui font qu'en pleine solitude, je me découvre d'invraisemblables complicités, qui me convainquent de mon illusion toutes les fois que je me crois seul à la barre du navire.

156/ A. BRETON, *Nadja* (1928), Gallimard, 1928, p. 20.

Les signaux de l'inconnu sont devenus inquiétants. Après avoir rencontré Nadja, Breton n'est plus que le « témoin-hagard » et les coïncidences demeurent mystérieuses. C'est plus tard, à l'époque de *L'Amour fou*, qu'il parviendra à les comprendre, par la notion de hasard objectif.

S   Du fait que, philosophiquement, le hasard objectif (qui n'est rien autre que le lieu géométrique de ces coïncidences) me paraissait constituer le nœud de ce qui était pour moi *le problème des problèmes*. Il s'agissait de l'élucidation des rapports qui existent entre la « nécessité naturelle » et la « nécessité humaine », corrélativement entre la nécessité et la liberté. Je ne vois pas le moyen d'en parler en termes moins abstraits ; ce problème ne peut guère se poser qu'ainsi : d'où vient qu'il arrive que se rencontrent au point de se confondre — à vrai dire rarement — des phénomènes que l'esprit humain ne peut rapporter qu'à des séries causales indépendantes, d'où vient que la lueur qui résulte de cette fusion soit si vive, quoique si éphémère ? Seule l'ignorance a pu faire induire que ce sont là des préoccupations d'ordre mystique. Si l'on songe qu'Engels lui-même a pu dire : « La causalité ne peut être comprise qu'en liaison avec la catégorie du hasard objectif, forme de manifestation de la nécessité », autant vouloir faire passer Engels, lui aussi, pour mystique. Qui souhaiterait se faire une idée moins abrupte de la question pourrait, je crois, consulter mes préliminaires à l'enquête qu'en 1933, Éluard et moi avons ouverte dans *Minotaure*. Elle se formule ainsi : « Pouvez-vous dire quelle a été la rencontre capitale de votre vie ? — Jusqu'à quel point cette rencontre vous a-t-elle donné l'impression du fortuit, du nécessaire ?... » On a fait un succès rétrospectif à d'autres enquêtes parties du surréalisme : « Pourquoi écrivez-vous ? » — « Le suicide est-il une solution ? » — « Que faites-vous lorsque vous êtes seul ? » (intéressant de noter qu'à cette dernière, personne n'a répondu) mais c'est, de loin, l'enquête sur la rencontre qui m'a tenu le plus à cœur.

157/ A. BRETON, *Entretiens,* Gallimard, « Idées », pp. 140-141.

Rendant compte de l'émergence du merveilleux dans le quotidien, la théorie du hasard objectif structure la vision surréaliste du monde, lui apporte sa cohérence.

Alain Jouffroy, dans un article écrit en hommage à Breton après sa mort, met l'accent sur l'importance de cette découverte.

S   La théorie du hasard objectif, telle que Breton l'a formulée, n'a jamais été pour moi qu'une incitation géniale à la recherche dans le domaine de la correspondance entre les mots et les choses. A partir de cette théorie, il s'agit de comprendre, il s'agit de voir où et avec qui l'on vit, dans quel monde, et comment l'aventure individuelle s'y dessine, selon quelles lois écrites ou à écrire elle chemine de rencontre en rencontre dans la société. L'amour, l'amitié ne sont pas seulement des sentiments : ils font exister, derrière eux, en eux, quelque chose qui ressemble au mécanisme d'une formidable horloge, une horloge qui n'indiquerait pas seulement la chronologie, mais la forme même, la forme peut-être indéchiffrable parce qu'extérieure à nous, de cet ensemble unique que chacun de nous constitue du dedans avec le monde qui l'entoure. André Breton a toujours veillé à ce que tout soit entrepris pour que la découverte de ce mécanisme, s'il existe réellement, ait lieu. Nous en sommes peut-être encore loin. Peut-être aussi en sommes-nous beaucoup plus proches que nous ne l'imaginons.

158/ A. JOUFFROY, « La Fin des alternances », dans *N.R.F.*, n⁰ 172, 1ᵉʳ avril 1967, pp. 656-657.

Pour définir le hasard objectif, en 1952, Breton se réfère encore au matérialisme dialectique et à l'analyse freudienne de l'inconscient, deux systèmes de pensée fondés sur la logique. Cette théorie, pourtant, renvoie à un mode de pensée plus analogique que logique. Le matérialisme dialectique et la démarche analogique sont-ils conciliables ? Gérard Legrand s'essaiera à répondre positivement (voir « La synthèse des contradictions ».) Notre propos n'est pas ici de trancher, mais simplement de poser le problème.

Dans les manifestations du hasard objectif — comme dans la pratique de l'écriture automatique — l'imagination désirante découvre sa liaison étroite avec la nécessité extérieure. Chacun de nous, du dedans, constitue un ensemble unique avec ce qui l'environne. « Le monde est un cryptogramme qui demande à être déchiffré », écrit Breton. L'homme peut prétendre au rôle de décrypteur parce qu'il est le microcosme au sein du macrocosme. De toutes les philosophies, la pensée traditionnelle, qui entend témoigner de l'union de la matière et de l'esprit, paraît bien celle dont l'accord avec le surréalisme présente le moins de difficulté.

Les sciences traditionnelles — et l'alchimie particulièrement — ont toujours suscité, de la part de Breton et de ses amis, beaucoup plus qu'une curiosité intellectuelle. Le *Second Manifeste* était, sur ce point, tout à fait explicite.

S Alchimie du verbe : ces mots qu'on va répétant un peu au hasard aujourd'hui demandent à être pris au pied de la lettre. Si le chapitre d'*Une saison en enfer* qu'ils désignent ne justifie peut-être pas toute leur ambition, il n'en est pas moins vrai qu'il peut être tenu le plus authentiquement pour l'amorce de l'activité difficile qu'aujourd'hui seul le surréalisme poursuit. Il y aurait de notre part quelque enfantillage littéraire à prétendre que nous ne devons pas tant à cet illustre texte. L'admirable XIVe siècle est-il moins grand dans le sens de l'espoir (et, bien entendu, du désespoir) humain, parce qu'un homme du génie de Flamel reçut d'une puissance mystérieuse le manuscrit, qui existait déjà, du livre d'Abraham Juif, ou parce que les secrets d'Hermès n'avaient pas été complètement perdus ? Je n'en crois rien et j'estime que les recherches de Flamel, avec tout ce qu'elles présentent apparemment de réussite concrète, ne perdent rien à avoir été ainsi aidées et devancées. Tout se passe de même, à notre époque, comme si quelques hommes venaient d'être mis en possession, par des voies surnaturelles, d'un recueil singulier dû à la collaboration de Rimbaud, de Lautréamont et de quelques autres et qu'une voix leur eût dit, comme à Flamel l'ange : « Regardez bien ce livre, vous n'y comprenez rien, ni vous, ni beaucoup d'autres, mais vous y verrez un jour ce que nul n'y saurait voir. » Il ne dépend plus d'eux de se ravir à cette contemplation. Je demande qu'on veuille bien observer que les recherches surréalistes présentent, avec les recherches alchimiques, une remarquable analogie de but : la pierre philosophale n'est rien autre que ce qui devait permettre à l'imagination de l'homme de prendre sur toutes choses une revanche éclatante et nous voici de nouveau, après des siècles de domestication de l'esprit et de résignation folle, à tenter d'affranchir définitivement cette imagination par le *« long, immense, raisonné dérèglement de tous les sens »* et le reste.

159/ A. BRETON, *Second Manifeste du surréalisme* dans *Manifestes...*, Gallimard, « Idées », pp. 134-136.

Entre la « haute-magie » et ce que Breton ne craint pas d'appeler la « haute-poésie », semble exister une profonde unité de préoccupation. Antonin Artaud, dans « Le théâtre alchimique », fait ressentir toute la portée de cette rencontre entre l'illumination poétique et les vérités ancrées dans la Tradition :

Et ce drame essentiel, on le sent parfaitement, existe, et il est à l'image de quelque chose de plus subtil que la Création elle-même, qu'il faut bien se représenter comme le résultat d'une Volonté une — et *sans conflit.*

Il faut croire que le drame essentiel, celui qui était à la base de tous les Grands Mystères, épouse le second temps de la Création, celui de la difficulté et du Double, celui de la matière et de l'épaississement de l'idée.

Il semble bien que là où règnent la simplicité et l'ordre, il ne puisse y avoir de théâtre ni de drame, et le vrai théâtre naît, comme la poésie d'ailleurs, mais par d'autres voies, d'une anarchie qui s'organise, après des luttes philosophiques qui sont le côté passionnant de ces primitives unifications.

Or ces conflits que le Cosmos en ébullition nous offre d'une manière philosophiquement altérée et impure, l'alchimie nous les propose dans toute leur intellectualité rigoureuse, puisqu'elle nous permet de réatteindre au sublime, *mais avec drame*, après un pilonnage minutieux et exacerbé de toute forme insuffisamment affinée, insuffisamment mûre, puisqu'il est dans le principe même de l'alchimie de ne permettre à l'esprit de prendre son élan qu'après être passé par toutes les canalisations, tous les soubassements de la matière existante, et avoir refait ce travail en double dans les limbes incandescents de l'avenir. Car on dirait que pour mériter l'or matériel, l'esprit ait dû d'abord se prouver qu'il était capable de l'autre, et qu'il n'ait gagné celui-ci, qu'il ne l'ait atteint, qu'en y condescendant, en le considérant comme un symbole second de la chute qu'il a dû faire pour retrouver d'une manière solide et opaque, l'expression de la lumière même, de la rareté et de l'irréductibilité.

L'opération théâtrale de faire de l'or, par l'immensité des conflits qu'elle provoque, par le nombre prodigieux de forces qu'elle jette l'une contre l'autre et qu'elle émeut, par cet appel à une sorte de rebrassement essentiel débordant de conséquences et surchargé de spiritualité, évoque finalement à l'esprit une pureté absolue et abstraite, après laquelle il n'y a plus rien, et que l'on pourrait concevoir comme une note unique, une sorte de note limite, happée au vol et qui serait comme la partie organique d'une indescriptible vibration.

160/ A. Artaud, « Le théâtre alchimique » (1932), dans *Le Théâtre et son double*, Gallimard, « Idées », 1972, pp. 75-77.

A travers leur pratique de la poésie, les surréalistes ont retrouvé le sens du Grand Œuvre alchimique, qui est de faire pénétrer l'initié dans les mystères du cosmos. Pour Michel Carrouges, dont l'interprétation du surréalisme, en le rapprochant de la tradition ésotérique, fut parfois jugée par trop personnelle, l'acte poétique se confondrait avec l'opération de la « transmutation » elle-même :

> On sait que le mot poésie [...] ne désigne une fabrication ordinaire que pour ceux qui la réduisent à une joaillerie verbale. Pour ceux qui ont conservé le sens du mystère poétique, la poésie est une « action sacrée ». C'est-à-dire qu'elle excède l'ordinaire échelle humaine de l'action. Comme l'alchimie, elle entend s'associer au mystère de la « création primordiale », c'est-à-dire (cf. Grillot de Givry) accomplir le Grand Œuvre dans le foyer du microcosme.
>
> Cela montre comment, pour les alchimistes, l'opération matérielle de la transmutation prenait une valeur « poétique », magico-sacrée. Mais inversement la poésie moderne n'en est pas moins éclairée. Elle aussi est une entreprise de transmutation, cette fois sur le langage, et ses détracteurs ne savent pas si bien dire quand ils la qualifient d'alchimie. Elle aussi prétend opérer par une transmutation extérieure une métamorphose intérieure. Dans le cas du surréalisme, par la conjonction de l'écriture automatique et du hasard objectif, par les prodromes de la voyance et de la future glorification de l'homme, elle inaugure une tentative de métamorphose de l'homme et de l'univers.
>
> Ainsi l'alchimie est poésie au sens le plus fort

du terme et le surréalisme est vraiment une transmutation alchimique. Par la transmutation de la matière minérale ou verbale, l'un comme l'autre ont pour but la métamorphose de l'homme et du cosmos.

On le voit, sans que nous ayons à examiner pour l'instant si vraiment les méthodes sont adéquates aux fins dernières poursuivies, ces entreprises se situent toutes deux sur le chemin de la récupération des pouvoirs perdus et finalement de la conquête du point suprême.

161/ M. CARROUGES, *André Breton et les données fondamentales du surréalisme*, Gallimard, « Idées », 1971, pp. 84-85.

La démarche cognitive du surréalisme se double bien, comme celle de l'alchimie, d'une volonté de transformer l'homme et l'univers, de rendre à l'homme la place qui lui revient, par la récupération de pouvoirs perdus. L'ambition d'une telle reconquête est sous-jacente à toute l'entreprise surréaliste. On la trouve exprimée sous la plume de Crevel dès 1925 (voir « L'exploration du continent intérieur », p. 178). Elle apparaît en permanence à travers les références nombreuses au mode de perception des primitifs. Breton l'affirme de façon explicite en 1946 au cours de son entretien avec Jean Duché :

S   Le rocher de Sisyphe ? Les surréalistes diffèrent de Camus en ce qu'ils croient qu'un jour ou l'autre il va se fendre, abolissant comme par enchantement la montagne et le supplice : ils inclinent à penser qu'il peut être une manière propice de le rouler... Est-ce assez optimiste, dites-moi !

Ils ne tiennent pas pour incurable la « fracture » observée par Camus entre le monde et l'esprit humain. Ils sont très loin d'admettre que la nature soit hostile à l'homme mais supposent que l'homme, originellement en possession de certaines clefs qui le gardaient en communion étroite avec la nature, les a perdues et, depuis lors, de plus en plus fébrilement s'obstine à en essayer d'autres *qui ne vont pas.*

La connaissance scientifique de la nature ne saurait avoir de prix qu'à la condition que le *contact* avec la nature par les voies poétiques et, j'oserai dire, mythiques puisse être rétabli. Il reste entendu que tout progrès scientifique accompli dans le cadre d'une structure sociale défectueuse ne fait que travailler contre l'homme, que contribuer à aggraver sa condition. C'était là déjà l'opinion de Fontenelle...

162/ A. Breton, *Entretiens,* Gallimard, « Idées », pp. 251-252.

La réminiscence d'un paradis perdu autorise l'homme à ne pas se satisfaire des conditions qui lui sont faites dans ce monde, lui fournit aussi la force suffisante pour chercher à les dépasser.

Au cours de sa recherche des éléments convergents dans le surréalisme et dans la pensée traditionnelle, Michel Carrouges ne pouvait manquer de s'arrêter sur ce thème :

La vie actuelle est grise et misérable, elle n'est plus un paradis et, par contre, elle a un aspect *ruiniforme* caractéristique : nous vivons dans les décombres du paradis. Par là, d'ailleurs, nous retrouvons l'espoir de parvenir au point suprême.

Si nous étions enfermés depuis toujours dans les limites de l'espace et du temps dégénérés, l'on ne voit pas où nous puiserions la force de les dépasser et de nous établir au point et à l'instant supra-mondial. Si au contraire nous y fûmes une fois, d'une certaine manière, même si nous en sommes tombés, peut-être parviendrons-nous à réparer les conséquences de cette catastrophe et à nous réintégrer dans l'état antérieur. Et cela de façon définitive puisque cette fois nous aurons surmonté le vertige et l'épreuve de la chute. S'il y eut chute, il y eut un wonderland antérieur et il y eut passage du temps et du lieu supérieurs au lieu et au temps inférieurs. Il ne resterait plus qu'à renverser le mouvement du destin.

Breton, il est vrai, refuse l'idée de chute dans la méditation liminaire de *Nadja*. Pourtant il est sans cesse drossé, pour ainsi dire, contre les rivages de ce mythe, par le courant de sa pensée. Dès lors, en effet, que l'homme prend conscience que sa situation terrestre est misérable et se propose la « récupération » d'un monde de merveille, il est évident, par définition, qu'à l'origine de l'histoire se place cette catastrophe cosmique qu'on appelle la « chute ». Au fond, il serait probablement plus exact de dire que Breton reconnaît de quelque façon le fait d'une chute primordiale, mais qu'il s'insurge violemment contre l'idée qu'elle puisse être le résultat d'une *faute* de l'homme. Elle serait plutôt le fait d'une défaillance de l'homme devant l'aveugle hostilité du fatum. Le surréalisme entend être une totale reprise de la volonté de victoire contre le fatum.

163/ M. CARROUGES, *André Breton et les données fondamentales du surréalisme*, Gallimard, « Idées », p. 43.

Breton accepte-t-il cette notion de chute originelle, qui appartient aussi à la tradition ésotérique ? Si le surréalisme conserve l'essence de la conscience religieuse, en revanche il rejette toute idée de transcendance, il refuse tout dogme, « tout discours proprement cosmologique », ce qui l'empêche d'adopter tout à fait la vision du réel que proposent les hermétistes.

Pas davantage, selon Ferdinand Alquié, il ne peut totalement se reconnaître dans la conscience primitive :

> Dans le surréalisme, l'appel à la conscience primitive est toujours fonction de ce que la conscience moderne est devenue : il s'agit de désaliéner un esprit perdu dans la seule considération de la réalité objective, et faisant de l'expérience scientifique et technique, qui n'est jamais qu'une de ses expériences possibles, la mesure de toute réalité. Aussi le surréel qui, pour le primitif, se confond avec le réel objectif, apparaît-il ici comme ce qui déréalise un réel quotidien, auquel, cependant, il demeure immanent.

> Mais le surréalisme répugne plus encore à faire de la conscience primitive, rêvante ou délirante, un objet d'étude, une chose. Il sait que l'on ne peut comprendre une conscience qu'en demeurant d'abord fidèle à sa visée : il s'efforce donc, en continuant à s'interroger sur la valeur de ses révélations, de retrouver cette expérience première dont sont nés les mythes, les religions, les croyances. Dès le *Manifeste*, Breton refuse de ramener le rêve « à une parenthèse », oppose la somme de ses moments à la somme des « moments de veille », se demande si le songe de

la dernière nuit ne poursuit pas « celui de la nuit précédente », s'inquiète de savoir si le trouble que l'on éprouve devant certaines femmes n'aurait pas sa source en ce qui rattache ces femmes à notre rêve. Il veut découvrir « la clef de ce couloir »[1], et rien n'indique mieux sa préoccupation que le constant retour, dans son œuvre, du mot « clef » : ainsi les personnages mis en scène au début de *L'Amour fou* détiennent « les clefs des situations »[2], et Breton s'en remet au désir comme au « grand porteur de clefs »[3].

164/ F. ALQUIÉ, *Philosophie du surréalisme*, Flammarion, pp. 202-203.

Privilégiant le désir, « grand porteur de clefs », le surréalisme risquait peut-être de s'interdire l'entrée du monde merveilleux. S'il ôte sa réalité au réel, le désir, pourtant, ne cesse d'y ramener. N'est-ce donc pas cette exaltation du désir — et du même coup de la liberté de l'individu — qui maintient le surréalisme à égale distance du matérialisme et du spiritualisme ?

1. A. BRETON, *Manifeste*, pp. 19-22.
2. *Id.*, *L'Amour fou*, p. 7.
3. *Id.*, *Entretiens*, p. 248.

3. « L'éblouissement et la fureur » (J. Gracq) : la synthèse des contradictoires

« Une seule fraîche respiration » (Tzara)

Avant toute théorie, le surréalisme part de son expérience au monde, de son appréhension de l'univers qu'il veut connaître intimement tout en se situant lui-même afin de procéder à la transformation radicale de l'homme et de la vie, d'un même mouvement.

Ce n'est pas par hasard que les fondateurs de la revue *Littérature* se sont enflammés pour le « Manifeste dada 1918 » de Tristan Tzara, et qu'ils se sont ralliés sincèrement à son mouvement. Aussi jeunes les uns que les autres, ils considéraient avec dégoût le carnage récent auquel conduisaient les idéologies bourgeoises et voulaient redonner à l'existence sa pleine valeur de joie. Forts de l'expérience de la mort, connue de près, ils plaçaient la vie au-dessus de tout. Une vie saisie dans son essence, par-delà les contradictions apparentes. Diastole, systole ; inspiration, expiration : une vie conçue comme un rythme fondamental. Les propos si peu cartésiens de Tzara ne cesseront d'avoir leur écho au sein du surréalisme :

> J'écris ce manifeste pour montrer qu'on peut faire les actions opposées ensemble, dans une seule fraîche respiration ; je suis contre l'action ; pour la continuelle contradiction pour l'affirmation

aussi, je ne suis ni pour ni contre et je n'explique car je hais le bon-sens.

DADA — voilà un mot qui mène les idées à la chasse ; chaque bourgeois est un petit dramaturge, invente des propos différents, au lieu de placer les personnages convenables à la qualité de son intelligence, chrysalides sur les chaises, cherche les causes ou les buts (suivant la méthode psychoanalytique qu'il pratique) pour cimenter son intrigue, histoire qui parle et se définit. ■ Chaque spectateur est un intrigant, s'il cherche à expliquer un mot : (connaître !) Du refuge ouaté des complications serpentines il laisse manipuler ses instincts. De là les malheurs de la vie conjugale.

Expliquer : Amusement des ventrerouges aux moulins de crânes vides.

Dada ne signifie rien. [...]

Ordre = désordre, moi = non-moi, affirmation = négation : rayonnements suprêmes d'un art absolu. Absolu en pureté de chaos cosmique et ordonné, éternel dans la globule seconde sans durée sans respiration sans lumière sans contrôle. ■ J'aime une œuvre ancienne pour sa nouveauté. Il n'y a que le contraste qui nous relie au passé. ■ Les écrivains qui enseignent la morale et discutent ou améliorent la base psychologique, ont, à part un désir caché de gagner, une ridicule connaissance de la vie, qu'ils ont classifiée, partagée, canalisée ; ils s'entêtent à voir danser les catégories lorsqu'ils battent la mesure. Leurs lecteurs ricanent et continuent : à quoi bon ? [...]

Je détruis les tiroirs du cerveau, et ceux de l'organisation sociale ; démoraliser partout et jeter la main du ciel en enfer, les yeux de l'enfer au ciel, rétablir la roue féconde d'un cirque universel dans les puissances réelles et la fantaisie de chaque individu.

165/ T. TZARA, « Manifeste dada 1918 », dans *Dada,* n° 3, décembre 1918, [p. 2].

Cet appel à la vie foisonnante demande une connaissance, sinon une compréhension intime, des autres civilisations, des autres modes d'être. A la prise en compte de l'enfance, de la folie, des puissances de l'imagination, correspond une curiosité, parfois poussée jusqu'à l'investigation scientifique (on pense ici à Michel Leiris), pour les systèmes de pensée non occidentaux. De même qu'au long du surréalisme court un mythe de l'Orient (qui entraînera pratiquement le groupe du Grand Jeu à une conversion aux philosophies de l'Inde), il y a, chez lui, un modèle africain qui, en refusant le terme de primitivisme, se construit sur une vision quelque peu mythique. Tout en ironisant sur l'image du nègre que colporte la littérature coloniale, Crevel ne peut s'empêcher de dresser un tableau paradisiaque de la vie africaine, profondément intégrée à la nature, radicalement opposée au mode de vie européen :

S Heureuses petites négrillonnes nues en plein midi d'Afrique. Donnez-vous-en à cœur joie sur vos matelas d'herbes tropicales, tandis que le prédicant de sa plus belle encre, pour sa vieille marionnette de beau-père, déplore votre précocité sensuelle. Une enfant qui devient femme apprend à détester les villes à rues droites, maisons bien construites, où la vie se passe à ne faire qu'attendre. Cette poitrine où sont deux petits seins, des seins, très petits, mais deux vrais petits seins, personne encore n'a voulu la caresser. Si nous étions en Nègrerie, nul n'ignorerait ces fruits tendres. Des jeunes garçons aux fines jambes se détourneraient pour sourire. L'un d'eux, par hasard rencontré, saurait si bien insister des dents, du regard, qu'un jeune corps tout neuf s'abandonnerait aux exigences des longs doigts noirs. Mains de nègres, vos paumes plus fraîches que grenades ouvertes, quelle tentation pour une jeunesse qui rêve d'amour comme le printemps des fruits. Soient mélangées la saison des lilas et celle des pêches, soient mélangés aussi les continents, l'Europe trop habillée, l'Afrique sans même un pagne. L'enfant qui devient femme tombe amoureuse. [...]

Là-bas, en Afrique, s'écrasent de grosses gouttes chaudes qui ressuscitent les couleurs, redonnent aux plantes grises de fatigue une jeunesse verte-vernie, et font mieux accueillantes aux amours du lendemain, les herbes. Le vieux monde, lui, on a beau l'arroser, plus rien n'y pousse. Villes de fer et cœurs de pierre, tout se construit sans chanson. Autour des bâtisses où n'est pas visible un morceau de bois, dans les squares ossifiés nulle surprise végétale.

166/ R. CREVEL, *Babylone*, Pauvert, pp. 119-120, 123.

Jetant un regard rétrospectif sur le surréalisme, et tentant de le définir pour un public étranger, Breton insiste sur le « souci de poursuivre toutes fenêtres ouvertes sur le dehors » les recherches du mouvement, et montre que la phase théorique ou « raisonnante » a bien succédé à une période « intuitive ». En tout état de cause, il s'agissait, au cours de ces deux périodes, comme par la suite, d'unifier le sujet et l'objet, le monde extérieur et la connaissance intérieure.

S A la limite, et cela depuis des années, exactement depuis qu'a pris fin ce qu'on pourrait appeler l'époque purement *intuitive* du surréalisme (1919-1925) à la limite, dis-je, nous avons tendu à donner la réalité intérieure et la réalité extérieure comme deux éléments en puissance d'unification, en voie de devenir commun. Cette unification finale est le but suprême de l'activité surréaliste : la réalité intérieure et la réalité extérieure étant, dans la société actuelle, en contradiction — nous voyons dans une telle contradiction la cause même du malheur de l'homme mais nous y voyons aussi la source de son mouvement — nous nous sommes assigné pour tâche de mettre en toute occasion ces deux réalités en présence, de refuser en nous la prééminence à l'une sur l'autre, d'agir sur l'une et sur l'autre non *à la fois* car cela supposerait qu'elles sont moins éloignées (et je crois que ceux qui prétendent agir simultanément sur elles ou bien nous trompent ou bien sont l'objet d'une inquiétante illusion), d'agir sur ces deux réalités non à la fois mais tour à tour, d'une manière systématique, qui permette de saisir le jeu de leur attraction et de leur interpénétration réciproques et de donner à ce jeu toute l'extension désirable pour que les deux réalités en contact tendent à se fondre l'une dans l'autre.

167/ A. BRETON, *Qu'est-ce que le surréalisme ?* Henriquez, p. 11.

Une phrase de Breton, dans un article sur le message automatique où il s'oppose au point de vue spirite, résume la pensée de l'ensemble du mouvement (même si certains se montrent hostiles à l'automatisme) : « Le surréalisme ne se propose rien moins que d'unifier cette personnalité » [celle du scripteur]. Unification qui, selon lui, doit s'opérer sur tous les plans, ce qu'il démontre dans un ouvrage comme *Les Vases communicants* (1935), dont le titre est fort symbolique. Il s'agit, dans un premier temps, d'établir la continuité de l'état de veille et du rêve :

S   Ne m'étant pas, jusqu'ici, vraiment spécialisé dans l'étude de la question et estimant que je n'ai pas été mis en possession de documents suffisamment irréfutables pour en trancher, j'adopterai pour ma part, mais seulement à titre d'hypothèse — autrement dit jusqu'à preuve du contraire ou de la possibilité de le concilier dialectiquement avec ce contraire — le jugement selon lequel l'activité psychique s'exercerait dans le sommeil d'une façon continue. J'estime, en effet, *primo,* qu'une détermination arbitraire de cette espèce peut seule contribuer à faire, un jour, rentrer le rêve dans son véritable cadre qui ne saurait être que la vie de l'homme et, *secundo,* que cette manière de penser est plus conforme que toute autre à ce que nous pouvons savoir du fonctionnement général de l'esprit. Je ne vois ni avantage théorique ni avantage pratique à supposer quotidiennement l'interruption et la reprise de courant que nécessiterait, entre-temps, l'admission d'un repos complet et de son seuil à franchir, on ne sait comment, dans les deux sens. Un inconvénient grave me paraîtrait en résulter touchant à ce très singulier exil de l'homme, rejeté chaque nuit hors de sa conscience, disloqué en matière et conscience et invité de la sorte à spiritualiser dangereusement cette dernière.

168/ A. BRETON, *Les Vases communicants,* Gallimard « Idées », pp. 29-30.

De la même façon, le rêve puisant tous ses éléments dans la réalité (*ibid.,* p. 156), on ne saurait l'opposer à l'action, en faire un terrain d'évasion antagoniste du champ révolutionnaire, d'autant plus, poursuit-il, que « la vie humaine, conçue *hors* de ses limites strictes que sont la naissance et la mort, n'est à la vie réelle que ce que le rêve d'une nuit est au jour qui vient d'être vécu. »

Somme toute, c'est au poète futur que Breton confie le soin de réaliser l'unité que lui-même aura recherchée toute son œuvre durant :

S   Le poète à venir surmontera l'idée déprimante du divorce irréparable de l'action et du rêve. Il tendra le fruit magnifique de l'arbre aux racines enchevêtrées et saura persuader ceux qui le goûtent qu'il n'a rien d'amer. Porté par la vague de son temps, il assumera pour la première fois sans détresse la réception et la transmission des appels qui se pressent vers lui du fond des âges. Il maintiendra coûte que coûte en présence les deux termes du rapport humain par la destruction duquel les conquêtes les plus précieuses deviendraient instantanément lettre morte : la conscience objective des réalités et leur développement interne en ce que, par la vertu du sentiment individuel d'une part, universel d'autre part, il a jusqu'à nouvel ordre de magique. Ce rapport peut passer pour magique en ce sens qu'il consiste dans l'action inconsciente, immédiate, de l'interne sur l'externe et que se glisse aisément dans l'analyse sommaire d'une telle notion l'idée d'une médiation transcendante qui serait, du reste, plutôt celle d'un démon que d'un dieu. Le poète se dressera contre cette interprétation simpliste du phénomène en cause : au procès immémorialement intenté par la connaissance rationnelle à la connaissance intuitive, il lui appartiendra de produire la pièce capitale qui mettra fin au débat. L'opération poétique, dès lors, sera conduite au grand jour.

169/ A. BRETON, *ibid.,* pp. 198-199.

On se méprendrait gravement si l'on pensait que cet appel à l'avenir procède d'un sentiment d'échec actuel. En vérité, chacun est à même d'éprouver ce sentiment d'unité, cet « état de grâce », à travers l'amour tel que le conçoivent les surréalistes :

S   Cet état de grâce, je dis aujourd'hui en toute assurance qu'il résulte de la conciliation *en un seul être* de tout ce qui peut être attendu *du dehors et du dedans,* qu'il existe de l'instant unique où dans l'acte de l'amour l'exaltation à son comble des plaisirs des sens ne se distingue plus de la réalisation fulgurante de toutes les aspirations de l'esprit. Tout ce qui reste en deçà ne peut en rien se prévaloir du nom d'amour mais bien relève de la pire complaisance envers ce que nous, surréalistes, nous sommes donné pour tâche de combattre, témoigne par avance d'une démission spirituelle dont les autres aspects ne sauraient tarder à se manifester. Je dis que cette cause de la réconciliation de la perception physique et de la représentation mentale est *une* et qu'il ne peut être question de marchander, dans le domaine de l'amour, ce qu'on est prêt à accorder dans le domaine de l'expression. [...] L'acte de l'amour, au même titre que le tableau ou le poème, se disqualifie si de la part de celui qui s'y livre il ne suppose pas l'*entrée en transe*.

170/ A. Breton, *Arcane 17*, U.G.E., « 10-18 », 1964, pp. 147-148.

Ces propos, tenus en 1947, font suite, et l'on ne s'en étonnera pas, à l'analyse du message automatique développée quatorze ans plus tôt, avec le même vocabulaire :

S   Toute l'expérimentation en cours serait de nature à démontrer que la perception et la représentation — qui semblent à l'adulte ordinaire s'opposer d'une manière si radicale — ne sont à tenir que pour les produits de dissociation d'une *faculté unique, originelle,* dont l'image eidétique rend compte et dont on retrouve trace chez le primitif et chez l'enfant. Cet état de grâce, tous ceux qui ont souci de définir la véritable condition humaine, plus ou moins confusément aspirent à le retrouver.

171/ A. Breton, *Point du jour*, Gallimard, « Idées », p. 188.

Conscient de l'originalité que revêt ce sentiment de l'unité, dans la production littéraire contemporaine, le philosophe F. Alquié souligne les difficultés rencontrées à en parler sans le réduire à l'une de ses composantes. Et le fait est que rares sont les commentateurs qui sont parvenus à surmonter l'obstacle :

Pas plus qu'elle ne renvoie à la beauté objective, la conscience surréaliste ne se donne pour conscience d'une vérité conceptuelle, ou d'une valeur morale transcendante. Quel est donc, une fois encore, le corrélatif de cette conscience ravie, attentive, inquiète, de cette conscience religieuse qui ne s'oriente plus vers aucun contenu dogmatique ou révélé, de cette conscience métaphysique qui ne croit plus à la métaphysique ? Ce corrélatif est le surréel, et c'est pourquoi l'on peut dire que le surréel est la fin de la conscience surréaliste : il est à cette conscience ce que l'objectivité physique est à la conscience scientifique, ce que l'Être, dont souvent il remplit la fonction, est à la conscience métaphysique. Et c'est en ce sens que j'ai parfois rapproché la démarche surréaliste de la démarche platonicienne. Mais il demeure très difficile de définir le surréel, si la conscience à laquelle il répond refuse d'être contemplative, et doit conserver cette liberté, cette disponibilité qui, pour les surréalistes, ne sauraient se perdre sans que se perde l'homme, et sans lesquels nous retomberons toujours en quelque aliénation. Toutes les apparentes hésitations du surréalisme dérivent, sans aucun doute, de cette difficulté. Si, en effet, pour définir la surréalité, nous visons le surréel lui-même, nous serons conduits à le transformer en objet, à parler de lui comme d'une chose ; nous n'éviterons plus, dès lors, le dogmatisme, religieux ou hermétique. Si, au contraire, nous entreprenons la description et l'étude de la seule conscience du surréel, nous ne dépasserons pas le psychologisme : cette fois, c'est de la conscience elle-même que nous ferons une chose ou un objet : nous la traiterons comme les psychiatres traitent la conscience des fous, et les sociologues celle des primitifs. La richesse, le sens, le pouvoir de révélation inhérents à la conscience surréaliste seront perdus.

172/ F. ALQUIÉ, *Philosophie du surréalisme,* Flammarion, pp. 199-200.

Pour les surréalistes, la confusion des règnes, les idées d'unité et de totalité, se sont cristallisées en ce magnifique début du quatrième des *Chants de Maldoror* : « C'est un homme ou une pierre ou un arbre qui va commencer le quatrième chant. » Et c'est à juste titre que Jean Roudaut relève, dans la poésie de Breton, les images exprimant l'union des contraires, la fusion du regard et du geste :

Multiplier les grandes images synthétiques, tendre à voir le monde dans son unité, abolir, serait-ce passagèrement, comme dans l'échange d'un regard, la différence entre perception physique et représentation mentale, n'est-ce pas s'approcher du point suprême, se situer dans son rayonnement ? Si une opposition se résout, bien d'autres antinomies s'effacent. Aussi, en la main et l'œil, Breton voit-il s'unir les contraires : *L'eau et le feu se conjurent vertigineusement dans les yeux verts d'une femme rousse (Le Surréalisme et la peinture).* Regardant la main qui flambe sur la Seine, Nadja affirme que *le feu et l'eau sont la même chose,* rendant évidente et nécessaire la vision de *Poisson soluble* où des *mains solaires* étaient aussi des *mains gelées. Flamme d'eau guide-moi jusqu'à la mer de feu,* demande Breton dans un poème dont le titre : *La Route qui monte et descend (Le Revolver à cheveux blancs)* est un évident hommage à Héraclite et à sa pensée (« La mer est la première métamorphose du feu », frag. 34 — trad. Yves Battistini, *Trois Contemporains*).

173/ J. ROUDAUT, « Un geste, un regard », dans *N.R.F.*, 1er avril 1967, n° 172, p. 839.

La même démonstration vaudrait certainement pour Péret, Éluard, Tzara, etc. En dépit de son recours suspect à la spiritualité, Malcolm de Chazal a été l'objet d'une vive admiration de la part des surréalistes pour son sens aigu de l'analogie, dérivé de Swedenborg :

Le gros, le gras, le mince, le fin, le petit, le long, le creux, le large, le plein, le rond, l'aigu, le plat, le dense, le ténu, le léger, le lourd etc., tous ces attributs de la forme « tiennent » dans le Nu. Car le Nu est l'enveloppe, l'écorce, l'essence, la genèse et la fin même de toute matière, car il contient à la fois la naissance et la mort, ces pôles de la vie, l'alpha et l'oméga des choses et de toute vie. Le Nu dans l'absolu est la plus parfaite définition de Dieu. Toute forme de religion est un effort pour *annuder* la vie et, par là, retrouver Dieu.

Le nu est la source de toute beauté. C'est tout le secret du charme. Le nu est la coque du monde invisible et le premier plan de vêture spirituelle. Il ne faut rechercher la beauté de la rose que dans le nu de ses gestes, de son odeur, de sa carnation qui s'offre, dans la forme dépouillée de ses feuilles et de sa tige, et surtout dans son regard sans réticences qui déshabille notre propre regard et nous remet à l'état d'enfance.

Les gestes des pieds sont peut-être la partie la plus « habillée » de notre démarche. L'homme n'a des « gestes nus » du pied que dans l'eau. L'élément-eau est le plus grand de tous les déshabilleurs de gestes. Les gestes du poisson sont, tous, gestes d'enfance.

174/ M. DE CHAZAL, *Sens-Plastique,* Gallimard, p. 161.

Allant plus outre, l'unité, pour une héritière du surréalisme comme Marianne van Hirtum, n'est pas seulement l'unité du vivant, mais aussi celle qui procède de la dialectique de la vie et de la mort ou, pour parler comme le dernier Freud, d'Eros et de Thanatos :

S   Dans tous les couples de véritables amants — il y en a peu — se retrouvent mêlés Thanatos et Eros échangeant leurs substances lorsqu'ils se fondent l'un dans l'autre. C'est ainsi qu'Eros devient Thanatos, que celui-ci, de même, devient Eros.

Thanatos dit à Eros :

« Aime-moi, pour que je vive, que la mort que je suis devienne la vie que tu es, même si cet amour doit passer par ta propre mort » — car il n'est d'amour que d'échange.

L'homme n'est vivant que de son désir, cependant que ce désir est désir de mort. Comment peut-il en être de la sorte ? Ce qui différencie l'homme de l'animal, du végétal est son désir de mort. Ce désir se retrouve dans les mouvements du sexe lui-même. Si je me trouve en érection : cette érection ne trouvera sa justification que dans la mort, la détumescence faisant suite à l'orgasme. Le sexe n'existe donc qu'en étant en état de possible mort, de mort imminente, même, et inéluctable. Mais dire mort, est aussi parler de quelque chose de vivant en puissance de mort car il n'est mort que du vivant. L'amour ne peut se nommer tel que s'il devient insupportable comme dans l'orgasme, qui en est le signe physique, et met fin à l'insupportable. [...]

Chez l'être humain, le seul à posséder l'érotisme, tous les domaines de la vie se trouvent érotisés, travail, passion de l'objet, de la découverte, de la création, de la vue, des rapports sociaux, etc. Mais cet érotisme, pour persister, ne se nourrit que de morts successives car aussitôt un désir assouvi, il en naît un autre de sorte que la vie sans cesse succède à la mort. Ils se retournent pour sans cesse se refaire face comme les amants sans cesse assouvis dont le désir toujours renaît de ses propres cendres.

175/ M. van Hirtum, « Eros-Thanatos », dans *Non lieu*, n° 1, 1977.

Dressant un bilan du surréalisme, avec son habituelle acuité, le critique Maurice Blanchot dégage clairement le concept dominant de « totalité », en indiquant les difficultés que ce mouvement devait rencontrer à s'y tenir, comme l'a d'ailleurs pressenti Breton :

Le surréalisme est une de ces tentatives par lesquelles l'homme prétend se découvrir comme totalité : totalité inachevée et cependant capable, à un instant privilégié (ou par le seul fait de se voir inachevée), de se saisir comme totalité.

Comme il est à la fois mouvement inspiré et mouvement critique, il brasse toutes sortes de vues, de postulats, de recherches conscientes et confuses, mais l'intention principale est claire : le surréalisme est à la recherche d'un type d'existence qui ne soit pas celui du « donné », du tout fait (il ne sait pas très bien si cette existence « autre » peut être atteinte par l'analyse, par des expériences investigatrices, comme celle de l'inconscient, du rêve, des états anormaux, par un appel à un savoir secret enfoui dans l'histoire, ou si elle doit être réalisée par un effort collectif pour changer la vie et le cours des choses). Et en même temps il est à la recherche d'un événement absolu, où l'homme se manifeste avec toutes ses possibilités, c'est-à-dire comme l'ensemble qui les dépasse. Événement absolu, la révélation du fonctionnement *réel* de la pensée automatique. Événement absolu, où *tout* est *réalisé,* la découverte d'un « certain point de l'esprit d'où la vie et la mort, le réel et l'imaginaire, le passé et le futur, le communicable et l'incommunicable, le haut et le bas cessent d'être perçus contradictoires » (Et Breton ajoute — *Second Manifeste* — : « Or c'est en vain qu'on chercherait à l'activité surréaliste un autre mobile que l'espoir de déterminer ce point »). Que cet effort suprême par lequel l'homme veut se retourner sur soi et se saisir d'un regard qui n'est plus le sien ait toujours été le rêve et le ressort du surréalisme, les signes en sont innombrables. Et que nous dit encore René Char ? « En poésie, c'est seulement à partir de la communication et de la libre-disposition de la totalité des choses entre elles à travers nous que nous nous trouvons engagés et définis, à même d'obtenir notre forme originale et nos propriétés probatoires. » Et encore : « L'imagination consiste à expulser de la réalité plusieurs personnes incomplètes pour, mettant à contribution les puissances magiques et subversives du désir, obtenir leur retour sous la forme d'une présence entièrement satisfaisante. C'est alors l'inextinguible réel incréé. »

176/ M. BLANCHOT, *La Part du feu,* Gallimard, 1949, pp. 99-100.

Prenant encore davantage de hauteur, si l'on peut dire, à partir de ce point suprême que Breton désignait dans le *Second Manifeste,* Michel Carrouges définit le surréalisme par sa caractéristique philosophique essentielle, non sans rompre des lances bien inutilement avec ce qu'il croit être la philosophie des mandarins :

La philosophie surréaliste est une doctrine totale de l'univers qui inspire une méthode active de bouleversement. C'est à la fois une cosmologie théorique et une méthode pratique ; une « weltanschauung » indissolublement unie à une « praxis » ; une vision totale qui apporte la première mise en mouvement d'une révolution totale.

Par là, le surréalisme est une philosophie en acte, comme le marxisme, le taoïsme et les philosophies-ascèses du yoga. [...]

Le surréalisme est une doctrine totale. A ce titre, il ne se laisse déconcerter par aucune multiplicité, ni même par aucune dualité ; la philosophie qu'il instaure est celle d'un monisme absolu. Mais à la différence des autres monismes, il ne prétend pas accorder à un seul élément du monde une valeur exclusive qui, par une sorte d'impérialisme métaphysique, en fasse l'unique principe du monde, au mépris de la valeur des autres éléments.

177/ M. CARROUGES, « Le Surréalisme », dans M. Eigeldinger, *André Breton. Essais et Témoignages,* La Baconnière, Neuchâtel, 1970, pp. 97-98.

Parti d'une volonté quelque peu hésitante d'exprimer en commun les forces de vie, le surréalisme aboutit à un monisme, c'est-à-dire à une doctrine de l'unité. Mais alors qu'il y a un monisme matérialiste, qui s'oppose à l'idéaliste, le monisme surréaliste est parfaitement dialectique et synthétique. Les surréalistes n'ont pu l'atteindre qu'après avoir, à leur tour, « reparcouru pour leur propre compte le chemin sinueux qui conduit de Berkeley à Hegel et à Marx ». Breton situe le point d'arrivée :

S   Ainsi parvenons-nous à concevoir une attitude synthétique dans laquelle se trouvent conciliés le besoin de transformer radicalement le monde et celui de l'interpréter le plus complètement possible. Cette attitude, nous sommes quelques-uns à nous y tenir depuis plusieurs années et nous persistons à croire qu'elle est pleinement légitime. Nous n'avons pas désespéré, en dépit des attaques multiples qu'elle nous vaut, de faire comprendre qu'elle n'est aucunement opposable à celle des révolutionnaires professionnels, à laquelle, cela serait-il par impossible en notre pouvoir, nous nous en voudrions de faire subir la moindre dérivation. Notre ambition est, au contraire, d'unir, au moyen d'un nœud indestructible, dont nous aurons passionnément cherché le secret pour qu'il soit vraiment indestructible, cette activité de transformation à cette activité d'interprétation. Non, nous ne sommes pas doubles, ce n'est pas vrai, non, il n'y a pas de bigamie grotesque dans notre cas. Nous voulons que ce nœud soit fait, et qu'il donne envie de le défaire, et qu'on n'y parvienne pas.

178/ A. BRETON, *Les Vases communicants,* Gallimard, « Idées », pp. 172-173.

« *Notre adhésion au principe du matérialisme historique...* » (Breton)

Cependant, avant de concevoir cette attitude synthétique, le surréalisme est passé par toutes les phases historiques de la philosophie, en en conservant à chaque fois des traces indélébiles. De l'idéalisme absolu au matérialisme dialectique, on pourrait extraire des textes surréalistes des phrases illustrant chacune de ces phases. On connaît la formule célèbre de Marx qui, ayant apprécié la méthode dialectique de Hegel, prétendait l'avoir remise sur ses pieds. Très attachés à la philosophie allemande et séduits à leur tour par l'hégélianisme, les surréalistes ne s'en défirent pas aussi facilement que Marx. Commentant, dans ses *Entretiens*, la définition du « point suprême » apparue dans le *Second Manifeste*, Breton ajoute : « C'est incontestablement Hegel — et nul autre — qui m'a mis dans les conditions voulues pour apercevoir ce point, pour tendre de toutes mes forces vers lui et pour faire, de cette tension même, l'objet de ma vie [...]. Où la dialectique hégélienne ne fonctionne pas, il n'y a pour moi pas de pensée, pas d'espoir de vérité » (Gallimard, p. 51).

En adhérant au parti communiste, B. Péret,

P. Unik, P. Éluard, A. Breton et L. Aragon tiennent à expliquer leur geste aux autres surréalistes aussi bien qu'aux communistes (comme Naville) qui depuis longtemps les en pressaient. Il s'agit bien de marquer leur attachement à Hegel et de préserver l'originalité de la démarche surréaliste :

S ᴬᵁˣ SURRÉALISTES NON COMMUNISTES

Chers amis,

Avec nous, vous avez été d'avis que le surréalisme pour exister n'a jamais cessé de faire sienne la dialectique hégélienne et que si, dans son développement, il a tenté de réduire, par des moyens encore inusités, les diverses antinomies qu'entraîne le procès du monde réel, il n'a trouvé la réduction de ces antinomies que dans l'idée de révolution. C'est en partant de la dialectique hégélienne que, les uns et les autres, nous avons été amenés à considérer sa résolution historique dans le marxisme. La considération du marxisme et de ses conclusions nous a mis en présence d'une organisation définie à laquelle, sur le plan révolutionnaire, les surréalistes n'avaient aucune organisation à opposer, la Révolution ne pouvant être envisagée que comme un fait concret à la réalisation duquel toute volonté révolutionnaire doit servir. Dans ces conditions, nous avons reconnu que le surréalisme ne pouvait manquer, sous peine de mort, de faire justice du malentendu formel qui permet abusivement d'opposer l'idéalisme absolu au matérialisme historique et, tenant compte à ce propos du rôle assigné à la *personne,* de concilier à tout prix le point de vue du non-conformisme absolu et d'un certain conformisme relatif. Ainsi se posait, sans comporter l'abandon de l'activité surréaliste, le principe de l'adhésion des surréalistes au P.C., ce principe paraissant la suite logique du développement de l'idée surréaliste et sa seule sauvegarde idéologique.

179/ *Au grand jour* (1927), dans J. Pierre, *Tracts surréalistes*, Losfeld, t. I, pp. 70-71.

Leur argumentation est aussitôt discutée par Drieu qui leur reproche, ce faisant, de recourir à une philosophie qui est en fait une pensée de l'histoire, nettement figée dans le XIXe siècle, niant l'individu au profit du groupe, et qui, au demeurant, se concilie mal avec le marxisme :

Sans nier leur indispensable commodité, je n'attache pas d'importance décisive aux appuis que les poètes cherchent périodiquement dans la technique métaphysique. Ils trempent leur élan dans l'énergie des grandes abstractions comme dans la musique, ou la nature, ou les femmes. Leurs emprunts se résolvent dans des thèmes. Or, un thème poétique, c'est tout de même autre chose qu'une déduction métaphysique.

Mais mon ignorance en ces matières, qui n'a d'égale que celle de la plupart d'entre vous, m'empêche d'aller plus loin et de demander qu'on me montre en détail le rapport qui peut exister entre l'hégélianisme et les données psychologiques sur quoi vous fondiez le surréalisme. Il me semble bien que ces données sous-entendaient une toute autre philosophie que celle de Hegel, et qui vous prémunissait contre le conservatisme et l'immobilisme qui est au fond de celle-ci.

Je suis plutôt porté à me demander si la complaisance que vous vous êtes soudain découverte pour Hegel n'était pas qu'une manifestation entre autres de cette tendance rétrospective, de cette inclination historienne qui vous fait remonter et revivre toute la démarche de la pensée du XIXe siècle, siècle qui pensa sous le signe de l'histoire et dont vous êtes les héritiers les plus directs et les plus essentiels, mais quelquefois aussi les plus accablés.

Est-ce une nécessité à laquelle vous obéissez, indispensable et salutaire, une reprise du mouvement dont votre pensée est issue, pour pouvoir le dépasser plus décidément ? Sans doute. Mais n'est-ce pas aussi une complaisance, un fléchissement, un attardement ? Je l'ai souvent craint. Il y a chez vous une petite veine assez envenimée de passéisme, de bibliographie, de bibelotage. Votre amour et votre recherche de tout le romantisme dans tous ses tenants et ses aboutissants, dans ses plus incertaines origines, dans ses plus insuffisantes dérivations, dans ses plus spécieuses expressions, verse par moments dans la superstition et la futilité. Vous devenez, comme l'est Maurras pour le XVIIe siècle, des conservateurs, des naturalistes d'un XIXe siècle empaillé. Vous devenez des néo-romantiques, comme il est un néo-classique. Et vous aussi vous avez votre vice « Second Empire ».

Mais je ne veux pas m'appesantir sur cette remarque de bas-côté, à laquelle échappe le plus fort de votre mouvement.

180/ P. Drieu La Rochelle, « Troisième lettre aux surréalistes », dans *Les Derniers Jours,* 7e cahier, 8 juillet 1927.

Inversement, René Daumal, porte-parole en l'occurrence du groupe le Grand Jeu, refuse de rejoindre le surréalisme en ce qu'il ne se montre pas assez hégélien et, plus précisément, parce qu'il doute qu'il puisse maintenir la voie ouverte à un monisme parfaitement synthétique :

> Mais je veux surtout parler du sort que vous faites à Hegel dans votre *Second Manifeste du Surréalisme*. Vous distinguez « idéalisme proprement dit » et « idéalisme absolu » ; « matérialisme primaire » et « matérialisme dialectique ». Cette double distinction est absolument nécessaire et juste et je la ferai toujours. Votre affirmation de l'idéalisme absolu est nette à souhait : « ... l'idée d'amour tend à créer un être, ... l'idée de Révolution tend à faire arriver le jour de cette Révolution, faute de quoi ces idées perdraient tout sens. » Et malgré cela vous semblez croire à la faillite de Hegel ! Alors que rien n'a encore été fait, pour ainsi dire, sur la base de son idée maîtresse : la perfectibilité de la raison humaine et son identification finale avec l'*Esprit objectif* qui, pensant le monde, le crée. Il n'y a rien à changer à la Dialectique — celle d'Héraclite, de Platon, de Hegel, la même — pour qu'elle soit vivante entre nos yeux, pour qu'elle soit la lumière de fatalité éclairant les révolutions. Il faut sauvegarder cette idée. Le plus grave danger, peut-être, qui la menace aujourd'hui, c'est bien ce « matérialisme primaire » (prétendus matérialistes, naguère prétendus idéalistes, puis fatigués, voulant de nouveau un système de tout repos ; veulerie spirituelle si commode pour nous dire : « moi, je suis

vraiment un révolutionnaire, et bien plus orthodoxe que vous, messieurs... »). Or, vous êtes loin,
André Breton, d'avoir fait tout ce qu'il fallait
faire contre ce nouvel ennemi. Je crains même
que vous ne laissiez cet état d'esprit « matérialiste » régner beaucoup trop près de vous, parfois*.

181/ R. DAUMAL, « Lettre ouverte à André Breton sur
les rapports du surréalisme et du Grand Jeu », dans *Le
Grand Jeu*, nᵒ 3, 1930.

Hors de la polémique du moment, mais non sans
un parti pris dicté par ses propres positions philosophiques, F. Alquié dénonce la confusion opérée par le
surréalisme au sujet de Hegel auquel il substitue, non
sans paradoxe, le Dieu de Descartes ! Il s'en explique
avec subtilité :

C'est donc dans le Dieu de Descartes qu'il faut
chercher le pressentiment de l'être unifié dont
rêve Breton ; ce Dieu n'est soumis ni aux vérités
logiques, ni aux structures rationnelles : il les a
librement créées. Mais l'homme cartésien
demeure dans le monde, et ne peut s'en rendre
maître qu'en se soumettant à ses lois, en accep-

* Je ne vous reproche donc pas, comme d'autres le font, de ne
pas sacrifier l'idéalisme absolu à un prétendu matérialisme révolutionnaire. Au contraire, je trouve que vous ne maintenez pas assez
vigoureusement la corrélation, scandaleuse pour certains, de l'idéalisme hégélien et du matérialisme dialectique, contre toutes les
autres formes d'idéalisme et de matérialisme. En particulier, l'idéalisme absolu exige une attitude antidualiste intransigeante et une
véritable ascèse de la raison vers la Raison absolue. Votre argumentation sur *la rose* me fait craindre que cet Esprit concret, âme
de la dialectique, vous ait échappé.

tant d'abord les contraintes de la raison. Chez Breton, au contraire, il s'agit de découvrir l'infini dans nos puissances elles-mêmes, d'actualiser directement, et selon les voies du désir, la totalité de ces puissances, considérées comme capables de bouleverser l'ordre intime du réel, réel avec lequel elles se sentent quelque affinité secrète. Si l'homme doit devenir le maître de la Nature, c'est en un sens nouveau ; nous sommes ici plus proches de l'espoir magique que de l'espoir scientifique ; il n'est plus question de reconstruire techniquement le Monde en se soumettant aux lois objectives, et en refaisant les choses selon des processus proprement mécaniques, différant de ceux par lesquels la Nature les a faites ; on aspire à un bouleversement qui, en même temps qu'il transformerait le Monde, changerait la vie. L'espoir en un tel bouleversement suppose la parenté des puissances qui construisent l'Univers et des principes qui dirigent nos pensées, il appelle la libération de forces communes à l'homme et à la Nature, forces dont le désir nous fournit l'image la plus approchée. Au classicisme et à la séparation, Breton préfère donc le romantisme et la synthèse. Attente extasiée de l'avenir, interprétation du merveilleux comme signe d'un au-delà pourtant humain, désir de récupération du passé, souci de lever tous les interdits pour atteindre « la vie de la présence, rien que de la présence »*, espoir de changer le monde en libérant le désir, tels sont les motifs qui l'amènent à condamner les écrivains qui parlent d'ascèse ou de dualisme, à chérir ceux qui promettent la réconciliation de l'homme avec le Monde et avec soi, en rendant

---

* A. Breton : *Clair de terre.*

au langage, et à l'énonciation, la puissance originelle.

182/ F. ALQUIÉ, *Philosophie du surréalisme,* Flammarion, pp. 51-52.

Or, les mêmes objectifs se retrouvent chez Hegel,
visant à surmonter toutes les contradictions, mais
dans un cadre fort différent :

Pourtant nous ne croyons pas que le projet de
Breton soit celui de Hegel, et il nous paraît que la
confusion de ces deux projets, en partie responsable de l'obstination des surréalistes à se dire
partisans de la dialectique marxiste, a surtout
desservi le surréalisme. Certes Breton a maintes
fois affirmé son admiration pour Hegel. Et sans
doute bien des formules de Hegel, relatives à la
synthèse dialectique et à l'identité des contradictoires, ont-elles pu le séduire, et lui paraître
exprimer ses propres exigences poétiques. En
outre, désireux de ne pas trahir la cause de
l'émancipation prolétarienne, mais obligé de réagir contre les simplifications du marxisme, et le
scientisme néo-positiviste improprement nommé
« matérialisme dialectique », Breton fut conduit à
souligner la structure hégélienne des analyses de
Marx, à éclairer et à valoriser Marx par Hegel.
Mais Breton a-t-il, de la sorte, approfondi sa propre intuition, a-t-il, du moins, retrouvé un esprit
parent du sien ? Je ne le pense pas. Ce sont les
droits de l'homme individuel que Breton se sent
le devoir d'affirmer et de maintenir, c'est par une
sorte d'évidence non conceptuelle qu'il perçoit
leur valeur. En sa « *Position politique* », le surréa-

lisme rendra hommage « à la faculté individuelle qui fait passer une lueur dans la grande ignorance, dans la grande obscurité collective » et, dès le *Manifeste,* Breton semble envier les fous de goûter « assez leur délire pour supporter qu'il ne soit valable que pour eux ». Qui ne reconnaîtrait en ceci la définition même de ce que Hegel condamne ? Hegel préfère toujours l'histoire à l'individu, à l'évidence intuitive le langage discursif, à la certitude personnelle la vérité universalisée. Et c'est bien en lui, hélas, que se trouve la source première de ce mépris de l'homme que l'on déplore aujourd'hui chez tant de marxistes.

183/ F. ALQUIÉ, *ibid.,* pp. 52-53.

Au terme de son analyse, cet auteur pense qu'en fait le surréalisme s'assigne la tâche de toute philosophie véritable : « Opposé à Hegel, qui perd la philosophie en voulant en faire la conscience que l'histoire prendrait d'elle-même, il subordonne l'histoire à une conscience capable de juger l'histoire » (*ibid.,* p. 90).

On ne saurait mieux que Breton évoquer la démarche conduisant les surréalistes au matérialisme dialectique à travers les diverses sollicitations de l'histoire, depuis la guerre du Rif en 1925 :

S   Cette activité est entrée à ce moment dans sa phase raisonnante. Elle éprouve tout à coup le besoin de franchir le fossé qui sépare l'idéalisme absolu du matérialisme dialectique. Ce besoin se présente même d'une manière si urgente que le problème est posé parmi nous de la manière la plus sèche et que, durant des mois, nous nous concertons sur le moyen de réaliser ce passage et de le rendre définitif. Si je n'éprouve aucune honte, aucune inquiétude rétrospective à m'en expliquer aujourd'hui c'est qu'il me semble tout naturel que la pensée surréaliste, avant de trouver sa fin dans le matérialisme dialectique, de conclure, comme aujourd'hui, *au primat de la matière sur la pensée,* ait été condamnée à reproduire pour son compte, en quelques années, la démarche historique de toute la pensée moderne : elle est venue *normalement* à Marx par Hegel, comme elle était venue *normalement* à Hegel par Berkeley et par Hume. Ces dernières influences offrent ceci de particulier que, contrairement à certaines influences poétiques également subies elles ont donné pour nous, en se composant avec celle des matérialistes français du XVIIIᵉ, une résultante d'*action pratique.* Chercher à dissimuler ces influences serait contraire à ma volonté de faire comprendre que le surréalisme ne s'est pas développé comme un système abstrait, c'est-à-dire à l'abri de toute contradiction. A mon désir aussi de *montrer* comment l'activité surréaliste, amenée comme je l'ai dit à s'interroger sur ces ressources propres, a dû en quelque sorte *réfléchir sur elle-même* la conscience qu'elle venait, en 1925, de prendre de son insuffisance relative. Comment l'activité surréaliste a dû cesser de se contenter des résultats (textes automatiques, récits de rêves, discours improvisés, poèmes, dessins ou actes spontanés) qu'elle s'était proposés initialement. Comment elle en est venue à ne considérer ces premiers résultats que comme des *matériaux* à partir desquels tendait inéluctablement à se reposer, sous une forme toute nouvelle, le problème de la connaissance.

184/ A. BRETON, *Qu'est-ce que le surréalisme ?*, Henri-quez, p. 12.

Mais on peut se demander si cette évolution, que Breton juge normale, ne résulte pas d'une confusion entre une philosophie (le matérialisme dialectique) et un parti (le Parti communiste français) chargé de l'appliquer, au bénéfice du prolétariat. En outre, les surréalistes ne prétendaient-ils pas assumer, seuls, toutes les responsabilités des intellectuels révolutionnaires devant la classe ouvrière ? C'est ce que revendiquaient Aragon et Sadoul, avant de quitter le mouvement :

S A une enquête du *Bureau International de Littérature Révolutionnaire,* les surréalistes ont répondu que si l'impérialisme déclare la guerre aux Soviets, leur position sera, conformément aux directives de la IIIᵉ Internationale, la position des membres du Parti Communiste Français. Ils ajoutaient que, dans la situation actuelle de conflit non armé, ils croyaient inutile d'attendre, pour mettre au service de la Révolution les moyens qui sont plus particulièrement les leurs. Les surréalistes se sont historiquement opposés en France aux intellectuels bourgeois. Le surréalisme, impliquant l'adhésion totale et sans réserve au principe du matérialisme dialectique, ses fins ne sauraient en rien se distinguer des fins mêmes du prolétariat. Ceux qui se réclament aujourd'hui du surréalisme, dans leurs ouvrages comme dans la revue *Le Surréalisme au service de la Révolution,* sont de ce fait les mieux qualifiés pour réaliser l'union des intellectuels révolutionnaires en face de la police intellectuelle que la bourgeoisie cherche à introduire dans leurs rangs.

185/ « Aux intellectuels révolutionnaires » (1930), dans J. Pierre, *Tracts surréalistes,* Losfeld, t. I, p. 187.

Et c'est encore au nom des sollicitations de l'histoire qu'Aragon, définitivement intégré au parti communiste, demandera à ses anciens compagnons de renoncer, comme il l'a fait lui-même, à leurs thèmes favoris, au bénéfice d'un réalisme que d'aucuns n'hésiteront pas à qualifier de « primaire », faisant, en quelque sorte, le pendant de l'idéalisme tout aussi primaire que chérissait le Paysan de Paris :

Il est temps d'en finir avec le genre m'as-tu-vu de la douleur, les hallucinations à un ou à plusieurs, le pas donné au subconscient sur la vue, l'ouïe, l'odorat, le goût et le toucher, la sexualité comme système et le délire comme représentation, il est temps d'en finir avec le baroque, le modern style et la foire aux puces, suprêmes ressources de l'ennui mondain et du pessimisme des loisirs. Il est temps d'en finir avec le faux héroïsme, le toc de la pureté, le clinquant d'une poésie qui de plus en plus prend ses éléments dans les aurores boréales, les agathes, les statues des parcs, les parcs des châteaux, les châteaux des châtelains bibliophiles, et non plus aujourd'hui dans la poubelle étincelante où sont jetés les corps déchirés des insurgés, la boue où coule le sang très réel des Varlin, des Liebknecht, des Wallisch, des Vuillemin.
    Je réclame ici le retour à la réalité. Assez joué, assez rêvé éveillé, au chenil les fantaisies diurnes et nocturnes ! Ne voyez-vous pas à quoi vous

mène tout droit cette prétendue liberté d'expérience où vous vous complaisez ?

186/ L. ARAGON, *Pour un réalisme socialiste*, Denoël, 1935, p. 82.

En vertu du principe hégélien de la négation de la négation (particulièrement illustré par Tzara dans *Grains et Issues*), le matérialisme dialectique est le dernier état de la philosophie, indépassable donc, ce qui ne veut pas dire figé dans son appréhension du monde. Déjà Breton s'exclamait, dans le *Second Manifeste du surréalisme* : « Comment admettre que la méthode dialectique ne puisse s'appliquer valablement qu'à la résolution des problèmes vitaux ? » et il proposait comme champs d'investigation « les problèmes de l'amour, du rêve, de la folie, de l'art et de la religion ». En somme, le surréalisme s'efforce d'explorer un domaine délaissé par le marxisme, le rapport de la structure sociale et des superstructures. C'est ce que Breton nomme les « limites non-frontières du surréalisme » :

S 1° Adhésion au matérialisme dialectique dont les surréalistes font *leurs* toutes les thèses : primat de la matière sur la pensée, adoption de la dialectique hégélienne comme science des lois générales du mouvement tant du monde extérieur que de la pensée humaine, conception matérialiste de l'histoire (« tous les rapports sociaux et politiques, tous les systèmes religieux et juridiques, toutes les conceptions théoriques qui apparaissent dans l'histoire ne s'expliquent que par les conditions d'existence matérielle de l'époque en question ») ; nécessité de la révolution sociale comme terme à l'antagonisme qui se déclare, à une certaine étape de leur développement, entre les forces productives matérielles de la société et les rapports de production existants (lutte de classes).

2° Au témoignage même de Marx et d'Engels[1], il est absurde de soutenir que le facteur économique est le *seul* déterminant dans l'histoire, le facteur déterminant étant, « en dernière instance, la production et la reproduction de la vie réelle ». Puisque, de leur propre aveu, « les diverses parties de la superstructure... exercent également leur action sur le cours des luttes historiques et en déterminent de façon prépondérante la *forme* dans beaucoup de cas », l'effort intellectuel ne peut être plus électivement appliqué qu'à l'enrichissement de cette superstructure, celle-ci ne devant lui livrer qu'à ce prix le secret de son élaboration. Il s'agit de montrer la route qui mène au cœur de ces « hasards » (pour garder la terminologie des mêmes auteurs) à travers la foule desquels se poursuivent « l'action et la réaction réciproques » des facteurs qui déterminent le mouvement de la vie. C'est cette route que le surréalisme prétend avoir creusée. Rien de moins arbitraire que la direction qu'elle emprunte, si l'on songe qu'elle ne peut être que l'aboutissement logique, nécessaire de tous les *chemins de grande aventure mentale* qui ont été parcourus ou indiqués jusqu'à nous. Je n'ai cessé, depuis la publication du *Manifeste du Surréalisme* en 1924, de désigner ces chemins, plus ou moins solitaires, plus ou moins accidentés, et d'attirer l'attention sur leur *convergence*. Tout récemment encore[2], je

1. Marx et Engels : *Études philosophiques,* pp. 150-153, E.S.I., 1935.
2. *Cf.* « Crise de l'objet », dans *Cahiers d'Art,* 1936.

me suis efforcé de montrer comment, à un *ratio-nalisme ouvert* qui définit la position actuelle des savants (par suite de la conception de la géométrie non-euclidienne, puis d'une géométrie généralisée, de la mécanique non-newtonienne, de la physique non-maxwellienne, etc.), ne pouvait manquer de correspondre un *réalisme ouvert* ou *surréalisme* qui entraîne la ruine de l'édifice cartésien-kantien et bouleverse de fond en comble la sensibilité.

187/ A. BRETON, *La Clé des champs,* Pauvert, pp. 21-23.

Considérant que l'étude de l'idéologie surréaliste ne peut se faire en dehors d'une « poétique », c'est-à-dire d'une analyse d'ensemble de sa production textuelle, J. Decottignies cite justement deux extraits de cet article afin d'en venir à la conclusion de sa démonstration :

Ces deux fragments font tout d'abord apparaître une procédure que je qualifierai de *tactique* : selon le discours de Breton, l'idéologie marxiste, trahie par ses tenants actuels, rallie le camp des idéologies régnantes, manque à sa vocation *dialectique,* c'est-à-dire contestataire de la pensée monologique occidentale[1]. Mais il faut aller plus loin et reconnaître que le discours marxiste n'est assumé ici que comme un objet de contestation. Quelle que puisse être la valeur de l'idéologie en cause, rien ne serait plus contraire à la position

1. Il est question, dans *Les Vases communicants,* de ces « hommes que l'enseignement de Marx et de Lénine pourrait, semble-t-il, douer [...] d'une plus grande circonspection » (édition de 1955, p. 167).

surréaliste que d'en faire une panacée : ainsi en est-il du marxisme. B. Péret estimait, pour sa part, que « tout le mouvement révolutionnaire depuis le début du siècle demande à être étudié de nouveau en dehors de tout fidéisme[1] ».

Recueillons ce dernier mot : il rend compte du traitement réservé par Breton et ses amis à la pensée marxiste, laquelle est pourtant la plus proche de leur cœur. Dans la mesure où cette pensée s'érige en dogme, où elle prétend à une cohérence en quelque sorte définitive, elle réveille l'activité négatrice de l'esprit, suscite la contestation. A cette orthodoxie s'opposera une « conception *réellement* dialectique » : la « révolte individuelle » est une « négation farouche et illimitée », elle repousse « tout étiolement bureaucratique », elle reprend sans cesse « la critique négative de la révolution accomplie[2] ».

Tel est le terme assigné à toute tentative de *définition* de l'idéologie surréaliste. Mais nous appréhendons du même coup le principe même de la subversion : la critique de la « révolution accomplie » ne fait que transposer une opération de l'esprit ; elle actualise la *négation de la néga-tion.* L'idéologie surréaliste réside tout entière dans cette mise en cause de la notion de *vérité,* clef de voûte de la pensée logique. L'exercice de la logique suppose, en effet, que soit reconnue l'alternative vrai/faux ; d'où il suit, par exemple, que toute substance doit être matérielle *ou* spiri-tuelle, tout objet réel *ou* imaginaire. Pour la pen-

1. Dans un article sur L. Trotsky, dans *Médium 3,* mai 1954, p. 32.
2. Dans un tract intitulé *Au tour des livrées sanglantes* et signé le 12 avril 1956.

sée analogique, dont se réclame le surréalisme[1], une chose est à la fois elle-même *et* autre chose ; l'alternative fait place à l'ambivalence. Breton dénonce, dans *Les Vases communicants,* les idéologies modernes « pour lesquelles c'est devenu obscurité et défi plus grands que jamais de soutenir que ce qui s'oppose est d'accord avec soi[2] ».

188/ J. DECOTTIGNIES, « L'œuvre surréaliste et l'idéologie », dans *Littérature,* n° 1, 1971, pp 38-39.

Ainsi l'expérience poétique a-t-elle permis de maintenir toujours vivante, toujours présente, une pensée dialectique héritée d'Héraclite comme d'Abélard et de Maître Eckhart, une pensée qui jamais ne se fige et jamais ne s'arrête dans son bond.

L'universelle analogie

En désignant, dans le *Second Manifeste du surréalisme,* le « point suprême » où s'annulent les contradictoires, Breton prend bien soin d'indiquer qu'il s'agit d'un « certain point de l'esprit », supposant l'exercice actif, difficile à atteindre, compte tenu des habitudes acquises par la pensée dualiste. Lorsqu'il

1. Citons, au hasard, le tract *Haute Fréquence* (1951) : « La volonté du surréalisme de rendre à l'homme les pouvoirs dont il a été spolié n'a pas manqué de le conduire à interroger [... les doctrines ésotériques [...]. » La doctrine de *l'analogie,* à proprement parler, imprègne et gouverne le discours de *L'Amour fou,* dont on méditera, entre autres, cette formule : « Les objets de la réalité n'existent pas seulement en tant que tels [...] » (réimpression de 1968, p. 101). Mais cette philosophie n'est pas l'objet du présent article.

2. *Op. cit.,* p. 164.

dresse un bilan du surréalisme entre les deux guerres, il précise, à ce sujet :

S   Ce n'est pas là une vue seulement héritée des occultistes, elle traduit une aspiration si profonde que c'est d'elle essentiellement que le surréalisme passera sans doute pour s'être fait la substance. Pour le surréalisme — et j'estime qu'un jour ce sera sa gloire — tout aura été bon pour réduire ces oppositions présentées à tort comme insurmontables, creusées déplorablement au cours des âges et qui sont les vrais alambics de la souffrance : opposition de la folie et de la prétendue « raison » qui se refuse à faire la part de l'irrationnel, opposition du rêve et de l'« action » qui croit pouvoir frapper le rêve d'inanité, opposition de la représentation mentale et de la perception physique, l'une et l'autre produits de dissociation d'une faculté unique, originelle dont le primitif et l'enfant gardent trace, qui lève la malédiction d'une barrière infranchissable entre le monde intérieur et le monde extérieur et que ce serait le salut, pour l'homme, de retrouver.

189/ A. BRETON, « Situation du surréalisme entre les deux guerres », *La Clé des champs,* Pauvert, p. 85.

Aussitôt qu'il avait désigné « le point suprême », il avait suscité l'enthousiasme du groupe Le Grand Jeu, lequel ne cachait pas sa réserve quant à la qualification morale des surréalistes pour y parvenir :

[...] il s'agit bien du point vers lequel tendent nos efforts, de ce point où, finalement, nous vous assignons rendez-vous, sur la route duquel nous laissons derrière nous assassinés tous les espoirs possibles qui successivement se présentent ; et, rejetant ceux qui, comme vous dites, « gardent quelque souci de la place qu'ils occuperont *dans le monde* », nous sommes certainement les plus conscients des chercheurs voués pour toute leur vie à cette identité sans nom, les plus impitoyables pour tous ceux qui, par force, par ruse, par sophismes, s'opposent à notre marche ; tandis que vous, vers qui nous avons pu jadis tourner les yeux comme un de ces guides dont la fonction est de conduire les hommes aussi loin que près d'eux-mêmes, vous risquez fort de rester paralysé, pris aux pièges que vous vous êtes tendus, et à ceux que votre extraordinaire aveuglement a permis à vos ennemis, déguisés ou non, de vous tendre. Prenez garde, André Breton, de figurer plus tard dans les manuels d'histoire littéraire, alors que si nous briguions quelque honneur, ce serait celui d'être inscrits pour la postérité dans l'histoire des cataclysmes.

190/ R. DAUMAL, « Lettre ouverte à André Breton sur les rapports du surréalisme et du Grand Jeu », dans *Le Grand Jeu,* n° 3, 1930.

On aura beau jeu, par la suite, de constater que Daumal comme Breton figureront dans les manuels d'histoire littéraire. Mais, pour tous deux, il s'agissait de bien autre chose : refaire l'entendement humain, réconcilier l'homme avec la nature ; un individu n'y suffit pas, ni un groupe, ni même une seule génération. C'est au fond ce qui motive la critique de Georges Bataille qui, se méprenant sur l'origine idéaliste de la formule, en dénonce la phraséologie :

Il ne s'agit de rien de moins, on le voit, que d'*anéantir* les contingences salubres comme les contradictions insalubres de la nature. Mais cette entreprise, pour surprenante qu'elle puisse sembler de la part d'un homme qui ne fait pas d'habitude profession d'enfantillage (qui semblerait même, si l'on en jugeait d'après quelques citations, ne pas ignorer la *Logique* de Hegel), cette entreprise n'a pas autant qu'on pourrait croire, pour objet, *l'abstraction vide* envisagée par Hegel mais plus exactement ce que M. Breton appelle lui-même avec sa désinvolture professionnelle « un brillant intérieur et aveugle... pas plus l'âme de la glace que celle du feu ». La voûte du ciel, encore l'illumination icarienne et la même fuite vers des hauteurs d'où il semble qu'il sera facile de maudire ce bas monde (mais d'où nous savons surtout avec quelle facilité dérisoire un homme est précipité), c'est dans *l'immensité brillante du ciel,* non dans le vide de l'être-néant hégélien, qu'un élan verbal projette constamment M. Breton. M. Breton s'abuse niaisement, il abuse sa foule comme un prêtre quand il envisage ainsi de réduire des contradictions aussi glissantes pour lui que haut et bas. Qu'a-t-il besoin de faire croire que ses états de prédilection sont situés en dehors de tout quand il n'écrit pas une phrase où il ne les situe pas *au-dessus,* quand il en arrive à ne plus parler, lui, que de la « courte *beauté* dérobée et de l'accessible et longue *beauté* dérobable ». De qui parle à travers le ciel, plein d'un respect provocant pour ce ciel et sa foudre, plein de dégoût pour ce monde situé trop bas qu'il croit mépriser — mépriser même plus encore qu'on ne l'a jamais méprisé avant lui — après qu'une touchante

naïveté icarienne a [décelé] son envie miraculeuse, il ne faut attendre que la triste mais im-
puissante volonté de provoquer la panique, la
trahison des intérêts vulgaires de la collectivité,
devenue simplement une saleté, un prétexte à
s'*élever* en criant son dégoût.

191/ G. BATAILLE, dans *O.c,* Gallimard, 1970, t. II, p. 106.

Au regard de la volonté surréaliste, des efforts
constants déployés pour surmonter les contradictions
verbales, une telle polémique manquait son but. En
mettant au jour les sources littéraires et philosophiques de cette définition nouvelle du surréalisme,
Michel Carrouges a montré quelle réorientation elle
impliquait :

Cette idée du point suprême est d'origine ésotérique et religieuse, cela doit maintenant être évident. Comment le surréalisme a-t-il pu être tenté
quand même de la reprendre à son compte ? C'est
que cette idée est laïcisable, si l'on ose dire. On a
dit du monde de Descartes qu'il se construisait
tout seul et que le rôle de Dieu se bornait à lui
donner la chiquenaude initiale, en sorte qu'avec
un léger « progrès », il devait être possible de
faire complètement abstraction de cette initiative
divine et de clore le monde sur lui-même. Dieu
n'y apparaît que par transparence pour les yeux
des croyants, puisqu'il demeure transcendant à
son action. Cela demeure vrai même pour les
hermétistes qui admettent l'immanence divine,
car s'ils écartent la barrière de la transcendance
divine, ils lui substituent la notion d'ésotérisme
en vertu de laquelle Dieu demeure encore caché,
bien que pour d'autres raisons et d'une autre

façon. Un athée peut de même s'emparer de la conception du point suprême, il peut la reprendre en supprimant seulement cette présence divine cachée dans l'arrière-plan. Autrement dit, pour lui, le divin n'est qu'une abstraction représentant les forces capitales de la vie répandues dans tout l'univers, mais concentrées en quelque manière dans ce point qui en est le foyer. Le point suprême peut ainsi demeurer pour les surréalistes le lieu idéal et réel de la résolution de toutes les antinomies, le lieu où se rassemblent toutes les énergies divines dont Nietzsche rêvait d'opérer la récupération.

Une telle conception n'est pas spécifiquement idéaliste, malgré son extrême hardiesse, puisque la matière n'y est point niée, mais considérée comme une composante de la réalité. En ce sens, le surréalisme peut valablement prétendre opérer une synthèse du matérialisme et de certaines formes du panthéisme et de l'idéalisme. Seule l'affirmation du primat de la matière était illogique et contraire à la notion même de surréalisme ; ce ne fut d'ailleurs qu'un stade temporaire à l'époque la plus marxisante du surréalisme. Chaque fois que le surréalisme affirme dans sa plénitude l'idée du point suprême, il rejette au moins implicitement le primat de la matière, il surmonte la conception dialectique du marxisme qui demeure relative puisqu'elle est jugulée par l'affirmation du primat de la matière. Il surmonte aussi la conception idéaliste de la dialectique, ce qui fut le cas de la conception hégélienne (du moins selon l'interprétation marxiste) et il ouvre les perspectives de la dialectique absolue.

192/ M. CARROUGES, *A. Breton et les données...*, Gallimard, « Idées », pp. 33-34.

On l'a constaté à plusieurs reprises : pour se faire comprendre du public, le surréaliste se trouve contraint d'utiliser le vocabulaire existant, auquel il donne un sens nouveau. Il en va de même avec les philosophies, dont il reprend à son compte certains raisonnements, tout en les détournant radicalement. C'est ainsi que l'hermétisme ou l'ésotérisme l'ont inspiré, sans que pour autant il adhère à leurs présupposés métaphysiques. André Breton souligne ce fonctionnement symbolique, à l'œuvre chez tous les poètes :

S L'ésotérisme, toutes réserves faites sur son principe même, offre au moins l'immense intérêt de maintenir à l'état dynamique le système de comparaison, de champ illimité, dont dispose l'homme, qui lui livre les rapports susceptibles de relier les objets en apparence les plus éloignés et lui découvre partiellement la mécanique du symbolisme universel. Les grands poètes de ce dernier siècle l'ont admirablement compris, depuis Hugo dont viennent d'être révélées les attaches très étroites avec l'école de Fabre d'Olivet, en passant par Nerval, dont les sonnets fameux se réfèrent à Pythagore, à Swedenborg, par Baudelaire qui emprunte notoirement aux occultistes leur théorie des « correspondances », par Rimbaud dont, à l'apogée de son pouvoir créateur, on ne saurait trop souligner le caractère des lectures — il suffit de se reporter à la liste déjà publiée des ouvrages qu'il emprunte à la bibliothèque de Charleville — jusqu'à Apollinaire chez qui alternent l'influence de la Cabale juive et celle des romans du Cycle d'Arthur. N'en déplaise à quelques esprits qui ne savent jouir que de l'étale et du clair, en art ce contact n'a cessé et ne cessera de sitôt d'être gardé. Consciemment ou non, le processus de découverte artistique, s'il demeure étranger à l'ensemble de ses ambitions métaphysiques, n'en est pas moins inféodé à la forme et aux moyens de progression mêmes de la haute magie. Tout le reste est indigence, est platitude insupportable, révoltante : panneaux-réclames et bouts-rimés.

193/ A. Breton, *Arcane 17,* U.G.E., « 10/18 », pp. 105-106.

Le risque serait, ici, de réduire le surréalisme à un simple jeu symbolique, où le vocabulaire serait dévalué, démonétisé. A propos de l'Exposition surréaliste de 1947, à laquelle les organisateurs avaient voulu donner un ton initiatique, Breton précise :

S On serait impardonnable de prendre ici le mot « initiation » au pied de la lettre ; il n'a, bien entendu, dans notre esprit, qu'une valeur d'*indication.* Mais cette indication, *nous y tenons,* oui, nous avons la faiblesse d'y tenir à l'heure où la poésie et l'art aspirent un peu partout à rentrer dans le rang, à orchestrer la plus *courte* revendication au jour le jour, renoncent à précéder l'homme, requis ailleurs, dans le dédale périlleux de l'esprit. Je sais que cette exploration se fait à tâtons et que les embûches ne lui sont pas épargnées. Mais, primant sur tout autre, c'est pour moi *l'honneur des poètes et des artistes* que de ne pas forfaire à cette tâche. L'initiation par la poésie, par l'art — à laquelle les dernières recherches sur Hugo, sur Nerval, sur Rimbaud et sur d'autres nous donnent les plus sérieuses raisons d'adapter les schèmes ésotériques — est tout ce à quoi le surréalisme reste dédié.

194/ A. BRETON, *La Clé des champs*, J.-J. Pauvert, p. 125.

En vérité, cette orientation vers l'occultisme, nettement affirmée dans le surréalisme après la Seconde Guerre mondiale, était déjà inscrite dans le *Second Manifeste,* par un jeu de mots : « Je demande l'occultation profonde, véritable, du surréalisme. » L'expression était à prendre dans son double sens : refus de s'exhiber, et aussi : confrontation avec le message ésotérique. A lire certains poètes, on peut même assurer qu'elle était à l'œuvre dès la naissance du mouvement. Ainsi en est-il des « Poèmes selon l'astral » que Vitrac se proposait de publier en 1925 (s'il n'avait été exclu pour des raisons externes), nourris de Cornelius Agrippa et autres cabalistes :

S   L'ÉCHELLE DE PIERRE

Nous laissons envoler l'âme de plumes rouges que gardait sur le cœur un gilet de feuilles mortes. Pourquoi abandonner au mal les taches du soleil.

Tu n'es que calcaire.

Celui qui attend l'horizon dans ses mains réunies doit pousser des cris de bataille et la pluie échangeant ses armes contre les siennes dressera des tentes sur les sommets et emprisonnera le seul roi humide : celui qui est couvert de boue et de crachats.

Le prince est ensablé par les horloges du Sabbat.

Je refoule chaque merveille dans le ventre bal-

lonné de midi. Elle y forme un œuf d'or qui éclot
en poussant au travers de l'écorce de métal triste
des fusées volantes et des perles.

C'est en exécutant des tours muets et doux que
le muscle descend jusqu'à toucher les os. Alors la
langue se baigne dans la fièvre et les mains caressent une fumée montante comme un champignon
de poussière.

195/ R. VITRAC, *La Lanterne noire* (1925), dans *Dés-
Lyre,* Gallimard, 1964, p. 117.

Le commentaire d'un tel poème requiert la lecture
des textes recueillis au XIXᵉ siècle par Eliphas Levi
dans son *Dogme et Rituel de la haute magie* que Breton pratiqua assidûment. A travers tous les courants
de la pensée initiatique, Marc Eigeldinger a marqué
récemment les convergences de la poésie et de l'alchimie :

Alchimie et poésie poursuivent au niveau de
l'imaginaire un triple dessein commun, perceptible dans le souci de remonter à la matière originelle du monde et du langage, dans l'opération
qui consiste à transformer les substances de l'univers et du verbe, en l'accompagnant d'un travail
d'interprétation à travers la grille inépuisable des
analogies, clefs de tout acte de déchiffrement. La
similitude entre la transmutation alchimique et
les métamorphoses de l'écriture poétique a certes
été pressentie par Baudelaire, Mallarmé et Rimbaud, mais André Breton l'a affirmée et
expérimentée avec plus d'autorité, de persuasion
intime qu'aucun de ses prédécesseurs. Il s'agit
pour lui d'une certitude qui détermine le proces-

sus de l'acte poétique dans sa relation avec les puissances métaphoriques du langage, d'une quête inlassable, tendant à la transformation de l'énergie par le magnétisme imaginal. [...]

Cette éthique et cette poétique de la cristallisation ne sont pas sans similitude avec celles de *La Maison du berger,* de l'enthousiasme serti dans le « diamant sans rival ». Chercher « l'or du temps », c'est se mettre en quête d'un nouveau paradis terrestre, d'« un véritable âge d'or », qui soit « en rupture complète avec l'âge de boue », qui coïncide simultanément avec la récupération des pouvoirs originels et l'exploration des « possibilités futures », avec une nostalgie et une virtualité inscrites dans la chair du langage. La fin de l'alchimie et de la poésie consiste à découvrir l'espace du paradis comme la substance de la pierre philosophale, à « maintenir l'intégrité du verbe » et à stimuler « la croyance irraisonnée à l'acheminement vers un futur édénique », selon la double injonction de l'*Ode à Charles Fourier.* Tout au long de cette quête, poésie et alchimie empruntent des voies similaires, tendant vers un dessein réciproque qui n'a fait que s'affirmer du romantisme au surréalisme. « Tout se passe comme si la haute poésie et ce qu'on nomme la « haute science » marquaient un cheminement parallèle et se prêtaient un mutuel appui* ». Quête d'un langage perdu qui est à réinventer dans la conjonction du passé et de l'avenir, où le Jour et la Nuit, le Soleil et la Lune seraient unis de la même manière que dans le mariage alchimique, où le soleil de minuit figurerait la réconciliation des antinomies et où l'étoile promise par

*A. Breton : *Perspective cavalière.*

Arcane 17 deviendrait la constellation androgyne, protectrice du couple et de son homogénéité diamantaire.

196/ M. Eigeldinger, « Poésie et langage alchimique chez André Breton », dans *Mélusine,* n° 2, 1981.

On le voit, la poésie surréaliste, de même que certaines doctrines mystiques, met en branle les mêmes mécanismes de l'imaginaire — ce qui n'implique pas, pour autant, la foi en la transcendance. La clef de ce mécanisme, on le verra dans « L'expression écrite », réside dans la notion, chère à Baudelaire, d'universelle analogie. Dans sa théorie des correspondances, inspirée de Swedenborg, il convient de distinguer les relations horizontales qu'on décèle entre les cinq sens (synesthésie) des rapports verticaux qui s'établissent entre l'homme (microcosme) et l'univers (macrocosme.) Dans le même *Almanach surréaliste du demi-siècle,* deux auteurs illustrent, respectivement, ces deux axes :

S Nous croyons pouvoir affirmer en tous cas que cette *explication fondamentale* ne se peut plus envisager aujourd'hui que sous le signe de l'*analogie* et de la *compensation* qui tiennent compte tout autant de la pauvreté du principe d'*identité* qu'elles expliquent son élaboration.

Tâche magnifique de résonances, on en peut espérer cette *révolution totale* qui commence par la *reformation de l'esprit* faute de laquelle la notion même de révolution descend *aux talons rouges.*

Inutile d'en dire plus, chaque pas entraînera le réactionnaire vers nos conclusions : le sillage nouveau, *c'est l'évidence du suranalogue,* c'est l'explosion de la relativité surrationnelle.

La *forme* est liée au *fond* par la *structure* toujours *analogue* à quelque autre structure, et toutes les pesanteurs de s'équilibrer par ce merveilleux jeu de *compensation* qui *tend* la toile ténue toute entière de cette *réalité* que nous nous sommes proposé de traverser comme l'aiguille plongeuse dont c'est le destin de réunir d'un même fil les trames les plus disparates qui situeront le perpétuel mouvement oscillant d'exploration en rétrogradation dont la vie même est à son tour tissée.

197/ P. DEMARNE, « Remarques sur le plan structural de la réalité », dans *Almanach surréaliste du demi-siècle,* mars 1950, p. 139.

S On a prétendu que chaque poème, chaque tableau était l'expression d'un moment ou de la totalité de la vie mythique et rêvée de l'auteur. C'est une vérité partielle, parce que laissant de côté les rapports entre créateur et création d'une part, et cosmos d'autre part. L'œuvre d'art n'est digne de ce nom que lorsque révolutionnaire, exerçant une action violente sur les êtres et les choses, créant un univers objectif vivable ou non, mais vécu, ne serait-ce qu'une seconde, par tout ce qui l'approche. Certaines réalisations picturales, poétiques ou cinématographiques, traversées par un courant d'une intensité exceptionnelle, détournent d'emblée le cours de la pensée quelque peu initiée.

Il existe une chaîne aimantée qui va du poème au poème, en passant par l'arbre, le lit, le soleil, le nerf optique, la morale, le cuivre, l'ombre, la psychologie et la rose. Cela, et cela seul est l'art, parce que «transformant le monde» et «changeant la vie».

198/ J. SCHUSTER, «Les buissons de Tournerêve», *ibid.*, p. 171.

Mais, comme à l'accoutumée, c'est Breton qui rend le mieux compte de cette attraction passionnelle pour l'analogie et des liens fondamentaux qu'elle tisse, comme un tissu capillaire, à travers l'univers.

S Je n'ai jamais éprouvé le plaisir intellectuel que sur le plan analogique. Pour moi la seule *évidence* au monde est commandée par le rapport spontané, extra-lucide, insolent qui s'établit, dans certaines conditions, entre telle chose et telle autre, que le sens commun retiendrait de confronter. Aussi vrai que le mot le plus haïssable me paraît être le mot *donc,* avec tout ce qu'il entraîne de vanité et de délectation morose, j'aime éperdument tout ce qui, rompant d'aventure le fil de la pensée discursive, part soudain en fusée illuminant une vie de relations autrement fécondes, dont tout indique que les hommes des premiers âges eurent le secret. Et certes la fusée retombe vite mais il n'en faut pas davantage pour mesurer à leur échelle funèbre les valeurs d'échange qui se proposent aujourd'hui. Pas de réponse, sinon à des questions utilitaires immédiates. Indifférent à tout ce qui ne l'approche pas de très près, de plus en plus insensible à tout ce qui pourrait lui livrer, pourvu qu'elle ait quelque ampleur, une interrogation de la nature, l'homme que nous côtoyons ne se donne plus guère à tâche que de flotter. La conviction millénaire qui veut que rien n'existe gratuitement mais que tout au contraire il ne soit pas un être, un phénomène naturel dépourvu pour nous d'une communication chiffrée — conviction qui anime la plupart des cosmogonies — a fait place au plus hébété des détachements : on a jeté le manche après la cognée. On se cache pour se demander : « D'où viens-je ? Pourquoi suis-je ? Où vais-je ? » Pourtant quelle aberration ou quelle impudence n'y a-t-il pas à vouloir « transformer » un monde qu'on ne se soucie plus d'interpréter dans ce qu'il a d'à peu près permanent. Les contacts primordiaux sont coupés : ces contacts je dis que seul le ressort analogique parvient fugitivement à les rétablir. D'où l'importance que prennent, à longs intervalles, ces brefs éclats du miroir perdu.

199/ A. Breton, *Signe ascendant* (1947), Gallimard, « Poésie », 1973.

Faut-il pour autant réduire la pensée analogique à un procédé poétique ou, au mieux, à un mythe nouveau, héritier et substitut des mythologies traditionnelles, comme fait Albert Camus ? Celui-ci a pourtant vu qu'il y allait de la compréhension du réel :

La pensée de Breton offre d'ailleurs le curieux spectacle d'une pensée occidentale où le principe d'analogie est sans cesse favorisé au détriment des principes d'identité et de contradiction. Justement, il s'agit de fondre les contradictions au feu du désir et de l'amour, et de faire tomber les murs de la mort. La magie, les civilisations primitives ou naïves, l'alchimie, la rhétorique des fleurs de feu ou des nuits blanches, sont autant d'étapes merveilleuses sur le chemin de l'unité et de la pierre philosophale. Le surréalisme, s'il n'a pas changé le monde, l'a fourni de quelques mythes étranges qui justifient en partie Nietzsche lorsqu'il annonçait le retour des Grecs. En partie seulement, car il s'agit de la Grèce de l'ombre, celle des mystères et des dieux noirs. Finalement, comme l'expérience de Nietzsche se couronnait dans l'acceptation de midi, celle du surréalisme culmine dans l'exaltation de minuit, le culte obstiné et angoissé de l'orage. Breton, selon ses propres paroles, a compris que, malgré tout, la vie était donnée. Mais son adhésion ne pouvait être celle de la pleine lumière, dont nous avons besoin. « Trop de nord en moi, a-t-il dit, pour que je sois l'homme de la pleine adhésion. »

200/ A. CAMUS, *L'Homme révolté,* Gallimard, « Idées », pp. 123-124.

Les surréalistes ont recherché avec ténacité les rapports d'analogie, ne serait-ce qu'à l'occasion de leurs jeux collectifs (cartes d'analogie, « l'un dans l'autre », voir p. 241). Mais ils ont voulu aller plus loin et ont tenté d'articuler la dialectique marxiste au concept, bien antérieur, d'analogie. Le chemin paraîtra scabreux aux yeux d'un rationaliste. Il s'impose cependant si l'on garde à l'esprit que la dialectique comme l'analogie postulent une philosophie de l'unité, un monisme absolu. Gérard Legrand, dans un article de *La Brèche* (n° 7, 1964) a balisé les points de convergence entre ces deux systèmes. L'un est conscient (la dialectique), l'autre inconscient (l'analogie), mais les deux ne sont pas sans interférences : ils considèrent la réalité comme une totalité ; procèdent d'une même démarche circulaire et synthétique ; font la preuve de leur validité par l'application. « La dialectique *légitime* la symbolique et [...] la symbolique (analogie) *accomplit* la dialectique », conclut-il.

Dans ces conditions, le surréalisme est bien la seule tentative de synthèse, opérée par la pensée occidentale contemporaine, sur tous les plans. Ne se limitant pas à l'expression poétique, il traite, avec l'œil du poète, de la condition humaine, du rapport de l'homme avec l'univers dont « il assume la réalité multiple de tous les éléments [...] dans un principe supérieur à toutes les antinomies » (M. Carrouges).

Troisième partie

L'expression humaine sous toutes ses formes

1. Le langage
« Pouvoir tout dire » (Éluard)

Fonctions du langage ; « langage-bagage lent, langes de l'esprit » (Leiris)

Tout au long de son existence, le surréalisme proclame la primauté du langage. Primauté dans le temps : c'est bien l'écriture automatique, enregistrée par *Les Champs magnétiques* de Breton et Soupault (1919) qui est à l'origine de la constitution du mouvement, de même que la perception des « phrases qui cognent à la vitre » oriente, pour longtemps, l'activité du groupe et fonde en raison les *Manifestes* d'André Breton. Primauté aussi dans l'importance attribuée au langage non seulement comme moyen de communication (le surréalisme a beaucoup à redire sur le sujet), mais comme moyen d'expression et — les deux sont liés — d'action. Si le langage ne nous trahissait pas, disent en substance les surréalistes, nous pourrions nous exprimer totalement, sans barrières, et ainsi nous connaître tels que nous sommes, par-delà les conventions sociales. Cette fonction de connaissance rétablie, les hommes, se comprenant immédiatement, pourront transformer le monde en commun. Il y a une nostalgie rousseauiste du langage originel, chez Breton en particulier. Mais cette conception ne va pas sans variations au cours du temps (laissant place à une approche matérialiste de la langue), ni sans divergences dans le groupe sur le pouvoir des mots.

Dressant un bilan de l'activité surréaliste en 1953, Breton souligne l'importance du langage comme une sorte de discours souterrain et secret, que l'homme aurait pour mission de mettre au jour :

S   Il est aujourd'hui de notoriété courante que le surréalisme, en tant que mouvement organisé, a pris naissance dans une opération de grande envergure portant sur le langage. A ce sujet on ne saurait trop répéter que les produits de l'automatisme verbal ou graphique qu'il a commencé par mettre en avant, dans l'esprit de leurs auteurs ne relevaient aucunement du critère esthétique. Dès que la vanité de certains de ceux-ci eut permis à un tel critère de trouver prise — ce qui ne tarda guère — l'opération était faussée et, pour comble, « l'état de grâce » qui l'avait rendue possible était perdu.

De quoi s'agissait-il donc ? De rien moins que de retrouver le secret d'un langage dont les éléments cessassent de se comporter en épaves à la surface d'une mer morte. Il importait pour cela de se soustraire à leur usage de plus en plus strictement utilitaire, ce qui était le seul moyen de les émanciper et de leur rendre tout leur pouvoir. Ce besoin de réagir de façon draconienne contre la dépréciation du langage, qui s'est affirmé ici avec Lautréamont, Rimbaud, Mallarmé — en même temps qu'en Angleterre avec Lewis Carroll — n'a pas laissé de se manifester impérieusement depuis lors.

201/ A. BRETON, « Du surréalisme en ses œuvres vives », (1953), dans *Manifestes...*, Gallimard, « Idées », pp. 179-180.

Il se réfère explicitement à la tradition voulant que le monde et tous les objets de l'univers aient été créés par le verbe divin. Mais, pour lui, la source de ce discours occulte est en soi-même ; on ne saurait en diriger le cours sans la tarir et, poursuit-il, « on n'a pas assez insisté sur le sens et la portée de l'opération qui tendait à restituer le langage à sa vraie vie, soit [...] de se reporter d'un bond à la naissance du signifiant », écartant, par là même, toute idée d'origine hors de l'homme.

Auparavant, le surréalisme fait porter sa critique sur la fonction utilitaire du langage, si imparfaite, mais néanmoins suffisante, dit Breton, pour les échanges les plus grossiers, afin de lui substituer un « langage sans réserve », désaffecté, pourrait-on dire, qui, en accroissant notre pouvoir d'énonciation, nous instruira, nous révélera à nous-mêmes.

S   Mais je l'ai déjà dit, les mots, de par la nature
que nous leur reconnaissons, méritent de jouer un
rôle autrement décisif. Rien ne sert de les modifier puisque, tels qu'ils sont, ils répondent avec
cette promptitude à notre appel. Il suffit que
notre critique porte sur les lois qui président à
leur assemblage. La médiocrité de notre univers
ne dépend-elle pas essentiellement de notre pouvoir d'énonciation ? La poésie, dans ses plus mortes saisons, nous en a souvent fourni la preuve :
quelle débauche de ciels étoilés, de pierres précieuses, de feuilles mortes. Dieu merci, une réaction lente mais sûre a fini par s'opérer à ce sujet
dans les esprits. Le dit et le redit rencontrent
aujourd'hui une solide barrière. Ce sont eux qui
nous rivaient à cet univers commun. C'est en eux
que nous avions pris ce goût de l'argent, ces
craintes limitantes, ce sentiment de la « patrie »,
cette horreur de notre destinée. Je crois qu'il n'est
pas trop tard pour revenir sur cette déception,
inhérente aux mots dont nous avons fait jusqu'ici
mauvais usage. Qu'est-ce qui me retient de
brouiller l'ordre des mots, d'attenter de cette
manière à l'existence toute apparente des choses !
Le langage peut et doit être arraché à son servage.
Plus de descriptions d'après nature, plus d'études
de mœurs. Silence, afin qu'où nul n'a jamais
passé je passe, silence ! — Après toi, mon beau
langage.

202/ A. BRETON, « Introduction au discours sur le peu
de réalité » (1924), dans *Point du jour,* Gallimard,
« Idées », pp. 22-23.

« J'ai mis un bonnet rouge au vieux dictionnaire »,
déclarait Victor Hugo qui, ce faisant, laissait la syntaxe en paix. L'attitude de Breton est plus ambiguë.
Préoccupé de percevoir un discours latent dont il ne
connaît pas les lois, il se résout au laisser-faire, ce que
lui reproche Paul Nougé, un surréaliste belge, fort de
l'expérience Dada.

S   RÉFLEXIONS À VOIX BASSE

pour A. B.

La défiance que nous inspire l'écriture ne laisse
pas de se mêler d'une façon curieuse au sentiment
des vertus qu'il lui faut bien reconnaître. Il n'est
pas douteux qu'elle ne possède une aptitude sin-
gulière à nous maintenir dans cette zone fertile en
dangers, en périls renouvelés, la seule où nous
puissions espérer de vivre.

L'état de guerre sans issue qu'il importe d'entretenir en nous, autour de nous, l'on constate
tous les jours de quelle manière elle le peut garan-
tir.

Nous lui devons d'éprouver l'extrême de la
tentation, certains moyens aussi de la mettre en
échec.

Ce tour précaire, cette démarche équivoque,
une sournoise humilité, — est-il d'autre raison de
lui être fidèle ?

... L'on peut faire en sorte de croire ici à un
abus de confiance, aux cruautés habituelles du
langage naïvement sollicité.

L'on imaginerait la venue d'un doute essentiel,
et que l'on se veuille palper comme un objet pour
s'assurer de sa propre existence. Il faut alors

qu'émergent les intentions les plus secrètes, que se définissent de précieuses incertitudes. L'on se rassure doucement, si l'on avance en soi comme dans un monde de formes et de couleurs immobiles. Il n'en est plus bientôt qui ne se doivent reconnaître. L'on s'arrête enfin lorsque tout est nommé, que l'on peut se relire comme une page d'écriture.

Si le drame que l'on soupçonnait franchit ces lèvres obstinément serrées, s'il en vient à se dénouer dans la clarté trompeuse des confessions sans réticences, comment alors ne pas s'émouvoir ?

Pareille surprise du langage, il semble qu'intervienne une habitude mal conjurée.

Nous faudrait-il songer à l'audace malheureuse, aux révoltes sans lendemain ?

« Les mots sont sujets à se grouper selon des affinités particulières, lesquelles ont généralement pour effet de leur faire recréer le monde sur son vieux modèle. »

Une semblable clairvoyance demeure sans doute le gage de quelque rupture profonde, imprévisible.

20 avril 1925

203/ P. Nougé, « Rouge 16 », *Correspondance,* dans *Histoire de ne pas rire,* Bruxelles, Les Lèvres nues, 1956, p. 20.

En somme, le langage ne nous jouerait-il pas un de ses tours familiers, nous laissant croire qu'il suffit de nommer une chose pour qu'elle existe, réintroduisant indirectement la force de l'habitude comme jugement d'existence, alors qu'il faudrait une rupture absolue ? Cette critique souligne le danger de nominalisme (théorie médiévale selon laquelle les idées générales ne sont que de pures dénominations, qui ne correspondent à aucune réalité), concept qu'avec sa fougue coutumière Aragon s'empresse de revendiquer pour le surréalisme, non sans équivoque.

S   L'identité des troubles provoqués par le surréalisme, par la fatigue physique, par les stupéfiants, leur ressemblance avec le rêve, les visions mystiques, la séméiologie des maladies mentales, nous entraînèrent à une hypothèse qui, seule, pouvait répondre à cet ensemble de faits et les relier : l'existence d'une matière mentale, que la similitude des hallucinations et des sensations nous forçait à envisager différente de la pensée, dont la pensée même ne pouvait être, et aussi bien dans ses modalités sensibles, qu'un cas particulier. Cette matière mentale, nous l'éprouvions par son pouvoir concret, par son pouvoir de concrétion. Nous la voyions passer d'un état dans un autre, et c'est par ces transmutations qui nous en décelaient l'existence que nous étions également renseignés sur sa nature. Nous voyions, par exemple, une image écrite qui se présentait premièrement avec le caractère du fortuit, de l'arbitraire, atteindre nos sens, se dépouiller de l'aspect verbal, pour revêtir les modalités phénoménales que nous avions toujours crues impossibles à provoquer, fixes, hors de notre fantaisie. Rien ne nous assurait plus que tout ce qui se produisait dans le champ de notre conscience et de notre corps n'avait pas surgi par l'effet de cette activité paradoxale à laquelle nous avions soudainement part. Ainsi, imaginant la réciproque de notre expérience, toute sensation, toute pensée à en faire la critique, nous la réduisions à un mot. Le *nomina-*

lisme absolu trouvait dans le surréalisme une démonstration éclatante, et cette matière mentale dont je parlais, il nous apparaissait enfin qu'elle était le vocabulaire même : *il n'y a pas de pensée hors des mots,* tout le surréalisme étaie cette proposition, qui rencontre aujourd'hui, bien qu'elle ne soit pas nouvelle, plus d'incrédulité que les vagues opinions sans cesse démenties par les faits des réalistes qu'on emporte un beau soir de pluie au Panthéon.

204/ L. ARAGON, *Une vague de rêve,* dans *L'Œuvre poétique,* Livre Club Diderot, t. II, pp. 234-236.

Au vrai, le magicien Aragon procède à l'un de ces retournements spéculatifs dont il est familier : tandis que Breton tentait, par différentes expériences (écriture automatique, sommeils provoqués, simulations d'états pathologiques), de cerner le courant de la langue sous-jacent, l'auteur d'*Anicet* annonçait glorieusement que la pensée était matière (et non esprit), une matière totalement concrétisée par les mots. La divergence était notable ; elle devait laisser son empreinte dans l'histoire du surréalisme.

Quoi qu'il en soit, l'ensemble du mouvement tombait sous le coup des critiques de Drieu, dénonçant chez ses anciens amis un double retour du refoulé ; c'est-à-dire une tentation irrépressible pour la littérature et, en guise de découvertes, l'omniprésence du passé revenant à travers le langage de la même façon que la petite enfance au moyen du rêve :

En effet, vous vous êtes confiés aux mots. Vous avez vu, dans l'exercice conscient et organisé d'un nominalisme absolu, un puissant moyen de disqualification de la forme littéraire figée. Vous avez espéré noyer les mots dans les mots et, somme toute, les laver de toutes les significations fatiguées et desséchées qui en font des monnaies frustes et couvertes de vert-de-gris.

Mais avez-vous réfléchi que, dans une extrême civilisation, le sens le plus subtil et le plus perverti des mots a un tout-puissant pouvoir vénéneux sur d'extrêmes civilisés comme vous êtes ?

Dans des cerveaux saturés de littérature comme les vôtres, l'écriture automatique ne pouvait déchaîner qu'une frénésie de préciosité, de subtilité. Que vous dormiez debout ou assis, la machine littéraire, même poussée à la plus folle allure, ne peut que vous dispenser une vitesse acquise. En vous abandonnant à la course de votre plume, vous vous livriez à la pire littérature, celle qui est faite, celle qui pourrit, à la mémoire. Le rêve c'est la mémoire, une mémoire dérangée par les fées, mais les fées, dans un cerveau de littérateur, ne peuvent que remuer de la littérature.

S'il y a une décadence bourgeoise, vous êtes les plus décadents des écrivains bourgeois. Et c'est pourquoi, intoxiqués d'images, vous devenez des iconoclastes : vous essayez d'arracher cette tunique de Nessus qu'est pour vous cette extrême culture qui grouille sur vous comme un peuple de vers.

Ne trouvez-vous pas naturel que les prolétaires vers qui vous allez soient choqués par tout ce raffinement pervers qui s'étale dans la Révolution Surréaliste ?

205/ P. Drieu La Rochelle, « Troisième lettre aux surréalistes », dans *Les Derniers jours,* 7e cahier, 8 juillet 1927.

Parallèlement à la libération du langage, le surréalisme, à la suite de Dada, se livre à ce que Breton nomme une chimie verbale et qui est un travail du texte. Prenant exemple des équations verbales de Duchamp, dans l'article intitulé « Les mots sans rides », Breton s'emploie à dégager les propriétés des mots, en eux-mêmes et dans leurs relations réciproques, prêtant attention à leur allure, leur sonorité, leur architecture. A travers les jeux de mots, il constate : « Ce sont nos plus sûres raisons d'être qui sont en jeu. » Du reste, conclut-il, « les mots ont fini de jouer, les mots font l'amour ».

S   OCULISME DE PRÉCISION
RROSE SÉLAVY
NEW YORK-PARIS
POILS ET COUPS DE PIEDS
EN TOUS GENRES

Rrose Sélavy trouve qu'un incesticide doit coucher avec sa mère avant de la tuer ; les punaises sont de rigueur.

Rrose Sélavy et moi esquivons les ecchymoses des Esquimaux aux mots exquis.

Question d'hygiène intime :
Faut-il mettre la moelle de l'épée dans le poil de l'aimée ?

Abominables fourrures abdominales.

Parmi nos articles de quincaillerie paresseuse, nous recommandons un robinet qui s'arrête de couler quand on ne l'écoute pas.

La mode pratique, création Rrose Sélavy :
La robe oblongue, dessinée exclusivement pour
dames affligées du hoquet.

La différence entre un bébé qui tète et un premier
prix d'horticulture potagère est que le premier est
un souffleur de chair chaude et le second un
chou-fleur de serre chaude.

Nous livrons à domicile : moustiques domestiques (demi-stock).

Des bas en soie... la chose aussi.

A charge de revanche ; à verge de rechange.

A coups trop tirés.

Litanie des saints :
Je crois qu'elle sent du bout des seins.
Tais-toi, tu sens du bout des seins.
Pourquoi sens-tu du bout des seins ?
Je veux sentir du bout des seins.

206/ M. DUCHAMP, *Marchand du sel,* Flammarion,
1975, pp. 153-154.

Par-delà la surprise et le plaisir complexe que sus-
citent ces contrepèteries, calembours, paronomases et
à-peu-près, il y a cette « Recherche des *Mots premiers*
(divisibles seulement par eux-mêmes et par l'unité) »
qui sont la condition même du langage, selon Duchamp.

Quant à Desnos, « l'amant des homonymes », grand
producteur de jeux verbaux, qui se déclarait en communion mentale avec Rrose Sélavy (i.e. Duchamp),
voici l'un de ses poèmes où les mots libérés jouent

aux quatre coins et nous ouvrent la porte d'un univers
parallèle.

S

IDÉAL MAITRESSE

Je m'étais attardé ce matin-là à brosser les dents
d'un joli animal que, patiemment, j'apprivoise.
C'est un caméléon. Cette aimable bête fuma,
comme à l'ordinaire, quelques cigarettes, puis je
partis.

Dans l'escalier je la rencontrai. « Je mauve »,
me dit-elle et tandis que moi-même je cristal à
pleine ciel-je à son regard qui fleuve vers moi.

Or il serrure et, maîtresse ! Tu pitchpin qu'a
joli vase je me chaise si les chemins tombeaux.

L'escalier, toujours l'escalier qui bibliothèque
et la foule au bas plus abîme que le soleil ne
cloche.

Remontons ! mais en vain, les souvenirs se sar-
dine ! à peine, à peine un bouton tirelire-t-il.
Tombez, tombez ! En voici le verdict : « La dan-
seuse sera fusillée à l'aube en tenue de danse avec
ses bijoux immolés au feu de son corps. Le sang
des bijoux, soldats ! »

Eh quoi, déjà je miroir. Maîtresse tu carré noir
et si les nuages de tout à l'heure myosotis, ils
moulins dans la toujours présente éternité.

207/ R. DESNOS, *Corps et Biens,* Gallimard, « Poésie »,
1968, p. 75.

Pour sa part, Michel Leiris, lui-même inspiré par
les exercices poétiques de Desnos, constitue un glossaire où les mots, coupés et manipulés selon des règles
strictes, laissent apparaître, en profondeur, des possibilités infinies d'énonciation.

S   *A Robert Desnos.*

A

ABÎME — vie secrète des amibes.

ABONDANCE (non-sens, sans l'abandon.)

ABRUPT — âpre et brut.

ABRUTI, abrité.

ABSENCE — espace vacant, d'un banc de sable qui
s'en va...

ABSOLU — base unique : sol aboli.

ACADÉMIE — macadam pour les mites.

ACCALMIE — lame de mica tranquille.

ACCIDENT — phénomène en dents de scie (la scie
est l'axe).

ACCOUPLEMENT — poulpe d'amants, en coupe.

ACROBATE — embarqué de bas en haut, de haut en
bas, il bat du corps et baratte l'air sans
accrocs.

ACTE, attaque.

AGONIE — je divague, j'affirme et je nie tour à
tour, honni par l'âge qui m'est une dague.

AIGLE — angle d'ailes.

AIR (sais-je flairer ses raies légères ?)

AISSELLES — les aimer, y essaimer...

208/ M. LEIRIS, *Mots sans mémoire*, Gallimard, 1969,
p. 73.

Le pouvoir créateur des mots, à quoi s'est fié le
surréalisme, offre matière à une anthologie. Citons
seulement, pour lui rendre justice, un fragment emprunté à Vitrac, l'initiateur et le seul dont les jeux
verbaux dépassent les frontières de la phrase.

S

PEAU-ASIE
(Fragments)

L'air des cimes est le lait des crimes. Les fards des joues déjouent les phares. Les vaisseaux seront sauvés des ronces. Les désirs chauds déchirent les os et la mort encourt l'amour encore. Les adolescents aux sens adulés par les fièvres se fient aux lèvres. Les cuisses entrevues, centres des vices, trucs des jambes tremblent dans les jupes. Les seins se rendent, les reins se tendent et les doigts crispés en croix, dépités, saignent aux ongles. Songez aux aigles, chairs offertes, chauds Werthers. Ils volent déployés des pôles aux foyers terribles. Cibles de Cythère. Ambre amassé. Amants embrassés.

Désirs nouveaux. Douze aux navires se lamentent, tendent la main vers l'aine blanche, vers les branches blêmes. Les cierges avides auprès des vierges assises brûlent des cris lubriques.

Le poison des dents sur la toison des paons marque la peau d'émaux de Parques. Les yeux blancs, les ans bleus sont leurs cernes. Cercles sonneurs.

209/ R. Vitrac, *Dés-Lyre,* Gallimard, 1964, p. 31.

Travail du mot d'une part, libération d'un langage des profondeurs d'autre part, s'ils expriment deux moments et deux versants du surréalisme, ne sont pas contradictoires. A preuve l'activité ludique où la passivité, le hasard s'allient au concerté.

A travers ces variations, le surréalisme prétend aller plus loin. En désaliénant toute forme d'expression, il donne à son geste une portée sociale, tant il est vrai que modifier le produit d'une société transforme la société elle-même.

S   Le problème de l'action sociale n'est, je tiens à y revenir et j'y insiste, qu'une des formes d'un problème plus général que le surréalisme s'est mis en devoir de soulever et qui est *celui de l'expression humaine sous toutes ses formes.* Qui dit expression dit, pour commencer, langage. Il ne faut donc pas s'étonner de voir le surréalisme se situer tout d'abord presque uniquement sur le plan du langage et, non plus, au retour de quelque incursion que ce soit, y revenir comme pour le plaisir de s'y comporter en pays conquis. Rien, en effet, ne peut plus empêcher que, pour une grande part, ce pays soit conquis. Les hordes de mots littéralement déchaînés auxquels Dada et le surréalisme ont tenu à ouvrir les portes, quoi qu'on en ait, ne sont pas de celles qui se retirent si vainement. Elles pénétreront sans hâte, à coup sûr, dans les petites villes idiotes de la littérature qui s'enseigne encore et, confondant sans peine ici les bas et les hauts quartiers, elles feront posément une belle consommation de tourelles. Sous prétexte que, par nos soins, la poésie est, à ce jour, tout ce qui se trouve sérieusement ébranlé, la population ne se méfie pas trop, elle construit çà et là des digues sans importance. On feint de ne pas trop s'apercevoir que le mécanisme logique de la phrase se montre à lui seul de plus en plus impuissant, chez l'homme, à déclencher la secousse émotive qui donne réellement quelque prix à sa vie. Par contre, les produits de cette activité spontanée ou *plus* spontanée, directe ou *plus* directe, comme ceux que lui offre de plus en plus nombreux le surréalisme sous forme de livres, de tableaux et de films et qu'il a commencé par regarder avec stupeur, il s'en entoure maintenant et il s'en remet plus ou moins timidement à eux du soin de bouleverser sa façon de sentir.

210/A. Breton, *Second Manifeste,* dans *Manifestes...,* Gallimard, « Idées », pp. 108-109.

Réfléchissant sur l'attitude des surréalistes à l'égard du langage, Maurice Blanchot souligne, à juste titre, leur découverte de l'écriture automatique comme absolu, expression de la vie immédiate.

Les surréalistes ont tiré de cette « découverte » les plus brillantes conséquences littéraires et, pour le langage, les effets les plus ambigus et les plus variés. Dans ce domaine, ils semblent encore, avant tout, des destructeurs. Ils sont déchaînés contre le discours ; ils lui retirent tout droit à signifier utilement quelque chose ; comme moyen de relations sociales, de désignation précise, ils le brisent férocement. Le langage paraît non seulement sacrifié, mais humilié. Pourtant, il s'agit d'autre chose : le langage disparaît comme instrument, mais c'est qu'il est devenu sujet. Grâce à l'écriture automatique, il bénéficie de la plus haute promotion. Il se confond maintenant avec la « pensée » de l'homme, il est relié à la seule spontanéité véritable : il est la liberté humaine agissant et se manifestant. Que les constructions rationnelles soient rejetées, que les significations universelles s'évanouissent, cela veut dire que le langage ne doit pas être *utilisé,* qu'il ne doit pas servir à exprimer, qu'il est libre, la liberté même.

Quand les surréalistes parlent d'« affranchir » les mots, de les traiter autrement que comme de petits auxiliaires, c'est une véritable revendication sociale qu'ils ont en vue. Il y a des hommes et une classe d'hommes que d'autres tiennent pour des instruments et des éléments d'échange : dans les deux cas, la liberté, la possibilité pour l'homme d'être sujet, est mise directement en cause.

Seulement, cette émancipation des mots ne peut être qu'à double sens. D'un côté, dans l'écriture automatique, ce n'est pas à proprement parler le mot qui devient libre, mais le mot et ma liberté ne font plus qu'un. Je me glisse dans le mot, il garde mon empreinte et il est ma réalité imprimée ; il adhère à ma non-adhérence. Mais d'un autre côté, cette liberté des mots signifie que les mots deviennent libres pour eux-mêmes : ils ne dépendent plus exclusivement des choses qu'ils expriment, ils agissent pour leur compte, ils jouent et, comme dit Breton, « ils font l'amour ». Les surréalistes se sont très bien aperçus — et ils s'en sont servis admirablement — du caractère bizarre des mots : ils ont vu qu'ils avaient leur spontanéité propre. Depuis longtemps déjà, le langage prétendait à un type d'existence particulier : il refusait la simple transparence, il n'était pas seulement un regard, un moyen vide de voir ; il existait, il était une chose concrète et même une chose colorée. Les surréalistes comprennent en outre que ce n'est pas une chose inerte : il a une vie à lui et un pouvoir latent qui nous échappe.

211/ M. BLANCHOT, *La Part du feu*, Gallimard, pp. 94-96.

Cependant, en montrant le processus par lequel le langage, d'objet, devient sujet et acquiert une autonomie intégrale, Blanchot feint de croire les mots libres de toute attache alors qu'ils sont, quoi qu'on fasse, un produit social. Ce que, malgré tout, les surréalistes n'ont jamais perdu de vue.

⁎
⁎

L'inspiration ; « c'est oracle ce que je dis »
(Rimbaud)

Dès lors qu'ils considèrent le langage comme un fleuve souterrain qu'ils ont le devoir de ramener au jour, les surréalistes sont conduits à poser le problème de l'inspiration en des termes différents des romantiques. Pour eux, ce fleuve se donne à tous, il suffit de savoir entendre sa rumeur, c'est-à-dire de se placer dans des conditions favorables à l'écoute. A l'attention prêtée à une voix extérieure, à la visitation, se substitue une faculté de distraction, une disponibilité de tous les instants, permettant l'effraction de la voix d'ombre. Mais alors demeure la question de l'aptitude des uns et des autres à transcrire ce qui de l'inconnu leur parvient. Pour Aragon, la personnalité du scripteur entre en jeu, et ce qu'il écrit de cette façon tombe sous le coup d'une critique de valeur :

S Le surréalisme est l'inspiration reconnue, acceptée, et pratiquée. Non plus comme une visitation inexplicable, mais comme une faculté qui s'exerce. Normalement limitée par la fatigue. D'une ampleur variable suivant les forces individuelles. Et dont les résultats sont d'un intérêt inégal. Il ne manquera pas de fleuristes pour me faire remarquer que tout le monde sait ça, que ça tombe sous le sens. Par exemple, voilà qui est fort. Tout au contraire la légende règne qu'il suffit d'apprendre le truc, et qu'aussitôt des textes d'un grand intérêt poétique s'échappent de la plume de n'importe qui comme une diarrhée inépuisable. Sous prétexte qu'il s'agit de surréalisme, le premier chien venu se croit autorisé à égaler ses petites cochonneries à la poésie véritable, ce qui est d'une commodité merveilleuse pour l'amour-propre et la sottise. Seulement, le malheur, c'est que même, c'est que surtout quand la critique discursive ne sévit plus, la personnalité de celui qui écrit s'objective, et à cet égard, on peut dire en quelque sorte qu'un texte surréaliste, en fonction de son auteur, atteint à une objectivité analogue à celle du rêve, qui dépasse de beaucoup le degré d'objectivité relative des textes ordinaires, où les défaillances n'ont aucune valeur, alors que dans le texte surréaliste elles sont encore des faits *mentaux,* intéressants au même titre que leurs contraires. La valeur documentaire d'un tel texte est celle d'une photographie. En réalité toute poésie est surréaliste *dans son mouvement.* C'est ce qui engage les singes appliqués à en reproduire les gestes en face de leur miroir à penser qu'ils sont des poètes. Mais non, mais non. Ils sont simplement les sujets d'une expérience, à laquelle ils n'apportent que la banalité de petites tentatives déjà connues. Il y a moyen, si choquant qu'on le trouve, de distinguer entre les textes surréalistes. D'après leur force. D'après leur nouveauté. Et il en est d'eux comme des rêves : ils ont à être bien écrits. J'entends d'ici les exclamations hypocrites. Et qui vous dit que pour bien écrire il faut s'arrêter sept ans entre chaque mot ? Bien écrire, c'est comme marcher droit. Mais si vous titubez, ne me donnez pas cet affligeant spectacle. Cachez-vous. Il y a de quoi être honteux.

212/ L. ARAGON, *Traité du style,* Gallimard, pp. 187-189.

On sait que Breton lui-même a conservé de nombreux cahiers de textes surréalistes que lui remettaient ses amis, sans jamais les publier, non pas pour des raisons d'esthétique mais parce que leurs auteurs n'avaient pas observé ce qui se passait en eux lorsqu'ils écrivaient, parce qu'ils n'aidaient pas à déterminer l'origine de la voix, à élucider le phénomène de l'inspiration :

S Une telle confusion est, bien entendu, de nature à nous priver de tout le bénéfice que nous pourrions trouver à ces sortes d'opérations. La grande valeur qu'elles présentent pour le surréalisme tient, en effet, à ce qu'elles sont susceptibles de nous livrer des étendues *logiques* particulières, très précisément celles où jusqu'ici la faculté logique, exercée en tout et pour tout dans le conscient, n'agit pas. Que dis-je ! Non seulement ces étendues logiques restent inexplorées, mais encore on demeure aussi peu renseigné que jamais sur l'origine de cette *voix* qu'il ne tient qu'à chacun d'entendre, et qui nous entretient le plus singulièrement d'autre chose que ce que nous croyons penser, et parfois prend un ton grave alors que nous nous sentons le plus légers, ou nous conte des sornettes dans le malheur. Elle n'obéit pas, d'ailleurs, à ce simple besoin de contradiction... [...]

Par ailleurs [le surréalisme] exige que, par le chemin inverse de celui que nous venons de les voir suivre, ceux qui possèdent, au sens freudien, la « précieuse faculté » dont nous parlons, s'appliquent à étudier sous ce jour le mécanisme complexe entre tous de l'*inspiration* et, à partir du moment où l'on cesse de tenir celle-ci pour une chose sacrée, que, tout à la confiance qu'ils ont en son extraordinaire vertu, ils ne songent qu'à faire tomber ses derniers liens, voire — ce qu'on n'eut jamais encore osé concevoir — à se la soumettre. Inutile de s'embarrasser à ce propos de subtilités, on sait assez ce qu'est l'inspiration. Il n'y a pas à s'y méprendre ; c'est elle qui a pourvu aux besoins suprêmes d'expression en tout temps et en tous lieux. On dit communément qu'elle *y est* ou qu'elle n'y est pas et, si elle n'y est pas, rien de ce que suggèrent auprès d'elle l'habileté humaine qu'oblitère l'intérêt, l'intelligence discursive et le talent qui s'acquiert par le travail, ne peut nous guérir de son absence. Nous la reconnaissons sans peine à cette prise de possession totale de notre esprit qui, de loin en loin, empêche que pour tout problème posé nous soyons le jouet d'une solution rationnelle plutôt que d'une autre solution rationnelle, à cette sorte de court-circuit qu'elle provoque entre une idée donnée et sa répondante (écrite par exemple). Tout comme dans le monde physique, le court-circuit se produit quand les deux « pôles » de la machine se trouvent réunis par un conducteur de résistance nulle ou trop faible. En poésie, en peinture, le surréalisme a fait l'impossible pour multiplier ces courts-circuits. Il ne tient et il ne tiendra jamais à rien tant qu'à reproduire artificiellement ce moment idéal où l'homme, en proie à une émotion particulière, est

soudain empoigné par ce « plus fort que lui » qui
le jette, à son corps défendant, dans l'immortel.
Lucide, éveillé, c'est avec terreur qu'il sortirait de
ce mauvais pas. Le tout est qu'il n'en soit pas
libre, qu'il continue à parler tout le temps que
dure la mystérieuse sonnerie : c'est, en effet, par
où il cesse de s'appartenir qu'il nous appartient.

213/ A. BRETON, *Second Manifeste,* dans *Manifestes...,*
Gallimard, « Idées », pp. 116, 119-121.

Quelques années après, traitant du « message automatique » (1933) (voir ci-dessus p. 179), Breton résu-
mera les apports du mouvement à cet égard : remettre en faveur l'inspiration telle qu'elle vient d'être
définie, apprécier la qualité des textes surréalistes en
fonction de leur pouvoir d'élucidation, situer l'origine
de la voix dans le sujet et non à l'extérieur, chercher à
unifier la personnalité au lieu de la dissocier comme
fait le spiritisme, marquer le caractère *verbal* et non
visionnaire de l'inspiration. « Le propre du surréalisme, poursuit-il, est d'avoir proclamé l'égalité totale
de tous les êtres humains normaux devant le message
subliminal, d'avoir constamment soutenu que ce message constitue un patrimoine commun dont il ne tient
qu'à chacun de revendiquer sa part et qui doit à tout
prix cesser très prochainement d'être tenu pour l'apanage de quelques-uns. »
Pour le surréalisme comme pour la psychanalyse, il
y a donc un double courant psychique, susceptible de
produire des œuvres d'esthétique opposée, selon l'époque considérée et l'attention qu'elle accorde à la
raison ou à l'inconscient. Tristan Tzara s'efforça de
théoriser cela, avant de retracer, selon ces deux axes,
l'histoire de la poésie française, en indiquant le but

final du surréalisme, qui est bien d'unir deux courants (voir ci-dessus, p. 81).

Par ses œuvres et par ses observations, le surréalisme nous apporte des témoignages précieux sur le phénomène de l'inspiration. Philippe Soupault qui fut le pionnier et l'explorateur de l'insolite, a conservé sa vie durant la même aptitude :

S Il y a deux façons d'écrire des poèmes, du moins en ce qui me concerne. La première, c'est celle qui m'est dictée. Je veux dire par là qu'à la suite d'un choc quelconque, je sens se former en moi une sorte de nébuleuse : j'entends des mots, je vois naître des vers ainsi que des rythmes. Cette espèce d'incubation peut durer plusieurs jours et même plusieurs semaines. Et puis, un soir, souvent même en pleine nuit, à la suite d'un autre choc, je prends mon stylo et du papier rayé et je me mets à écrire ce poème qui m'a été, en quelque sorte, imposé. Chose curieuse, tant que je ne l'ai pas écrit, je le sais par cœur. Dès qu'il est écrit, je l'oublie.

Il est une autre forme d'écriture. Supposez que j'éprouve une sorte de vide en moi, un vertige. Je me mets devant une feuille de papier qui n'est pas rayé, je prends mon stylo et j'écris sans avoir auparavant connu ce que j'allais écrire.

Les conditions de l'écriture sont bizarres pour chacun. Musset écrivait plus facilement, quand il avait un bougeoir à trois branches allumé près de lui. Schiller ne se sentait en état de poésie que si son tiroir contenait des pommes qui commençaient à mûrir. Pour moi, la neige me met toujours dans un état particulier. Je n'oublie pas que mon tout premier poème fut écrit un jour de neige à l'hôpital du boulevard Raspail. Dès qu'il se met à neiger, je n'y tiens plus, j'ai envie de composer des poèmes. Quand j'entends le galop d'un cheval également, j'éprouve ce vertige poétique. La chose est devenue très rare à Paris : c'est peut-être pour cela que ma production est si peu abondante.

A certaines périodes d'autre part, je me mets à rêver énormément la nuit — ou, plus exactement, je me souviens davantage de mes rêves, ils s'imposent à moi. Les rêves sont rapides et d'une extraordinaire abondance. Je me lève pour les rerêver. Si je n'écris pas pendant cette période, je reste dans un état de distraction morbide. Si j'écris des textes qui restent proches du climat de mes rêves, je me sens comme délivré. Je m'exprime sans aucune rature. Je ne m'autorise même pas dans ce cas à me corriger.

Lorsqu'un peu plus tard je me relis, je suis étonné et il m'arrive souvent de partir d'un grand éclat de rire solitaire. Il me semble m'être prêté à une force extérieure à moi-même.

214/ PH. SOUPAULT, dans J.-J. Dupuy, *Philippe Soupault*, Seghers,1957, pp. 96-97.

Malheureusement, tous n'ont pas la même facilité que celui-ci dont Breton nous dit qu'il lui suffisait de s'asseoir n'importe où, à la table d'un café, pour écrire un poème sur lequel il ne revenait jamais. Artaud cherche à exprimer le cri originel de son être, mais il est conscient des difficultés inhérentes au physique : « Un homme se possède par éclaircies, et même quand il se possède, il ne s'atteint pas tout à fait. » Il poursuit :

S Je me rends parfaitement compte des arrêts et des saccades de mes poèmes, saccades qui touchent à l'essence même de l'inspiration et qui proviennent de mon indélébile impuissance à me concentrer sur un objet. Par faiblesse physiologique, faiblesse qui touche à la substance même de ce que l'on est convenu d'appeler l'âme et qui est l'émanation de notre force nerveuse coagulée autour des objets. Mais de cette faiblesse toute l'époque souffre. Ex. : Tristan Tzara, André Breton, Pierre Reverdy. Mais eux, leur âme n'est pas physiologiquement atteinte, elle ne l'est pas substantiellement, elle l'est dans tous les points où elle se joint avec autre chose, elle ne l'est pas *hors de la pensée ;* alors d'où vient le mal, est-ce vraiment l'air de l'époque, un miracle flottant dans l'air, un prodige cosmique et méchant, ou la découverte d'un monde nouveau, un élargissement véritable de la réalité ? Il n'en reste pas moins qu'ils ne souffrent pas et que je souffre, non pas seulement dans l'esprit, mais dans la chair et dans mon âme de tous les jours. Cette inapplication à l'objet qui caractérise toute la littérature, est chez moi une inapplication à la vie.

215/ A. Artaud. « Lettre à Jacques Rivière », 25 mai 1924, dans *O.c.,* Gallimard, t. I, p. 39.

Manque de concentration ou excès d'attention paralysant le discours oraculaire ? Il semble qu'Artaud ait voulu forcer l'inspiration. A l'opposé, le témoignage d'un peintre, maître du hasard et des illusions, nous permet de comprendre que l'inspiration visuelle ne procède pas autrement que la verbale (en contrepoint de ce qu'affirme Breton) et qu'en somme tout dépend du sujet.

S A l'époque où nous étions particulièrement passionnés par les recherches et les premières découvertes dans le domaine du collage, il arriva que, tombant par hasard ou comme par hasard sur (par exemple) les pages d'un catalogue où figuraient des objets pour la démonstration anatomique ou physique, nous y trouvâmes réunis des éléments de figuration tellement distants que l'absurdité même de cet assemblage provoqua en nous la succession hallucinante d'images contradictoires, se superposant les unes aux autres avec la persistance et la rapidité qui sont le propre des souvenirs amoureux. Ces images appelaient elles-mêmes un plan nouveau, pour leurs rencontres dans un inconnu nouveau (le plan de non-convenance). Il suffisait alors d'ajouter, en peignant ou en dessinant, et pour cela en ne faisant que reproduire docilement *ce qui se voit en nous,* une couleur, un griffonnage, un paysage étranger aux objets représentés, le désert, le ciel, une coupe géologique, un plancher, une seule ligne droite signifiant l'horizon, pour obtenir une image fidèle et fixe de notre hallucination et transformer en un drame révélant nos plus secrets désirs, ce qui auparavant n'était qu'une banale page de publicité. Autre exemple : un ornement « second empire » trouvé dans un livre pour l'enseignement du dessin montra, en se présentant à nous, une forte propension à se transformer en une chimère, tenant à la fois d'un oiseau, d'une pieuvre, d'un homme et d'une femme. Le dessin de moi reproduit dans ce numéro témoigne de cette obsession. Il semble que déjà nous touchions par là à ce que Dali appellera plus tard « l'image para-noïaque » ou « image multiple ».

216/ M. ERNST, « Comment on force l'inspiration », dans *Le Surréalisme, A.S.D.L.R.*, n° 6, p. 44.

Fort de toutes ces expériences, le critique Maurice Blanchot dénonce certains mythes répandus par les surréalistes. Si l'inspiration est don, elle n'est pas facilité et n'implique pas que tout le monde soit poète. En vérité, l'homme qui en est la proie se trouve dépossédé au profit d'un discours qu'il croit infini, qui serait la parole des origines, et qui souvent le laisse stérile ou du moins exige une grande faiblesse de sa part.

Il n'apparaît pas d'abord — c'est là qu'est l'ambiguïté de ce mouvement — que le point vers lequel l'inspiration ou l'écriture automatique nous tourne, cette parole toute rassemblée à laquelle nous avons accès, qui s'ouvre accès à travers nous, en nous annulant, en nous changeant en personne, soit parole avec quoi il ne peut rien être dit. Il semble, au contraire, que si l'on garde contact avec elle, tout pourra se dire, tout ce qui sera dit appartiendra à la pureté de l'origine. Il semble qu'il soit possible d'être à la fois celui qui dispose des mots quotidiens — avec plus ou moins de talent, de ressources — et celui qui touche ce moment du langage où celui-ci n'est pas disponible, où ce qui s'approche, c'est cette parole neutre, indistincte, qui est l'être de la parole, la parole désœuvrée dont il ne peut rien être fait. Et parce que l'écrivain croit rester l'un et l'autre, — l'homme qui dispose des mots et ce lieu où l'indisponible qu'est le langage échappe à toute division, est le pur indéterminé, — il lui vient l'illusion qu'il peut disposer de l'indisponible et, en cette parole originelle, tout dire et donner voix et parole à tout. [...]

Plus l'inspiration est pure, plus celui qui entre dans l'espace où elle l'attire, où il entend l'appel plus proche de l'origine, est démuni, comme si la richesse à laquelle il touche, cette surabondance de la source, était aussi l'extrême pauvreté, était surtout la surabondance du refus, faisait de lui celui qui ne produit pas, qui erre au sein d'un désœuvrement infini. Le sens commun a donc tort de croire que l'état d'aridité auquel sont exposés les artistes les plus inspirés signifie que l'inspiration — cette grâce qui est donnée et retirée — soudain leur fait défaut. Il faut bien plutôt dire qu'il y a un point où l'inspiration et le manque d'inspiration se confondent, un point extrême où l'inspiration, ce mouvement hors des tâches, des formes acquises et des paroles vérifiées, prend le nom d'aridité, devient cette absence de pouvoir, cette impossibilité que l'artiste interroge en vain, qui est un état nocturne, à la fois merveilleux et désespéré, où demeure, à la recherche d'une parole errante, celui qui n'a pas su résister à la force trop pure de l'inspiration.

217/ M. BLANCHOT, *L'Espace littéraire,* Gallimard, 1955, pp. 190-191.

Ambiguïté de l'inspiration, poursuit-il, qui vous veut irresponsable alors que de votre main dépend ce qui s'écrit ; qui procède du sommeil et vous livre à l'insomnie ; qui enfin est la parole du désir.

Ce caractère complexe de l'inspiration, Paul Éluard l'avait perçu lorsqu'il écrivait un recueil poétique en collaboration avec Breton et Char. C'est pourquoi il déplaçait le phénomène vers le lecteur (thème qu'il développera dans *L'Évidence poétique* et dans *Donner à voir*).

S L'idée que l'on peut se faire en secret de la poésie ne limite pas forcément celle-ci. Mais comme les rêves inavouables elle risque de causer des troubles de mémoire et d'empêcher la formation régulière d'un monde supérieur à celui où l'oubli est utile à la conservation prudente de l'individu.

Il faut effacer le reflet de la personnalité pour que l'inspiration bondisse à tout jamais du miroir. Laissez les influences jouer librement, inventez ce qui a déjà été inventé, ce qui est hors de doute, ce qui est incroyable, donnez à la spontanéité sa valeur pure. Soyez celui à qui l'on parle et qui est entendu. Une seule vision, variée à l'infini.

Le poète est celui qui inspire bien plus que celui qui est inspiré.

218/ P. ELUARD, *Ralentir travaux*, dans *O.c.*, Gallimard, « Pléiade », t .I, p. 270.

Pour finir, on citera ces précieux conseils que Raymond Roussel, tant admiré des surréalistes, a voulu léguer à tous ceux qui se croiraient dépourvus d'imagination. Recette infaillible ou simple catalyseur ? Il faut s'y essayer pour en juger.

Je me suis toujours proposé d'expliquer de quelle façon j'avais écrit certains de mes livres (*Impressions d'Afrique, Locus Solus, L'Étoile au Front* et *La Poussière de Soleils*).

Il s'agit d'un procédé très spécial. Et, ce procédé, il me semble qu'il est de mon devoir de le révéler, car j'ai l'impression que des écrivains de l'avenir pourraient peut-être l'exploiter avec fruit.

Très jeune j'écrivais déjà des contes de quelques pages en employant ce procédé.

Je choisissais deux mots presque semblables (faisant penser aux métagrammes). Par exemple *billard* et *pillard*. Puis j'y ajoutais des mots pareils mais pris dans deux sens différents, et j'obtenais ainsi deux phrases presque identiques.

En ce qui concerne *billard* et *pillard* les deux phrases que j'obtins furent celles-ci :

1° *Les lettres du blanc sur les bandes du vieux billard.*

2° *Les lettres du blanc sur les bandes du vieux pillard.*

Dans la première, « lettres » était pris dans le sens de « signes typographiques », « blanc » dans le sens de « cube de craie » et « bandes » dans le sens de « bordures ».

Dans la seconde, « lettres » était pris dans le sens de « missives », « blanc » dans le sens d'« homme blanc » et « bandes » dans le sens de « hordes guerrières ».

Les deux phrases trouvées, il s'agissait d'écrire un conte pouvant commencer par la première et finir par la seconde.

Or c'était dans la résolution de ce problème que je puisais tous mes matériaux.

Dans le conte en question il y avait un *blanc* (un explorateur) qui, sous ce titre « Parmi les noirs », avait publié sous forme de *lettres* (missives) un livre où il était parlé des *bandes* (hordes) d'un pillard (roi nègre).

Au début on voyait quelqu'un écrire avec un *blanc* (cube de craie) des *lettres* (signes typographiques) sur les *bandes* (bordures) d'un billard. Ces lettres, sous une forme cryptographique, composaient la phrase finale : « Les lettres du blanc sur les bandes du vieux pillard », et le conte tout entier reposait sur une histoire de rébus basée sur les récits épistolaires de l'explorateur.

Je montrerai tout à l'heure qu'il y avait dans ce conte toute la genèse de mon livre « Impressions d'Afrique » écrit une dizaine d'années plus tard.

219/ R. ROUSSEL, *Comment j'ai écrit certains de mes livres,* Pauvert, 1963, pp. 3-5.

La quête de l'inspiration, et plus encore de ce flot souterrain qu'elle charrie, est-elle conciliable avec de tels procédés et avec les exercices sur le matériau verbal signalés ci-dessus ? Tout le surréalisme est là, dans un constant effort pour réunir le conscient et l'inconscient dans et à travers le langage.

***

L'humour, « révolte supérieure de l'esprit » (Breton)

Quelle que soit l'origine du langage, quelles que soient ses fonctions pour les surréalistes, il est un trait de l'expression, hérité de Dada, qu'ils n'ont jamais renié : c'est l'humour. A ses contradicteurs, Tzara expliquait que le nom Dada était un synonyme du mot humour, lui-même équivalent de la poésie qu'il souhaitait. Le surréalisme a suivi la même voie, dans la pratique d'abord, avant de théoriser (par les ouvrages d'A. Breton) ce facteur expressif nécessairement subversif, annonçant l'ère future où tous les conflits auront été surmontés.

Avant de prendre connaissance des brulôts dadaïstes, Breton avait rencontré, à l'hôpital militaire de Nantes, un jeune homme, apparemment détaché de tout, dont le comportement, qui lui semblait mettre en pratique les observations de Jarry, allait l'impressionner durablement : Jacques Vaché. Peu après, il lui posait la question essentielle :

S ... Et puis vous me demandez une définition de l'umour — comme cela ! —

« IL EST DANS L'ESSENCE DES SYMBOLES D'ÊTRE SYMBOLIQUES » m'a longtemps semblé digne d'être cela comme étant capable de contenir une foule de choses vivantes : EXEMPLE : vous savez l'horrible vie du réveillematin — c'est un monstre qui m'a toujours épouvanté à cause que le nombre de choses que ses yeux projettent, et la manière dont cet honnête me fixe lorsque je pénètre une chambre — pourquoi donc a-t-il tant d'umour, pourquoi donc ? — Mais voilà : c'est ainsi et non autrement — Il y a beaucoup de formidable UBIQUE aussi dans l'umour — comme vous verrez — Mais ceci n'est naturellement — définitif et l'umour dérive trop d'une sensation pour ne pas être très difficilement exprimable — Je crois que c'est une sensation — J'allais presque dire un SENS — aussi — de l'inutilité théâtrale (et sans joie) de tout.

Quand on sait.

Et c'est pourquoi alors les enthousiasmes (d'abord c'est bruyant), *des autres* sont haïssables — car — n'est-ce pas — nous avons le génie — puisque nous savons l'UMOUR — Et tout — vous n'en aviez d'ailleurs jamais douté ? nous est permis. Tout ça est bien ennuyeux, d'ailleurs.

220/ J. VACHÉ, *Lettres de guerre*, (29 avril 1917), Losfeld, 1970, p. 69.

Supériorité résultant d'une indifférence totale au réel, détachement total, désertion intérieure, l'humour est ce qui permet à Vaché de traverser la guerre. Plus qu'une attitude, Aragon en fait une des conditions de la poésie :

S   Que l'humour est la condition négative de la poésie, ce qui prête à équivoque mais signifie que pour qu'il y ait poésie il faut que l'humour fasse d'abord abstraction de l'anti-poésie, et soudain une bobine de fil prend la vie de l'humour, du coup si vous êtes poète vous en faites une jolie femme ou le murmure des flots dans le corail chanteur, que l'humour est une condition de la poésie, voilà ce que je dis sous une forme détournée. Quel humour chez tous les grands poètes ! Sans nommer Lautréamont.

L'image est d'ailleurs le véhicule de l'humour, et par réciprocité proportionnelle ce qui fait la force de l'image, c'est l'humour. Comparez deux images prises au hasard, et vous en serez poussière. Ce qui explique aussi leur vieillissement, car l'humour n'est délégué à l'image que pour un petit temps, et dès qu'il a renfourché sa motocyclette, le mur commence à se dégrader. Voilà le fondement de l'idée de nouveauté poétique, de laquelle on a mené récemment, et à juste titre, grand bruit. Les voisins se sont plaints : ce sont des emmerdeurs [...].

221/ L. ARAGON, *Traité du style*, Gallimard, pp. 138-139.

Après leur séparation, Breton ne ménagera pas ses sarcasmes à son endroit : « ... M. Aragon qui, dans le *Traité du style*, semble s'être donné pour tâche d'épuiser le sujet (comme on noie le poisson), mais l'humour ne lui a pas pardonné et il n'est personne à qui, par la suite, il ait plus radicalement faussé compagnie [...]. Bon devoir de premier de première qui s'est proposé ce thème comme un autre et qui n'a de l'humour qu'une vue *extérieure* » (*Anthologie de l'humour noir*, Livre de Poche, p. 13). Que la description, voulue humoristique, ne nous fasse pas pénétrer l'essence des choses, soit. Reste qu'Aragon a su marquer l'indispensable présence de l'humour dans le message poétique : non comme un suppléant agréable mais comme une exigence morale.

C'est cette exigence, motivant l'expression surréaliste, que Marco Ristitch détermine en invoquant l'exemple de ses prédécesseurs dont certains se sont suicidés (Vaché, Rigaut) parce qu'ils ont poussé à son extrême logique leur refus du réel objectif.

S Si l'on tient compte de la distinction mentionnée entre la morale réelle (la morale du désir) et la morale moderne (l'attitude révolutionnaire « dépendante de la dialectique sociale »), la réponse à la question : *l'humour est-il une attitude morale ?* est *négative,* tandis qu'à la question *l'humour est-il moral ?* la réponse est *affirmative.* Car, par cela même que l'humour est parfaitement amoral, on peut dire qu'il est parfaitement moral, étant donné que par lui-même, il ne tombe pas sous le coup de la catégorisation du moral et de l'immoral, qui ne peut s'occuper que des *conséquences* pratiques de l'humour. Cependant un tel humour « en soi », en dehors de sa détermination et de ses résultats, qu'il soit utilisable ou non révolutionnairement, pourrait s'imaginer que dans le plein devenir phénoménologique illimité, impensable au stade actuel de notre conscience ou bien dans l'infiniment brève fulguration d'un présent éternisé, c'est-à-dire hors du temps dans l'un et l'autre cas. Mais nous sommes dans le temps, et comment ! Et dans quel temps ! Si donc on conçoit qu'ici, dans l'implacable lumière de la veille, en pleine lutte de classes, le mot *moral* énoncé à haute voix (je ne suis pas seul au monde, tu n'es pas seul au monde, quelqu'un parle à quelqu'un, quelqu'un s'explique à quelqu'un) signifie *conforme aux exigences de la morale moderne,* — car l'énonciation donne aux mots un sens social, — alors, il devient clair que seul est moral ce qui est *révolutionnaire.* Révolutionnaire parce que moral ; moral parce que (peut être considéré comme) révolutionnaire : c'est par ses conséquences, ses résultats que l'on peut juger de la moralité d'une donnée initiale. Parce qu'il ne laisse en paix aucune pierre tombale des siècles, aucune pierre angulaire de l'amphithéâtre de l'éternelle sagesse, l'humour est moral, tout comme la folie, la poésie, l'amour (réponse affirmative). Se pourrait-il d'ailleurs qu'une chose qui *idéalement* s'identifie avec la réalisation désintéressée de l'inconscient, c'est-à-dire avec la morale réelle du désir, qu'une telle chose n'ait pas des conséquences morales ? Mais cela ne veut pas encore dire que l'humour soit une attitude morale. *« L'humour serait l'anarchie s'il pouvait être une attitude. Mais il n'existe qu'instantané, aussi loin que puissent rouler ses conséquences, dont il n'est pas responsable et qu'il n'a pas pu prévoir »* (Kotcha Popovitch).

222/ M. RISTITCH, « L'humour, attitude morale », dans *Le Surréalisme A.S.D.L.R.*, n° 6, 15 mai 1933, pp. 37-38.

A l'inverse, et plus justement, Tristan Tzara en fait un facteur d'espoir. Il pense que, dans l'avenir, la réduction « des monstrueux antagonismes entre l'individu et la société moderne » laissera s'exprimer librement l'ambivalence du sentiment, de sorte qu'on verra naître une nouvelle lumière, la lumière de l'humour, déjà présente au cœur de la poésie.

S Toute mon angoisse et le feu qui la soutient, je les confie à l'espoir de voir un jour prochain, grâce à la réduction des monstrueux antagonismes entre l'individu et la société moderne, s'exprimer librement, ouvertement, couramment, l'ambivalence des sentiments, dans un monde où les coutumes n'interdiront plus son emploi et où la justice ne s'exercera plus en vertu de la trop simple opposition du noir au blanc. Quand, sans être accusé de duplicité, on pourra facilement dire à l'ami qu'on aime, qu'en même temps on le hait et quand les transports d'amour seront accompagnés des transports de destruction inhérents à la nature de l'amour (enfin connue, il sera grandement temps d'en parler en connaissance de cause !) quand les formes de la pensée permettront de ne plus s'en offusquer (l'hypocrisie du mot sincérité !) quand on n'usera plus de la sublimation par la politesse pour éviter de refouler et d'avilir un membre de la phrase à balancement défectueux, lourd de milliers de responsabilités, on verra naître comme une lumière artificielle dans la lumière du soleil et la chaleur d'un poêle allumé en plein été, on verra naître, dis-je, une nouvelle lumière qui se nichera dans la lumière, une force inséparable de tout acte humain, l'humour. Issu de la contradiction des sentiments, il exercera à son tour sur la thèse et l'antithèse qui l'ont constitué, une action qui seule leur donnera un sens valable en les liant et les changeant dans leur essence. Ce sera enfin, dans sa plus belle nudité, le parti pris qui remplacera la vérité. L'ingratitude et l'hypothèse — on connaît leur rôle comme instruments de prospection de la nature humaine, sur cette couche poétique qui mime l'acte de connaissance jusqu'au plus secret fortuit — seront les pièces maîtresses parmi les lois de sens commun. Elle existe bel et bien, cette force de persuasion (je prends ici son sens actif de véritable objet de mutation) dont l'humour dispose dans la poésie, intégré comme il est dans la masse de celle-ci, par la vision dont il éclaire les relations des choses et des êtres, par une négation intrinsèque et constante de l'objet affirmé qu'il accompagne et qu'il détruit ou par la suspicion qu'il jette, gratuitement en apparence, nécessairement à l'examen, sur l'entre-jeu des pensers dirigé et non dirigé. Résultant du hasard, il retournera au hasard, mais à un hasard humanisé qui aurait vécu l'espace d'une mémoire, un hasard qui aurait appris à la mémoire ses aventureuses façons de vivre et les inappréciables perspectives qu'il offre à l'espoir humain, à travers les chutes et les infirmités, de mettre à jour l'objet des rêves, en dehors de tout concours de circonstance.

223/ T. Tzara, *Grains et Issues*, Flammarion, pp. 86-88.

Selon lui, « l'humour est la revanche de l'individu en butte aux traquenards de ses limites », un facteur de survie et non d'exclusion.

Mais, une fois de plus, Breton va formuler la théorie du phénomène, en introduisant le concept d'*humour noir*. A l'origine, il y a l'humour objectif, que Hegel définit dans son *Esthétique :*

S   Pour qu'il y ait humour... le problème restera posé. On peut toutefois considérer que Hegel a fait faire à l'humour un pas décisif dans le domaine de la connaissance lorsqu'il s'est élevé à la conception d'un *humour objectif.* « L'art romantique, dit-il, avait pour principe fondamental la concentration de l'âme en elle-même, qui, ne trouvant pas que le monde réel répondît parfaitement à sa nature intime, restait indifférente en face de lui. Cette opposition s'est développée dans la période de l'art romantique, au point que nous avons vu l'intérêt se fixer tantôt sur les accidents du monde extérieur, tantôt sur les caprices de la personnalité. Mais, maintenant, si cet intérêt va jusqu'à faire que l'esprit s'absorbe dans la contemplation extérieure, et qu'en même temps l'humour, tout en conservant son caractère subjectif et réfléchi, se laisse captiver par l'objet et sa forme réelle, nous obtenons dans cette pénétration intime un *humour* en quelque sorte *objectif.* » Nous avons annoncé d'autre part que le sphinx noir de l'*humour objectif* ne pouvait manquer de rencontrer, sur la route qui poudroie, la route de l'avenir, le sphinx blanc du *hasard objectif*, et que toute la création humaine ultérieure serait le fruit de leur étreinte.

224/ A. BRETON, *Anthologie de l'humour noir*, Le Livre de Poche, 1970, pp. 12-13.

Quant au hasard objectif (voir ci-dessus p. 248), il est une manifestation si exaltante du monde extérieur qu'il déroute l'humour, place l'esprit devant une « contradiction capitale ». S'en référant alors à Freud (*Le Mot d'esprit dans ses rapports avec l'inconscient*), Breton considère l'humour comme une conduite d'épargne, l'esprit niant le réel pour le dominer (illusoirement) : c'est le triomphe du principe de plaisir. L'humour noir sera alors la résolution dialectique de l'humour objectif et du hasard objectif : une manière d'interpréter le monde et d'exprimer la relation nécessaire de l'individu au monde.

Étant une forme de l'expression, l'humour noir ne saurait se limiter à une théorie, aussi juste soit-elle. Breton l'a si bien compris qu'il a tenu à nous fournir une anthologie, remise à jour. Pour notre part, sans chercher à rivaliser avec lui ni à la compléter, nous ne saurions que donner, sans les commenter, certains exemples peu connus, offrant diverses nuances d'une couleur qui est loin d'être de deuil.

S   Chair habile Exil de la vie et de l'amour
Deux grands squelettes s'invitaient
et se broyaient bouche à bouche
dans la vapeur du café et de la nuit

Mais l'aigle de la peau tatoué depuis l'été
ridé d'un vieillard contagieux
s'élevait de la viande adorée
comme l'arc-en-ciel de la terre qui tremble

Fouet agenouillé tes nerfs si tristes
tes doigts longs gelés par le sommeil
Tes yeux en exil chez les braves
détournaient les caravanes de la mer

225/ R. VITRAC, *Dés-Lyre*, Gallimard, p. 61.

S   Tout à coup, il se leva d'un bond en poussant un cri de terreur : le veau avait huit mètres de longueur et des pattes de huit centimètres. Tremblant de tous ses membres, il jeta un regard furtif sur l'animal : il était debout maintenant et large de trois mètres. Il tira une langue de vingt mètres, plate comme une feuille de papier.

A cet instant, une formidable rafale de vent secoua les arbres du boulevard et une dizaine d'animaux semblables à celui-ci en tombèrent.

Du coup, Macarelle s'enfuit à toutes jambes, s'engouffra dans le passage Jouffroy et, là, gravit le premier escalier qui s'offrit à lui.

Combien d'étages monta-t-il ? Nul ne le sait. Toujours est-il qu'il était midi lorsqu'il poussa une grande porte vitrée et se trouva dans une immense salle dallée de marbre blanc dans laquelle il remarqua tout de suite une double rangée de piédestaux rouges. Sur chacun, une pomme percée d'un poignard était posée. A son entrée, les poignards s'agitèrent rythmiquement comme le balancier d'une pendule. Macarelle sentit le sol osciller sous ses pieds et chancela. Il voulut se rattraper à un piédestal, mais celui-ci s'effondra, s'aplatit comme une lanterne vénitienne et Macarelle se trouva assis sur les dalles, le bras droit enfoncé dans une énorme motte de beurre qui tournait rapidement autour de son bras.

226/ B. Péret, *Et les seins mouraient* (1926), *O.c.*, Losfeld, 1969, t. I, p. 181.

S [...]

la fin de l'air
et la fin du monde
sont ronds comme des ballons
mais tandis que la fin du monde
reste assise sur son pliant
la fin de l'air saute
d'un arbre de tournois
dans une cage vide
qui voltige dans l'air

la pelure de diamant adoucit les mœurs
les réjouissances se prolongent
parfois jusqu'après la mort
même jusque derrière la balustrade
en espace usé

les nuages gourmands enfoncent
leurs trompes et leurs queues
dans les plaies parfumées
des fleurs avec des perruques de miel
se promènent sur l'eau bavarde

les bouches de la lumière bâillent
et montrent le vide

227/ J. ARP, *Jours effeuillés*, « Des taches dans le
vide », Gallimard, 1965, p. 119.

S   NOTRE PÈRE

Le boucher siffle le boléro de Ravel
en coupant ses rognons
la rue sent la sciure et le sang se répand
dans les rainures
le boucher pense à des banquets qu'il fit
à Picpus avec les copains des tranchées
le sang en rigoles est canalisé
le boucher regarde ses mains ses pieds
ses abattis d'abattoir s'abattre
sur les plats de côte
le sang ruisselle sur ses paumes
le boucher est veuf il met ses enfants au saloir
leur misère pour ne point la voir
le sang dessine des cheveux sur le bois
le boucher se donne du cœur à l'ouvrage
pare ses amours avec le papier à dentelles du
         gigot
le sang rougit les papillotes
le boucher a beau faire ça coulera toujours
         le sang des innocents
         jusqu'à la fin des temps.

228/ A. FRÉDÉRIQUE, *Poésie sournoise*, Plasma, 1982,
p. 120.

S   Au bord d'une folie double — qui se connaît —
entre deux yeux du néant... à la dernière limite
des foudres, Estern se dresse en Ombre qui cherche l'Ombre Commune et la Formule de la Tou-
teforme... Et très au loin, veillent les « ghôles »,
au plein-vol-sifflement, qui coupent des ailes le
vent nouveau comme des cordes vocales ou
vitales...

— Oui, c'est bien l'heure... c'est bien l'heure où je VIS mon cadavre ! Et comme chaque nuit, le château ouvre ses portes invisibles aux deux yeux d'Esteva, au feu double de la Carmilla, cette ombre-envoûtement, cette ombre spectre et femme, qui me hante nuit à nuit, entre le chien — qui est un loup — et le grand chat sauvage. Et désormais ELLE ne me quitte plus, pesant sur moi le poids commun d'un silence à double-voix... Et comme chaque nuit, ainsi, elle me fixe d'un regard de feu noir au fond duquel je perds mes yeux : et son contact alors, qui me pénètre au-delà de moi-même, me fait crier hors la vie... dont on annonce la projection sur d'AUTRES PLANS.

229/ J.-P. DUPREY, « Spectreuses II », dans *Almanach surréaliste du demi-siècle*, mars 1950, p. 122.

Pour conclure, on mettra, avec Annie Le Brun, l'accent sur la force insurrectionnelle que présentent de tels textes :

Synthèse contradictoire, subversion à l'état pur, l'humour noir est un comportement qui ébranle à chaque fois les limites admises de la condition humaine. Il ne cesse de mimer la réalité pour la plus forte explosion du plaisir possible ; et, au-delà de l'affirmation en termes négatifs, au-delà de la négation en termes affirmatifs, il survit au gré d'un dynamisme qui illumine tous les points de la contradiction de vivre et n'en brille pas moins de tous les feux de la vie.

230/ A. LE BRUN, « L'humour noir », *Entretiens sur le surréalisme*, Mouton, 1968, p. 108.

2. L'expression écrite

L'image, « un vice nouveau » (Breton)

Poètes avant tout, les surréalistes engagent une réflexion sur leurs moyens d'expression, et particulièrement sur l'image, véhicule privilégié de la poésie. Il ne s'agit pas de rhétorique mais de vie et d'action, dans la mesure où les images leur paraissent, d'après l'expérience de l'automatisme, dictées par l'inconscient. En les énonçant, le poète jette un pont du subjectif à l'objectif, il entre en résonance avec l'univers et, par ses propos, vise à le transformer.

Au début, avant même la naissance du mouvement, et fort de son expérience mallarméenne (inscrite dans le recueil *Mont-de-piété*) Breton est requis par la définition de l'image qu'en donne Reverdy :

L'IMAGE

L'Image est une création pure de l'esprit.

Elle ne peut naître d'une comparaison mais du rapprochement de deux réalités plus ou moins éloignées.

Plus les rapports des deux réalités rapprochées seront lointains et justes, plus l'image sera forte — plus elle aura de puissance émotive et de réalité poétique.

Deux réalités qui n'ont aucun rapport ne peuvent se rapprocher utilement. Il n'y a pas création d'image.

Deux réalités contraires ne se rapprochent pas. Elles s'opposent.

On obtient rarement une force de cette opposition.

Une image n'est pas forte parce qu'elle est *brutale* ou *fantastique* — mais parce que l'association des idées est lointaine et juste.

Le résultat obtenu contrôle immédiatement la justesse de l'association.

L'Analogie est un moyen de création — C'est une *ressemblance de rapports ;* or de la nature de ces rapports dépend la force ou la faiblesse de l'image créée.

Ce qui est grand ce n'est pas l'image — mais l'émotion qu'elle provoque ; si cette dernière est grande on estimera l'image à sa mesure.

L'émotion ainsi provoquée est pure, poétiquement, parce qu'elle est née en dehors de toute imitation, de toute évocation, de toute comparaison.

Il y a la surprise et la joie de se trouver devant une chose neuve.

On ne crée pas d'image en comparant (toujours faiblement) deux réalités disproportionnées.

On crée, au contraire, une forte image, neuve pour l'esprit, en rapprochant sans comparaison deux réalités distantes dont *l'esprit seul* a saisi les rapports.

L'esprit doit saisir et goûter sans mélange une image créée.

231/ P. Reverdy, *Nord-Sud,* Flammarion, 1975, pp. 73-75.

Il la reprend à l'intention du surréalisme en substituant la notion d'arbitraire aux rapports « lointains et justes », et surtout en inversant la cause et l'effet, car l'esthétique de Reverdy lui paraît une « esthétique toute *a posteriori* ». C'est que, entre-temps, il a pratiqué l'écriture automatique et a vu le groupe s'abandonner à l'usage immodéré des images comme à l'un de ces paradis artificiels que découvrait Baudelaire. Il en fournit une analyse physique, comparant l'image à une lumière électrique et lui donnant pouvoir d'éclairer, d'expliquer le monde.

S Il en va des images surréalistes comme de ces images de l'opium que l'homme n'évoque plus, mais qui « s'offrent à lui, spontanément, despotiquement. Il ne peut pas les congédier ; car la volonté n'a plus de force et ne gouverne plus les facultés[1] ». Reste à savoir si l'on a jamais « évoqué » les images ! Si l'on s'en tient, comme je le fais, à la définition de Reverdy, il ne semble pas possible de rapprocher volontairement ce qu'il appelle « deux réalités distantes ». Le rapprochement se fait ou ne se fait pas, voilà tout. Je nie, pour ma part, de la façon la plus formelle, que chez Reverdy des images telles que :

Dans le ruisseau il y a une chanson qui coule
ou :

Le jour s'est déplié comme une nappe blanche
ou :

Le monde rentre dans un sac
offrent le moindre degré de préméditation. Il est faux, selon moi, de prétendre que « l'esprit a saisi les rapports » des deux réalités en présence. Il n'a, pour commencer, rien saisi consciemment. C'est du rapprochement en quelque sorte fortuit des deux termes qu'a jailli une lumière particulière,

1. Baudelaire.

lumière de l'image, à laquelle nous nous montrons infiniment sensibles. La valeur de l'image dépend de la beauté de l'étincelle obtenue, elle est, par conséquent, fonction de la différence de potentiel entre les deux conducteurs. Lorsque cette différence existe à peine comme dans la comparaison[1], l'étincelle ne se produit pas. Or, il n'est pas, à mon sens, au pouvoir de l'homme de concerter le rapprochement de deux réalités si distantes. Le principe d'association des idées, tel qu'il nous apparaît, s'y oppose. Ou bien faudrait-il en revenir à un art elliptique, que Reverdy condamne comme moi. Force est donc bien d'admettre que les deux termes de l'image ne sont pas déduits l'un de l'autre par l'esprit *en vue* de l'étincelle à produire, qu'ils sont les produits simultanés de l'activité que j'appelle surréaliste, la raison se bornant à constater, et à apprécier le phénomène lumineux.

Et de même que la longueur de l'étincelle gagne à ce que celle-ci se produise à travers des gaz raréfiés, l'atmosphère surréaliste créée par l'écriture mécanique, que j'ai tenu à mettre à la portée de tous, se prête particulièrement à la production des plus belles images. On peut même dire que les images apparaissent, dans cette course vertigineuse, comme les seuls guidons de l'esprit. L'esprit se convainc peu à peu de la réalité suprême de ces images. Se bornant d'abord à les subir, il s'aperçoit bientôt qu'elles flattent sa raison, augmentent d'autant sa connaissance. Il prend conscience des étendues illimitées où se manifestent ses désirs, où le pour et le contre se réduisent sans cesse, où son obscurité ne le trahit pas. Il va,

1. Cf. l'image chez Jules Renard.

porté par ces images qui le ravissent, qui lui laissent à peine le temps de souffler sur le feu de ses doigts. C'est la plus belle des nuits, *la nuit des éclairs* : le jour, auprès d'elle, est la nuit.

232/ A. BRETON, *Manifeste du surréalisme,* dans *Manifestes...,* Gallimard, « Idées », pp. 50-52.

Ce n'est pas un hasard si, à la même époque et de la même façon, Aragon parle (dans *Une vague de rêve*) du « stupéfiant image ». Au demeurant, l'appréciation des poètes est confirmée par celle des peintres. Ainsi, bien plus tard, dans son *Anatomie de l'image* (1950), Hans Bellmer mentionne ce transfert involontaire des représentations d'où « résulte une bizarre fusion du "réel" et du "virtuel" », et dissèque quelques-unes de ses images obsédantes.

Rapportant les propos de Breton à son œuvre poétique, le critique Marc Eigeldinger éclaire la différence entre la théorie baudelairienne des correspondances et les « coïncidences » du premier reposant « sur la toute-puissance du hasard et de l'immédiat » livrant « l'accès aux énigmes de l'univers mental ».

Le critère de force et d'authenticité de l'image surréaliste réside dans son imprévu, dans sa volontaire discontinuité, dans la soudaineté de son jaillissement. L'image est une étincelle autant par sa fulgurance que par sa fugacité. « Les images les plus vives sont les plus fugaces », écrit Breton dans l'*Ode à Charles Fourier.* Plus la métaphore présente un caractère explosif et incohérent, plus elle contient de puissance suggestive et mieux elle exprime le sens de la participation cosmique. Il est pour Breton dans la nature de l'image de produire la sensation de l'immédiateté

« Presque toutes les trouvailles d'images [...] me font l'effet de créations spontanées[1]. » De *Clair de terre* à l'*Ode à Charles Fourier* les poèmes de Breton sont chargés d'images imprévues qui identifient les objets les plus distants avec une déconcertante promptitude. Ce sont : « l'ardoise du ciel », « la jolie menuiserie du sommeil », « le parfum sonné à toute volée », « le pommier en fleur de la mer », « les mille paupières de l'eau qui dort ». Si toutes les images de Breton ne sont pas nécessairement un produit de l'automatisme psychique, elles frappent toujours par leur spontanéité, leur absence de préméditation, leur puissance d'invention et l'acuité des coïncidences qu'elles établissent.

233/ M. EIGELDINGER, *André Breton. Essais et Témoignages,* La Baconnière, Neuchâtel, 1970, p. 191.

Tout en approuvant la théorie de l'image formulée par Breton, Pierre Mabille s'interroge sur ses propriétés internes : ne serait-elle pas conditionnée, en quelque sorte, par les termes du rapprochement ? A la physique de l'image, il oppose une chimie de ses molécules.

S Dès lors, on a le droit de se demander si l'association des images s'opère bien suivant le hasard des expériences individuelles, ou si elle n'est pas due à quelque nécessité inhérente au contenu des images elles-mêmes.

Nous savons que les éléments de la matière possèdent un système de valences qui oriente leurs combinaisons et rend certains composés

1. *Les Pas perdus*, p. 73.

possibles alors que d'autres ne le sont pas. Nos représentations, fonctions des objets, ne disposent-elles pas d'une façon semblable leur réunion d'après des propriétés intérieures.

Dans l'expérience ordinaire de la vie, le tableau de la réalité est déformé par le souci de l'action.

L'intelligence pratique, ce coupe-racine établi pour le rendement et l'économie, organise des objets un abord commode. A mesure que nos possibilités techniques changent, la représentation se transforme elle aussi.

Dans le rêve, le travail psychique n'est pas gratuit, nous le savons. André Breton l'a lumineusement exposé dans *Les Vases communicants*. Toutefois l'obstacle de la logique pragmatique étant levé, la tension vers un résultat matériel convoité étant nulle, on baigne dans une liberté relative, liberté rendue à notre personne, liberté permise aux images. Cet état n'est pas strictement limité à la vie nocturne, la rêvasserie, le retrait dans l'imagination, le réalisent durant certaines heures. Nous sommes alors spectateurs aimables et non plus des maîtres intransigeants au contrôle inquisiteur. En ces moments, les objets reflètent leur personnalité. L'importance du rêve tient, pour moi, à cette double vertu : à la fois d'éclairer notre véritable réalité intérieure et aussi de révéler des aspects nouveaux d'une plus large réalité extérieure.

234/ P. MABILLE, « Sur la scène du rêve », dans *Traversées de nuit,* Plasma, 1982, pp. 16-17.

Plus défiant quant aux sources de l'imaginaire, Roger Caillois, qui a tâté un moment du surréalisme mais s'en est éloigné au nom de la rigueur scientifique, se demande s'il n'y a pas, dans la pensée lyrique, une « surdétermination systématique de tous les éléments », expliquant son pouvoir de synthèse.

En somme, je me tiendrai pour satisfait pour peu que l'analyse précédente ait jeté quelque lumière sur la façon dont la pensée lyrique peut remplir sa fonction systématisante. Aussi la valeur des synthèses qu'on lui a vu effectuer se laisserait mesurer au moins approximativement. On est en présence d'un effort irréductible vers cette parfaite lucidité affective, dont les conséquences, si imprévisibles qu'elles soient, ne sauraient être que très grandes et qu'on ne discréditerait pas sans se discréditer du même coup. L'activité dite poétique, appuyée sur la surdétermination objective de l'univers, était viable ; surdétermination elle-même, et des plus efficaces dans son domaine, elle n'y paraît maintenant ni remplaçable, ni, dans la mesure où elle est exercée comme il faut, c'est-à-dire dans une attitude méthodique et non esthétique, dénuée de validité*. Il résulte que le profit tiré d'une suite d'associations lyriques est mesuré par l'accroissement de la sensibilité immédiate consécutif à son assimilation et qu'il est aussi fonction du nombre et de l'intensité des

---

*. Ces considérations caractérisent assez bien ma position dans le surréalisme. Désireux de les situer de façon précise, par exemple vis-à-vis des idées exprimées dans le *Manifeste du Surréalisme,* je les rapprocherai volontiers des lignes suivantes : « L'esprit se convainc peu à peu de la réalité suprême de ces images. Se bornant d'abord à les subir, il s'aperçoit bientôt qu'elles flattent sa raison, augmentant d'autant sa connaissance », ou encore de cette définition : « Le surréalisme repose sur la croyance à la réalité supérieure de certaines formes d'associations négligées jusqu'à lui, à la toute-puissance du rêve, au jeu désintéressé de la pensée. »

foyers représentatifs qu'elle condense ou surdétermine dans le mythe personnel. Ces foyers étant indéfiniment contagieux à cause de leur développement épidémique, on conçoit sans peine que ces deux échelles coïncident chez tous les individus suffisamment entraînés à *occuper* la synthèse qu'ils s'approprient. A cette lumière, l'expression « beauté d'un poème » n'a guère de signification saisissable. Au contraire, on connaîtra valablement la puissance ou l'objectivité lyrique d'une représentation ou d'une association donnée à partir de la force, de la stabilité et de la généralité de son utilisation et particulièrement, par rapport à chacun, à partir de la plus ou moins grande nécessité de son intégration dans le développement affectif personnel.

Plus profondément, en effet, c'est bien lui qui est en jeu et peut-être aborderait-on par cette voie quelque étude décisive. J'ai assez dit plus haut quelles graves conséquences j'en attendais pour ma part, situées à coup sûr au-delà des deux termes du problème central de la nécessité ou de la liberté de l'esprit.

Il s'agit de systématisation, de connaissance, de connaissance de la nécessité. S'agit-il par conséquent de liberté, comme l'affirme une certaine proposition trop connue qui pourrait, semble-t-il, figurer au premier rang des erreurs accréditées ? On n'oserait le prétendre. Lucide, la conscience est autant dans le déterminant que dans le déterminé, en qui, ignorante, elle était reléguée. Il ne s'agit donc que de déterminant par soi, que d'identification à la détermination elle-même.

235/ R. Caillois, « Systématisation et détermination », dans *Approches de l'imaginaire,* Gallimard, pp. 23-24.

En somme, comme on le verra par l'analyse sémiotique (ci-dessous Riffaterre, p. 370), les images sont induites par les propriétés internes de leurs composantes autant que par l'expérience vécue de l'artiste.

Le fait nouveau, avec le surréalisme, est moins la primauté accordée à l'image sur toute autre manière expressive que la confiance qu'il lui prête pour guider la vie et déchiffrer le monde. D'où le danger de déstabilisation sociale qu'Aragon se plaît à évoquer :

S Le vice appelé *Surréalisme* est l'emploi déréglé et passionnel du stupéfiant *image,* ou plutôt de la provocation sans contrôle de l'image pour elle-même et pour ce qu'elle entraîne dans le domaine de la représentation de perturbations imprévisibles et de métamorphoses : car chaque image à chaque coup vous force à réviser tout l'Univers. Et il y a pour chaque homme une image à trouver qui anéantit tout l'Univers. Vous qui entrevoyez les lueurs orange de ce gouffre, hâtez-vous, approchez vos lèvres de cette coupe fraîche et brûlante. Bientôt, demain, l'obscur désir de sécurité qui unit entre eux les hommes leur dictera des lois sauvages, prohibitrices. Les propagateurs de surréalisme seront roués et pendus, les buveurs d'images seront enfermés dans des chambres de miroirs. Alors les surréalistes persécutés trafiqueront à l'abri de cafés chantants leurs contagions d'images. A des attitudes, à des réflexes, à de soudaines trahisons de la nervosité, la police suspectera de surréalisme des consommateurs surveillés. Je vois d'ici ses agents provocateurs, leurs ruses, leurs souricières. Le droit des individus à disposer d'eux-mêmes une fois de plus sera restreint et contesté. Le danger public sera invoqué, l'intérêt général, la conservation de l'humanité tout entière. Une grande indignation saisira les personnes honnêtes contre cette activité indéfendable, cette anarchie épidémique qui tend à arracher chacun au sort commun pour lui créer un paradis individuel, ce détournement des pensées qu'on ne tardera pas à nommer le malthusianisme intellectuel. Ravages splendides : le principe d'utilité deviendra étranger à tous ceux qui pratiqueront ce vice supérieur. L'esprit enfin pour eux cessera d'être appliqué. Ils verront reculer ses limites, ils feront partager cet enivrement à tout ce que la terre compte d'ardent et d'insatisfait.

236/ L. ARAGON, *Le Paysan de Paris,* Gallimard, pp. 80-81.

C'est le refus de l'ordre établi, la volonté de subversion qui justifient, aux yeux de Paul Nougé, le débordement des images.

S   LA MÉTAPHORE TRANSFIGURÉE

Transformer le monde à la mesure de nos désirs suppose cette croyance que les hommes, dans leur ensemble, sont animés à des degrés divers du même besoin profond d'échapper à l'ordre établi. La validité de l'entreprise est liée à l'existence d'un tel désir.

Il est donc capital de le déceler dans sa totale extension et c'est ainsi que Magritte observera qu'une certaine figure de langage en pourrait témoigner, la métaphore, à condition de la prendre d'une manière qui n'est pas l'habituelle.

La métaphore ne relèverait pas d'une difficulté

à nommer l'objet, comme le pensent certains, ni d'un glissement analogique de la pensée. C'est au pied de la lettre qu'il conviendrait de la saisir, comme un souhait de l'esprit que ce qu'il exprime existe en toute réalité, et plus loin, comme la croyance, dans l'instant qu'il l'exprime, à cette réalité. Ainsi des mains d'ivoire, des yeux de jais, des lèvres de corail.

Mais il n'est guère de sentiment qui ne se double à quelque degré d'un sentiment contraire ; le désir qu'il en soit ainsi se trouve aussitôt miné, chez le commun des hommes, par la peur, — la peur des conséquences. La métaphore, on ne consentira plus à y voir qu'un artifice de langage, une manière de s'exprimer plus ou moins précise, mais sans retentissement sur l'esprit qui en use ni sur le monde auquel elle s'adresse.

C'est ainsi que l'on peut en venir à souhaiter une *métaphore qui dure,* une métaphore qui enlève à la pensée ses possibilités de retour. A quoi tend la seule poésie que nous reconnaissons pour valable. Et la peinture, qui confère au signe l'évidence concrète de la chose signifiée, évidence à laquelle on n'échappe plus.

237/ P. Nougé, « Les images défendues », dans *Le Surréalisme A.S.D.L.R.,* n° 6, 1933, pp. 27-28.

Allant plus loin, en faisant référence à la cure psychanalytique, Tristan Tzara suggère que le transfert métaphorique, opérant la synthèse des contradictoires, soit considéré comme un agent de transformation qualitative du monde (voir *Grains et Issues,* note III). On a vu que l'image poétique avait une fonction humoristique conduisant « l'esprit à se faire du monde une représentation moins opaque », s'expliquant, en quelque sorte, les rapports du microcosme avec le macrocosme. Dans cette perspective, Breton peut ajouter : « Le monde, à partir de là, s'offre à lui comme un cryptogramme qui ne demeure indéchiffrable qu'autant que l'on n'est pas rompu à la gymnastique acrobatique permettant à volonté de passer de l'un à l'autre » (*Manifestes,* Gallimard, p. 186).

Interpréter le monde, aider le poète à s'y adapter en le transformant, telles sont les fonctions initiales de l'image, à quoi Breton en ajoute une autre, d'ordre moral, correspondant à ses préoccupations constantes :

S   Qu'on y prenne garde : l'image analogique, dans la mesure où elle se borne à éclairer, de la plus vive lumière, des *similitudes partielles,* ne saurait se traduire en termes d'équation. Elle se meut, entre deux réalités en présence, dans un sens déterminé, *qui n'est aucunement réversible.* De la première de ces réalités à la seconde, elle marque une tension vitale tournée au possible vers la santé, le plaisir, la quiétude, la grâce rendue, les usages consentis. Elle a pour ennemis mortels le dépréciatif et le dépressif. — S'il n'existe plus de mots nobles, en revanche les faux poètes n'évitent pas de se signaler par des rapprochements ignobles, dont le type accompli est ce « Guitare bidet qui chante » d'un auteur abondant, du reste, en ces sortes de trouvailles.

238/ A. Breton, *Signe ascendant* (1947), Gallimard, « Poésie », p. 11.

Compte tenu des pouvoirs extrêmes accordés à l'image, la discussion sur ses différentes formes est de peu d'importance. Dans le *Manifeste du surréalisme,* Breton se contente d'en donner une classification approximative, en fonction de l'effet que certaines produisent sur le lecteur.

S Les types innombrables d'images surréalistes appelleraient une classification que, pour aujourd'hui, je ne me propose pas de tenter. Les grouper selon leurs affinités particulières m'entraînerait trop loin ; je veux tenir compte, essentiellement, de leur commune vertu. Pour moi, la plus forte est celle qui présente le degré d'arbitraire le plus élevé, je ne le cache pas ; celle qu'on met le plus longtemps à traduire en langage pratique, soit qu'elle recèle une dose énorme de contradiction apparente, soit que l'un de ses termes en soit curieusement dérobé, soit que s'annonçant sensationnelle, elle ait l'air de se dénouer faiblement (qu'elle ferme brusquement l'angle de son compas), soit qu'elle tire d'elle-même une justification *formelle* dérisoire, soit qu'elle soit d'ordre hallucinatoire, soit qu'elle prête très naturellement à l'abstrait le masque du concret, ou inversement, soit qu'elle implique la négation de quelque propriété physique élémentaire, soit qu'elle déchaîne le rire. Et voici, dans l'ordre, quelques exemples :

Le rubis du champagne. Lautréamont.

Beau comme la loi de l'arrêt du développement de la poitrine chez les adultes dont la propension à la croissance n'est pas en rapport avec la quantité de molécules que leur organisme s'assimile. Lautréamont.

Une église se dressait éclatante comme une cloche. Philippe Soupault.

> Dans le sommeil de Rrose Sélavy il y a un nain
> sorti d'un puits qui vient manger son pain la nuit.
> Robert Desnos.

> Sur le pont la rosée à tête de chatte se berçait.
> André Breton.

> Un peu à gauche, dans mon firmament deviné,
> j'aperçois — mais sans doute n'est-ce qu'une
> vapeur de sang et de meurtre — le brillant dépoli
> des perturbations de la liberté. Louis Aragon.

> Dans la forêt incendiée,
> Les lions étaient frais. Roger Vitrac.

> La couleur des bas d'une femme n'est pas for-
> cément à l'image de ses yeux, ce qui a fait dire à
> un philosophe qu'il est inutile de nommer : « Les
> céphalopodes ont plus de raisons que les quadru-
> pèdes de haïr le progrès. » Max Morise.

239/ A. BRETON, *Manifeste du surréalisme* dans *Manifestes...*, Gallimard, « Idées », pp. 52-53.

Puis il repère deux figures principales, la comparaison et la métaphore, qu'il ramène à l'unité en supprimant le mot « comme », et se désintéresse de toute
rhétorique. Éluard, en revanche, est plus sensible au
travail de la langue, analysant « les rapports nouveaux
que la poésie dite surréaliste nous fait entrevoir »,
ouvrant sur le poème-image :

S L'image par analogie (ceci est *comme* cela) et
   l'image par identification (ceci *est* cela) se déta-
   chent aisément du poème, tendent à devenir poèmes elles-mêmes, en s'isolant. A moins que les

deux termes ne s'enchevêtrent aussi étroitement l'un que l'autre à tous les éléments du poème.

Une image peut se composer d'une multitude de termes, être tout un poème et même un long poème. Elle est alors soumise aux nécessités du réel, elle évolue dans le temps et l'espace, elle crée une atmosphère constante, une action continue. Pour ne citer que des poètes de ce siècle, Raymond Roussel, Pierre Reverdy, Giorgio de Chirico, Salvador Dali, Gisèle Prassinos, Pablo Picasso ont ainsi fait vivre parfois dans le développement d'une seule image l'infinité des éléments de leur univers.

240/ P. ÉLUARD, « Premières vues anciennes », dans *O.c.,* Gallimard, « Pléiade », p. 539.

Toutefois, Breton reviendra sur cet aspect primordial de la poésie, pour expliquer le rôle qu'il accorde à l'analogie poétique (différente, dans son esprit, de l'analogie mystique, « en ce qu'elle ne présuppose nullement, à travers la trame du monde visible, un univers invisible qui tend à se manifester ») et conclut :

S Au terme actuel des recherches poétiques il ne saurait être fait grand état de la distinction purement formelle qui a pu être établie entre la métaphore et la comparaison. Il reste que l'une et l'autre constituent le véhicule interchangeable de la pensée analogique et que si la première offre des ressources de fulgurance, la seconde (qu'on en juge par les « beaux comme » de Lautréamont) présente de considérables avantages de *suspension*. Il est bien entendu qu'auprès de celles-ci les autres « figures » que persiste à énumérer la rhé-

torique sont absolument dépourvues d'intérêt.
Seul le déclic analogique nous passionne : c'est
seulement par lui que nous pouvons agir sur le
moteur du monde. Le mot le plus exaltant dont
nous disposions est le mot COMME, que ce mot
soit prononcé ou *tu*. C'est à travers lui que l'imagination humaine donne sa mesure et que se joue
le plus haut destin de l'esprit. Aussi repousserons-
nous dédaigneusement le grief ignare qu'on fait à
la poésie de ce temps d'abuser de *l'image* et
l'appellerons-nous, sous ce rapport, à une luxu-
riance toujours plus grande.

241/ A. BRETON, *Signe ascendant,* Gallimard, « Poésie », p. 10.

Aux détracteurs de cette poésie, qui ne la comprennent pas parce qu'ils cherchent à en vérifier la validité
sur le plan réel, l'analyse sémiotique va démontrer
qu'il n'y a point d'absurdité. C'est à quoi procède
Michaël Riffaterre dans un article qui fait date (faute
de place, nous n'en donnons que l'introduction) :

Les images surréalistes sont généralement obscures et déconcertantes, voire absurdes. Les critiques se contentent trop souvent de constater cette
obscurité, ou de l'expliquer par l'inspiration sub-
consciente ou tout autre facteur extérieur au
poème. Il me semble pourtant que beaucoup de
ces images ne paraissent obscures et gratuites que
si elles sont vues isolément. En contexte, elles
s'expliquent par ce qui les précède : elles ont des
antécédents plus aisément déchiffrables, auxquels
elles sont rattachées par une chaîne ininterrom-
pue d'associations verbales qui relèvent de l'écriture automatique. L'arbitraire de ces images
n'existe que par rapport à nos habitudes logiques,

à notre attitude utilitaire à l'égard de la réalité et du langage. Sur le plan de la parole, elles sont rigoureusement déterminées par la séquence verbale, et donc justifiées, appropriées, dans le cadre du poème. A l'intérieur de ce microcosme, une logique des mots s'impose qui n'a rien à voir avec la communication linguistique normale : elle crée un code spécial, un dialecte au sein du langage qui suscite chez le lecteur le dépaysement de la sensation où les Surréalistes voient l'essentiel de l'expérience poétique.

Or, par sa nature même, la métaphore filée constitue typiquement un code spécial, puisque les images qui la composent n'ont de sens, individuellement comme en groupe, qu'en fonction de la première d'entre elles. L'étude des formes qu'elle prend chez des poètes comme Breton et Éluard devrait jeter quelque lumière sur les rapports de l'image « arbitraire » et de l'écriture automatique.

242/ M. RIFFATERRE, « La métaphore filée dans la poésie surréaliste », 1969, dans *La Production du texte,* Le Seuil, 1980, p. 217.

Reste que, comme l'écriture automatique à quoi elle s'apparente, l'image surréaliste peut être, dans bien des cas, l'histoire d'une infortune continue. Après avoir fréquenté le mouvement, Louis Janover en dresse un tableau critique qui se veut marxiste. Parlant de « nouvel académisme », il s'en prend, en fait, moins à Breton qu'à ses épigones besogneux :

La place accordée par Breton à l'image dans la structure du poème a permis tous les abus et, pour une large part, la formation des poncifs littéraires qui ont progressivement envahi tous les domaines d'expression explorés par le surréalisme. « Il [le poète] dispose pour cela [pour enrichir le mode d'expression poétique] d'un outil, et d'un seul, capable de forer toujours plus profondément, qui est *l'image,* et entre tous les types d'images, la métaphore. » Grâce à l'écriture automatique, classée un peu vite parmi les techniques de création artistique, le poète pouvait produire mécaniquement un nombre illimité d'images répondant à la définition de Reverdy, mais celles-ci étaient dépourvues de toute « puissance émotive » ; la preuve était faite que l'étincelle poétique ne jaillit pas seulement du « rapprochement de deux réalités plus ou moins éloignées » ; la valeur tonale des mots, la fluidité musicale et rythmique de l'image et du texte qui la supporte forment un tissu conjonctif pour le moins aussi important que l'image elle-même, et le pouvoir de rayonnement de l'œuvre dépend de la manière dont ces différents éléments s'assemblent pour extérioriser la nécessité affective qui oblige un individu à exprimer tel thème plus intensément que tel autre. [...] Née indépendamment de toute nécessité affective, une œuvre d'art se révèle dénuée de tout potentiel émotif, fût-elle parfaite de forme. De la même manière, la scission qui apparaît entre la vie et l'œuvre classe un auteur, plus sûrement que toute considération de forme, dans la catégorie des littérateurs. Tant il est vrai que ni la volonté de briser les règles grammaticales ou picturales traditionnelles ni le recours systématique à la psychanalyse ne suffisent pour conférer une valeur révolutionnaire à une œuvre d'art, aucune forme de création nouvelle n'étant à l'abri de la sclérose littéraire quand manque cette médiation éthique qui est l'âme même de la poésie. Il n'est que de voir pour s'en convaincre à quels abus ont abouti dans la pratique l'expérimentation de l'automatisme et la volonté de soustraire l'élaboration des œuvres plastiques « à l'emprise des facultés dites conscientes » (Max Ernst, cité par Breton) ; l'antinomie conscient-inconscient que Breton espérait ainsi surmonter prendra un caractère plus aigu du fait même de la concentration dans un seul domaine de toutes les facultés sensibles de l'individu ; et l'abandon dans la pratique « des combinaisons tout extérieures telles que la mesure, le rythme, les rimes » n'aboutira qu'à renforcer l'opposition, qualifiée par Breton de régressive, entre la forme et le contenu. La « puissance émotive » d'œuvres comme celles de Rimbaud, de Lautréamont et de Mallarmé ne se fonde-t-elle pas en partie, quoi qu'en ait dit Breton, sur de telles combinaisons, le contenu manifeste ne pouvant être arbitrairement dissocié du contenu latent de l'œuvre d'art, pas plus qu'il n'est possible de prétendre que la structure d'une œuvre est indépendante des aspirations éthiques qui déterminent le comportement général de l'auteur ?

243/ L. JANOVER, *Surréalisme, Art et Politique*, Galilée, pp. 106-108.

Les formes de l'écriture ; « des livres qu'on laisse battants comme des portes » (Breton)

« Il est parfaitement admis aujourd'hui qu'on peut être poète sans jamais avoir écrit un vers, qu'il existe une qualité de poésie dans la rue, dans un spectacle commercial, n'importe où », écrivait T. Tzara dans son *Essai sur la situation de la poésie* (1931), témoignant par là de l'indifférence absolue du surréalisme à l'égard des formes que revêt l'expression poétique. Cela signifie qu'il ne saurait y avoir de recettes *a priori,* de normes rhétoriques.

Mais cela ne veut pas dire que le surréalisme ait ignoré la distinction des genres (ne serait-ce que pour s'y opposer et la pasticher), ni qu'il soit impossible de dégager des règles de composition *a posteriori*, de se livrer à une observation scientifique de la production littéraire surréaliste. Que l'ambition du mouvement déborde les limites de la littérature, il n'en demeure pas moins qu'il s'est exprimé aussi (sinon essentiellement) par l'écrit. D'ailleurs, à l'origine, la revue *La Révolution surréaliste* distingue bien poèmes, récits et textes surréalistes. Eluard en avertit son lecteur :

S   Il est extrêmement souhaitable que l'on n'établisse pas une confusion entre les différents textes de ce livre : rêves, textes surréalistes et poèmes.

Des rêves, nul ne peut les prendre pour des poèmes. Ils sont, pour un esprit préoccupé du merveilleux, la réalité vivante.

Mais des poèmes, par lesquels l'esprit tente de désensibiliser le monde, de susciter l'aventure et de subir des enchantements, il est indispensable de savoir qu'ils sont la conséquence d'une volonté assez bien définie, l'écho d'un espoir ou d'un désespoir formulé.

Inutilité de la poésie : le monde sensible est exclu des textes surréalistes et la plus sublime lumière froide éclaire les hauteurs où l'esprit jouit d'une liberté telle qu'il ne songe même pas à le vérifier.

244/ P. ELUARD, Prière d'insérer pour *Les Dessous d'une vie*, 1926, *O.c.,* Gallimard, « Pléiade », t. II, pp. 1387-1388.

Même si, dix ans après, le poète reconnaissant les vertus de l'évolution déclare qu'il n'écrirait plus de telles lignes, il maintient son souci d'établir des différences, dans l'usage qu'on en fait, entre le poème, le rêve et le texte automatique. Si Breton, en constant accord avec lui-même, considère qu'une telle division est « en contradiction formelle avec l'esprit surréaliste », cela ne nous empêche pas de constater que la distinction des genres a prévalu, au moins pour deux catégories de textes : le poème et le récit.

Au demeurant, Eluard et Breton nous ont livré, en commun, un art poétique : les *Notes sur la poésie* (1936). S'il convient d'y faire la part du canular, puisque ici les auteurs prennent le contre-pied systématique des propos de Valéry, reste qu'en s'opposant à une esthétique de la raison, ils dégagent les principes constitutifs du poème surréaliste. Voici quelques-unes de leurs propositions :

S   Un poème doit être une débâcle de l'intellect. Il ne peut être autre chose.

    Débâcle : c'est un sauve-qui-peut, mais solennel, mais probant ; image de ce qu'on devrait être, dans l'état où les efforts ne comptent plus. [...]

    La poésie est le contraire de la littérature. Elle règne sur les idoles de toute espèce et les illusions réalistes ; elle entretient heureusement l'équivoque entre le langage de la « vérité » et le langage de la « création ».

Et ce rôle créateur, réel du langage (lui d'origine minérale) est rendu le plus évident possible par la non-nécessité totale *a priori* du sujet. [...]

A la moindre rature, le principe d'inspiration totale est ruiné. L'imbécillité efface ce que l'oreiller a prudemment *créé*. Il faut donc ne lui faire aucune part, à peine de produire des monstres. Pas de partage. L'imbécillité ne peut être reine. [...]

La rime a ce grand succès de mettre en joie les gens simples qui croient naïvement qu'il n'y a rien sous le ciel de plus important qu'une convention. Ils ont la croyance élémentaire qu'une convention quelconque *peut* être plus profonde, plus durable... que quelque pensée...

Ce n'est pas là le moindre désagrément de la rime et par quoi elle choque le moins violemment l'oreille. [...]

Si l'on se représentait toutes les recherches que suppose la création ou l'adoption d'un *fond*, on ne l'opposerait jamais bêtement à la *forme*.

On s'éloigne de la *forme* par le souci de laisser au lecteur le plus de part qu'il se puisse — et même de se laisser à soi-même le plus de certitude et d'arbitraire possible.

Une mauvaise forme est une forme que nous ne sentons pas le besoin de changer et ne changeons pas une forme est également mauvaise qui supporte qu'on la répète ou l'imite.

La mauvaise forme est essentiellement liée à la répétition.

L'idée du nouveau est donc conforme au souci du *fond*.

245/ P. ELUARD et A. BRETON, *Notes sur la poésie*,

(1936), dans P. Eluard, *O.c.,* Gallimard, « Pléiade »,
t. I., pp. 474-482.

S   Je n'ai jamais éprouvé le plaisir intellectuel que
sur le plan analogique. Pour moi la seule *évidence*
au monde est commandée par le rapport spontané, extra-lucide, insolent qui s'établit, dans certaines conditions, entre telle chose et telle autre, que
le sens commun retiendrait de confronter. Aussi
vrai que le mot le plus haïssable me paraît être le
mot *donc*, avec tout ce qu'il entraîne de vanité et
de délectation morose, j'aime éperdûment tout ce
qui, rompant d'aventure le fil de la pensée discursive, part soudain en fusée illuminant une vie
de relations autrement féconde, dont tout indique
que les hommes des premiers âges eurent le secret. Et certes la fusée retombe vite, mais il n'en
faut pas davantage pour mesurer à leur échelle
funèbre les valeurs d'échange qui se proposent
aujourd'hui.

246/ A. BRETON, «Signe ascendant» (1947) dans *La
Clé des champs,* U.G.E., « 10-18 », p. 173.

Au-delà des précautions à prendre pour que le lecteur tombe sous l'empire de la vérité poétique, il y a,
chez le poète, une nécessité vécue, dont rend compte
Tristan Tzara, même s'il ne parvient pas, à son gré, à
maintenir toujours à son plus haut période cet état de
fureur.

S   Je voudrais écrire brutalement, — avec un stylet
à même la chair franche d'un monde de serpents
et de mots opaques et lourds — des histoires qui

brûleraient la vue de ceux qui s'approcheraient trop de ce noyau de malheur, — avec l'acide encore inconnu pour les usages de la vie mentale, — des histoires déchirées et déchirantes qui pendraient en lambeaux sur le corps du monde d'où toute lumière est bannie, non pas en souvenir de quelque trouble méfait qui aurait pesé sur ma conscience, à travers les temps, alourdissant, assourdissant, accentuant sa virulence avec le temps qui croît, avec la conscience d'un fétide souvenir pétri dans la notion du temps, mais en anticipant sur un avenir fumeux où l'homme serait changé de fond en comble, changé au point de confondre sa vie avec le feu, d'approfondir sa paix dans le tourbillon et le feu et d'identifier sa croissance à la destruction par le feu, à l'invisible, l'invincible continuité du feu.

247/ T. TZARA, *Grains et Issues*, Flammarion, p. 65.

C'est parce que le poème est fureur et mystère (pour reprendre les mots de Char), parce qu'en lui le fond ne saurait être séparé de la forme, que Péret engage une polémique avec ses anciens compagnons, devenus des poètes de la Résistance. En revenant à des formes figées, en se mettant au service d'une cause, aussi juste soit-elle, la poésie ne peut qu'y perdre ; elle « n'a pas à intervenir dans le débat autrement que par son action propre, par sa signification culturelle même » :

S   Je ne veux pour exemple de ce qui précède qu'une petite brochure parue récemment à Rio de Janeiro : *L'Honneur des poètes*, qui comporte un choix de poèmes publiés clandestinement à Paris pendant l'occupation nazie. Pas un de ces « poèmes » ne dépasse le niveau lyrique de la publicité pharmaceutique et ce n'est pas un hasard si leurs auteurs ont cru devoir, en leur immense majorité, revenir à la rime et à l'alexandrin classiques. La forme et le contenu gardent nécessairement entre eux un rapport des plus étroits et, dans ces « vers », réagissent l'un sur l'autre dans une course éperdue à la pire réaction. Il est en effet significatif que la plupart de ces textes associent étroitement le christianisme et le nationalisme comme s'ils voulaient démontrer que dogme religieux et dogme nationaliste ont une commune origine et une fonction sociale identique. Le titre même de la brochure, *L'Honneur des poètes*, considéré en regard de son contenu, prend un sens étranger à toute poésie. En définitive, l'honneur de ces « poètes » consiste à cesser d'être des poètes pour devenir des agents de publicité.

248/ B. PÉRET, *Le Déshonneur des poètes*, Pauvert, pp. 82-83.

Apparemment, le récit surréaliste semble bénéficier de la même liberté que la poésie : toute contrainte y est bannie, au point qu'on s'est longtemps gardé de l'analyser en le jugeant insaisissable. En fait, s'il répond, chez son auteur, à une nécessité différente de celle qui dicte le poème, il n'en est pas moins régi par des principes rigoureux dont le principal est l'exigence de vérité.

Dans le premier *Manifeste du surréalisme*, Breton ironise sur le roman réaliste, sa fausse logique (prédéterminée), ses descriptions sans signification, ses artifices de fabrication :

S   L'auteur s'en prend à un caractère, et, celui-ci étant donné, fait pérégriner son héros à travers le monde. Quoi qu'il arrive, ce héros, dont les actions et les réactions sont admirablement prévues, se doit de ne pas déjouer, tout en ayant l'air de les déjouer, les calculs dont il est l'objet. Les vagues de la vie peuvent paraître l'enlever, le rouler, le faire descendre, il relèvera toujours de ce type humain *formé*. Simple partie d'échecs dont je me désintéresse fort, l'homme, quel qu'il soit, m'étant un médiocre adversaire. Ce que je ne puis supporter, ce sont ces piètres discussions relativement à tel ou tel coup, dès lors qu'il ne s'agit ni de gagner ni de perdre. Et si le jeu n'en vaut pas la chandelle, si la raison objective dessert terriblement, comme c'est le cas, celui qui y fait appel, ne convient-il pas de s'abstraire de ces catégories ? « La diversité est si ample, que tous les tons de voix, tous les marchers, toussers, mouchers, éternuers... [1] » Si une grappe n'a pas deux grains pareils, pourquoi voulez-vous que je vous décrive ce grain par l'autre, par tous les autres, que j'en fasse un grain bon à manger ? L'intraitable manie qui consiste à ramener l'inconnu au connu, au classable, berce les cerveaux.

249/ A. BRETON, *Manifeste du surréalisme*, dans *Manifestes...*, Gallimard, « Idées », p. 17.

Si, de tous les romanciers qu'il condamne, il écarte Huysmans, c'est que celui-ci informe de sa détresse « sans souci de l'effet à produire ».

1. Pascal

S Comme je le sépare, est-il besoin de le dire, de tous les empiriques du roman qui prétendent mettre en scène des personnages distincts d'eux-mêmes et les campent physiquement, moralement, à leur manière, pour les besoins de quelle cause on préfère ne pas le savoir. D'un personnage réel, duquel ils croient avoir quelque aperçu, duquel ils croient avoir quelque aperçu, ils font deux personnages de leur histoire ; de deux, sans plus de gêne, ils en font un. Et l'on se donne la peine de discuter ! Quelqu'un suggérait à un auteur de ma connaissance, à propos d'un ouvrage de lui qui allait paraître et dont l'héroïne pouvait trop bien être reconnue, de changer au moins *encore* la couleur de ses cheveux. Blonde, elle eût chance, paraît-il, de ne pas trahir une femme brune. Eh bien, je ne trouve pas cela enfantin, je trouve cela scandaleux. Je persiste à réclamer les noms, à ne m'intéresser qu'aux livres qu'on laisse battants comme des portes, et desquels on n'a pas à chercher la clef. Fort heureusement les jours de la littérature psychologique à affabulation romanesque sont comptés.

250/ A. BRETON, *Nadja*, Gallimard, pp. 19-20.

En éliminant le souci du vraisemblable, Breton se propose non pas d'imiter le vivant par l'écriture, mais de faire du livre une trace du vivant et, si possible, un de ses éléments. L'histoire de Nadja n'est-elle pas contée afin d'amener l'arrivée d'une autre, charmante substituée dont il tait le nom ? Et la rédaction de *L'Amour fou* n'est-elle pas l'entreprise qui, en accomplissant les termes prophétiques d'un poème écrit onze ans auparavant, *suscite* la rencontre illuminante de celle qu'il appellera « la toute-puissante ordonnatrice de la nuit du tournesol » ?

Enquête, témoignage, relation exacte des circonstances, le récit surréaliste est élucidation de soi. En ce sens, il est aussi bien un révélateur du sens latent qu'une explication des phénomènes manifestes. Dans la même perspective, Tzara préconise le « rêve expérimental » :

S L'expression « rêve expérimental » étant susceptible de susciter quelque équivoque quant à la signification que j'aimerais lui prêter, je me dois, quoique cela puisse paraître présomptueux, de publier les observations qui suivent sans toutefois entrer dans le détail même de la création artistique, l'analyse des manières dont j'ai pratiquement procédé en écrivant « Grains et Issues » étant une tâche qui dépasserait ici mes possibilités.

C'est la première phrase : « A partir de ce jour... » qui m'a fourni l'idée de rapporter à la réalité sensible les faits matériels que j'inventais au fur et à mesure le long de mon travail. Mais c'est dans cette invention même qu'apparut le piège de l'élément lyrique, non conforme à la réalité environnante ou supposée possible, qui devait jouer un rôle décisif dans l'élaboration de ce conte. A partir de là, l'enchevêtrement s'est poursuivi avec le maximum d'inattention, mon principal souci étant de conformer naturellement les faits aux déductions morales et critiques qu'ils suscitaient, tandis que celles-ci donnaient à leur tour naissance à de nouveaux événements non prévus par le plan initial. Le récit suit ainsi et s'échelonne sur une trame à développement logique qui, réduite à l'expression d'un compte rendu des faits successifs, laisserait à découvert un résidu irrationnel de nature lyrique. Celui-ci, à son tour, déborde du récipient qui lui est assigné, submerge et inonde, à certains moments, la base, le fondement, la charpente rationnelle du récit. C'est une superstructure lyrique, dont les éléments dérivent de la structure même [...].

251/ T. TZARA, *Grains et Issues,* Flammarion, p. 155.

Envisageant le réel objectif dans son rapport avec la subjectivité vécue, Breton considère que le récit doit se faire observation médicale, enregistrement de faits spécifiques (laissant de côté les moments « nuls » de l'existence, dans l'intention d'en dégager, par la suite, la signification) :

S Il y aurait à hiérarchiser ces faits, du plus simple au plus complexe, depuis le mouvement spécial, indéfinissable, que provoque de notre part la vue de très rares objets ou notre arrivée dans tel et tel lieux, accompagnées de la sensation très nette que pour nous quelque chose de grave, d'essentiel, en dépend, jusqu'à l'absence complète de paix avec nous-mêmes que nous valent certains enchaînements, certains concours de circonstances qui passent de loin notre entendement, et n'admettent notre retour à une activité raisonnée que si, dans la plupart des cas, nous en appelons à l'instinct de conservation. On pourrait établir quantité d'intermédiaires entre ces faits-glissades et ces faits-précipices. De ces faits, dont je n'arrive à être pour moi-même que le témoin hagard, aux autres faits, dont je me flatte de discerner les tenants et, dans une certaine mesure, de présumer

les aboutissants, il y a peut-être la même distance
que d'une de ces affirmations ou d'un de ces
ensembles d'affirmations que constitue la phrase
ou le texte « automatique » à l'affirmation ou
l'ensemble d'affirmations que, pour le même observateur, constitue la phrase ou le texte dont
tous les termes ont été par lui mûrement réflé-
chis, et pesés.

252/ A. BRETON, *Nadja,* Gallimard, pp. 22-23.

Il serait absurde de vouloir ramener tous les récits
surréalistes d'Aragon, Soupault, Queneau, Vitrac,
Mandiargues, Gracq, etc., au modèle réalisé par Breton. L'imagination, libérée par le mouvement, ne saurait se laisser brider, dans quelque texte que ce soit. Si
chaque narration se caractérise par une structure spécifique, un style exprimant la personnalité de l'auteur,
elles ont toutes un point commun : focaliser l'attention sur le narrateur qui est au centre du discours.
Non point narrateur de fiction, mais foyer vivant
de la parole. C'est ce qu'illustre l'apparition du quatorzième convive chez Crevel :

S Krim la cannibale aurait dévoré le quatorzième
convive. Mais s'il était d'accord ? Si, malgré l'été,
il grelottait au point de vouloir se réchauffer à sa
fièvre ? S'il voulait allumer son sang à ce foyer ?
S'il en est revenu vêtu d'un manteau d'invisibi-
lité, oui, invisible, mais spectateur ? Il est là le
quatorzième convive, spectateur dont les intentions ne le cèdent en rien à celles du Commandeur, tel qu'il apparaît à la fin concluante du
mythe de Don Juan. [...]
Le Commandeur est vieux. Le Spectateur n'a

pas de beaucoup dépassé la trentaine. Le Commandeur se tient debout, inexorable, au bord de l'abîme qu'il a creusé aussi profond que sa haine pour y précipiter Don Juan. Le spectateur, lui, s'assied entre Krim et Kate.

Parmi toute cette grande famille paneuropéenne, oui, grande famille comme on louait d'en être une l'armée, aux jours cocardiers d'avant 1914, elles sont les seules propres, lavées de toute saleté parentale. Il n'y a jamais eu place pour une épaisseur de placenta dans cette flamme qui meurt, Krim. Kate, elle, est une enfant et le Spectateur pense qu'il suffirait de mêler ses doigts aux siens pour abolir un monde écœurant dont sa colère n'accepte de se nourrir qu'afin de le vomir.

On a beau avoir forniqué pas mal de fois avec l'un et l'autre sexes de son espèce et même avec quelques chiens, rien que d'effleurer certaine fraîcheur, on peut se retrouver l'adolescent prêt à noyer sa mémoire dans les yeux d'une promeneuse-enfant.

... Mais, sous prétexte de noyer sa mémoire, ne va-t-on pas s'embourber dans les réminiscences d'une peu brillante pré-puberté ? L'auteur de ce livre qui, non seulement a « forniqué avec l'un et l'autre sexes de son espèce et même avec quelques chiens » encore et surtout, durant trente-deux ans, vingt-quatre heures par jour, du 1er janvier à la Saint Sylvestre, a dû supporter d'être lui et le spectateur, enfermés tous deux, sous un seul nom, dans un même sac de peau, sans issue qui permît à l'un d'échapper à l'autre, même au cours des nuits, des rêves.

253/ R. CREVEL, *Les Pieds dans le plat,* Pauvert, pp. 178, 179-180.

Au bilan, comme le poème, le récit surréaliste rejette les canons de la rhétorique traditionnelle et suppose, pour chaque cas, la détermination de sa structure particulière, de ses codes autonomes. C'est ce qu'a pu montrer Laurent Jenny en étudiant l'une des séquences de *Poisson soluble* de Breton :

Dans tous ces rapports d'exclusion, le texte joue des discours comme de blocs monologiques qu'il pervertit en les situant dans ces contextes qui leur sont étrangers. Ils y perdent leur sérieux (leur vraisemblable). Ils y retrouvent un statut de signe où la dichotomie fond/forme cesse d'être pertinente. Chaque signe (discours) entre dans un rapport d'exclusion mutuelle avec le signe qui le précède ou le suit, avant de passer au mouvement de polyvalence généralisée où tout signe dialogue avec *tous* les autres, donnant ainsi au texte son volume, au sein d'une parodie d'organisation rhétorique. C'est rendre la lecture à un espace infini, au-delà de la ligne mince d'antithèses qui constitue le « fil » du texte. La poétique du récit « automatique » apparaît ainsi comme une poétique du dynamisme des formes et de leur dérision. Il n'est plus question de « littérature », qu'au sens où les surréalistes concevaient la revue du même nom. Le but profond est de faire jouer les formes et de leur faire « rendre raison ». L'intertextualité couronne le jeu de signes qui parcourt les allées du réseau rhétorique et du réseau paradigmatique.

Cet enchevêtrement complexe de structures, exploitant à dessein des possibilités du langage encore vierges, fonde la poéticité du texte. L'originalité de l'organisation du texte n'est pas *signe* de surréalité, elle *est* sa surréalité même. Le récit surréaliste se définit par des critères structurels et non par des indices stylistiques — tout au moins si l'on maintient ce terme de « stylistique » dans une acception étroite qui lui interdit de mettre à jour l'organisation profonde du récit.

254/ L. JENNY, « La surréalité et ses signes narratifs », dans *Poétique,* nº 4, 1973, p. 520.

Pour conclure, est-on sûr que les consignes relatives à l'écriture textuelle données par les surréalistes, de même que les codes relevés dans leurs œuvres, ne forment pas un corps de doctrine esthétique ? Non sans provocation, Étiemble se hasarde à parler de classicisme. On hésitera certainement à le suivre si l'on croit, comme nous, que le surréalisme défend une esthétique de l'irrésolu, du spontané, de l'inachevé.

Non, je ne reproche point à Breton ses inconséquences. Je les aime ; je me réjouis de le rencontrer qui s'égare sur les « chemins raisonnables » qu'il croit fuir. De Gide, qui accepte d'infléchir le sens pour plaire au son, ou de Breton qui, même en poésie, refuse de subordonner celui-ci à celui-là, qui donc était le plus classique ?

Quand il enjoint aux siens d'observer la syntaxe ; quand il se refuse à faire état des « moments nuls » de sa vie ; quand il condamne le « néant » des descriptions ; quand il affirme, enfin, qu'il n'y a que le merveilleux qui soit beau, Breton formule quelques-uns des postulats d'une rhétorique : la plus classique de notre histoire, et du monde.

255/ R. ÉTIEMBLE, « Breton ? un beau classique », dans *N.R.F.,* nº 172, 1er avril 1967, pp. 845-846.

Des thèmes au mythe :
pour une « magie quotidienne »

A la suite de Baudelaire, qui voyait en elle la reine des facultés, les surréalistes veulent redonner les pleins pouvoirs à l'imagination. Celle-ci ayant une structure forte et relativement constante au cours du temps (voir G. Durand : *Structures anthropologiques de l'imaginaire,* Bordas, 1969), il n'est pas étonnant que reviennent sous leur plume un certain nombre de thèmes, qu'on aura repérés au passage, dont plusieurs sortent du décor romantique (plus exactement du roman frénétique anglais et du romantisme allemand). Breton s'en explique en présentant le « splendide XIXᵉ siècle » dans un article intitulé « Le merveilleux contre le mystère » (1936). Les commentateurs ont signalé la récurrence du cristal, du château, des mannequins, du miroir dans l'œuvre de Breton et d'Aragon. Michel Butor a condensé ces objets sous le titre « Heptaèdre héliotrope » en hommage à l'auteur de *L'Amour fou* (*N.R.F.,* nº 172, 1967).

La poétique des ruines, à laquelle ils cherchent un prolongement au XXᵉ siècle, s'accompagne chez ces rêveurs invétérés d'un retour en force des fantômes et des êtres de la nuit, sous leur forme la plus séduisante. Ainsi Aragon annonce-t-il l'entrée des succubes :

S Je songe à ce que le sommeil apparemment dissout. A ce renoncement du repos. Au mensonge du dormeur. Son attitude résignée. Dissimulateur sublime. Il ne laisse plus voir que son corps. C'est alors que vaincu il n'est plus que la voix de cette chair défaite. Alors un grand frisson nocturne autour de cette chute enfin va se propager. Se propage aux limites de l'ombre et de l'air. Atteint les lieux troubles. S'étend au pays fébrile des esprits. Par-delà les règnes naturels. Dans les pacages damnés. Et quelque Démone aspirant cette nuit-là la brise des maremmes, défait un peu son corsage infernal, aspire l'effluve humain, et secoue ses nattes de feu. Ce qui sommeille au fond du tourbillon qui l'atteint, elle l'imagine, et se démène. Elle fait au miroir de l'abîme sa toilette étrange de fiancée. J'aime à me représenter ses ablutions lustrales. O pourpre de l'enfer, quitte ce corps charmeur.

Je parlerai longuement des succubes.

De toutes les opinions qu'on se fait des succubes la plus ancienne rapporte que ce sont vraiment des démons-femmes qui visitent les dormeurs. Et sans doute que cela n'est pas sans réalité. J'en ai rencontré qui portaient toutes les marques de l'enfer. Ce sont alors de bien belles personnes, car elles ont le choix de leur forme, et souvent elles n'éprouvent pas le besoin, même au point de le quitter, de dévoiler à leur amant involontaire une origine que dans l'abord elles se sont efforcées si bien de leur dissimuler. Mais parfois elles ne résistent pas au plaisir d'une révélation soudaine, elles se transforment dans les bras qu'elles ont sur elles-mêmes refermés, et leur victime éprouve toute mêlée à un plaisir qu'elle ne regrette point encore l'horreur d'avoir cédé au piège du démon.

256/ L. ARAGON, « Entrée des succubes », dans *La Révolution surréaliste,* n⁰ 6, 1ᵉʳ mars 1926, p. 10.

Cette hantise de la femme, Breton en fera une valeur positive après la Seconde Guerre mondiale.

Reprenant la légende médiévale de Mélusine, il se tourne vers la femme pour sauver le monde, « rédimer cette époque sauvage ».

S [...] le temps serait venu de faire valoir les idées de la femme aux dépens de celles de l'homme, dont la faillite se consomme assez tumultueusement aujourd'hui. C'est à l'artiste, en particulier, qu'il appartient, ne serait-ce qu'en protestation contre ce scandaleux état de choses, de faire prédominer au maximum tout ce qui ressortit au système féminin du monde par opposition au système masculin, de faire fonds exclusivement sur les facultés de la femme, d'exalter, mieux même, de s'approprier jusqu'à le faire jalousement sien tout ce qui la distingue de l'homme sous le rapport des modes d'appréciation et de volition. [...]

Que l'art donne résolument le pas au prétendu « irrationnel » féminin, qu'il tienne farouchement pour ennemi tout ce qui, ayant l'outrecuidance de se donner pour sûr, pour solide, porte en réalité la marque de cette intransigeance masculine qui, sur le plan des relations humaines à l'échelle internationale, montre assez, aujourd'hui, de quoi elle est capable. L'heure n'est plus, dis-je, de s'en tenir sur ce point à des velléités, à des concessions plus ou moins honteuses, mais bien de se prononcer en art sans équivoque contre l'homme et pour la femme, de déchoir l'homme d'un pouvoir dont il est suffisamment établi qu'il a mésusé, pour remettre ce pouvoir entre les mains de la femme, de débouter l'homme de toutes ses instances tant que la femme ne sera pas parvenue à reprendre de ce pouvoir sa part équitable

et cela non plus dans l'art mais dans la vie.
257/ A. Breton, *Arcane 17,* U.G.E., « 10/18 », pp. 62-
64.

Savoir reconnaître ainsi la supériorité féminine,
c'est aussi savoir écouter et regarder la nature, en
déceler le caractère insolite, surprenant, merveilleux.
Dès le premier *Manifeste,* Breton déclarait : « Tran-
chons-en : le merveilleux est toujours beau, n'importe
quel merveilleux est beau, il n'y a même que le merveilleux qui soit beau. » Sensible à cette dimension du
surréel, Pierre Mabille dresse l'inventaire des objets
dont l'image se reflète au Miroir du merveilleux :

S   Dès lors, *le merveilleux est partout.* Compris dans
les choses, il apparaît dès que l'on parvient à
pénétrer n'importe quel objet. Le plus humble, à
lui seul, soulève tous les problèmes. Sa forme,
témoignage de sa structure personnelle, résulte
des transformations qui se sont opérées depuis
l'origine du monde, elle contient en germe les
innombrables possibilités que l'avenir se chargera
de réaliser.
    Le merveilleux est encore entre les choses,
entre les êtres, dans cet espace où nos sens ne
perçoivent rien directement mais qu'emplissent
des énergies, des ondes, des forces sans cesse en
mouvement, où s'élaborent des équilibres éphé-
mères, où se préparent toutes les transformations.
Bien loin d'être des unités indépendantes, isolées,
les objets participent à des compositions, vastes
assemblages fragiles ou constructions solides, réalités dont nos yeux ne perçoivent que des fragments mais dont l'esprit conçoit la totalité.
    Connaître la structure du monde extérieur,

déceler le jeu des forces, suivre les mouvements de l'énergie, ce programme est celui des sciences exactes. Il semblerait donc que celles-ci devraient être les clefs véritables du merveilleux. Si elles ne le sont pas davantage, c'est qu'elles n'intéressent pas la totalité de l'homme. Leurs disciplines sévères excluent l'émotion sensible. Elles rejettent les facteurs individuels de connaissance au profit d'une investigation impersonnelle et mécanique.

Par un singulier paradoxe, plus l'humanité étend son savoir et sa maîtrise sur le monde, plus elle se sent étrangère à la vie de cet univers, plus aussi elle sépare les besoins de l'être des données de l'intelligence. Une antinomie définitive semble aujourd'hui exister entre la démarche du merveilleux et celle des sciences.

258/ P. MABILLE, *Le Miroir du merveilleux,* Éditions de Minuit, 1962, p. 32.

Identifiant les traits de la pensée contemporaine — et particulièrement ce qu'à propos de Vitrac nous avons ailleurs nommé l'esprit d'enfance — à la mentalité des peuples dits primitifs, Péret, reprenant les thèses de Tzara dans *Grains et Issues,* les rapporte à l'imagination pure et au merveilleux dont il donne un exemple en guise de définition :

S [...] les explications que le primitif donne de l'origine du monde et de sa propre origine et nature sont des produits de l'imagination pure où la part de la réflexion consciente demeure nulle ou quasi. De là vient sans doute que non limitées, non critiquées, ces créations ressortissent presque toujours au merveilleux poétique.

On attend sans doute que je définisse ici le merveilleux poétique. Je m'en garderai bien. Il est d'une nature lumineuse qui ne souffre pas la concurrence du soleil : il dissipe les ténèbres et le soleil ternit son éclat. Le dictionnaire, bien sûr, se borne à en donner une étymologie sèche où le merveilleux se reconnaît aussi mal qu'une orchidée conservée dans un herbier. J'essaierai seulement de le suggérer.

Je pense aux poupées des Indiens Hopi du Nouveau-Mexique dont la tête parfois figure schématiquement un château médiéval. C'est dans ce château que je vais essayer de pénétrer. Il n'a pas de portes et ses murailles ont l'épaisseur de mille siècles. Il n'est pas en ruine comme on serait tenté de le croire. Depuis le romantisme ses murs écroulés se sont redressés, reconstitués comme le rubis, mais aussi durs que cette gemme, ils ont, maintenant que je les heurte de la tête, toute sa limpidité. Voici qu'ils s'écartent comme les hautes herbes au passage d'un fauve prudent, voici que par un phénomène d'osmose, je suis à l'intérieur, dégageant des lueurs d'aurore boréale. Les armures étincelantes, montant dans le vestibule une garde de pics éternellement enneigés, me saluent de leur poing dressé dont les doigts se muent en un flux continuel d'oiseaux — à moins que ce ne soient des étoiles filantes s'accouplant pour obtenir du mélange de leurs couleurs primaires les nuances délicates du plumage des colibris et des paradisiers. Bien que je sois apparemment seul, une foule qui m'obéit aveuglément m'entoure. Ce sont des êtres moins nets qu'un grain de poussière dans un rayon de soleil. Dans leur tête de racine, leurs yeux de feux

follets se déplacent en tous les sens et leurs douze
ailes munies de griffes leur permettent d'agir avec
la rapidité de l'éclair qu'ils entraînent dans leur
sillage. Dans ma main, ils mangent les yeux des
plumes de paon et si je les presse entre le pouce
et l'index, je modèle une cigarette qui, entre les
pieds d'une armure, prend vite la forme du premier artichaut.

Cependant le merveilleux est partout, dissimulé
aux regards du vulgaire, mais prêt à éclater
comme une bombe à retardement. Ce tiroir que
j'ouvre me montre, entre des bobines de fil et des
compas, une cuillère à absinthe. A travers les
trous de cette cuillère s'avance à ma rencontre
une bande de tulipes qui défilent au pas de l'oie.
Dans leur corolle se dressent des professeurs de
philosophie qui discourent sur l'impératif catégorique. Chacune de leurs paroles, sou démonétisé,
se brise sur le sol hérissé de nez qui les rejettent
en l'air où elles décrivent des ronds de fumée.
Leur lente dissolution engendre de minuscules
fragments de miroirs où se reflète un brin de
mousse humide. [...].

Le merveilleux, je le répète, est partout, de tous
les temps, de tous les instants.

259/ B. PÉRET, *La parole est à Péret,* Pauvert, 1975,
pp. 33-36, 37.

Que ce soit en réactivant des croyances anciennes,
tel le mythe de l'androgyne primitif dont nous parle
Platon dans *Le Banquet,* ou en dégageant les aspects
insolites de l'univers actuel, les surréalistes sont en
quête d'une mythologie contemporaine (la première
partie du *Paysan de Paris* d'Aragon n'est-elle pas intitulée « Préface à une mythologie moderne ? ») :

S   Toute la faune des imaginations, et leur végétation marine, comme par une chevelure d'ombre
se perd et se perpétue dans les zones mal éclairées
de l'activité humaine. C'est là qu'apparaissent les
grands phares spirituels, voisins par la forme de
signes moins purs. La porte du mystère, une
défaillance humaine l'ouvre, et nous voilà dans
les royaumes de l'ombre. Un faux pas, une syl-
labe achoppée révèlent la pensée d'un homme. Il
y a dans le trouble des lieux de semblables ser-
rures qui ferment mal sur l'infini. Là où se poursuit l'activité la plus équivoque des vivants, l'inanimé prend parfois un reflet de leurs plus secrets
mobiles : nos cités sont ainsi peuplées de sphinx
méconnus qui n'arrêtent pas le passant rêveur, s'il
ne tourne vers eux sa distraction méditative, qui
ne lui posent pas de questions mortelles. Mais s'il
sait les deviner, ce sage, alors, que lui les interroge, ce sont encore ses propres abîmes que grâce
à ces monstres sans figure il va de nouveau son-
der. La lumière moderne de l'insolite, voilà
désormais ce qui va le retenir.

Elle règne bizarrement dans ces sortes de gale-
ries couvertes qui sont nombreuses à Paris aux
alentours des grands boulevards et que l'on
nomme d'une façon troublante *des passages,*
comme si dans ces couloirs dérobés au jour, il
n'était permis à personne de s'arrêter plus d'un
instant. Lueur glauque, en quelque manière abys-
sale, qui tient de la clarté soudaine sous une jupe
qu'on relève d'une jambe qui se découvre.

260/ L. ARAGON, *Le Paysan de Paris,* Gallimard,
pp. 19-20.

La ville est en effet un lieu favorable à la germina-
tion du merveilleux — comme si les surréalistes

avaient pressenti la transformation radicale de la population française qui en fait désormais une société à majorité urbaine. Le critique Jean Gaulmier en étudie le fonctionnement dans l'œuvre de Breton :

La nuit redouble donc le caractère merveilleux de la ville. Ce merveilleux, André Breton le perçoit pleinement, mais il veut montrer que ce merveilleux est vrai, conscient qu'il est de la distinction du plausible et du non plausible[1]. Aussi, au moment d'exposer des faits assez étranges pour l'étonner lui-même, « j'hésite, il faut l'avouer », dit-il. De là l'importance *pratique* de ces décors parisiens d'une totale exactitude : ils accréditent la réalité des événements qui s'y sont déroulés. Au moment où il serait tenté de prendre pour autant d'illusions ce qu'il a vu et vécu, la place Dauphine, le Sphinx Hôtel du boulevard Magenta, le buste d'Henri Becque le convainquent qu'il n'a pas rêvé. Et nous, lecteurs, comment douterions-nous de l'existence de Parisette, lorsque nous savons qu'il l'a rencontrée au « Café Batifol, 7, rue du Faubourg-Saint-Martin » ? Il nous semble que nous n'aurions qu'à rôder rue Pajol pour y croiser à notre tour la jeune fille aux yeux de Dalila et, une nuit de printemps sur le quai aux Fleurs, pour que la « belle vagabonde » prenne notre bras. Aux évocations singulières de Breton, la réalité parisienne confère la consistance même de la vie : les coïncidences qui, d'abord, nous déconcertaient, prennent soudain l'allure quasi familière de lumières se reflétant dans l'eau, ou de ces fleurs jumelles qu'il nous montre dans

---

1. *L'Amour fou*, p. 48.

la nuit du tournesol, *semblables* l'une à l'autre, *séparées* l'une de l'autre, à demi épanouies *ensemble* dans les paniers où on les a transportées.

261/ J. GAULMIER. « Remarques sur le thème de Paris chez André Breton de *Nadja* à *L'Amour fou* », *Travaux de linguistique et de littérature*, 1971, IX, 2, pp. 167-168.

Au-delà d'une reprise des croyances fondamentales de l'humanité et de l'observation des phénomènes contemporains pouvant susciter le mythe, Breton se demande si, en rassemblant diverses études scientifiques, on ne pourrait pas concevoir un mythe nouveau — non pas de science-fiction — qui permettrait de rendre compte de tous les faits inexplicables de l'univers, qu'il baptise « Les grands transparents ».

S   LES GRANDS TRANSPARENTS

L'homme n'est peut-être pas le centre, le *point de mire* de l'univers. On peut se laisser aller à croire qu'il existe au-dessus de lui, dans l'échelle animale, des êtres dont le comportement lui est aussi étranger que le sien peut l'être à l'éphémère ou à la baleine. Rien ne s'oppose nécessairement à ce que ces êtres échappent de façon parfaite à son système de références sensoriel à la faveur d'un camouflage de quelque nature qu'on voudra l'imaginer mais dont la *théorie de la forme* et l'étude des animaux mimétiques posent à elles seules la possibilité. Il n'est pas douteux que le plus grand champ spéculatif s'offre à cette idée, bien qu'elle tende à placer l'homme dans les modestes conditions d'interprétation de son propre univers où l'enfant se plaît à concevoir une fourmi du dessous quand il vient de donner un coup de pied dans la fourmilière. En considérant les perturbations du type cyclone, dont l'homme est impuissant à être autre chose que la victime ou le témoin, ou celles du type guerre, au sujet desquelles des versions notoirement insuffisantes sont avancées, il ne serait pas impossible, au cours d'un vaste ouvrage auquel ne devrait jamais cesser de présider l'induction la plus hardie, d'approcher jusqu'à les rendre vraisemblables la structure et la complexion de tels êtres hypothétiques, qui se manifestent obscurément à nous dans la peur et le sentiment du hasard. [...]

Un mythe nouveau ! Ces êtres, faut-il les convaincre qu'ils procèdent du mirage ou leur donner l'occasion de se découvrir ?

262/ A. BRETON « Prolégomènes à un troisième manifeste du surréalisme ou non » (1942), dans *Manifestes...*, Gallimard, « Idées », pp. 175-176.

Cette hypothèse, d'ailleurs reprise dans l'*Ode à Charles Fourier,* relève d'un penchant pour la tradition ésotérique qui n'a pas seulement affecté les dernières années de Breton, puisqu'on en trouve des références dès le premier *Manifeste.* Étiemble y voyait « une ligne de faiblesse, une fêlure » (« Breton ? un beau classique », dans *N.R.F.,* n° 172, 1er avril 1967, p. 845.)

Cherchant à recentrer le surréalisme, après la guerre, le groupe des surréalistes révolutionnaires, qui n'allait pas tarder à se dissoudre, dénonçait un tel recours.

Le surréalisme s'oppose fonctionnellement à la création de nouveaux mythes. Il lui appartient non seulement de dénoncer « ces êtres en dehors du temps et de l'espace créés par les clergés et nourris par l'imagination des foules ignorantes et opprimées » dont parle Engels, mais encore de démonter le mécanisme de formation et de fonctionnement des mythes ; l'un de ses buts *actuels,* dans le monde capitaliste, est de dévoiler le mythe collectif moderne afin d'en alléger l'homme, et de le rendre ainsi plus accessible à la conscience des conditions économiques qui lui sont faites. Sa démarche est, dans ce domaine, délibérément parallèle à l'effort du rationalisme dialectique aux conquêtes duquel il entend sans cesse éprouver ses expériences.

La science, d'ailleurs, tout ouverte sur l'inconnu, participe plus de l'esprit surréaliste que les dogmes clos des ésotérismes. Ceux-ci, concurrents plus qu'ennemis des églises, ne sont qu'obscurantisme, ils n'ont jamais résolu le problème de connaissance qui demeure posé dans leur ombre. Explorer le champ des apparences magiques avec une rigueur matérialiste demeure certes une tâche assignée au surréalisme, et le poète n'aura jamais trop d'audace dans cette recherche de l'inouï, de l'informulé. Mais cette investigation de l'irrationnel ne doit jamais se séparer de la connaissance rationnelle du monde.

263/ « La cause est entendue », tract original, 1er juillet 1947.

De fait, l'ambition de formuler un mythe unique pour rendre compte de l'évolution moderne n'a pas abouti. Les surréalistes ont cependant mis l'accent sur la plupart des éléments qui forment *maintenant* notre sensibilité. Somme toute, leur apport essentiel n'a-t-il pas consisté à déceler une « magie quotidienne », pour reprendre les termes de Breton (*Perspective cavalière,* Gallimard, 1970, p. 102) dont l'œuvre autobiographique de Michel Leiris est le monument ?

Celui-ci aura pu mener à bien le projet, qu'il formait en 1938, d'élaborer une étude du sacré dans la vie de chaque jour :

Outre la série de légendes que nous inventions et notre panthéon de héros, ce qui, de ces longs moments passés dans les W.-C., était peut-être le plus nettement marqué par le sacré, c'est la clandestinité même de nos réunions. Il est entendu que le reste de la famille savait que nous étions là, mais, derrière la porte fermée, on ignorait ce que nous racontions. Il y avait dans ce que nous faisions quelque chose de plus ou moins défendu, qui nous attirait d'ailleurs des réprimandes lorsque nous restions trop longtemps enfermés. Comme dans une « maison des hommes » de quelque île de l'Océanie — là où les initiés se rassemblent et où, de bouche à bouche et de génération à génération, se transmettent les secrets et les mythes, dans cette pièce qui était notre club, nous brodions intarissablement notre mythologie et cherchions sans nous lasser des réponses aux diverses énigmes qui nous obsédaient dans le domaine sexuel. Mon frère, assis sur le grand siège, comme un initié du grade supérieur ; moi, le plus jeune, sur un vulgaire vase de nuit, qui jouait le rôle d'un tabouret de néophyte. La chasse d'eau et le trou, en eux-mêmes, étaient des choses mystérieuses, et même effectivement dangereuses (ne m'arriva-t-il pas, une fois, jouant à courir autour de l'orifice en imitant le cheval de cirque, de m'y engager le pied, que mes parents, alertés, eurent ensuite beaucoup de mal à dégager); plus âgés et plus érudits, sans doute n'aurions-nous pas hésité à les regarder comme étant en communication directe avec les divinités chtoniennes.

Par rapport au salon — Olympe qui nous était fermé les jours de réception — ces cabinets d'aisance font figure de caverne, d'antre où l'on vient s'inspirer en se mettant en rapport avec les puissances les plus troubles et les plus souterraines. En face du sacré droit de la majesté parentale, c'était là que prenait corps la magie louche d'un sacré gauche, là aussi que nous nous sentions, vis-à-vis de tous les autres, le plus en marge et le plus séparés, mais, dans l'embryon de société secrète qu'à deux frères nous formions, le plus coude à coude et le mieux en accord. Il s'agissait pour nous, en somme, de cette chose éminemment sacrée qu'est toute espèce de pacte, — tel le lien de complicité qui unit contre les maîtres les élèves d'une même classe, lien suffisamment contraignant et solide pour que, de tous les impératifs moraux qui commandent aux consciences adultes, très peu puissent être comparés à celui par lequel les enfants s'interdisent entre eux de mutuellement se « cafarder ».

264/ M. LEIRIS, « Le Sacré dans la vie quotidienne », 1936, Change, nº 7, 1970, pp. 65-66.

3. L'expression plastique et dynamique

La peinture : « Les yeux enchantés » (Morise)

Dès l'origine, le groupe surréaliste se constitue avec des poètes et des peintres. Mais si l'essentiel de son entreprise consiste à noter « l'automatisme psychique pur » dont, on l'a vu p. 170, Breton considère qu'il ne peut être que verbo-auditif, la question se pose de savoir quel langage devront employer les peintres pour se mettre à l'unisson des poètes. En d'autres termes : le langage pictural est-il apte à transcrire les données fondamentales du surréalisme ? Or, dès 1924, André Masson réalise des dessins automatiques. Son ami Max Morise en déduit que le langage plastique a les mêmes capacités que le verbal :

S   Admirons les fous, les médiums qui trouvent moyen de fixer leurs plus fugitives visions, comme tend à le faire, à un titre un peu différent, l'homme adonné au surréalisme.

Nous pouvons considérer, dans le cas particulier que nous envisageons, les œuvres plastiques de ceux qu'on appelle communément *fous* et *médiums* comme parfaitement comparables ; elles se présentent schématiquement sous deux aspects :

— ou les éléments plastiques se présentent à l'esprit comme des touts complexes et indivisibles et sont reproduits aussi sommairement que possible — un arbre, un bonhomme. Ces éléments sont pour ainsi dire notés au fur et à mesure qu'ils parviennent à la conscience : une maison, le cheval y pénètre qu'un crabe monte à califourchon et le soleil dans le crabe. Cela pourrait aussi bien s'écrire comme on le voit ; en tout cas un dessin rapide et rudimentaire peut seul convenir à ce genre d'expression ;

— ou bien — et c'est ici que nous touchons à une activité véritablement surréaliste — les formes et les couleurs se passent d'objet, s'organisent selon une loi qui échappe à toute préméditation, se fait et se défait dans le même temps qu'elle se manifeste. Bon nombre de peintures de fous ou de médiums offrent ainsi à la vue des apparences insolites et témoignent des ondulations les plus imperceptibles du flux de la pensée. On pourrait poser en équation algébrique qu'une telle peinture est à x ce qu'un récit de médium est à un texte surréaliste. Parbleu !

Mais qui nous fournira la drogue merveilleuse qui nous mettra en état de réaliser x ? et quelle jalousie n'éprouvera pas le peintre à considérer les ténèbres que se procure à elle-même l'écriture surréaliste. Car toute la difficulté n'est pas de commencer, mais aussi *d'oublier ce qui vient d'être fait,* ou mieux de *l'ignorer.* Fermer les yeux, user d'un cache, s'astreindre à ne fixer qu'une portion de la toile, tous les moyens de bouleverser l'habituelle orientation de la vue sont des procédés bien enfantins et qui tombent à côté. Il ne s'agit pas de mutiler une technique mais de la rendre, autant qu'il est possible, inefficiente.

Aujourd'hui nous ne pouvons imaginer ce que serait une plastique surréaliste qu'en considérant certains rapprochements d'apparence fortuite mais que nous supposons dus à la toute-puissance d'une loi intellectuelle supérieure, la loi même du surréalisme.

265/ M. MORISE, « Les Yeux enchantés », dans *La Révolution surréaliste*, n° 1, 1er décembre 1924, p. 17.

A quoi Pierre Naville rétorque dans *La Révolution surréaliste* (n° 3) que l'esprit est par trop contraint par les limites du tableau. Opposant la liberté des spectacles de la vie (auxquels il adjoint la photographie et le cinéma), il déclare : « Plus personne n'ignore qu'il n'y a pas de *peinture surréaliste.* »

C'est là imposer, sans la justifier, une distinction absolue entre deux modes d'expression. Aussi Breton réfute-t-il Naville dans la livraison suivante de la même revue :

S   On a dit qu'il ne saurait y avoir de peinture surréaliste. Peinture, littérature, qu'est-ce là, ô Picasso, vous qui avez porté à son suprême degré l'esprit, non plus de contradiction, mais d'évasion ! Vous avez laissé pendre de chacun de vos tableaux une échelle de corde, voire une échelle faite avec les draps de votre lit, et il est probable que, vous comme nous, nous ne cherchons qu'à descendre, à monter de notre sommeil. Et ils viennent nous parler de la peinture, ils viennent nous faire souvenir de cet expédient lamentable qu'est la peinture !

266/ A. BRETON, « Le Surréalisme et la peinture », dans *La Révolution surréaliste*, n° 4, 15 juillet 1925, p. 29.

L'ouvrage du même titre montre que l'ambition du surréalisme est d'ouvrir sur la vraie vie, et qu'à cet égard il peut employer les moyens de la peinture. Au demeurant, il convient de distinguer l'esprit surréaliste, intemporel, auquel appartiennent d'une certaine manière Uccello, Seurat, Moreau, Matisse, Derain, Picasso, Chirico, etc., du mouvement surréaliste, incarné historiquement, dont font partie des peintres dont le nombre variera au gré des décisions collectives (les exclusions de Dali en 1938, d'Ernst en 1954, faisant date).

Pour Nougé, qui ne sépare pas, dans sa réflexion, l'image verbale de l'image picturale, la cause est entendue : la peinture ne nous présente que des images isolées du flux mental mais, selon sa force et l'usage qu'on en fait, elle peut perturber la réalité et donc ouvrir au surréel :

S Mais il arrive à la conscience occupée d'une seule image, et qui dure, ce qui arrive à l'œil fixant un seul objet. L'œil se brouille. La conscience s'obscurcit. L'œil s'aveugle, la conscience...

Il arrive que celui qui fixe longuement un point brillant meure à la réalité extérieure, ou que la réalité se prenne à mourir autour de lui. Des voix montent d'on ne sait quelle profondeur, voix jusqu'alors ignorées de lui-même. Pour cet homme endormi, les murailles et les têtes deviennent transparentes. Voici surgir les pensées secrètes et les trésors cachés.

Il n'est pas nécessaire d'aller jusqu'à l'hypnose. Certaines images isolées que nous présente la peinture, sont capables de fixer la conscience claire au point de la faire coïncider avec elles et d'arrêter ainsi le flux de paroles et de fantômes, l'immense *fuite* qui la constitue normalement.

Mais l'on n'oppose pas vraiment une résistance

à l'esprit. L'immobilité, pour lui, se confond avec
la mort. L'énorme fleuve obscur qui roule inlas-
sablement au fond de nous-mêmes, rompt toute
digue et déborde soudain en pleine lumière. Il
contraint l'homme à voir, à penser, à sentir ce
qu'il se croyait à tout jamais incapable d'éprouver ou de vouloir.

Ainsi s'expliquerait la seule puissance de la
peinture qui ne soit pas indigne. On peut parler
ici d'«illumination», de «révélation». On sait
assez exactement ce que parler veut dire.

267/ P. Nougé, «Les images défendues», dans *Le
Surréalisme A.S.D.L.R.*, n° 5, 15 mai 1933, pp. 26-27.

Même si la question des techniques picturales est
indifférente aux yeux de Breton, elle n'est pas sans
conséquences pour l'avenir du surréalisme. Le débat
qu'on vient de lire (p. 373) sur le rapport entre la
forme et le fond dans le domaine littéraire en est un
exemple. C'est dans la mesure où, des moyens facili-
tant l'expression spontanée et le débordement de l'inconscient, les peintres ont su se déprendre des contraintes du tableau qu'ils ont apporté une contribution
au surréalisme. Au collage et au photomontage de
l'ère dadaïste, Max Ernst a ajouté le frottage, procédé
qui leur est apparenté, et qui découle des observations
de Breton sur l'inspiration (voir p. 331) :

S Le procédé de frottage paraissait d'abord applicable seulement au dessin. Si l'on songe que, depuis
lors, il a pu être adapté avec succès aux moyens
techniques de la peinture (grattage de couleurs sur
un fond préparé en couleurs et posé sur une surface inégale, etc.) sans que pour cela il eût été pris

la moindre liberté avec le principe de l'intensifi-
cation de l'irritabilité des facultés de l'esprit, je
crois pouvoir affirmer sans exagération que le
surréalisme a permis à la peinture de s'éloigner, à
pas de bottes de sept lieues, des trois pommes de
Renoir, des quatre asperges de Manet, des petites
femmes au chocolat de Derain et du paquet de
tabac des cubistes, pour voir s'ouvrir devant elle
un champ de *vision* limité seulement par la *capacité d'irritabilité des facultés de l'esprit.* Cela, bien
entendu, au plus grand désespoir des critiques
d'art, qui s'effraient de voir réduit au minimum
l'importance de « l'auteur » et anéantie la conception du « talent ». Contre eux nous maintenons
que la peinture surréaliste est à la portée de tous
ceux qui sont épris de révélations véritables et
pour cela sont prêts à vouloir aider ou forcer
l'inspiration.

En cédant tout naturellement à la vocation de
reculer les apparences et de bouleverser les rapports des « réalités », elle a pu contribuer, le sourire aux lèvres, à précipiter la crise de conscience
générale qui doit avoir lieu de nos jours.

268/ M. Ernst, « Comment on force l'inspiration »,
dans *Le Surréalisme A.S.D.L.R.*, n° 6, 15 mai 1933,
p. 45.

La paranoïa-critique de Dali (voir p. 200) n'est
qu'une extension, toute personnelle, de cette méthode.
Il ne saurait être question d'illustrer ici, par des citations, chacune des trente-cinq techniques recensées
par R. Passeron dans *Histoire de la peinture surréaliste* (1968) ni de faire place aux réflexions théoriques,
pourtant capitales, de Dali, Masson, Max Ernst, Magritte, etc. L'œuvre peint de ce dernier invente moins
des techniques nouvelles qu'il ne met en cause nos

habitudes logiques et l'arbitraire du signe, dont cette page est un exemple :

S LES MOTS ET LES IMAGES

Un objet ne tient pas tellement à son nom qu'on ne puisse lui en trouver un autre qui lui convienne mieux.

Le canon

Il y a des objets qui se passent de nom :

Un mot ne sert parfois qu'à se désigner soi-même :

ciel

Un objet rencontre son image, un objet rencontre son nom. Il arrive que l'image et le nom de cet objet se rencontrent :

forêt

Parfois le nom d'un objet tient lieu d'une image :

Un mot peut prendre la place d'un objet dans la réalité :

Une image peut prendre la place d'un mot dans une proposition :

Un objet fait supposer qu'il y en a d'autres derrière lui :

Tout tend à faire penser qu'il y a peu de relation entre un objet et ce qui le représente :

l'objet réel.   *l'objet représenté*

Les mots qui servent à désigner deux objets différents ne montrent pas ce qui peut séparer ces objets l'un de l'autre :

Dans un tableau, les mots sont de la même substance que les images :

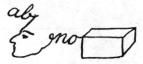

On voit autrement les images et les mots dans un tableau :

Une forme quelconque peut remplacer l'image d'un objet :

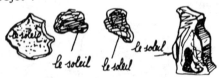

Un objet ne fait jamais le même office que son nom ou que son image :

Or, les contours visibles des objets, dans la réalité, se touchent comme s'ils formaient une mosaïque :

Les figures vagues ont une signification aussi nécessaire, aussi parfaite que les précises :

Parfois, les noms écrits dans un tableau désignent des choses précises, et les images des choses vagues :

Ou bien le contraire :

269/ R. MAGRITTE, « Les mots et les images », dans *La Révolution surréaliste*, n° 12, 15 décembre 1929, pp. 32-33.

Le peintre se sert des mots pour subvertir les images et réciproquement. Cela peut s'étendre à la toile elle-même ou à la dénomination du tableau.

Le surréalisme est le mouvement qui a le mieux réussi une intégration des deux langages, plastique et poétique, sur la page imprimée. De cette connivence et de cet appui mutuel, un article de Crevel (mais nous aurions pu alléguer de la même façon Aragon, Éluard, Limbour, Leiris, Tzara ou Vitrac) donne l'idée :

S Max Ernst, sous le titre : « Histoire naturelle », nous a présenté les terribles merveilles d'un univers dont notre semelle ne peut essayer d'écraser les secrets, plus grands que nous.

Que les bûcherons, comme par le passé, coupent les arbres, les étoiles, dans les troncs des chênes, dont les ébénistes avaient coutume de faire le centre des guéridons, réintègrent l'éther et des petites tables tournent, astres autour de notre globe. Les araignées lasses de manger des mouches se repaissent de nos montagnes habituelles, et nous connaissons le règne des choses disproportionnées. La terre frémit et la mer invente des chansons nouvelles.

Toute flore, toute faune se métamorphosent. Le rideau du sommeil tombé sur l'ennui du vieux monde, se relève pour des surprises d'astres et de sable. Et nous regardons, vengés enfin des minutes lentes, des cœurs tièdes et des cerveaux raisonnables.

Univers imprévu, quels océans ont pu, jusqu'à ces bords, mener le peintre, navigateur du silence ? A cette question, Max Ernst répond par le nom trouvé pour l'un des plus surprenants de ses tableaux : « La Révolution,... La Nuit. »

270/ R. CREVEL, « Préface au catalogue de l'exposition Max Ernst », dans *Babylone*, Pauvert, p. 208.

Dans *La Peinture au défi* (1926), Aragon montre que le collage surréaliste contribue à ruiner le réalisme primaire en faisant entrer l'illusion dans le tableau : il en va de même avec la photographie détournée de ses fins objectives par Man Ray, selon Breton :

S L'épreuve photographique prise en elle-même, toute revêtue qu'elle est de cette valeur émotive qui en fait un des plus précieux objets d'échange (et quand donc tous les livres valables cesseront-ils d'être illustrés de dessins pour ne plus paraître qu'avec des photographies ?) cette épreuve, bien que douée d'une force de suggestion particulière, n'est pas en dernière analyse l'image fidèle que nous entendons garder de ce que bientôt nous n'aurons plus. Il était nécessaire, alors que la peinture, de loin distancée par la photographie dans l'imitation pure et simple des choses réelles, se posait et résolvait comme on l'a vu le problème de sa raison d'être, qu'un parfait technicien de la photographie, qui fût aussi de la classe des meilleurs peintres, se préoccupât, d'une part d'assigner à la photographie les limites exactes à quoi elle peut prétendre, d'autre part de la faire servir à d'autres fins que celles pour lesquelles elle paraissait avoir été créée, et notamment à poursuivre pour son compte et dans la mesure de ses moyens propres, l'exploration de cette région que la peinture croyait pouvoir se réserver. Ce fut le bonheur de Man Ray d'être cet homme. Aussi jugerais-je vain de distinguer dans sa production ce qui est portraits photographiques, photographies dites fâcheusement abstraites et œuvres picturales proprement dites. Aux confins de ces trois sortes de choses qui sont signées de son nom et qui répondent à une même démarche de son esprit, je sais trop bien que c'est toujours la même apparence, ou inapparence, qui est cernée.

271/ A. BRETON, « Le Surréalisme et la peinture », dans *La Révolution surréaliste*, n° 9-10, 1er octobre 1927, p. 41.

L'intérêt du surréalisme pour les arts plastiques ne se limite pas à la peinture. De même qu'en littérature il a contribué à un vaste reclassement des valeurs, il a favorisé la compréhension et l'assimilation des arts africains d'abord, océaniens ensuite, que Breton juge supérieurs parce que moins réalistes, et Tzara plus proches de la poésie :

S   Seule l'action poétique, s'imposant comme un apparent arbitraire et l'appliquant avec le fanatisme d'une sanction définitive, poussé jusqu'à en perdre et la raison et le sentiment, peut réduire les antinomies entre l'objet et son sens. Mais tandis que chez les peuplades océaniennes les résultats de ces opérations collectives prennent à nos yeux la valeur d'œuvres d'art, dans nos sociétés dites « civilisées » ils ne franchissent pas le niveau de quelques vagues et hybrides superstitions.

   C'est la poésie qui est une des plus grandes forces de l'humanité. Elle ne s'écrit pas, elle vit au fond du creuset où se prépare toute cristallisation humaine, toute condensation sociale, aussi simple soit-elle. Elle est cette force sans méthode qui donne au fait sa signification et sort des profondeurs inestimables des causes foncières et indiscutables. De ses possibilités est née l'invention du monde.

   272/ T. Tzara, « L'Art et l'Océanie », 1929, dans *O.c.*, Flammarion, 1982, t. IV, p. 311.

Les raisons qui poussent le surréalisme à s'intéresser à l'art primitif, l'art naïf et l'art des fous le conduisent, inversement, à s'opposer à l'art abstrait :

S   La naissance de l'art abstrait résulte, en effet, d'une part, d'une équivoque et, d'autre part, d'une spéculation confusionnelle sur l'art, de l'ambition de représenter abstraitement le monde extérieur où l'abstraction n'existe pas. On ne la voit, en effet, que dans la philosophie et les mathématiques. Voudrait-on mettre l'art au service de la science ? La politique réactionnaire, d'obédience stalinienne, fasciste ou autre, avait déjà prétendu — et prétend encore — domestiquer la poésie et l'art. Celui-ci va-t-il maintenant intriguer pour entrer au service de la science ? Ce serait comme si le cheval, se mettant mors, bride et selle, invitait le cavalier à le monter en lui fixant ses éperons ! [...]

La démarche abstractiviste m'inquiète à un autre titre car elle s'oppose à l'effort de l'humanité tout entière depuis qu'elle manifeste son existence sur la terre. De la peinture des cavernes au cubisme et au surréalisme, en passant par les peintures primitives, l'ancienne Égypte, l'Orient et l'Amérique précolombienne, l'effort de l'homme a tendu à l'objectivation, à doter d'une existence concrète tout ce qui végétait obscurément en lui. On ne trouvera pas un seul exemple s'opposant à cette tendance générale. Si, cependant, l'abstractivisme correspondait à une impulsion réelle et profonde chez l'homme qui, pour quelque motif que ce soit, l'aurait réprimée depuis les temps les plus reculés, elle chercherait à se manifester dès que le contrôle du conscient se relâche, dans le rêve, et à plus forte raison dès qu'il disparaît, dans la démence. Or le seul accouplement des deux termes rêve et abstraction entraîne le sourire. A-t-on jamais vu quelqu'un qui ait eu un rêve abstrait ? Quant à l'art des fous, il suffit de se souvenir des expositions de Wölfli, Aloyse et Anton, au *Foyer de l'Art brut* pour être obligé de conclure que l'abstraction leur est absolument étrangère. Péret allègue le test de Rorschach :

Le sujet s'efforce donc d'introduire un contenu concret dans des images abstraites, d'éclairer l'abstraction d'une lueur concrète. On arrive à des conclusions similaires, avec un autre « test » qui consiste à demander au sujet de dessiner, en les disposant à son gré sur la feuille de papier, un cercle, un carré et un triangle, puis à l'inviter à en faire ce qu'il désire. L'interprétation du résultat fournit des indications précises quant à la psychologie du sujet (cercle = carrière, carré = maison, famille, etc., triangle = vie sexuelle). Ainsi, que l'abstrait soit livré à la discrétion de l'expérimentateur ou de son sujet, le résultat reste inchangé, l'abstrait est contraint de dévoiler son contenu concret et, de ce fait, tenu d'avouer son inexistence abstraite.

273/ B. PÉRET, « La Soupe déshydratée », dans *Almanach surréaliste du demi-siècle*, mars 1950, pp. 51-54.

Si l'on voit bien les lignes de fracture entre lesquelles elle évolue (le réalisme et l'abstraction), il est difficile de définir les caractères de la peinture surréaliste tant elle est le reflet de chacun des peintres qui la composent. Paradoxalement, elle paraît à René Passeron d'une tonalité opposée à celle des poètes.

En somme, insérés à la fois dans l'histoire du surréalisme et dans celle de la peinture, les peintres du groupe ont donné du surréalisme une version qu'on peut dire expressionniste. L'expression plastique du visqueux, propre à Dali et à Masson, annonce peut-être des traits de sensibilité sartrienne, mais ne correspond guère au monde poétique de Breton et d'Éluard. Les jeux optiques et belles moqueries de nos perceptions réalisées par Magritte sont plus près d'un humour de l'absurde visuel que des révélations de la nuit. L'automatisme graphique s'éloigne vite d'ailleurs de l'écriture automatique révélatrice du subconscient pour devenir, du côté des peintres, notamment de Masson à Pollock, une technique picturale comme les autres, une technique gestuelle. On a interrogé le monde, disait un auteur, puis on s'est mis à interroger le geste, et enfin on a interrogé la matière picturale sur laquelle le geste portait. Pour ce qui est de l'imagerie surréaliste, elle est dans l'ensemble angoissée, bizarre, un érotisme sombre. Tanguy nous mène au fond de l'eau, et nous allons étouffer. Dominguez nous abandonne dans un désert de nerfs, *Les Jardins gobe-avions* de Max Ernst sont sinistres, beaux mais angoissants. Brauner, par ses symboles chargés de mystère, mêle l'humain et le végétal. Toute cette peinture porte le message d'une inquiétude plus qu'elle n'apporte une connaissance. En somme, le surréalisme des peintres est plus sombre que celui des poètes, éclairé notamment par la transparence d'Éluard.

274/ R. PASSERON, « Le Surréalisme des peintres », dans *Entretiens sur le surréalisme*, Mouton, pp. 257-258.

Hâtons-nous de préciser que ce jugement fut vivement contesté par l'auditoire, singulièrement par José Pierre dont la thèse tend à justifier les options d'André Breton. On sait que, pour ce dernier, « l'œuvre plastique, pour répondre à la nécessité de révision absolue des valeurs réelles sur laquelle aujourd'hui tous les esprits s'accordent, se référera [...] à un modèle *purement intérieur* ou ne sera pas ». (*Le Surréalisme et la peinture*).

Examinant ce concept, Alain Jouffroy montre qu'il est en relation étroite avec le modèle extérieur :

Entre modèle intérieur et modèle extérieur, le surréalisme établit ce système de relations que Breton a comparé lui-même au principe des vases communicants. Le modèle à suivre, pour le peintre ou le poète, ne s'oppose pas au modèle extérieur : il s'en nourrit, il l'inclut. Le plus grand nombre des œuvres surréalistes porte la marque de ce renversement d'une réalité sur l'autre, où s'opère l'action poétique proprement dite. Magritte ne tourne pas le dos à la réalité, aux objets qui l'entourent, il en montre plutôt l'envers, par la transparence propre à sa pensée. Le « modèle intérieur » de Magritte n'est pas une chimère, mais le constant besoin de découvrir, au sein même de la réalité, la part d'indétermination qui la lie aux rêves et aux désirs de l'homme. Il y a donc, chez Magritte, comme chez tous les surréalistes, cette double relation réalité extérieure/réalité mentale, réalité mentale/réalité extérieure, sans laquelle le « surréel » cesserait de mordre sur le réel, de bouleverser l'ordre apparent du réel. Réduire le surréalisme au « matérialisme » de la description objective, ou à l'idéalisme de l'invention gratuite, revient strictement à omettre dans les deux cas le surréalisme lui-même, qui fonde ses inventions sur la réalité concrète, et soude les deux univers les plus séparés par la pensée traditionnelle : l'image (ou la projection) du désir, et l'objet auquel s'applique le désir.

275/ A. JOUFFROY, « Quel est le critère de la surréalité ? Le modèle intérieur », *xxe siècle*, n° 42, 1974.

Élevant le débat au niveau de l'esthétique, F. Alquié estime que la grandeur du surréalisme réside dans les contradictions qu'il a assumées, mais non point résolues. Le jugement esthétique présuppose un détachement qui est le contraire de l'intégration surréaliste. « En un mot, écrit-il, toute contemplation esthétique est fille de la séparation. »

Or, l'examen de ces exemples mêmes conduit à opposer les conceptions surréalistes aux conceptions classiques de la beauté. Artaud n'a cessé de demander le retour du théâtre à la réalité. Breton écrit, dans *Le Surréalisme et la peinture* : « Il m'est impossible de considérer un tableau autrement que comme une fenêtre, dont mon premier souci est de savoir sur quoi elle donne. » L'œuvre surréaliste n'est donc pas une représentation du réel, mais une prise sur le réel, une façon de saisir le réel.

On retrouve ici la volonté de réintégrer l'art dans la vie, de faire de l'art un moyen de pénétrer plus avant dans l'être (volonté, est-il besoin de le préciser, qui n'a rien de commun avec celle des artistes dits réalistes, lesquels vont rejoindre la réalité en doublant les objets perçus de leur inutile image). « Le stade de l'émotion pour l'émotion une fois franchi », écrit Breton dans *Le Surréalisme et la peinture,* « n'oublions pas que, pour nous, c'est la réalité même qui est en jeu. Comment veut-on que nous nous contentions du trouble passager que nous procure telle ou telle œuvre d'art ? Il n'y a pas une œuvre d'art qui tienne devant notre primitivisme intégral en ce sens. »

276/ F. ALQUIÉ, « Le Surréalisme et l'art », dans *Les Études philosophiques,* n° 2, 1975, pp. 154-155.

A l'opposé de ces critiques qui s'efforcent de comprendre les intentions profondes du mouvement avant de le juger, M. Pleynet considère que sa situation, son manque de bases théoriques, l'ont conduit à une contradiction idéologique l'obligeant à être vainement « polémique et révolutionnariste », substituant un discours littéraire à la spécificité picturale, au fond déniant la sexualité :

Ce qu'il ne faut pourtant pas écarter, c'est l'éventail des ponctuations préconscientes que déploie le surréalisme — en sachant bien que chaque proposition qu'avance dans ce domaine le surréalisme, et les peintres qui ont suivi le surréalisme, peut signaler et refouler dans le même temps l'investissement spécifique que la ponctuation surréaliste récite. Bref qu'il faut dans une certaine mesure traiter les productions surréalistes comme le psychanalyste traite les rêves, comme des séries symptomatiques de conflits et de refoulement tendant sous cette forme à se signaler à la conscience.

Si l'on considère de ce point de vue les œuvres des peintres qui ont partagé l'aventure surréaliste, et si dans l'ordre des symptômes qu'ils mettent en scène on cherche à définir celui qui est très généralement dominant, on ne peut pas ne pas constater que l'œuvre de ces peintres manifeste, par rapport à celles de leurs contemporains ou de leurs aînés les plus proches, une nette accentuation de signifiés à références sexuelles. Que ce soit dans l'œuvre de Dali, ou dans celles de Masson, Magritte, Delvaux, Max Ernst, Man Ray, Matta, Miró, etc., le signifié sexuel est évident. Mais si la représentation d'une pipe n'est pas une pipe, et si ce n'est pas non plus un pompier, le problème qui se pose dans la mise en scène de signifiés sexuels n'est-il pas justement de savoir ce qui s'investit de la sexualité dans la représentation ? Une représentation dont la référence est sexuelle est-elle autre chose que le symptôme d'un refoulement ? Et puisque justement il est ici question de peinture, le fond du problème n'est-il pas de savoir comment la sexualité s'investit dans la peinture ? Est-ce sous la forme de la représentation ? Il serait bien entendu absurde de prétendre que rien de sexuel ne s'investit dans la représentation, toutefois la représentation peut-elle être autre chose qu'une figure (rhétorique) de la sexualité ? Et si la représentation de la pipe n'est pas une pipe mais un tableau, on voit bien que la représentation d'une figure à référent sexuel est elle aussi d'abord un tableau et que l'investissement de la figure ne peut être, là aussi, que fantasmé. Nous retrouvons ici ce que nous avons constaté dans l'analyse de la démarche de Magritte vis-à-vis du naturalisme, confusion entre la forme et la réalité du symptôme. Confusion qui est à interroger du côté de la dénégation qu'elle a pour charge de masquer.

277/ M. PLEYNET, *Art et Littérature,* Le Seuil, 1977, pp. 382-383.

Un retour aux tableaux eux-mêmes ferait éclater cette évidence que la peinture surréaliste, *cosa men-*

tale, n'exprime pas autre chose que l'inconscient avec les moyens oniriques, ce que Freud appelait « travail du rêve ».

L'objet : « *Quand les objets rêvent* » (Tzara)

« J'aimais les peintures idiotes, dessus de portes, décors, toiles de saltimbanques, enseignes, enluminures populaires ; la littérature démodée, latin d'église, livres érotiques sans orthographe, romans de nos aïeules, contes de fées, petits livres de l'enfance, opéras vieux, refrains niais, rythmes naïfs » : les surréalistes ont érigé en mémorial ces lignes de Rimbaud, se faisant un devoir de priser tous les objets généralement qualifiés de mauvais goût. Ils estiment que leur époque participe d'une « crise de l'objet », révélatrice du malaise social. Il y a chez eux un usage surréaliste des objets, dont Breton indique la recette dans ses livres. *Nadja, Les Vases communicants, L'Amour fou,* évoquent ses déambulations au Marché aux puces, à l'affût de la trouvaille, dont il explique la portée métaphysique, née de la précipitation du désir informulé.

S   Toujours est-il que le plaisir est ici fonction de la dissemblance même qui existe entre l'objet souhaité et la *trouvaille.* Cette trouvaille, qu'elle soit artistique, scientifique, philosophique ou d'aussi médiocre utilité qu'on voudra, enlève à mes yeux toute beauté à ce qui n'est pas elle. C'est en elle seule qu'il nous est donné de reconnaître le merveilleux précipité du désir. Elle seule a le pouvoir d'agrandir l'univers, de le faire revenir partiellement sur son opacité, de nous découvrir en lui des capacités de recel extraordinaire, proportionnées aux besoins innombrables de l'esprit. La vie quotidienne abonde, du reste, en menues découvertes de cette sorte, où prédomine fréquemment un élément d'apparente gratuité, fonction très probablement de notre incompréhension provisoire, et qui me paraissent par suite des moins dédaignables. Je suis intimement persuadé que toute perception enregistrée de la manière la plus involontaire comme, par exemple, celle de paroles prononcées à la cantonade, porte en elle la solution, symbolique ou autre, d'une difficulté où l'on est avec soi-même.

278/ A. BRETON, *L'Amour fou,* Gallimard, p. 16.

Le chapitre III de ce récit, publié dans la revue belge *Documents* en 1934 sous le titre « Équation de l'objet trouvé », est consacré à l'acquisition que firent Giacometti et Breton, respectivement, d'un masque de fer et d'une cuiller au manche s'achevant en soulier. L'analyse révèle qu'opéraient en la circonstance les forces d'Eros et de Thanatos, l'instinct de vie et l'instinct de mort, tant il est vrai que dans le hasard de la rencontre « la nécessité extérieure se fraie un chemin dans l'inconscient humain ».

Aussi importante que l'attente est la quête de certains objets qui mettront leur inventeur en correspondance avec l'univers et lui donneront même, fugitivement, l'impression de se transporter au paradis :

S   Tout autre chose est, je n'y insisterai jamais trop, de manifester un intérêt de curiosité pour des pierres insolites, aussi belles qu'on voudra mais à la découverte desquelles nous avons été étrangers et d'être *en proie* à la recherche, de loin en loin

favorisé de la trouvaille de telles pierres, dussent-
elles être objectivement éclipsées par les précédentes. C'est alors comme s'il y allait quelque peu
de notre destin. Nous sommes tout au désir, à la
sollicitation grâce seulement auxquels à nos yeux
l'objet requis va pouvoir s'exalter. Entre lui et
nous, comme par osmose, vont s'opérer précipi-
tamment, par la voie analogique, une série
d'échanges mystérieux. [...]

L'an dernier, à l'approche, sous la pluie fine,
d'un lit de pierres que nous n'avions pas encore
exploré le long du Lot, la soudaineté avec laquelle
nous « sautèrent aux yeux » plusieurs agates,
d'une beauté inespérée pour la région, me per-
suada qu'à chaque pas de toujours plus belles
allaient s'offrir et me maintint plus d'une minute
dans la parfaite illusion de fouler le sol du *paradis
terrestre.* Il n'est pas douteux que l'obstination
dans la poursuite des lueurs et des signes, dont
s'entretient la « minéralogie visionnaire », agisse
sur l'esprit à la manière d'un *stupéfiant.* [...]

La recherche des pierres disposant de ce singulier pouvoir allusif, pourvu qu'elle soit véritablement passionnée, détermine le rapide passage de
ceux qui s'y adonnent à un *état second,* dont la
caractéristique essentielle est l'*extra-lucidité.*

279/ A. BRETON, « Langue des pierres » (1957), dans
Perspective cavalière, Gallimard, 1967, pp. 150-152.

Les connotations de ce texte le mettent en relation
avec la recherche d'une magie quotidienne (voir
p. 245) menée par Breton et ses amis. Il va de soi que
pour eux l'au-delà ne peut être que sur terre. Ceci
nous conduit à revenir sur la véritable obsession de
l'objet trouvé qui a marqué le surréalisme entre 1934
et 1936. Par-delà l'inventaire du monde, il s'agissait

de dépister les grands courants du désir collectif. Éluard a toujours collectionné les cartes postales 1900, témoignant d'un goût kitsch avant la lettre. Il en donne ses raisons :

S [...] Commandées par les exploiteurs pour distraire les exploités, les cartes postales ne constituent pas un art populaire. Tout au plus, la petite monnaie de l'art tout court et de la poésie. Mais cette petite monnaie donne parfois idée de l'or. [...]
  L'analogie est recherchée avec fureur ; aussi bien dans la délimitation des îles que dans les frontières, dans les taches des murs, la forme et la couleur des fleurs que dans les objets familiers, les paysages ou les animaux.
  La stéréotypie, qui flatte la loi d'arrêt de développement de la pensée, a toutes les chances de séduire, malgré l'ennui invincible qu'elle dégage. [...]
  280/ P. ÉLUARD, « Les plus belles cartes postales 1906-1907 », dans *Minotaure,* nº 3-4, 1933, pp. 86-88.

Brassaï, utilisant l'appareil photo comme relevé objectif, s'intéresse, quant à lui, à la production éminemment populaire des graffiti, qu'ils soient le fait des enfants ou des adultes :

S Aux chefs-d'œuvre, pesants et mûrs fruits de l'esprit, qui recèlent en eux tant de sève que la branche qui les porte se dessèche et se brise, seule une imagination créatrice peut reconnaître dans la cicatrice le sceau du secret de leur naissance. Les graffiti nous font assister avec la joie sensuelle du

voyeur, à l'épanouissement et à la fécondation de
la fleur, le fruit jaillit, un fruit minuscule et sauvage qui porte encore l'or des pollens, au milieu
des pétales.

281/ BRASSAÏ, « Du mur des cavernes au mur
d'usine », dans *Minotaure,* n° 3-4, 1933, p. 6.

Quant à Tzara, il demande à la psychanalyse d'expliquer le système de la mode, non sans humour :
s'appuyant sur des photographies de Man Ray, il
montre quel fonctionnement sexuel constitué d'inhibi-
tions est à la base du choix que les femmes font de
leurs chapeaux :

S Été 1933. Les chapeaux des femmes me font
redécouvrir le temps où l'invraisemblable inva-
sion des fleurs m'apportait, avec la fraîcheur de la
jeunesse et de la désolation, le sens d'une volupté
tactile et visionnaire que je dus regarder comme
la confirmation de ma nature sous sa forme la
plus secrète, celle des représentations sexuelles.
C'est sous l'écorce du symbolisme latent qui,
petit à petit, se durcit sur la conscience des individus qu'il faudra rechercher les attirances exer-
cées sur eux par les données avouables et ina-
vouées des explorations de toutes sortes, des
lectures, des angoisses et des événements, si les
événements ne sont pas inventés ultérieurement.
Pour répondre aux désirs, on leur superpose
l'image de la rencontre déterminante d'une portion fortuite de sa vie qui leur est désormais assujettie. C'est donc en faisant la soustraction qui
s'impose à chaque écrit de la part obsessionnelle
de l'auteur qu'on arrivera à déterminer le résidu
d'objectivité d'une œuvre. La logique n'est plus

d'un grand secours pour des opérations de ce genre, et l'observation n'entre en ligne de compte que comme objet de polarisation de tout un monde de désirs et de perversions.

Il semble que le monde merveilleux des représentations sexuelles les plus reculées dans la structure psychique des êtres humains, plus particulièrement celle des femmes, soumis à une étrange loi de dépassement et d'opposition, loi de continuelle mobilité, vérifiée par l'acceptation ou rejetée par la masse et appelée *la mode,* il semble que ce monde qui répond à une nécessité inéluctable, partiellement régi par les instincts — celui de s'embellir, chez la femelle, à partir des échelons zoologiques relativement bas — et partiellement perfectionné selon les besoins d'une cause plus raffinée, il semble que ce monde soit caractérisé par une *mise en valeur* des différentes parties du corps pour lesquelles les embellissements servent en même temps *d'enseigne et d'appel.* [...]

Les chapeaux que, récemment encore, les femmes portaient, les chapeaux à calotte pliée en forme de fente qui, à leur début, devaient imiter ceux des hommes, les chapeaux dont, au cours de leur évolution, la ressemblance avec le sexe féminin est devenue non seulement frappante, mais significative à plus d'un titre, ont enfin confirmé d'une façon éclatante ce que j'avance par l'exemple de deux spécimens caractéristiques : le chapeau exécuté en élastiques de tire-chaussettes et celui dont la calotte est entourée d'une garniture imitant un faux col à coins cassés pourvu de sa cravate.

282/ T. Tzara, « D'un certain automatisme du goût » (1933), dans *O.c.,* Flammarion, t. IV, pp. 323-324.

De ses premières observations, il tire quelques lois générales sur l'esthétique (qui « ne saurait exister en dehors des caractères humains »), sur la muséographie nécessaire, sur l'architecture enfin qui devra abandonner son caractère hygiénique et dépouillé pour s'adapter aux sentiments profonds de l'individu : « L'architecture de l'avenir sera intra-utérine.. » On sait l'admiration qu'à la suite de J.-B. Brunius, les surréalistes vouèrent au « Palais idéal » du facteur Cheval à Hauterive, œuvre « naïve » par excellence. Dali, dans le même numéro de *Minotaure,* célèbre « la beauté terrifiante et comestible de l'architecture modern style », réhabilitant un goût dont les surréalistes ne s'étaient jamais démarqués depuis leur enfance ; distinguant l'œuvre de son compatriote Gaudi :

S C'est donc, à mon sens, précisément (je n'insisterai jamais assez sur ce point de vue) l'architecture tout idéale du modern style qui incarnerait la plus tangible et délirante aspiration d'hypermatérialisme. On trouverait une illustration de ce paradoxe apparent dans une comparaison délirante, employée il est vrai en mauvaise part mais pourtant si lucide, qui consiste à assimiler une maison modern style à un gâteau, à une table exhibitionniste et ornementale de « confiseur ». Je répète qu'il s'agit d'une comparaison lucide et intelligente, non seulement parce qu'elle annonce le violent prosaïsme-matérialiste des besoins immédiats, urgents, sur quoi reposent les désirs idéaux, mais encore parce que, par cela même et en réalité, est fait ainsi allusion sans euphémisme au caractère nutritif, comestible de cette espèce de maisons, lesquelles ne sont autre chose que les premières maisons comestibles, que les premiers et seuls bâtiments érotisables, dont l'existence vérifie cette « formation » urgente et si nécessaire pour l'imagination amoureuse : pouvoir le plus réellement manger l'objet du désir.

283/ S. DALI, *Oui 1,* Denoël, p. 26.

Si, parodiant Breton, Dali peut conclure : « La beauté sera comestible ou ne sera pas », c'est bien que les objets impliquent, de par leur nature, une intervention humaine.

De là les transformations d'objets et les créations que le surréalisme multipliera. Non sans abus, Éluard et Breton détournent au profit du surréalisme les *ready made* et *ready made aidés* de Marcel Duchamp (dans le *Dictionnaire abrégé du surréalisme*). Si l'on passe sur ce coup de force qui revient à annuler Dada, on peut reconnaître le rôle déterminant de Duchamp dans ce domaine avec son grand verre : « La Mariée mise à nu par ses célibataires mêmes » (1923), et surtout avec les notes le concernant :

S   *Etant donné le gaz d'éclairage*

PROGRÈS (AMÉLIORATION)[1] DU GAZ
D'ÉCLAIRAGE
JUSQU'AUX PLANS D'ÉCOULEMENT

Moules mâliques (*mâlic*)[2]

Par matrice d'eros, on entend l'ensemble des[3]

1. Ces deux mots surchargeant *Voyage* rayés.
2. Ce mot suivi d'un petit point d'interrogation entre parenthèses.
3. Le chiffre 8 en surcharge. (Ce chiffre a plus tard été porté à 9).

uniformes ou livrées creux et destinés [à recevoir le] au gaz d'éclairage qui prend 8 formes mâliques (gendarme, cuirassier, etc.[1]).

Les *moulages* du gaz ainsi obtenus, entendraient les litanies que récite le chariot, refrain de toute la machine célibataire, sans qu'*ils pourront*[2] jamais dépasser[3] le Masque[4]. Ils auraient été comme enveloppés le long de leurs regrets, d'un miroir qui leur aurait renvoyé leur propre complexité au point de les halluciner assez onaniquement (Cimetière des[5] uniformes ou livrées).

Chacune des 8 formes mâliques est bâtie[6] au-dessus et au-dessous d'un plan horizontal[7] commun, le plan de sexe qui les coupe au point du sexe.

Ou :

Chacune des 8 formes mâliques est coupée par un plan horizontal imaginaire en un point appelé point de sexe.

INSCRIPTION DU HAUT

obtenue avec les pistons de courant d'air (indiquer la manière de « préparer » ces pistons)

1. 1. *Gendarme.* — 2. *Cuirassier.* — 3. *Agent de la paix.* — 4. *Prêtre.* — 5. *Chasseur de café.* — 6. *Livreur de grand magasin.* — 7. *Larbin.* — 8. *Croquemort.* — 9. *Chef de gare.*
2. *Sic.*
3. Ce mot entouré d'un trait rouge.
4. *D⁰.*
5. Le chiffre 8 en surcharge.
6. Ce mot entouré d'un trait rouge.
7. Ce mot en surcharge.

Ensuite les « placer » pendant un certain temps (2 à 3 mois)[1], et les laisser donner leur empreinte en tant que [3] *filets* à travers lesquels passent les commandements du pendu femelle (commandements dont l'alphabet et les termes sont régis par l'orientation des 3 filets [une sorte de triple « grille » à travers laquelle la voie lactée apporte les — et est conductrice des dits — commandements].

Les enlever ensuite afin qu'il n'en reste plus que leur empreinte rigide, c'est-à-dire la forme[2] permettant toutes combinaisons de lettres envoyées à travers cette dite forme triple, commandements, ordres, autorisations, etc. devant aller *rejoindre les tires et l'éclaboussure.*

(1915)

284/ M. DUCHAMP, « La Mariée mise à nu par ses célibataires mêmes », dans *Le Surréalisme A.S.D.L.R.,* n° 5, 15 mai 1933, p. 2.

Rapprochant cette œuvre des imaginations de Roussel et de Kafka, Michel Carrouges en a fait le prototype des Machines célibataires :

Les machines célibataires ne sont pas des « objets d'art » ni des « curiosités » susceptibles d'une étude limitée. Elles sont le troublant miroir où les magiciens modernes évoquent les traits les plus saisissants du mystère humain, dans l'optique sous laquelle l'homme moderne y participe.

Suprêmement ambiguës, elles affirment simultanément la puissance de l'érotisme et sa néga-

1. Ces mots en surcharge.
2. Ce mot souligné d'un trait sinueux.

tion, celle de la mort et de l'immortalité, celle du supplice et du wonderland, celle du foudroiement et de la résurrection.

Outrepassant toutes les catégories de la littérature, elles expriment spectaculairement des mystagogies inconnues cherchant à rompre par effraction des mystères de l'univers.

Il semblerait qu'ici le refus de la femme et, plus encore, celui de la procréation soit apparu comme la condition majeure de la rupture avec la loi cosmique, au sens où la Chine et Kafka emploient cette notion, et plus encore comme la condition de l'illumination, de la liberté et de l'immortalité magique.

285/ M. Carrouges, *Les Machines célibataires,* Losfeld, 1954, p. 244.

Le caractère précis et concerté de ces œuvres dissimule ce qu'elles doivent au rêve. Pour sa part, dès 1924, Breton proposait de construire des objets oniriques.

S Le fétichisme humain, qui a besoin d'essayer le casque blanc, de caresser le bonnet de fourrure, écoute d'une oreille tout autre le récit de nos expéditions. Il lui faut absolument croire que *c'est arrivé.* C'est pour répondre à ce désir de vérification perpétuelle que je proposais récemment de fabriquer, dans la mesure du possible, certains de ces objets qu'on n'approche qu'en rêve et qui paraissent aussi peu défendables sous le rapport de l'utilité que sous celui de l'agrément. C'est ainsi qu'une de ces dernières nuits, dans le sommeil, à un marché en plein air qui se tenait du côté de Saint-Malo, j'avais mis la main sur un

livre assez curieux. Le dos de ce livre était constitué par un gnome de bois dont la barbe blanche,
taillée à l'assyrienne, descendait jusqu'aux pieds.
L'épaisseur de la statuette était normale et n'empêchait en rien, cependant, de tourner les pages
du livre, qui étaient de grosse laine noire. Je
m'étais empressé de l'acquérir et, en m'éveillant,
j'ai regretté de ne pas le trouver près de moi. Il
serait relativement facile de le reconstituer.
J'aimerais mettre en circulation quelques objets
de cet ordre, dont le sort me paraît éminemment
problématique et troublant. J'en joindrais un
exemplaire à chacun de mes livres pour en faire
présent à des personnes choisies.

Qui sait, par là je contribuerais peut-être à ruiner ces trophées concrets, si haïssables, à jeter un
plus grand discrédit sur ces êtres et ces choses de
« raison » ?

286/ A. BRETON, *Point du jour,* Gallimard, « Idées »,
pp. 24-25.

Collectivement, les surréalistes se livreront à des
recherches expérimentales sur la connaissance irrationnelle de l'objet (*Le Surréalisme A.S.D.L.R.,* n° 6,
1933) et, dans le même ordre d'idées, imagineront les
embellissements possibles de Paris et de ses monuments. Et surtout, ils créeront des « objets à fonctionnement symbolique », sur le modèle de *L'Heure des
traces* par Giacometti (voir ci-dessous la description
par Crevel, p. 436). Dali en dresse le catalogue
général, sous des rubriques hautement imaginatives,
et le commente :

S OBJETS A FONCTIONNEMENT SYMBOLIQUE

Ces objets, qui se prêtent à un minimum de fonctionnement mécanique, sont basés sur les phantasmes et représentations susceptibles d'être provoqués par la réalisation d'actes inconscients.

Actes de la réalisation desquels on ne s'explique point le plaisir tiré, ou dont rendent compte des théories erronées élaborées par la censure et le refoulement. Dans tous les cas analysés, ces actes correspondent à des fantaisies et désirs érotiques nettement caractérisés.

L'incarnation de ces désirs, leur manière de s'objectiver par substitution et métaphore, leur réalisation symbolique constituent le processus type de la *perversion sexuelle,* lequel ressemble, en tous points, au processus du fait poétique.

Même dans le cas où les désirs et fantaisies érotiques, à l'origine des objets en question, se trouveraient inclus dans les classifications communes de « la normale », l'objet lui-même et les phantasmes que son fonctionnement peut déclencher constituent toujours une série nouvelle et absolument inconnue de perversions, et par conséquent de faits poétiques.

Les objets à fonctionnement symbolique furent envisagés à la suite de l'objet mobile et muet, la boule suspendue de Giacometti, objet qui posait et réunissait déjà tous les principes essentiels de notre définition mais s'en tenait encore aux moyens propres à la sculpture. Les objets à fonctionnement symbolique ne laissent nulle chance aux préoccupations formelles. Ils ne dépendent que de l'imagination amoureuse de chacun et sont extraplastiques.

Les objets surréalistes sont dans leur phase presque embryonnaire, mais leur analyse, que nous gardons pour de prochains numéros, nous donne à prévoir toute la violente fantaisie de leur prochaine vie pré-natale.

287/ S. DALI. « Objets surréalistes », dans *Le Surréalisme A.S.D.L.R.,* n° 5, mai 1933, p. 16.

Tout à l'adoration mystique de Gala, sa femme, qui les incarne tous, il imagine des « Objets psycho-atmosphériques anamorphiques », résultant de l'usage de la paranoïa-critique s'exerçant dans l'obscurité sur des objets réels.

Crevel, commentant toutes ces productions, considère qu'elles sont l'équivalent matériel du langage surréaliste :

S Au temps des sommeils, Breton écrivait : « Les mots, les mots enfin font l'amour. » Aujourd'hui, s'il est affirmé que les objets bandent, ce n'est point caprice métaphorique. Et ils ne bandent pas dans le vide. Ils se caressent, se sucent, s'enfilent, ils font l'amour, quoi ! ces objets surréalistes dont Dali eut l'idée et supputa les chances, ressources, suggestions érotiques, à voir en action cette boule de bois que Giacometti marqua d'un creux féminin, pour qu'elle pût glisser sur l'arête d'un long fruit de la même matière mais de forme virile, l'un et l'autre à bout de nerfs et frénétiques l'un de l'autre, et faisant l'un et l'autre partager cette manière d'être affectés à qui les contemplait, ce qui n'eût guère, *a priori,* semblé possible de la part de deux morceaux de buis bien lisses, mais devenait indéniable, du fait d'une ficelle qui retenait la boule dans son élan, ne lui permettait point de tomber dans le nirvanâ des assouvissements. Dali a fait des objets surréalistes, d'autres en ont fait, mais ce n'est point par hasard (du moins tel que l'entend la passivité coutumière) que le plus émouvant fut l'œuvre de la femme que Dali aime. Au bout d'un fil de fer très flexible, Gala avait posé une éponge métallique dont la pointe se trouvait figurée par un osselet passé au carmin. La tige s'abaissait et la pointe du sein venait caresser la surface immaculée de la farine contenue dans un bol. Une impulsion donnée à la tige, et le sein, avec elle relevé, on se penchait pour lire son aveu. Mais la méfiance, la maladresse, séquelles de l'hérésie réaliste, mettaient des taies sur les yeux.

288/ R. CREVEL, *L'Esprit contre la raison,* Tchou, pp. 70-71.

Récapitulant ce travail créatif, qui se poursuit encore actuellement, Édouard Jaguer (*Éllébore* n° 1, 1979) y voit un « au-delà de la peinture » assurant d'une façon radicalement subversive « le succès d'une révolution dans la vision » par l'humour et le triomphe du principe du plaisir sur le principe de réalité. Pour ma part, en contemplant ces objets, en lisant les écrits de Dali à ce sujet (particulièrement sa déclaration « Honneur à l'objet », *Cahiers d'Art,* n° 1, 1936), je ne puis m'empêcher de les considérer comme une vaste métaphore transformatrice du monde réel, à l'image de Jarry décrivant la Passion du Christ comme une course (cycliste) de côte. C'est le sens, me semble-t-il, qu'il convient de donner à la dernière exposition du mouvement, « L'Écart absolu », en 1965, où la morale de la perfectibilité humaine, du bonheur et de la liberté venait s'opposer à la reduplication synonymique des objets.

Le surréalisme et le théâtre : la double méprise

De même qu'ils jettent le discrédit sur le roman, les surréalistes contestent l'activité théâtrale dont ils se font une représentation figée, à raison du type boulevardier dominant à leur époque. S'il est vrai que Breton accorde une importance exceptionnelle à une pièce de grand-guignol, *Les Détraquées,* de P. Palau (voir *Nadja*), c'est pour les émotions qu'elle suscite en lui. En fait, il réprouve le théâtre pour des raisons fondamentales semblables à celles qu'invoquait Rousseau dans sa *Lettre à d'Alembert* : le théâtre suppose une dissociation de la personnalité, tant chez l'auteur que chez l'interprète (voir le *Paradoxe du comédien* de Diderot) ; il implique un langage double, s'adressant à la fois aux personnages et au public ; il est le lieu même de la fiction ; enfin il fait l'objet d'une activité commerciale redoutable. On peut aussi se demander (et Breton l'a fait en rééditant *Nadja*) si de telles réserves ne sont pas surdéterminées par une prévention toute romantique à l'endroit de la comédienne vouée à des amours fatales, que la passion de Desnos pour une étoile de music-hall ne devait pas démentir.

S   Ô théâtre éternel, tu exiges que non seulement pour jouer le rôle d'un autre, mais encore pour dicter ce rôle, nous nous masquions à sa ressemblance, que la glace devant laquelle nous posons nous renvoie de nous une image étrangère. L'imagination a tous les pouvoirs, sauf celui de nous identifier en dépit de notre apparence à un personnage autre que nous-mêmes. La spéculation littéraire est illicite dès qu'elle dresse en face d'un auteur des personnages auxquels il donne raison

ou tort, après les avoir créés de toutes pièces.
« Parlez pour vous, lui dirai-je, parlez de vous,
vous m'en apprendrez bien davantage. Je ne vous
reconnais pas le droit de vie ou de mort sur de
pseudo-êtres humains, sortis armés et désarmés
de votre caprice. Bornez-vous à me laisser vos
mémoires ; livrez-moi les vrais noms, prouvez-
moi que vous n'avez en rien disposé de vos
héros. » Je n'aime pas qu'on tergiverse ni qu'on
se cache.

289/ A. BRETON, *Point du jour*, Gallimard, « Idées »,
p. 89.

Pourtant, il doit bien exister un théâtre surréaliste
puisque, selon les déclarations de Breton, ce mouvement « s'est appliqué [...] à rétablir dans sa vérité
absolue le dialogue, en dégageant les deux interlocu-
teurs des obligations de la politesse » (*Manifestes*, Gallimard p. 49). Or, le dialogue est, avant la représentation, le seul trait distinctif du théâtre aujourd'hui.

Avant d'entamer une enquête qui devait me conduire à déterminer l'existence d'un ensemble qualita-
tivement important de pièces de théâtre surréalistes,
formant un maillon entre le Symbolisme et ce qu'on a
improprement nommé Théâtre de l'Absurde, je me
demandais comment reconnaître la lumière surréaliste :

Sera-ce comme pour Dada, dans le spectacle-pro-
vocation ? En partie seulement, car ce critère
n'est pas applicable à des œuvres non représen-
tées. Ce sera plutôt à une certaine manière
qu'auront les auteurs de se prendre à bras-le-
corps avec les problèmes du langage, comme
firent d'ailleurs les dadaïstes, à exploiter les pos-

sibilités de l'automatisme verbal, à produire les images les plus arbitraires sans que leur volonté intervienne dans le choix des réalités brutalement rapprochées par le Verbe. Ce sera aussi dans la présence ou la quête du Merveilleux, dans l'irruption des puissances du rêve, dans l'éclatement de l'humour. On ne s'attachera pas à chercher le visage du personnage surréaliste, puisque aussi bien le « héros » a disparu avec la mort du théâtre psychologique, et que seuls demeurent des gestes et des mots dépourvus de réalité charnelle, mais libérant les flots dévastateurs de la poésie.

290/ H. BÉHAR, *Le Théâtre dada et surréaliste*, Gallimard, « Idées », 1979, p. 63.

Il existe, en effet, une dramaturgie surréaliste, esquissée, selon des modalités diverses, par Jarry, Apollinaire, Roussel, rendue possible par la déconstruction dadaïste, qui avait aboli les dernières conventions, jusqu'au dialogue lui-même, avec Tristan Tzara. Elle est illustrée par les sketches de Breton et Soupault, procédant de l'écriture automatique, singulièrement avec *S'il vous plaît* qui, dans l'intention des auteurs, devait s'achever sur une scène de véritable roulette russe, ceux-ci, et non des comédiens, devant manier le revolver sur le plateau. Les pièces de Picasso, Gracq, Schéhadé, Pichette, José Pierre, Joyce Mansour, Jean-Pierre Duprey, etc., modulent tour à tour les thèmes surréalistes ; mais, en dépit de divergences circonstancielles, c'est le Théâtre Alfred-Jarry (1926-1928) fondé par Artaud et Vitrac — l'entreprise théâtrale la plus révolutionnaire de l'entre-deux-guerres — qui incarne le mieux l'esprit surréaliste à la scène. Son auteur attitré, Vitrac, a ouvert le théâtre au rêve, à l'inconscient *(Les Mystères de l'amour, Entrée libre)* et procédé à une attaque systématique de la société bourgeoise avec *Victor ou les Enfants au pouvoir.*

S DEUXIÈME TABLEAU

Au bord du lac. Le mouton, puis l'homme à l'habit.

LE MOUTON, *seul* : Hélène, quelle drôle d'idée d'avoir acheté cette pelisse. De l'escalier de service à la maison du garde-chasse toute l'herbe est droite. La terre est sujette à de petites explosions. Je n'ai pas oublié mon revolver, j'ai même essayé de tirer sur un arbre. L'arme s'est enrayée. Hélène s'est enfuie. Mais elle adore courir dans les champs. D'autant plus que je tenais à éviter le notaire qui n'en finissait pas d'allonger sa canne à pêche.

Entre l'homme à l'habit.

L'HOMME A L'HABIT : Sa mort ?

LE MOUTON : Tu es en deuil, Henri !

L'HOMME À L'HABIT : On m'a confié un enfant de six ans. Je l'ai perdu cette nuit. Il montait l'escalier de l'hôtel. Ma mère m'a parlé à voix basse, et l'a emporté. Tu ne me refuseras pas cela, m'a-t-elle dit ; elle a été si bonne pour moi que je lui ai donné mon diplôme d'ingénieur et un oiseau auquel je tenais beaucoup. Comment va Hélène ?

LE MOUTON : Nous t'avons attendu hier soir. Tu n'es pas venu. Nous avons préféré ne pas dîner. D'ailleurs le rôti était brûlé et la bonne s'obstinait à ouvrir la porte en éclatant de rire. Je l'ai réprimandée un peu rudement. Elle m'a répondu :

« Madame a Monsieur et puis voilà. » C'est une brave fille.

L'HOMME À L'HABIT : J'ai bien l'intention de venir dîner.

LE MOUTON : Ma femme s'est approchée du feu. Elle voulait absolument un peignoir en molleton et comme elle le voulait bleu, elle l'a revêtu tout de suite. Je l'ai priée de ne pas brûler les lettres sans me les montrer. Elle m'a fait une peur atroce. Le peignoir s'est enflammé et elle s'est évanouie. Ses premiers mots ont été : « Si je ne puis rien faire maintenant, je changerai de linge tous les jours, et on verra. »

L'HOMME À L'HABIT : Tu te fais des idées.

LE MOUTON : Je ne suis pas encore décidé. La dernière fois que nous sommes allés dans les magasins, Hélène s'absentait à tout bout de champ. Les vendeuses m'étonnaient en m'offrant des objets de toutes sortes : des gants, des parfums, des rasoirs, des plumes, des brosses. Heureusement un agent de police mit fin à cette comédie. Il m'emmena dans un coin, et comme je me refusais à lui montrer mes papiers, il me cria dans les oreilles : « Mais regardez-vous donc ! » Je m'aperçus que je pleurais à chaudes larmes. Hélène me poussa du coude. Elle désirait rentrer. Je vis qu'elle avait changé de bas. Je lui en fis la remarque. Elle me répondit : « C'est la mode maintenant. » D'ailleurs il n'y avait personne dans l'ascenseur.

L'HOMME À L'HABIT : C'est toujours comme cela le vendredi.

LE MOUTON : Je t'excuse volontiers, mais tu devrais retirer les mains de tes poches.

L'HOMME A L'HABIT, *montrant ses mains* : Ça ? Mais ce sont des pipes.

LE MOUTON : Il a raison l'animal. Au mieux de tes intérêts.

L'HOMME À L'HABIT : Bah ! Je porte des lunettes comme tout le monde et je cours plus vite que toi.

Il s'enfuit.

LE MOUTON : Bandit !

Il fait mine de courir après lui mais
se trompe de direction et se jette à l'eau.

291/ R. VITRAC, *Entrée libre* (1922), dans *Théâtre III*, Gallimard, 1976, pp. 33-35.

Bien qu'il ait quitté violemment le groupe surréaliste, Artaud ne cessa d'exprimer, dans son activité dramatique, les exigences fondamentales du mouvement. On peut en juger par ce texte qui, faisant suite à l'avortement du Théâtre Alfred-Jarry, préfigure l'entreprise qu'il mènera à bien en 1935 en montant *Les Cenci* (et pour ne jamais plus revenir à la scène) :

LE THÉÂTRE ET LA CRUAUTÉ

Une idée du théâtre s'est perdue. Et dans la mesure où le théâtre se borne à nous faire pénétrer dans l'intimité de quelques fantoches, et où il transforme le public en voyeur, on comprend que l'élite s'en détourne et que le gros de la foule aille chercher au cinéma, au music-hall ou au cirque, des satisfactions violentes, et dont la teneur ne le déçoit pas.

Au point d'usure où notre sensibilité est parvenue, il est certain que nous avons besoin avant tout d'un théâtre qui nous réveille : nerfs et cœur.

Les méfaits du théâtre psychologique venu de Racine nous ont déshabitués de cette action immédiate et violente que le théâtre doit posséder. Le cinéma à son tour, qui nous assassine de reflets, qui filtré par la machine ne peut plus *joindre* notre sensibilité, nous maintient depuis dix ans dans un engourdissement inefficace, où paraissent sombrer toutes nos facultés.

Dans la période angoissante et catastrophique où nous vivons, nous ressentons le besoin urgent d'un théâtre que les événements ne dépassent pas, dont la résonance en nous soit profonde, domine l'instabilité des temps.

La longue habitude des spectacles de distraction nous a fait oublier l'idée d'un théâtre grave, qui, bousculant toutes nos représentations, nous insuffle le magnétisme ardent des images et agit finalement sur nous à l'instar d'une thérapeutique de l'âme dont le passage ne se laissera plus oublier.

Tout ce qui agit est une cruauté. C'est sur cette idée d'action poussée à bout, et extrême que le théâtre doit se renouveler.

Pénétré de cette idée que la foule pense d'abord avec ses sens, et qu'il est absurde comme dans le théâtre psychologique ordinaire de s'adresser d'abord à son entendement, le Théâtre de la Cruauté se propose de recourir au spectacle de masses ; de rechercher dans l'agitation de masses importantes, mais jetées l'une contre l'autre et convulsées, un peu de cette poésie qui est dans les fêtes et dans les foules, les jours, aujourd'hui trop rares, où le peuple descend dans la rue.

Tout ce qui est dans l'amour, dans le crime, dans la guerre, ou dans la folie, il faut que le théâtre nous le rende, s'il veut retrouver sa nécessité. [...]

292/ A. ARTAUD, *Le Théâtre et son double* (mai 1933), dans *O.c.,* Gallimard, 1976, t. II, pp. 129-130.

Les rapports du surréalisme et du théâtre sont, en somme, identiques à ceux qu'il entretiendra avec le cinéma. La scène demandait une révolution radicale dont le mouvement se contenta, avec Artaud et Vitrac, d'indiquer les prémisses. Au fond, il y eut de part et d'autre incompréhension, double méprise. Le théâtre rejeta ce qui lui paraissait scandaleux alors qu'il y allait de sa survie ; les surréalistes, prévenus sur ce point, ne virent pas le champ idéal qui s'offrait à l'expression de leurs thèses, à leur conception de la vraie vie.

Que ce théâtre, élaboré dans des conditions difficiles, n'osant pas s'affirmer en tant que tel, ait été conçu par ses auteurs comme un jeu, un exercice littéraire, il n'en demeure pas moins qu'il a toujours été écrit en vue de la représentation. Difficile à mettre en scène, détruisant les vieilles catégories du cerveau, il suppose une grande liberté d'esprit du public, ou du moins une libération qui explique les scandales auxquels il donna lieu, parfois, à la représentation. S'il semble injouable à certains, c'est qu'ils n'ont pas vu combien il créait une dramaturgie nouvelle, à laquelle ni les metteurs en scène actuels ni les comédiens ne sont habitués. Peut-être faudrait-il aussi imaginer une architecture scénique qui convienne un peu mieux que la scène « à l'italienne » à ce théâtre de rêve. Mais surtout, il faudrait voir que ces pièces intègrent les réactions des spectateurs, ou les invitent à poursuivre le dialogue surréaliste dont nous parlait André Breton. A ce titre, il est impossible de se livrer à une étude dramaturgique comme pour le théâtre traditionnel, et, bien entendu, les œuvres dont nous parlons paraîtront mal construites aux critiques de goût classique, qui n'y retrouveront pas les différentes phases qui ont fait la réussite du théâtre français, de Corneille à Feydeau. A la psychologie en surface des personnages se substitue la psychologie en profondeur de fantoches ; les limites de la folie passionnent plus que le dur noyau de la raison. A la notion d'action se substitue celle d'inaction. Au lieu de concentrer l'attention des spectateurs vers un certain nœud dramatique, on le désoriente. Il faut à ce théâtre un public déboussolé. Alors seulement le théâtre surréaliste donne jour sur la *vraie vie* où le rêve, l'amour, le merveilleux, l'humour, entrent en composition avec la réalité pour la dynamiter de l'intérieur. Mise en cause constante du langage, donc de la société, il ouvre toutes grandes les écluses de la poésie, du lyrisme. Théâtre de poètes dira-t-on ? Il fallait cela pour en finir avec le théâtre psychologique, amener le spectateur à n'être plus un témoin ou un voyeur mais un véritable acteur du drame qui se joue quotidiennement sur la vaste scène du monde, le conduire aussi à sa propre libération au moyen des forces poétiques.

293/ H. BÉHAR, « La question du théâtre surréaliste ou le théâtre en question », dans *Europe,* nº 475-476, novembre-décembre 1968, p. 176.

Le surréalisme a l'âge du cinéma

La première génération des surréalistes est née en même temps que le cinéma, de sorte qu'on peut, sans exagération, affirmer que le surréalisme a l'âge du cinéma. Grandissant avec lui, les surréalistes sont avant tout des consommateurs de pellicule, des cinéphages. Se comportant en spectateurs turbulents, ils demandent au film de les maintenir en état de distraction, de leur fournir des images auxquelles ils associeront librement leurs fantasmes. C'est un tel état qui, chez Breton, prélude à la rencontre de Nadja.

S Avec ce système qui consiste, avant d'entrer dans un cinéma, à ne jamais consulter le programme — ce qui, du reste, ne m'avancerait guère, étant donné que je n'ai pu retenir les noms de plus de cinq ou six interprètes — je cours évidemment le risque de plus « mal tomber » qu'un autre, bien qu'ici je doive confesser mon faible pour les films français les plus complètement idiots. Je *comprends,* du reste, assez mal, je *suis* trop vaguement. Parfois cela finit par me gêner, alors j'interroge mes voisins. N'empêche que certaines salles de cinéma du dixième arrondissement me paraissent être des endroits particulièrement indiqués pour que je m'y tienne, comme au temps où, avec Jacques Vaché, à l'orchestre de l'ancienne salle des « Folies-Dramatiques », nous nous installions pour dîner, ouvrions des boîtes, taillions du pain, débouchions des bouteilles et parlions haut comme à table, à la grande stupéfaction des spectateurs qui n'osaient rien dire.

294/ A. Breton, *Nadja,* Gallimard, pp. 43-44.

En 1925, un critique de cinéma, nullement lié au surréalisme, mais séduit par son projet fondamental, définit les raisons théoriques d'un rapprochement. On reproche généralement au Mouvement de mêler le rêve et la réalité et, pour critiquer la logique rationnelle, d'appeler un mode de communication, un langage, inaccessible à autrui. Or, ces difficultés tombent d'elles-mêmes au cinéma :

> Un fait nous paraît remarquable. Ces objections, que nous venons de formuler rapidement, perdent leur valeur dès qu'on transporte les thèses surréalistes dans le domaine du cinéma. (Que les théoriciens du surréalisme aient voulu introduire leurs points de vue en littérature, c'est-à-dire là justement où ils sont le plus contestables, il ne faut pas trop s'en étonner, la même plume servant naturellement au théoricien et au poète.) Appliquée à la technique du cinéma, la thèse surréaliste ne nous frappe plus que par sa justesse et sa fécondité.
>
> L'objection de méthode (difficulté de fondre dans un même plan le conscient et l'inconscient) ne vaut pas pour le cinéma, dont le spectacle constitue justement une *hallucination consciente.* [...]
>
> Éveillés, nous concevons à la fois le réel et le possible, tandis que dans le rêve, nous ne concevons que le possible. Les surréalistes voient un avantage là où, jusqu'à eux, on s'accordait à voir une infériorité. Sans discuter la légitimité de ce

paradoxe, revenons au cinéma. Nous voyons que tout un ensemble de conditions matérielles y conspire à détruire le « mécanisme réducteur des images ». L'obscurité de la salle annihile la concurrence des images réelles qui contrarieraient celles de l'écran. [...]

Ajoutons une dernière analogie. Au cinéma, comme dans le rêve, le *fait* règne en maître absolu. L'abstraction perd ses droits. Aucune explication ne vient légitimer les gestes des héros. Les actes succèdent aux actes, portant en eux-mêmes leur justification. Et ils se succèdent avec une telle rapidité que nous avons à peine le temps d'évoquer le commentaire logique qui pourrait les expliquer, ou tout au moins les relier. [...]

Le cinéma constitue donc une hallucination consciente et utilise cette fusion du rêve et de l'état conscient que le surréalisme voudrait voir réalisée dans le domaine littéraire. Ces images mouvantes nous hallucinent, mais en nous laissant une conscience confuse de notre personnalité et en nous permettant d'évoquer, si c'est nécessaire, les disponibilités de notre mémoire. (En général, d'ailleurs, le cinéma n'exige de nous que juste ce qu'il faut de souvenirs pour lier les images.)

Le cinéma n'échappe pas moins victorieusement au second ordre de difficultés que soulève le surréalisme.

Si une répudiation totale de la logique est interdite au langage, né de cette même logique, le cinéma peut se la permettre sans contrevenir à une inéluctable nécessité interne.

« L'image la plus forte est celle qui présente

le degré d'arbitraire le plus élevé », déclare M. A. Breton, qui cite, parmi des exemples, cette image de Ph. Soupault : « Une église se dressait, éclatante comme une cloche. »

Qui ne voit que le mot *église* étant enclos, par la vertu du langage, dans un réseau de relations logiques, de même que le mot *cloche,* le seul fait de prononcer ces deux mots, pour les comparer, évoque ces deux réseaux et nous conseille de les faire coïncider ? Et comme ils ne sont pas juxtaposables, le lecteur répugne à accepter la comparaison.

Par contre, que le cinéma nous montre une église éclatante, puis, sans transition, une cloche éclatante, et notre œil acceptera cette succession : ce sont deux faits auxquels il assistera, deux faits qui portent en eux-mêmes leur justification. Et si les deux images se succèdent avec la rapidité voulue, le mécanisme logique qui chercherait à rapprocher par quelque biais ces deux objets n'aura même pas le temps d'être déclenché. On n'aura que la vision presque simultanée des deux objets, c'est-à-dire exactement le processus cérébral qui a suggéré à l'auteur sa comparaison.

Dans le langage, la donnée première est toujours la trame logique. L'image naît à propos de cette trame et s'y ajoute pour l'orner, pour l'éclairer. Au cinéma, la donnée première est l'image, qui, à l'occasion, et point nécessairement, entraîne à sa suite des lambeaux rationnels. Les deux processus, on le voit, sont exactement inverses.

295/ J. GOUDAL, « Surréalisme et cinéma », dans *La Revue hebdomadaire,* février 1925 (cité par O. et A. Virmaux, *Les Surréalistes et le cinéma,* Seghers, 1976).

Si l'on peut considérer avec Ado Kyrou (*Le Surréalisme au cinéma,* 1963) que le cinéma est par essence surréaliste lorsqu'il traite les thèmes de l'ailleurs, de l'impossible, de l'amour et de la révolte, lorsqu'il met en évidence l'expression latente du désir, il convient de signaler la tentation originelle du cinéma chez les surréalistes. La plupart ont écrit des poèmes cinématographiques ou publié des scénarios qui n'ont jamais été tournés : Soupault, Aragon, Breton, Péret, Desnos, Vitrac, Éluard, Dali, Artaud. Certains courts métrages relèvent indistinctement de Dada et du surréalisme (Picabia : *Entr'acte,* 1923, Man Ray : *Retour à la raison,* 1923, *Emak Bakia,* 1926, Duchamp : *Anémic cinéma,* 1926). En revanche, la liste des films véritablement surréalistes est très brève. Il faut mettre à part *La Coquille et le Clergyman* (1927), tourné par Germaine Dulac sur un scénario d'Artaud, celui-ci ayant désavoué la réalisatrice. *Le Chien andalou* (1928), de Buñuel et Dali, conçu en dehors du mouvement, obtint son approbation enthousiaste, l'œuvre étant « un désespéré, un passionné appel au meurtre » (Buñuel, *La Révolution surréaliste,* n° 11). Duchamp et Man Ray réalisèrent *Le Mystère du château de dés* (1929), et Man Ray seul tourna *L'Étoile de mer* sur un scénario de Desnos, tandis que, la même année 1929, Georges Hugnet interprétait son œuvre *La Perle,* filmée par Henri d'Arche. Le film le plus représentatif du surréalisme reste *L'Age d'or* de Buñuel (1930), interdit à la suite du scandale qu'il suscita, et surtout des manifestations menées par les ligues fascistes. Prenant sa défense dans un tract important intitulé « L'Age d'or », les surréalistes ont donné là un modèle d'argumentation critique.

Au bilan, Breton se déclare volé de ses espérances « comme dans un bois ». A l'occasion d'un numéro spécial surréaliste de la revue *L'Age du cinéma,* il évoque sa fréquentation peu commune des salles obscures de Nantes avec Vaché : « Je n'ai rien connu de plus magnétisant », dit-il. Puis il rappelle le goût que manifestèrent ses amis pour les bandes comiques de Charlot et de Mack Sennett, les films à épisodes (*Les Mystères de New York, Les Vampires*) et retient du cinéma son « pouvoir de dépaysement » par lequel le spectateur glisse de l'état de veille dans le rêve et voit se réaliser, mieux que par le livre, l'amour et le désir.

S Ici comme ailleurs, on ne peut se défendre d'une certaine nostalgie à l'idée de ce que le cinéma eût pu être et permettre si la sordidité de l'époque, jointe aux conditions, pires que toutes autres, de sa propre « exploitation » n'avaient été pour l'amputer des ailes dès le nid. Je ne vois que Charles Fourier d'assez révolutionnaire pour avoir soutenu et rendu sensible que tout le développement culturel de l'humanité s'est effectué dans un sens qui ne répond à aucune nécessité interne, mais seulement sous des pressions qui eussent aussi bien pu être autres, et s'exercer différemment. Une telle conviction n'entraîne, d'ailleurs, nullement à révoquer les réussites humaines sur aucun plan mais en accuse le caractère strictement contingent et, de ce fait, *larvé*. Il est encore à notre commune portée d'apercevoir ce qu'étaient les moyens originaux du cinéma et de juger de l'usage plus que parcimonieux qui en a été fait. Vingt-cinq années se sont écoulées depuis que M.J. Goudal, dans la *Revue hebdomadaire,* mettait en évidence la parfaite adéquation de ces moyens à l'expression surréaliste de la vie et cela *seconde par seconde.* Nulle part comme au cinéma on n'eut été en mesure de nous munir, en particulier, de cette Clef d'Ouverture dont parle Chazal, celle qui fait fonctionner à perte de vue le mécanisme des *correspondances.* Mais, bien entendu, on a préféré s'en tenir à une action de type théâtral. On jugera des résultats par ces lignes, que j'emprunte à un professionnel : « Je dois confesser qu'aujourd'hui je vais rarement au cinéma. La plupart des films m'ennuient et j'ai la plus grande peine à comprendre ce qui s'y passe. Il faut toujours qu'on m'explique l'intrigue après coup[1]. »

« On sait maintenant, ai-je pu dire jadis, que la poésie doit *mener quelque part.* » Le cinéma avait tout ce qu'il fallait pour l'y rejoindre mais dans son ensemble — spécifions : en tant qu'activité dirigée — le moins qu'on puisse dire est qu'il n'en a pas pris le chemin.

296/ A. BRETON, *La Clé des champs,* Pauvert, pp. 295-296.

Après avoir retracé l'histoire des relations mouvementées du surréalisme et du cinéma, l'observateur peut, à bon droit, dresser un constat d'échec où les raisons théoriques (incompatibilité supposée), conjoncturelles (préoccupations politiques à partir de 1932, confusion jetée par Cocteau et Dali), économiques (désintérêt du public, « coup d'arrêt du parlant », transformations de l'industrie cinématographique) peuvent être réfutées tour à tour. Reste l'attitude ambiguë des surréalistes à l'égard du cinéma, qui tantôt en usent comme d'une drogue, « un excitant remarquable » (Artaud), tantôt en dénoncent l'impu-

1. René Clair, *Réflexion faite,* Gallimard, 1951.

reté radicale, liée à l'argent comme aux arts du spectacle.

Une si âpre méfiance envers le cinéma tel qu'il était et tel qu'il devenait s'explique aisément. On peut se demander néanmoins si elle n'a pas été dommageable au mouvement, dans la mesure où elle freinait les efforts de ceux qui voulaient créer un autre cinéma. S'il n'y a guère eu de films vraiment surréalistes, la faute en est partiellement à cette attitude équivoque, amour et haine mêlés, d'où naquit enfin la résignation. On s'était trop vite contenté de quelques images fugitives et brûlantes, glanées dans la production courante, et de quelques séquences prises ici ou là, par où le rêve, l'inconscient, le merveilleux prenaient tout de même une petite place sur les écrans. On a trop facilement accepté que l'enthousiasme de naguère connaisse un terme, que la passion des films décline et meure. Évoquant l'époque où il avait « l'âge du cinéma », André Breton apporte soudain cette précision surprenante : « Il faut bien admettre que dans la vie cet âge existe, et qu'il passe. » L'aveu est de taille. Il s'accorde mal avec l'amertume de qui se juge floué, berné, volé « comme dans un bois », ou plutôt il éclaire d'un jour neuf ce désenchantement. Péché de jeunesse, l'amour des films ? Trop de barrières inconscientes, dans l'esprit des surréalistes, se sont peut-être alliées aux tares majeures et dévorantes du commerce et de l'industrie pour empêcher que le cinéma devienne ce moyen privilégié de promouvoir « la vraie vie ».

297/ A. et O. Virmaux, *Les Surréalistes et le cinéma*, Seghers, 1976, p. 87.

Le surréalisme a-t-il bien, comme il le souhaitait, libéré l'expression humaine sous toutes ses formes ? Le fait est incontestable pour l'écriture et la peinture. La question se pose pour le théâtre, le cinéma, l'architecture et la danse. Enfin le surréalisme n'est en rien intervenu dans le domaine gestuel, encore moins dans le domaine sonore. Or, le corps humain est tel qu'il s'exprime autant par une attitude, un cri, que par le langage verbal. En somme, les surréalistes ont privilégié la bouche et la main créatrices au détriment de l'ensemble corporel.

Pourtant, aucune raison théorique n'empêchait le surréalisme d'intervenir dans ces formes de l'activité humaine. Après avoir déclaré « que la nuit continue à tomber sur l'orchestre », Breton est revenu, tardivement, sur son hostilité à l'égard de la musique.

S Aux musiciens j'aimerais faire observer qu'en dépit d'une grande incompréhension apparente, les poètes se sont portés loin à leur rencontre sur la seule voie qui s'avère grande et sûre par les temps que nous vivons : celle du retour aux principes. Mais peut-être avec eux le manque d'un vocabulaire commun m'empêche-t-il de mesurer leurs pas vers ceux qui pour la faire revivre doivent partager avec eux un peu de terre sonore et vierge.

298/ A. Breton, *La Clé des champs,* Pauvert, p. 96.

Au demeurant, des compositeurs comme F.-B. Mâche prouvent solitairement que l'art musical peut se pénétrer de l'apport surréaliste (voir son article dans *N.R.F.,* n° 264, décembre 1974).

Il faut donc mettre incompréhensions, ignorance mutuelle sur le compte des circonstances. Ces mêmes circonstances qui ont interpellé le mouvement au cours du temps, le sommant de se prononcer contre la théorie stalinienne du « réalisme socialiste », de réclamer « toute liberté en art » (voir p. 96).

De la même façon, le surréalisme (prenant, là encore, le relais de Dada) a posé la question de la morale artistique. Non pas celle de l'artiste mais celle de l'art qui doit pouvoir tout exprimer à condition de rester un art, c'est-à-dire de préparer, par ses propres voies, un avenir où règne la compréhension immédiate entre les hommes, où la culture ne soit pas un mode de sélection, où se dessine un bonheur qui ne soit pas la seule satisfaction des besoins primaires, un art, enfin, qui exalte l'homme dans sa nature sociale, l'invite à s'épanouir.

Un art, entendu de cette façon, n'est pas seulement une éthique, il est un moyen de connaissance. Il explore les lieux les plus obscurs de la nature humaine, les bas-fonds de l'esprit autant que ses hauts-fonds, ses rapports avec le corps, dépiste le désir sous ses simulacres. Privilégiant un mode de raisonnement tel que l'analogie, il pose des réalisations étranges que le temps se charge de justifier.

C'est que, pour être apprécié d'autrui, cet art suppose un nouveau contenu au concept de beauté. Il ne s'agit plus de conformité aux canons prétendument éternels et universels, ni d'identification à du déjà connu. *Nadja* s'achevait sur cette formule : « La beauté sera convulsive ou ne sera pas » ; Breton s'en explique dans l'ouvrage suivant, donnant en exemple l'image cendrarsienne d'une locomotive prise dans la végétation d'une forêt vierge, ou encore celle des concrétions minérales entrevues dans ces grottes du Midi fréquentées jadis par les fées. Chaque fois, la beauté se signale par « un trouble physique caractérisé par la sensation d'une aigrette de vent aux tempes susceptible d'entraîner un véritable frisson » (*L'Amour fou*, N.R.F.,1937, p. 11). N'en doutons pas, est beau ce qui excite le plaisir. Comme Stendhal, les surréalistes peuvent dire : « L'art est promesse de bonheur. »

Conclusion

Avant toute tentative pour juger de la réussite — ou de l'échec — du surréalisme en tant que groupe organisé, il convient de constater l'extraordinaire puissance d'attraction et de renouvellement qu'il a constitué durant près d'un demi-siècle. Les cénacles romantiques et symbolistes, les écoles d'écrivains n'ont jamais connu une telle constance.

Pourtant, il est arrivé un jour d'octobre 1969 où ce groupe a fait connaître publiquement son terme. Auto-dissolution « déterminée par des conditions subjectives défavorables (les conséquences de la disparition de Breton) » (Jean Schuster) et par des oppositions insurmontables, en dépit d'un renouveau évident de la pensée et de l'action révolutionnaires après les événements de mai 1968 ! Le surréalisme historique venait se fondre dans le surréalisme éternel. Il cessait d'être un groupement d'artistes révolutionnaires pour s'identifier à une constante de l'esprit humain.

Pour autant, le surréalisme a-t-il dit passe ? Nous ne le croyons pas. Certes, nul ne peut plus prendre la parole au nom d'un groupe déterminé, en France, mais de tels groupes existent ailleurs (particulièrement à Prague) ou bien nous apparaissent comme des prolongements du groupe initial, tel le mouvement Phases, que coordonne Édouard Jaguer, d'une emprise nettement internationale. A la limite, avant même la dispersion du groupe parisien, ont surgi des enfants rebelles telle l'Internationale situationniste (1958-1969) animée par Guy Debord qui, reprenant le mot d'ordre de Rimbaud, voulait « changer la vie » en créant des situations qui ruineraient l'économie de la société marchande, qualifiée de « société du spectacle ». « Pour nous, déclaraient-ils, le surréalisme a été seulement un début d'expérience révolutionnaire dans la culture, expérience qui a presque immédiatement tourné court pratiquement et théoriquement. Il s'agit d'aller plus loin. » Malgré son ardeur à condamner le père et sa « fuite réactionnaire hors du réel », malgré sa contribution importante dans l'orientation de la situation au printemps 1968, ce mouvement lui-même dissous ne peut passer pour l'héritier du groupe historique. Reste aujourd'hui une nébuleuse d'artistes se nourrissant de la pensée d'André Breton et de ses amis, susceptible de donner le jour, qui sait ? à un groupement actif et novateur devant lequel ce dernier rêvait de s'effacer.

Paradoxalement, il semble que la trop grande diffusion du surréalisme soit la cause de sa disparition historique. S'il est vrai que, depuis 1925, les journaux n'ont eu de cesse que d'annoncer la mort du surréalisme, ayant souci d'enterrer au plus vite ce qui les dérangeait, il faut convenir que le processus inverse, donnant le plus grand retentissement aux faits et gestes du surréalisme, a contribué à sa neutralisation. Assimilé, banalisé, le surréalisme se voyait contraint à la surenchère. Comme c'était le point le plus éloigné de sa morale, il préféra se dissoudre. Le processus était inévitable, à terme. Plus la société prêtait attention à ses interventions, plus elle le comprenait et plus elle se l'incorporait. Finalement, on peut affirmer, sans exagération aucune, que notre vision du monde est totalement informée par le surréalisme. Il suffit de regarder le cinéma, la publicité, les titres de certains romans (Françoise Sagan s'inspire d'Éluard) ou disques (Jean-Michel Jarre parodie Breton et Soupault) pour constater l'ampleur du phénomène.

Les surréalistes étaient avant tout gens de plume et de poil : ils ont bouleversé l'usage de leur mode d'expression favori, non seulement en s'opposant aux académismes régnants, mais encore en ouvrant des voies nouvelles par lesquelles passait le murmure bouillonnant des profondeurs. Quelques grandes rétrospectives récentes consacrées à Duchamp, Max Ernst, Magritte, Dali, etc. nous convainquent que la fréquentation du groupe, si elle n'a pas fait d'eux des artistes (ils l'étaient avant leur ralliement), en a fait des révolutionnaires qui n'ont d'ailleurs pas hésité à suivre leur voie propre, aidés en cela par le mouvement. Ceci montrant, à l'évidence, que le surréalisme n'a jamais constitué un corps de doctrine figé, impliquant des relations autoritaires ou exclusives. La même observation vaut pour les écrivains, les poètes.

Les surréalistes ont voulu transformer le monde. S'ils n'y sont pas parvenus, du moins ont-ils réussi à changer la vision que nous en avons. Ils l'ont enrichie de leurs découvertes, touchant aussi bien aux profondeurs de l'inconscient qu'à l'intrusion du merveilleux dans la vie quotidienne. Un exemple parmi d'autres suffit à marquer l'importance de cet apport : le regard désormais porté sur les maladies mentales.

En s'efforçant de forger un mythe nouveau, les surréalistes ont, nous l'avons vu, modifié les relations de la société contemporaine à l'égard de la femme et de l'enfant. Plaçant tous leurs espoirs en ces deux êtres, ils ont contribué à leur émancipation, au cours de ce siècle. Certes, ils n'ont pas à leur actif la création d'un mouvement organisé de libération, mais ils ont œuvré en ce sens, préparant les mentalités aux revendications qui aujourd'hui se font jour.

Les objectifs que s'est proposés le groupe surréaliste ont pu varier au cours des décennies, mais le but ultime, répété à de nombreuses reprises par André Breton, a toujours été la conquête du point suprême. Il apparaît là difficile de porter un jugement quant à la réussite ou à l'échec de l'entreprise : une telle démarche ne peut être qu'individuelle et sa relation ne saurait se mouler dans les cadres d'un discours exotérique. Il n'empêche : à travers les déclarations faites par les membres du groupe, l'illumination semble n'avoir jamais été que de courte durée ; les surréalistes n'ont fait qu'entrevoir un « wonderland » sans réellement pouvoir (ou oser) y pénétrer tout à fait.

C'est finalement sur le plan de l'action révolutionnaire que le bilan du mouvement paraît le plus contestable. Encore faut-il voir le problème dans toute sa complexité : il n'est pas d'usage de demander compte aux artistes de leur réussite politique ; si on est conduit à le faire en raison de leurs propres prises de position, il faut examiner le contexte historique. A ce titre, le surréalisme peut passer pour la conscience vigilante de son époque, dénonçant *à temps* les perversions de la démocratie, ennemi irréductible de ces deux extrêmes que sont le fascisme et le stalinisme.

Il est enfin un domaine où le surréalisme est intervenu de façon oblique, et qui conditionne au moins notre façon de lire (et de le lire) : c'est la critique. Loin de rendre toute critique impossible, il lui a assigné une pratique nouvelle, fondée sur la qualification morale, et il a déployé une activité critique considérable, encore que peu mentionnée. Par la polémique, le pamphlet et parfois même le sabotage, le surréalisme a voulu purifier les mœurs de son époque. Il a exprimé les raisons théoriques d'une condamnation tant du roman positiviste que de la littérature prolétarienne ou du réalisme socialiste. Exigeant une critique passionnée, le surréalisme compare l'appréciation esthétique à l'acte érotique. On peut dire d'elle qu'elle a toutes les caractéristiques de l'amour. De fait, elle est une synthèse des positions du mouvement.

Pour finir, il nous faut lever l'ambiguïté (signalée ci-dessus) selon laquelle l'étude du surréalisme, son introduction dans les programmes scolaires et universitaires, reviendrait à le figer, à le « naturaliser ». Pour prendre une image dans un champ familier d'André Breton, il n'est pas vrai que la connaissance du principe de l'électricité ait limité l'essor de cette dernière, au contraire. Et puisque le surréalisme a toujours appelé de ses vœux une jeunesse capable de lui succéder et de le dépasser, il est logique de penser qu'on trouvera ces héritiers dans les établissements d'enseignement. En outre, le texte, le tableau ne sont produits qu'autant qu'ils sont regardés, lus, par leur destinataire. Sans public, l'œuvre d'art n'existe pas, elle est papier, toile archivée, inactuelle. Duchamp déclarait : « C'est le regardeur qui fait le tableau » ; on ajoutera : c'est le lecteur qui fait le livre. Ces considérations, désormais acceptées par toute la critique contemporaine, ne minimisent en rien la part du créateur. Elles veulent seulement signifier que tout écrit s'insère dans une chaîne où les institutions (éditoriale, universitaire) ont leur rôle à jouer.

En dernier lieu, nous osons penser que toute explication, toute compréhension de l'intérieur n'est pas réductrice et qu'elle doit permettre un retour au texte original, saisi dans toute son ampleur. C'est à quoi nous invitons le lecteur.

Annexes

Chronologie surréaliste

1916 — Naissance du mouvement dada, à Zurich. André Breton rencontre Jacques Vaché, à Nantes.

1917 — Breton rencontre Louis Aragon et Philippe Soupault, à Paris.

1919 — Mort de Jacques Vaché.
Aragon, Breton et Soupault fondent la revue *Littérature*.
Paul Éluard se joint au groupe *Littérature*.
Breton et Soupault : *Les Champs magnétiques*.
Breton : *Mont-de-piété*.

1920 — Arrivée de Tristan Tzara à Paris. Premiers spectacles dada.
Benjamin Péret se joint au groupe *Littérature*.
Aragon : *Feu de joie*.
Éluard : *Les Animaux et leurs hommes*.

1921 — « Procès Barrès » organisé par Dada. Premières tensions au sein du mouvement.

Breton rend visite à Freud.
Aragon : *Anicet ou le Panorama.*
Péret : *Le Passager du transatlantique.*

1922 — Seconde série de *Littérature.*
Arrivée de Jacques Baron, René Crevel, Roger Vitrac et Robert Desnos.
Période des sommeils hypnotiques.
Rupture entre Breton et Tzara après l'échec de la tentative pour réunir un « Congrès international pour la détermination des directives et la défense de l'esprit moderne ». Crevel prend parti pour Tzara.
Aragon : *Les Aventures de Télémaque.*

1923 — Dernière soirée dada à Paris. Bagarre entre dadaïstes et futurs surréalistes.
Breton : *Clair de terre.*
Éluard : *Mourir de ne pas mourir.*
Péret : *Au 125 du boulevard Saint-Germain.*

1924 — Nouveaux arrivants dans le groupe : Antonin Artaud, Max Ernst, Max Morise, Pierre Naville, Raymond Queneau, Maxime Alexandre, André Masson, Joan Miró, Michel Leiris, Georges Limbour.
Ouverture du Bureau de recherches surréalistes, rue de Grenelle.
Un cadavre, pamphlet contre Anatole France, après sa mort.
Breton : *Manifeste du surréalisme.*
Premier numéro de *La Révolution surréaliste.*
Aragon : *Une vague de rêve ; Le Libertinage.*
Baron : *L'Allure poétique.*
Breton : *Les Pas perdus.*
Desnos : *Deuil pour deuil.*

Vitrac : *Les Mystères de l'amour.*

1925 — *Déclaration du 27 janvier 1925.*
Adhésion du groupe de la rue du Château : Jacques et Pierre Prévert, Marcel Duhamel, Yves Tanguy.
Crevel revient dans le groupe surréaliste.
Éloignement de Soupault.
Scandale provoqué par les surréalistes au cours du Banquet Saint-Pol-Roux.
Enquête : « Le suicide est-il une solution ? »
Rapprochement avec le groupe *Clarté,* proche du parti communiste.
Aragon : *Le Mouvement perpétuel.*
Artaud : *L'Ombilic des limbes.*
Crevel : *Mon corps et moi.*
Péret : *Il était une boulangère.*

1926 — Polémique Breton-Naville.
Rupture avec Soupault.
Aragon : *Le Paysan de Paris.*
Breton : *Légitime défense.*
Crevel : *La Mort difficile.*
Desnos : *C'est les bottes de sept lieues...*
Éluard : *Capitale de la douleur.*
Vitrac : *Connaissance de la mort.*

1927 — Aragon, Breton, Éluard, Péret et Unik adhèrent au parti communiste. Ils publient *Au Grand jour.*
Rupture avec Artaud, puis avec Vitrac.
Breton : *Introduction au discours sur le peu de réalité.*
Crevel : *Babylone.*
Desnos : *La Liberté ou l'amour !*

Leiris : *Le Point cardinal.*

1928 — Éloignement de Desnos. Rapprochement de Picasso.
Aragon : *Traité du style.*
Breton : *Nadja, Le Surréalisme et la Peinture.*
Éluard : *Défense de savoir.*

1929 — Réunion au Bar du Château : condamnation du groupe Le Grand Jeu (René Daumal, Roger Gilbert-Lecomte, Roger Vaillant...)
Rupture avec Baron, Desnos, Leiris, Limbour, Prévert, Queneau.
Adhésion de René Char, Salvador Dali, Georges Hugnet, Georges Sadoul, André Thirion.
Rapprochement avec Tzara et avec René Magritte.
Suicide de Jacques Rigaut.
Breton : *Second Manifeste du surréalisme.*
Crevel : *Etes-vous fous ?*
Ernst : *La Femme 100 têtes.*

1930 — Premier numéro du *Surréalisme au service de la révolution.*
Aragon et Sadoul assistent au congrès de Kharkov (U.R.S.S.)
Scandale provoqué par la projection de *L'Age d'or,* de Buñuel et Dali.
Aragon : *La Peinture au défi.*
Breton-Eluard : *L'Immaculée Conception.*
Breton-Char-Éluard : *Ralentir travaux.*

1931 — Les surréalistes adhèrent à l'Association des écrivains et artistes révolutionnaires (A.E.A.R.).
Tracts hostiles à l'exposition coloniale.
Breton : *L'Union libre.*

Tzara : *L'Homme approximatif.*

1932 — « Affaire Aragon » : après la publication de
« Front rouge », Aragon est inculpé par la jus-
tice militaire ; pétition en sa faveur ; désaveu
d'Aragon et rupture avec les surréalistes.
Rupture avec Alexandre, Sadoul, Unik.
Adhésion de Roger Caillois, Maurice Henry,
Gilbert Lély, Jules Monnerot.
Breton : *Misère de la poésie ; Les Vases com-
municants ; Le Revolver à cheveux blancs.*
Crevel : *Le Clavecin de Diderot.*
Éluard : *La Vie immédiate.*
Tzara : *Où boivent les loups.*

1933 — Breton est exclu du parti communiste et de
l'A.E.A.R.
Tract contre le congrès d'Amsterdam-Pleyel :
*La mobilisation contre la guerre n'est pas la
paix.*
Dernier numéro du *Surréalisme A.S.D.L.R.* ;
premier numéro de *Minotaure.*
Crevel : *Les Pieds dans le plat.*
Tzara : *L'Antitête.*

1934 — Tract : *Appel à la lutte,* après les émeutes du
6 février.
Les surréalistes adhèrent au Comité de vigi-
lance des intellectuels.
Éloignement de Char.
Arrivée de Jacques Hérold, Gisèle Prassinos et
Oscar Dominguez.
Breton : *L'Air de l'eau ; Point du jour.*
Char : *Le Marteau sans maître.*
Éluard : *La Rose publique.*
Péret : *De derrière les fagots.*

1935 — Breton est interdit de parole au Congrès des écrivains pour la défense de la culture.
Suicide de Crevel.
Rupture définitive avec le P.C.F.
Breton : *Position politique du surréalisme.*
Éluard : *Facile.*
Marcel Jean : *Mourir pour la patrie.*
Prassinos : *La Sauterelle arthritique.*
Tzara : *Grains et Issues.*

1936 — Rapprochement avec Georges Bataille : publication des cahiers de *Contre-Attaque.*
Éluard : *Les Yeux fertiles.*
Hugnet : *La Septième Face du dé.*
Péret : *Je sublime ; Je ne mange pas de ce pain-là.*

1937 — Prise de position contre les procès de Moscou.
Péret dans les rangs de l'armée républicaine espagnole.
Arrivée de Hans Bellmer et de Léonora Carrington.
Breton : *L'Amour fou.*
Éluard : *L'Évidence poétique ; Les Mains libres.*
Leiris : *Tauromachie.*

1938 — Exposition internationale du surréalisme à Paris.
Rencontre Breton-Trotski au Mexique.
Manifeste « Pour un art révolutionnaire indépendant » et fondation de la F.I.A.R.I.
Rupture avec Éluard.
Breton-Éluard : *Dictionnaire abrégé du surréalisme.*

Julien Gracq : *Au château d'Argol.*
Leiris : *L'Age d'homme.*

1939 — Exclusion de Dali.
Éloignement de Hugnet.
Breton, Éluard et Péret sont mobilisés.

1940 — Péret incarcéré s'évade.
Rassemblement des surréalistes à Marseille.
Adhésion de Wifredo Lam.
Breton : *Anthologie de l'humour noir ; Fata morgana.*
Pierre Mabille : *Le Miroir du merveilleux.*

1941 — Breton, Ernst et Masson parviennent à gagner les États-Unis, Péret le Mexique... En France, fondation de *La Main à plume* (Jean-François Chabrun, Noël Arnaud, Christian Dotremont, Léo Malet, Gérard de Sède et André Stil).
Picasso : *Le Désir attrapé par la queue.*

1942 — A New York, fondation de la revue *V.V.V.*
Breton : *Situation du surréalisme entre les deux guerres.*

1943 — Exposition à New York : *First Papers of Surrealism.*
Leiris : *Haut-Mal.*

1945 — Breton en Arizona et au Nouveau-Mexique, puis en Haïti.
Breton : *Arcane 17 ; Ode à Charles Fourier.*
Monnerot : *La Poésie moderne et le sacré.*
Maurice Nadeau : *Histoire du surréalisme.*
Péret : *Le Déshonneur des poètes.*

1946 — Retour de Breton en France.
Soirée en l'honneur d'Artaud au théâtre Sarah-Bernhardt.

1947 — Conférence de Tzara, à la Sorbonne, perturbée par les surréalistes.
Adhésion de Sarane Alexandrian, Jean-Louis Bédouin, André Pieyre de Mandiargues, Stanislas Rodanski, Jean Schuster.
Malcolm de Chazal : *Sens-Plastique*.

1948 — Mort d'Artaud.
Adhésion de Gérard Legrand.
Premier numéro de *Néon*.
Les surréalistes participent au mouvement « Citoyens du monde » de Garry Davis.
Création du « Surréalisme révolutionnaire ».
Breton : *Martinique, charmeuse de serpents*.
Vailland : *Les Surréalistes contre la révolution*.

1949 — Adhésion de Jean-Pierre Duprey.
Breton : *Flagrant délit*.

1950 — *Almanach surréaliste du demi-siècle*.
Gracq : *La Littérature à l'estomac*.
Maurice Fourré : *La Nuit du Rose Hôtel*.
Michel Carrouges : *André Breton et les données fondamentales du surréalisme*.

1951 — L'Affaire Carrouges provoque la rupture avec Pastoureau, Hérold, Marcel Jean.
Collaboration surréaliste au *Libertaire*.

1952 — Premier numéro de *Médium*.
Ouverture de la galerie « l'Étoile scellée ».

Les surréalistes suivent les conférences de René Alleau sur l'alchimie.
Breton : *Entretiens*.
Gracq : *Le Rivage des Syrtes*.

1953 — Arrivée de Joyce Mansour et de Max Walter Svanberg.
Édouard Jaguer fonde le mouvement Phases.
Breton : *La Clé des champs*.

1954 — Exclusion de Max Ernst qui a accepté le Grand Prix de la Biennale de Venise.
Carrouges : *Les Machines célibataires*.

1956 — Premier numéro du *Surréalisme, même*.
Ferdinand Alquié : *Philosophie du surréalisme*.
Péret : *Anthologie de l'amour sublime*.

1957 — Adhésion de Vincent Bounoure.

1958 — Bounoure : *Préface à un traité des matrices*.

1959 — Mort de Péret.
Suicide de Duprey.
Exposition internationale à Paris : « Eros ».

1961 — Premier numéro de *La Brèche*.

1965 — Exposition internationale à Paris : « L'Écart absolu ».
Robert Benayoun : *Erotique du surréalisme*.
Joyce Mansour : *Carré blanc*.

1966 — Mort de Breton.
Décade surréaliste à Cérisy-la-Salle.

1967 — Premier numéro de *L'Archibras*.

1968 — Numéros spéciaux de *L'Archibras* sur Mai 1968 et la répression en Tchécoslovaquie.

1969 — Dernier numéro de *L'Archibras*.
       Dispersion du groupe.

Bibliographie

Les astérisques renvoient
aux œuvres citées dans l'ouvrage.

1. Œuvres surréalistes

ALEXANDRE, Maxime, *Mythologie personnelle*, Corrêa, Paris, 1934.
Cassandre de Bourgogne*, Corrêa, Paris, 1938.
Mémoires d'un surréaliste, Pauvert, Paris, 1968.

ARAGON, Louis, *Feu de joie*, Au Sans Pareil, Paris, 1920.
Anicet ou le panorama (1921), Gallimard, « Folio », Paris, 1972.
Les Aventures de Télémaque, N.R.F., Paris, 1922, 1966.
Le Libertinage* (1924), Gallimard, Paris, 1978.
Une vague de rêve*, Commerce, Paris, 1924.
Le Mouvement perpétuel (1925), Gallimard, « Poésie », Paris, 1970.
Le Paysan de Paris* (1926), Gallimard, Paris.
Traité du style* (1928), Gallimard, « L'Imaginaire », Paris, 1980.

La Peinture au défi (1930), *Les Collages*, Hermann, Paris, 1965.
Pour un réalisme socialiste, Denoël et Steele, Paris, 1935.
L'Œuvre poétique, tomes I à V, Livre Club Diderot, Paris, 1974-1975.

Archives du surréalisme, publiées sous l'égide d'Actual : 1. *Bureau de recherches surréalistes*. Cahier de la permanence (octobre 1924-avril 1925), présenté et annoté par Paule Thévenin, Gallimard, Paris, 1988 ; 2. *Vers l'action politique* (juillet 1925-avril 1926), présenté et annoté par Marguerite Bonnet, Gallimard, Paris, 1988 ; 4. *Recherches sur la sexualité* (janvier 1928-août 1932), présenté et annoté par José Pierre, Gallimard, Paris, 1990.

ARP, Jean, *Jours effeuillés*, Gallimard, Paris, 1966.

ARTAUD, Antonin, *L'Ombilic des limbes* (1925), suivi du *Pèse-nerfs* (1925) et autres textes, Gallimard, « Poésie », Paris, 1968.
A la grande nuit ou le bluff surréaliste, Paris, chez l'auteur, 1927.
Héliogabale ou l'anarchiste couronné (1934), Gallimard, « L'Imaginaire », Paris, 1980.
Le Théâtre et son double (1938), Gallimard, « Idées », Paris, 1972.
Œuvres complètes, Gallimard, Paris, 24 vol. parus.

BARON, Jacques, *L'Allure poétique*, N.R.F., Paris, 1924, 1974.

BELLMER, Hans, *La Poupée*, G.L.M., Paris, 1936.
Anatomie de l'image, Losfeld, Paris, 1957.

BLANCHARD, Maurice, *Débuter après la mort* (1934-1949), Plasma, Paris, 1977.

Les Barricades mystérieuses (1937), Plasma, Paris, 1982.

C'est la fête et vous n'en savez rien (1939), Plasma, Paris, 1979.

BRETON, André, *Clair de terre** (1923) précédé de *Mont-de-piété* (1919), suivi de *Le Revolver à cheveux blancs* (1932) et de *L'Air de l'eau* (1934), Gallimard, Paris, « Poésie », 1971.

Les Pas perdus* (1924), Gallimard, « Idées », Paris, 1970.

Manifestes du surréalisme* (*Premier Manifeste*, 1924 ; *Second Manifeste du surréalisme*, 1929 ; *Prolégomènes à un troisième manifeste du surréalisme ou non*, 1942 ; *Du surréalisme en ses œuvres vives*, 1953), Gallimard, « Idées », Paris, 1972.

Manifestes du surréalisme : mêmes textes plus *Position politique du surréalisme** (1935), *Poisson soluble* (1924), *Lettre aux voyantes* (1929), Pauvert, Paris, 1962.

Légitime Défense* (1926), Éditions surréalistes, Paris, 1926.

Nadja* (1928), Le Livre de Poche, Paris, 1964.

Les Vases communicants* (1932), Gallimard, « Idées », Paris, 1970.

Qu'est-ce que le surréalisme ?*, Henriquez, Bruxelles, 1934.

L'Amour fou*, N.R.F., Paris, 1937.

Anthologie de l'humour noir* (1939), Le Livre de Poche, Paris, 1970.

Arcane 17* (1945-1947), U.G.E., « 10/18 », Paris, 1965, rééd. Le Livre de Poche.

Martinique charmeuse de serpents* (1948), U.G.E., « 10/18 », Paris, 1973.

La Clé des champs* (1952), U.G.E., « 10/18 », Paris, 1973, rééd. Le Livre de Poche.

Entretiens * (1952), Gallimard, « Idées », Paris, 1973.
Le Surréalisme et la peinture *, nouvelle édition, N.R.F., Paris, 1962, 1980.
Signe ascendant *, Gallimard, « Poésie », Paris, 1968.
Perspective cavalière *, Gallimard, Paris, 1970.
Ode à Charles Fourier *, édition présentée avec introduction et notes par Jean Gaulmier, Klincksieck, Paris, 1961.
Œuvres complètes, tome I, édition établie par Marguerite Bonnet, Gallimard, « La Pléiade », 1988.

BRETON, André et ÉLUARD, Paul, *L'Immaculée Conception* *, Éditions surréalistes, Paris, 1930.
Notes sur la poésie *, G.L.M., Paris, 1936.
Dictionnaire abrégé du surréalisme *, Galerie des Beaux-Arts, 1938 (repris dans P. Éluard, *O.c.*, tome I).

BRETON, André, CHAR, René et ÉLUARD, Paul, *Ralentir travaux* * (1930), José Corti, Paris, 1988.

BRETON, André et SOUPAULT, Philippe, *Les Champs magnétiques* * (1920), Gallimard, « Poésie », Paris, 1971.

CALAS, Nicolas, *Foyers d'incendie*, Denoël, Paris, 1938.

CÉSAIRE, Aimé, *Cahier d'un retour au pays natal*, Bordas, Paris, 1947.

CHAR, René, *Artine*, Éditions surréalistes, Paris, 1930.
Le Marteau sans maître, Éditions surréalistes, Paris, 1934.
Placard pour un chemin des écoliers, G.L.M., Paris, 1937.
Fureur et Mystère (1948), Gallimard, « Poésie », Paris, 1968.
Les Matinaux (1950), Gallimard, « Poésie », Paris, 1969.

Recherche de la base et du sommet (1955), Galli-mard, « Poésie », Paris, 1971.

CHAZAL, Malcolm de, *Sens-Plastique**, Gallimard, Paris, 1945.

CREVEL, René, *Détours* (1924), Pauvert, Paris, 1985.
Mon corps et moi* (1925), Pauvert, Paris, 1974, rééd. Le Livre de Poche.
La Mort difficile (1926), Pauvert, Paris, 1974, rééd. Le Livre de Poche.
Babylone* (1927), Pauvert, Paris, 1974.
L'Esprit contre la raison* (1928), Tchou, Paris, 1969.
Êtes-vous fous ?, N.R.F., Paris, 1929.
Le Clavecin de Diderot* (1932), Pauvert, Paris, 1966.
Les Pieds dans le plat* (1933), Pauvert, Paris, 1974.
Le Roman cassé et derniers écrits, Pauvert, Paris, 1989.

DALI, Salvador, *Oui 1. La Révolution paranoïaque-critique** (textes 1927-1933), Denoël-Gonthier, « Médiations », Paris, 1979.
Oui 2. L'archangélisme scientifique* (textes 1933-1978), Denoël-Gonthier, « Médiations », Paris, 1979.

DELONS, André, *Au carrefour du Grand Jeu et du surréalisme*, textes polémiques et artistiques pré-sentés par Odette et Alain Virmaux, Rougerie, Mortemart, 1988.

DESNOS, Robert, *La Liberté ou l'amour !** (1927) suivi de *Deuil pour deuil* (1924), Gallimard, Paris, 1962.
C'est les bottes de sept lieues, cette phrase « Je me vois », Éditions de la Galerie Simon, Paris, 1926.
Corps et Biens* (1930), *Fortunes* (1942), Gallimard, « Poésie », Paris, 1968.
Destinée arbitraire, Gallimard, « Poésie », Paris, 1975.

Les Nouvelles Hébrides (1922-1930), Gallimard, Paris, 1978.

DUCHAMP, Marcel, *Duchamp du signe**, Flammarion, Paris, 1975.

DUPREY, Jean-Pierre, *Derrière son double*, suivi de *Spectreuses**, Le Soleil Noir, Paris, 1964.
La Fin et la Manière, Le Soleil Noir, Paris, 1965.
La Forêt sacrilège et autres textes, Le Soleil Noir, Paris, 1970.

ÉLUARD, Paul, *Œuvres complètes**, Gallimard, « La Pléiade », Paris, 1968.
*Capitale de la douleur** (1926), Gallimard, « Poésie », Paris, 1970.

FRÉDÉRIQUE, André, *Histoires blanches* (1945), Plasma, Paris, 1980.
*Poésie sournoise** (1957), Plasma, Paris, 1982.

GRACQ, Julien, *Au château d'Argol*, José Corti, Paris, 1939.
André Breton, José Corti, Paris, 1948.
Le Roi pêcheur, José Corti, Paris, 1948.
Le Rivage des Syrtes, José Corti, Paris, 1951.
Œuvres complètes, tome 1, édition établie par Bernhild Boié, Gallimard, « La Pléiade », 1989.

HENEIN, Georges, *Deux Effigies**, essais (1942-1967), Puyraimond, Genève, 1978.

HIRTUM, Marianne van, *Les Insolites*, Gallimard, Paris, 1956.
« Eros-Thanatos* », *Non lieu*, n° 1, 1977, pp. 54-55.

HUGNET, Georges, *Petite Anthologie poétique du surréalisme*, Jeanne Bucher, Paris, 1934.
La Septième Face du dé, Jeanne Bucher, Paris, 1936.

Pleins et déliés, témoignages et souvenirs (1926-1972), Guy Authier, Paris, 1972.

LECOMTE, Marcel, *Œuvres* (1924-1964), Jacques Antoine, Bruxelles, 1980.

LEIRIS, Michel, *Mots sans mémoire* (*Simulacre* ; *Le Point cardinal*, 1927 ; *Glossaire, J'y serre mes glosses**, 1938 ; *Bagatelles végétales*, 1956 ; *Marrons sculptés par Miró*), Gallimard, Paris, 1969.
Tauromachies, G.L.M., Paris, 1937.
Haut Mal (1943), suivi de *Autres Lancers*, Gallimard, « Poésie », Paris, 1969.
Aurore (1946), Gallimard, « L'Imaginaire », Paris, 1977.
La Règle du jeu, tomes I à IV, Gallimard, Paris, 1948-1976.
L'Afrique fantôme, Gallimard, Paris, 1951.
Nuit sans nuit, Gallimard, Paris, 1961.
« Le Sacré dans la vie quotidienne* », *Change*, n° 7, 1970.

MABILLE, Pierre, *Égrégores ou la vie des civilisations* (1938), Le Sagittaire, Paris, 1977.
Le Miroir du merveilleux*, Le Sagittaire, Paris, 1940 ; Minuit, 1962.
Traversées de nuit* (textes 1935-1948), Plasma, Paris, 1981.
Messages de l'étranger* (textes 1938-1958), Plasma, Paris, 1981.
Conscience lumineuse/Conscience picturale, José Corti, Paris, 1989.

MAGRITTE, René, *Écrits complets**, Flammarion, Paris, 1979.

MALET, Léo, *Poèmes surréalistes. 1930-1945*, A. Eibel, Lausanne, 1975.

MANSOUR, Joyce, *Les Gisants satisfaits*, Pauvert, Paris, 1958.

MARIEN, Marcel, *L'Activité surréaliste en Belgique (1924-1950)*, Le Fil Rouge, Paris, 1979.

MAYOUX, Jehan, *Œuvres complètes*, Perralta, Ussel, 1976-1978, 4 vol.

MITRANI, Nora, *Rose au cœur violet*, Terrain vague/Losfeld, Paris, 1988.

NAVILLE, Pierre, *La Révolution et les intellectuels** (1926), Gallimard, « Idées », Paris, 1975.
Le Temps du surréel, Galilée, Paris, 1977.

NOUGÉ, Paul, *Histoire de ne pas rire** (1956), L'Age d'Homme, Lausanne, 1980.
L'Expérience continue, L'Age d'Homme, Lausanne, 1981.

PÉRET, Benjamin, *Le Grand Jeu* (1928), Gallimard, « Poésie », Paris, 1969.
*Le Déshonneur des poètes** (1945), Pauvert, Paris, 1965.
*Anthologie de l'amour sublime**, Albin Michel, Paris, 1956.
Le Gigot, sa vie, son œuvre, Le Terrain Vague, Paris, 1957.
*Œuvres complètes**, tomes 1 à 3, Losfeld, Paris, 1969-1982 ; tomes 4 et 5, José Corti, Paris, 1987-1989.

PIEYRE DE MADRIARGUES, André, *Le Musée noir* (1946), U.G.E., « 10/18 », Paris, 1963.
Le Belvédère, Grasset, Paris, 1958.

PRASSINOS, Gisèle, *La Sauterelle arthritique*, G.L.M., Paris, 1935.

QUENEAU, Raymond, *Œuvres complètes*, tome 1. *Poésie*, édition établie par Claude Debon, Gallimard, « La Pléiade », 1989.

RIGAUT, Jacques, *Agence générale du suicide**, Losfeld, Paris, 1967.
Écrits, Gallimard, Paris, 1970.

RODANSKI, Stanislas, *La Victoire à l'ombre des ailes*, Le Soleil Noir, Paris, 1975 ; Bourgois, Paris, 1989.

ROUSSEL, Raymond, *Œuvres complètes* (*La Doublure*, 1897 ; *La Vue*, 1904 ; *Impressions d'Afrique*, 1932 ; *Locus Solus*, 1914 ; *L'Étoile au front*, 1914 ; *La Poussière de Soleils*, 1927 ; *Nouvelles Impressions d'Afrique*, 1932 ; *Comment j'ai écrit certains de mes livres**, 1935), Pauvert, Paris, 1963-1965.
Épaves, Pauvert, Paris, 1972.

SCUTENAIRE, Louis, *Mes Inscriptions (1943-1944)*, Allia, Paris, 1982.

SOUPAULT, Philippe, *Poésies complètes*, G.L.M., Paris, 1937.
Poèmes et poésies, Grasset, Paris, 1973.
En joue ! (1925), Lachenal et Ritter, Paris, 1980.
*Écrits de cinéma** (1918-1931), Plon, Paris, 1979.

*Tracts surréalistes et déclarations collectives (1922-1969)**, 2 vol., présentés par José Pierre, Losfeld, Paris, 1980-1982.

TZARA, Tristan, *L'Homme approximatif* (1931), Gallimard, « Poésie », Paris, 1968.
*Grains et Issues** (1935), Garnier-Flammarion, Paris, 1981.
*Le Surréalisme et l'après-guerre** (1947), Nagel, Paris, 1966.
*Œuvres complètes**, Flammarion, Paris, 1975-1982.

UNIK, Pierre, *Le Théâtre des nuits blanches*, Éditions surréalistes, Paris, 1932.

VACHÉ, Jacques, *Lettres de guerre**, Losfeld, « Le Désordre », Paris, 1970.

VITRAC, Roger, *Connaissance de la mort**, Gallimard, Paris, 1926.
*Théâtre**, I à IV, Gallimard, Paris, 1946-1964.
*Dés-lyre**, Gallimard, Paris, 1964.

2. Revues

A. *Revues du groupe surréaliste*

*Littérature**, Paris, 1re série, nos 1 à 20, mars 1919 à août 1921, directeurs : Louis Aragon, André Breton, Philippe Soupault ; nouvelle série, nos 1 à 13, mars 1922 à juin 1924, directeur : André Breton. (Réimpr., J.-M. Place, Paris, 1978, 2 vol.)

*La Révolution surréaliste**, Paris, nos 1 à 12, 1er décembre 1924 au 15 décembre 1925, directeurs : Pierre Naville et Benjamin Péret (nos 1 à 3), André Breton (nos 4 à 12). (Réimpr., J.-M. Place, Paris, 1975.)

Le Surréalisme au service de la Révolution (Le *S.A.S.D.L.R.),* Paris, nos 1 à 5 et 6, juillet 1930 à mai 1933, directeur : André Breton. (Réimpr., J.- M. Place, Paris, 1976.)

*Minotaure**, Paris, nos 1 à 12-13, février 1933 à mai 1939, directeur : Albert Skira, directeur artistique : E. Teriade (nos 1 à 9), comité de rédaction : A. Breton, M. Duchamp, P. Éluard, M. Heine, P. Mabille (nos 10 et 11), A. Breton, M. Heine, P. Mabille (nos 12-13). (Réimpr., Skira, Genève, 1980-1982.)

Bulletin international du surréalisme, n⁰ 1, Prague, 9 avril 1935 ; n⁰ 2, Santa Cruz de Tenerife, octobre 1935 ; n⁰ 3, Bruxelles, 20 août 1935 ; n⁰ 4, Londres, septembre 1936.

V.V.V., New York, n⁰ˢ 1 à 4, juin 1942 à février 1943, directeur : David Hare ; comité de rédaction : André Breton, Marcel Duchamp, Max Ernst.

Néon, Paris, n⁰ˢ 1 à 5, janvier 1948 à 1949, rédaction : Sarane Alexandrian, Jindrich Heisler, Véra Hérold, Stanilas Rodanski, Claude Tarnaud (n⁰ˢ 1 à 4), Jean-Louis Bédouin, André Breton, Pierre Demarne, Jindrich Heisler, Benjamin Péret (n⁰ 5).

Médium, Paris, 1ʳᵉ série (feuille), n⁰ˢ 1 à 8, novembre 1952 à juin 1953 ; 2ᵉ série (revue), n⁰ˢ 1 à 4, novembre 1953 à janvier 1955, directeur : Jean Schuster.

Le Surréalisme, même, Paris, n⁰ˢ 1 à 5, octobre 1956 à printemps 1959, directeur : André Breton ; rédacteur en chef : Jean Schuster.

Bief, « Jonction surréaliste », Paris, n⁰ˢ 1 à 12, 15 novembre 1958 au 15 avril 1960, directeur : Gérard Legrand ; secrétaire de rédaction : Jean-Claude Silbermann.

La Brèche, « Action surréaliste », Paris, n⁰ˢ 1 à 8, octobre 1961 à novembre 1967, directeur : André Breton ; comité de rédaction : Robert Benayoun, Gérard Legrand, José Pierre, Jean Schuster.

L'Archibras, Paris, n⁰ˢ 1 à 5, avril 1967 à mars 1969, directeur : Jean Schuster.

B. *Numéros spéciaux*

Variétés, Bruxelles, 1929, numéro hors série, « Le surréalisme en 1929 », composé par Louis Aragon et André Breton.

Documents 34, « Intervention surréaliste* », Bruxelles, numéro spécial, juin 1934. (Réimpr., *L'Arc*, Paris, n° 37.)

La Nef, « Almanach surréaliste du demi-siècle* », Paris, numéro spécial, mars-avril 1959. (Réimpr., Plasma, Paris, 1978.)

C. *Marges*

Sic, n°s 1 à 53-54, janvier 1916 à décembre 1919. Directeur : Pierre-Albert Birot. Collaborations de Aragon, Breton, Soupault et Tzara. (Réimpr., J.-M. Place, Paris, 1973.)

391, Barcelone - New York - Zurich - Paris, n°s 1 à 19, 25 janvier 1917 à octobre 1924. Directeur : Francis Picabia. (Réimpr., Centre du XXe siècle, Nice, 1980.)

Nord-Sud*, n°s 1 à 16, mars 1917 à octobre 1918. Directeur : Pierre Reverdy. Collaborations de Aragon, Breton, Soupault et Tzara. (Réimpr., J.-M. Place, Paris, 1980.)

Dada*, Zurich-Paris, n°s 1 à 8, juillet 1917 au 16 septembre 1921. Directeur : Tristan Tzara. (Réimpr., J.-M. Place, Paris, 1981.)

Manomètre*, Lyon, n°s 1 à 9, juillet 1922 à janvier 1928. Directeur : Émile Malespine. (Réimpr., J.-M. Place, Paris, 1977.)

Le Grand Jeu*, Paris, n°s 1 à 9, été 1928 à octobre

1930. Directeurs : Roger Gilbert-Lecomte, René Daumal, Joseph Sima, Roger Vaillant. (Réimpr., J.-M. Place, Paris, 1977.)

Documents, Paris, nᵒˢ 1 à 15, avril 1929 à 1930. Secrétaire général : Georges Bataille.

Bifur, Paris, nᵒˢ 1 à 8, mai 1929 à juin 1931. Rédacteur en chef : Georges Ribemont-Dessaignes. (Réimpr., J.-M. Place, Paris, 1976.)

Légitime défense*, Paris nᵒ 1, 1932. Rédacteurs : Étienne Lero, René Ménil, Jules-Marcel Monnerot. (Réimpr., J.-M. Place, Paris, 1979.)

Inquisitions, Paris, nᵒ 1, juin 1936. Direction : Aragon, Caillois, Monnerot, · Tzara. (Réimpr., Éditions du C.N.R.S., Paris, 1990.)

Clé, « Bulletin mensuel de la F.I.A.R.I. », Paris, nᵒˢ 1 et 2, janvier 1939 à février 1939.

Tropiques, Fort-de-France, nᵒˢ 1 à 13-14, avril 1941 à septembre 1945. Directeurs : Aimé Césaire et René Ménil. (Réimpr., J.-M. Place, Paris, 1978.)

Phases, Paris, 1ʳᵉ série, nᵒˢ 1 à 11 ; 2ᵉ série, nᵒˢ 1 à 5, janvier 1954 à novembre 1975. Directeur : Édouard Jaguer.

Coupure, Paris, nᵒˢ 1 à 7, octobre 1969 à janvier 1972. Directeurs : Gérard Legrand, José Pierre, Jean Schuster.

3. Études sur le surréalisme

ABASTADO, Claude, *Introduction au surréalisme*, Bordas, Paris, 1971.

Le Surréalisme, Hachette, « Faire le point », Paris, 1975.

« Écriture automatique et instance du sujet », *Revue des sciences humaines*, Lille, n° 4, 1981, pp. 59 à 75.

ALEXANDRIAN, Sarane, *André Breton par lui-même*, Le Seuil, Paris, 1971.
Le Surréalisme et le rêve*, Gallimard, « Connaissance de l'inconscient », Paris, 1974.
Les Libérateurs de l'amour*, Le Seuil, Paris, 1977.

ALQUIÉ, Ferdinand, *Philosophie du surréalisme**, Flammarion, Paris, 1955.
« Le Surréalisme et l'art* », *Les Études philosophiques*, n° 2, 1975.

ANZIEU, Didier, *L'Auto-analyse de Freud et la découverte de la psychanalyse**, P.U.F., Paris, 1976.

AUDOIN, Philippe, *Breton*, Gallimard, « Pour une bibliothèque idéale », Paris, 1970.
Les Surréalistes*, Le Seuil, « Écrivains de toujours », Paris, 1973.

BANCQUART, Marie-Claire, *Le Paris des surréalistes*, Seghers, Paris, 1972.

BATAILLE, Georges, « La vieille taupe » et le préfixe « sur » dans les mots « surhomme » et « surréaliste* », dans *Œuvres complètes*, tome II, Gallimard, Paris, 1970, pp. 93 à 109.
« Le Surréalisme au jour le jour* », dans *Œuvres complètes*, tome VIII, Gallimard, Paris, 1976, pp. 167 à 184.

BÉDOUIN, Jean-Louis, *Vingt ans de surréalisme 1939-1959*, Denoël, Paris, 1969.

BÉHAR, Henri, *Le Théâtre dada et surréaliste** (1967), Gallimard, « Idées », Paris, 1979.

« La question du théâtre surréaliste ou le théâtre en question* », *Europe*, nᵒˢ 475-476, novembre-décembre 1968.
André Breton. Le Grand Indésirable, Calmann-Lévy, Paris, 1990.

BÉHAR, Henri, avec le concours de Maryvonne BARBÉ et Roland FOURNIER, *Les Pensées d'André Breton*, L'Âge d'Homme, « Bibliothèque Mélusine », Lausanne, 1988.

BÉHAR, Henri et CARASSOU, Michel, *Dada. Histoire d'une subversion*, Fayard, Paris, 1990.

BENAYOUN Robert, *Érotique du surréalisme*, Pauvert, Paris, 1965, 1978.
Le Rire des surréalistes, La Bougie du sapeur, Paris, 1988.

BENJAMIN, Walter, « Le surréalisme. Le dernier instantané de l'intelligence européenne* » (1929), dans *Mythe et Violence*, Les Lettres nouvelles, Paris, 1971.

BERRANGER, Marie-Paule, *Dépaysement de l'aphorisme*, José Corti, Paris, 1988.

BIRO, Adam et PASSERON, René (sous la dir. de), *Dictionnaire général du surréalisme et de ses environs*, Office du Livre, Fribourg ; P.U.F., Paris, 1982.

BLANCHOT, Maurice, *La Part du feu**, Gallimard, Paris, 1949.
L'Espace littéraire, Gallimard, Paris, 1955.

BONNET, Marguerite, *Les Critiques de notre temps et Breton*, Garnier, Paris, 1974.
André Breton. Naissance de l'aventure surréaliste, José Corti, Paris, 1975.

BRÉCHON, Robert, *Le Surréalisme*, Armand Colin, « U2 », Paris, 1971.

CAILLOIS, Roger, *Approches de l'imaginaire**, Gallimard, Paris, 1974.

CAMUS, Albert, *L'Homme révolté** (1951), Gallimard, « Idées », Paris, 1963.

CARASSOU, Michel, *Jacques Vaché et le Groupe de Nantes*, J.-M. Place, Paris, 1986.
René Crevel, Fayard, Paris, 1989.

CARROUGES, Michel, *André Breton et les données fondamentales du surréalisme** (1950), Gallimard, « Idées », Paris, 1971.
Les Machines célibataires*, nouvelle édition, Le Chêne, Paris, 1976.

CHÉNIEUX-GENDRON, Jacqueline, *Le Surréalisme*, P.U.F., Paris, 1984.

CHÉNIEUX-GENDRON, Jacqueline et DUMAS, Marie-Claire (sous la dir. de), *L'Objet au défi*, P.U.F., Paris, 1988.

COURTOT, Claude, *Introduction à la lecture de Benjamin Péret*, Le Terrain vague, Paris, 1965.

DAUMAL, René, « Lettre ouverte à André Breton sur les rapports du surréalisme et du Grand Jeu* », *Le Grand Jeu*, n° 3, automne 1930, pp. 76 à 83.

DECOTTIGNIES, Jean, « L'œuvre surréaliste et l'idéologie* », *Littérature*, n° 1, février 1971, pp. 30-47.

DRIEU LA ROCHELLE, Pierre, « La véritable erreur des surréalistes », Paris, *La N.R.F.*, août 1925 ; « Deuxième lettre aux surréalistes », *Les Derniers Jours*, 15 février 1927 ; « Troisième lettre aux surréalistes sur l'amitié et la solitude* », *Les Derniers*

Jours, 8 juillet 1927. Les trois textes sont repris dans P. Drieu La Rochelle, *Sur les écrivains*, Gallimard, Paris, 1964.

DUPUIS, J.-F., *Histoire désinvolte du surréalisme**, Paul Vermont, Paris, 1977.

DUPUY, J.-J., *Philippe Soupault**, Seghers, Paris, 1957.

DUROZOI, Gérard et LECHERBONNIER, Bernard, *Le Surréalisme, théories, thèmes, techniques*, Larousse, Paris, 1971.

EIGELDINGER, Marc, *André Breton. Essais et témoignages**, La Baconnière, Neuchâtel, 1970.
« Poésie et langage alchimique chez André Breton* », *Mélusine*, n° 2, 1981.

Entretiens sur le surréalisme*, colloque de Cerisy sous la direction de Ferdinand Alquié (1966), Mouton, Paris, 1968.

FONDANE, Benjamin, *Faux Traité d'esthétique** (1938) suivi d'un dossier « Fondane et le surréalisme » établi par Michel Carassou, Plasma, Paris, 1980.

GATEAU, Jean-Charles, *Paul Éluard ou le Frère voyant*, 1895-1952, Robert Laffont, Paris, 1988.

GAULMIER, Jean, « Remarques sur le thème de Paris chez André Breton de *Nadja* à *L'Amour fou** », *Travaux de linguistique et de littérature*, 1971, IX, 2.

GAUTHIER, Xavière, *Surréalisme et Sexualité**, Gallimard, « Idées », Paris, 1971.

GOUTIER, Jean-Michel, *Benjamin Péret*, Veyrier, Paris, 1982.

HOUDEBINE, Jean-Louis, « Méconnaissance de la psychanalyse dans le discours surréaliste* », *Tel quel*, n° 46, 1971.

JAGUER, Édouard, *Les Mystères de la chambre noire. Le surréalisme et la photographie*, Flammarion, Paris, 1982.
Le Surréalisme face à la littérature, Le Temps qu'il fait, Cognac, 1989.

JANOVER, Louis, *Surréalisme, art et politique**, Galilée, Paris, 1980.
Le Rêve et le Plomb : le surréalisme de l'utopie à l'avant-garde, J.-M. Place, Paris, 1986.
La Révolution surréaliste, Plon, Paris, 1988.

JEAN, Marcel et MEZEI, Arpad, *Histoire de la peinture surréaliste*, Le Seuil, Paris, 1959.

JENNY, Laurent, « La surréalité et ses signes narratifs* », *Poétique*, n° 4, 1973, pp. 499-520.

JOUFFROY, Alain, « Quel est le critère de la surréalité ? Le modèle intérieur* », *XXᵉ siècle*, n° 42, 1974.
Le Surréalisme, Éditions du XXᵉ siècle, Paris, 1975.

KRAL, Petr, *Le Surréalisme en Tchécoslovaquie*, Gallimard, « Du monde entier », Paris, 1983.

KYROU, Ado, *Le Surréalisme au cinéma*, Le Terrain Vague, Paris, 1963.

LEGOUTIÈRE, Edmond, *Le Surréalisme*, Masson, « Ensembles littéraires », Paris, 1972.

LEGRAND, Gérard, *André Breton en son temps*, Le Soleil Noir, Paris, 1976.

MALESPINE, Émile, « Côté doublure* », *Manomètre*, n° 7, février 1924, p. 77.

MASSON, André, « Peindre est une gageure* », *Les Cahiers du Sud*, nᵒ 233, mars 1941, pp. 134-140.
Le Rebelle du surréalisme. Écrits, Hermann, Paris, 1976.

MONNEROT, Jules-Marcel, *La Poésie moderne et le sacré*, Gallimard, Paris, 1945.

NADEAU, Maurice, *Histoire du surréalisme* (1945), Le Seuil, « Points », Paris, 1972.
Histoire du surréalisme. Documents surréalistes, Le Seuil, Paris, 1948.

PASSERON, René, *Histoire de la peinture surréaliste*, Le Livre de Poche, Paris, 1968.
Encyclopédie du surréalisme, Somogy, Paris, 1975.

PIERRE, José, *Le Surréalisme*, Éditions Rencontre, Lausanne, 1966.

PLEYNET, Marcelin, *Art et Littérature*, Le Seuil, Paris, 1977.

RAYMOND, Marcel, *De Baudelaire au surréalisme*, José Corti, Paris, 1940.

RIBEMONT-DESSAIGNES, Georges, *Déjà jadis* (1958), U.G.E., « 10/18 », Paris, 1973.

RIFFATERRE, Michaël, « La métaphore filée dans la poésie surréaliste* » (1969) dans *La Production du texte*, Le Seuil, Paris, 1979.

ROLLAND DE RENÉVILLE, André, « Dernier état de la poésie surréaliste* », *La N.R.F.*, février 1931.
L'Expérience poétique, Gallimard, Paris, 1938, 1968.

SARTRE, Jean-Paul, « Qu'est-ce que la littérature ?* », dans *Situations II*, Gallimard, Paris, 1947.

SCARPETTA, Guy, « Limite-Frontière du surréalisme* », *Tel Quel*, n° 46, été 1971.

STAROBINSKI, Jean, *La Relation critique*, Gallimard, Paris, 1970.

TISON-BRAUN, Micheline, *Dada et le surréalisme*, textes théoriques sur la poésie, Bordas, Paris, 1973.

VAILLAND, Roger, *Le Surréalisme contre la révolution**, (1948), Complexe, Bruxelles, 1988.
Œuvres complètes, Éditions Rencontre, Lausanne, 1967-1968.

VIRMAUX, Alain et Odette, *Les Surréalistes et le cinéma**, Seghers, Paris, 1976.
La Constellation surréaliste, La Manufacture, Lyon, 1987.

4. Numéros de revues consacrés au surréalisme

Change 7ᵉ, numéro spécial sur le surréalisme, 1970.

Europe*, « Le surréalisme », nᵒˢ 475-476, novembre-décembre 1968.

Mélusine*, Cahiers du Centre de recherches sur le surréalisme, Lausanne, L'Âge d'Homme, nᵒˢ 1 à 12, 1978 à 1991 (publication en cours).

La N.R.F.*, « André Breton et le mouvement surréaliste », n° 172, 1ᵉʳ avril 1967.

Obliques, « La Femme surréaliste », nᵒˢ 14-15, 4ᵉ trimestre 1977.

Opus international*, « Surréalisme international », nᵒˢ 19-20, octobre 1970.

Tel quel*, n° 46, été 1971.

Index

Les noms en italique sont ceux dont nous donnons des textes numérotés. Les références apparaissent en ce cas en caractères gras. Les chiffres en romain indiquent une mention de cet auteur.

Table

Deuxième partie

ACCROÎTRE LA CONNAISSANCE

Troisième partie

L'EXPRESSION HUMAINE SOUS TOUTES SES FORMES

ANNEXES

Dans Le Livre de Poche

Extraits du catalogue

René Passeron

Histoire de la peinture surréaliste

De Alechinsky à Zölt, un historique précis, la présentation des œuvres et la mise en perspective d'un mouvement qui aura influencé durablement l'art contemporain. René Passeron offre un panorama complet du surréalisme en peinture, rappelle ses grandes étapes, évoque ses manifestations les plus spectaculaires et présente de manière vivante ses principaux acteurs.

Hélène Védrine

Les Grandes Conceptions de l'imaginaire
De Platon à Sartre et Lacan

Mieux qu'une simple histoire des grandes conceptions philosophiques de l'imagination, l'ouvrage d'Hélène Védrine pointe les moments essentiels où les théories évoluent, changent les perspectives, et constituent peu à peu notre univers mental. Quels sont les maillons qui, depuis Platon, se sont succédé pour former une chaîne continue jusqu'à Jacques Lacan ? Ils portent nom Aristote, saint Augustin, Descartes, Spinoza, Kant, mais aussi Heidegger, Sartre, Bachelard... Une fresque encore jamais brossée.

Jean Laude

Les Arts de l'Afrique Noire

Entre l'ethnologie, l'histoire et la théorie esthétique, un panorama complet de l'activité artiste sur le continent africain. Une étude inégalée, abondamment illustrée, pour comprendre les liens qui unissent la création au social, au religieux et à la culture.

« Composition réalisée par LUXAIN Montrouge »

IMPRIMÉ EN FRANCE PAR BRODARD ET TAUPIN
Usine de La Flèche (Sarthe).
LIBRAIRIE GÉNÉRALE FRANÇAISE - 6, rue Pierre-Sarrazin - 75006 Paris.
ISBN : 2 - 253 - 06044 - 5   ✦ 42/4156/8